中国检察文化理论研究文库

中国检察文化发展史

刘红立／主编

ZHONGGUO JIANCHAWENHUA

LILUN YANJIUWENKU

中国检察出版社

图书在版编目（CIP）数据

中国检察文化发展史/刘红立主编. —北京：中国检察出版社，2017.12
ISBN 978 - 7 - 5102 - 1623 - 7

Ⅰ. ①中…　Ⅱ. ①刘…　Ⅲ. ①检察机关 - 历史 - 中国　Ⅳ. ①D926.3

中国版本图书馆 CIP 数据核字（2016）第 060194 号

中国检察文化发展史

刘红立　主编

出版发行：中国检察出版社
社　　址：北京市石景山区香山南路 109 号（100144）
网　　址：中国检察出版社（www. zgjccbs. com）
编辑电话：(010) 86423705
发行电话：(010) 86423726　86423727　86423728
　　　　　(010) 86423730　68650016
经　　销：新华书店
印　　刷：北京中石油彩色印刷有限责任公司
开　　本：710 mm×960 mm　16 开
印　　张：19.75
字　　数：361 千字
版　　次：2017 年 12 月第一版　2017 年 12 月第一次印刷
书　　号：ISBN 978 - 7 - 5102 - 1623 - 7
定　　价：60.00 元

《中国检察文化理论研究文库》
课题专家指导组

组　长　　谢鹏程

成　员　　（按姓氏笔画排序）

白岫云　李　辉　张建伟　徐建波　谢鹏程

前　言

　　文化是民族的血脉，是人民的精神家园。检察文化作为中国特色社会主义文化的重要组成部分，在传播社会主义法治理念、弘扬检察精神、凝聚检察力量、塑造检察形象、推动检察事业发展方面，具有不可替代的重要作用。

　　深入开展检察文化理论研究，是加强检察文化建设的一项长期性战略任务。中国检察官文学艺术联合会自成立以来，在高检院党组的正确领导和中国文联的指导下，始终把检察文化理论研究作为一项基础性、长期性工作来抓，坚持检察文化理论研究紧紧围绕党和国家的重大战略部署来谋划、围绕建设社会主义文化强国和法治国家的全局来思考、围绕检察机关的中心工作来推进；坚持检察文化理论研究扎根于丰富多彩的检察文化建设实践，遵循检察工作规律和检察文化发展规律，突出检察核心价值观，围绕检察改革和发展实践中的重大问题，从文化层面开展深入、持久的研究，逐步建立检察文化理论体系；坚持检察文化理论研究以广大检察人员为主体，充分调动检察人员参与检察文化理论研究的积极性和创造性，力争多出研究成果。自中国检察官文联筹备到成立以来，中国检察官文联会同各省检察院和省检察官文联开展了一系列检察文化理论研究活动。2010 年 10 月，中国检察官文联筹备组会同湖北省检察院在武汉召开了检察文化暨法治文化理论研讨会，为检察官文联的成立进行理论上的准备。2012 年 5 月，中国检察官文联会同陕西省检察院，为纪念毛泽东延安文艺座谈会讲话发表 70 周年，在延安举办了首届中国检察官文化论坛。之后每年举办一次，每次论坛都紧密结合检察队伍和检察文化建设实践拟定主题。截至 2016 年，中国检察官文联又先后会同吉林省、内蒙古自治区、上海市和重庆市检察官文联，分别以检察廉政文化建设，检察基层文化建设的理论与实践，惩治、预防职务犯罪，公正、文明、规范执法和检察官文化修养与公正文明司法为主题，举办了四届论坛。对于每届论坛的论文，都组织专家评奖，并编撰成集，由中国检察出版社出版。目前，中国检察官文化论坛已成为加强检察队伍建设、深化检察文化理论研究的一块重要阵地和具体抓手。

　　在举办检察文化论坛的同时，中国检察官文联认真组织检察系统的理论研究人才和相关单位的专家、学者，对检察文化的一些基本理论问题进行集中研究，2014 年 5 月，中国检察出版社出版了《检察文化初论》一书。曹建明检察长为该书作序，并给予充分肯定，明确指出"该书贯穿了马克思主义的立场、观点和方法，体现了近年来高检院关于检察文化建设的政策方针，形成了紧密联系实际、富有理论创新、内容比较完整的理论体系，反映了检察人员对中国特色社会主义检察文化建设规律的不懈探索，具有较高的文化理论价值和实践指导意义"。

为深入推进检察文化理论研究工作，中国检察官文联决定组织编写《中国检察文化理论研究文库》，从不同角度系统研究检察文化建设实践中的一系列基本理论问题和实践问题，力争填补检察文化理论研究空白，为检察队伍建设和检察工作深入开展提供精神动力和理论支撑。《中国检察文化理论研究文库》第一批研究课题设立了 11 项，具体是：检察文化核心价值、检察职业理念、检察职业精神、检察职业道德、检察职业行为、检察职业形象、中国检察文化发展史、检察文化比较、检察文化发展规律、检察文化自觉、当代中国检察文化建设途经。北京、贵州、湖南、山东、甘肃、山西、河北、陕西、辽宁、海南、吉林、广东、四川、江苏、广西、湖北、内蒙古 17 个省级检察官文联先后提交了课题申报材料，经专家评审，有 13 个单位成为 11 个课题的研究单位。海南省和辽宁省、甘肃省和河北省分别联合承担了《检察职业行为研究》和《检察职业道德研究》课题，北京市、吉林省、江苏省、湖南省、四川省、陕西省、贵州省、湖北省、内蒙古自治区呼和浩特市分别承担了《当代中国检察文化建设途径研究》、《检察职业形象研究》、《检察文化比较研究》、《检察职业理念研究》、《中国检察文化发展史》、《检察职业精神研究》、《检察文化核心价值研究》、《检察文化发展规律研究》、《检察文化自觉研究》9 个课题。

为加强对课题研究工作的领导，2014 年初，召开了《中国检察文化理论研究文库》课题研究工作座谈会，中国检察官文联成立了由时任中国检察官文联主席张耕同志任主任，最高人民检察院党组成员、政治部主任、中国检察官文联副主席王少峰同志为副主任，中国检察官文联副主席、专家学者为成员的编委会，负责整个文库论著的编撰组织工作。编委会下成立了由中国检察官文联主要领导、各课题负责人、专家学者组成的课题编委会和由各个课题主要负责人、专家学者、撰稿人组成的具体课题编委会，负责各课题的撰写工作。同时建立由检察系统的理论研究人才和清华大学、中国法学杂志社的专家、教授组成的专家指导组，负责对课题研究工作的指导。中国检察官文联秘书处还成立了课题协调推进组，负责课题的组织协调工作。

为有效推动课题研究工作，2014 年 3 月，中国检察官文联就编写工作发出通知，对课题的申报、结题、评审、奖励等提出了明确要求。2014 年 9 月，中国检察官文联在贵阳市召开了《中国检察文化理论研究文库》课题研究工作座谈会，来自全国 13 个省区市检察官文联的课题组有关负责同志和部分专家学者参加了会议。会议通报了课题研究工作进展情况，对如何进一步抓好文库建设和课题研究工作进行了具体部署。2015 年 4 月、6 月、9 月，中国检察官文联在北京先后召开课题审核工作座谈会，组织各课题组与专家面对面讨论撰写大纲，认真听取修改意见和建议。在课题研究过程中，各级检察机关高度重视。各省级检察院和检察官文联的主要领导亲自部署、积极参与，给予了热情关心和大力支持。各省级检察官文联的领导同志都担任了课题组负责人，经常参与研究、推进课题研究工作。各课题组成员和主要撰稿人，克服工学矛盾，兢兢业业，加班加点，以坚韧不拔的毅力出色完成了课题研究任务。

不积跬步，无以至千里。《中国检察文化理论研究文库》的 11 项课题研究工作只是检察文化理论研究的第一步尝试。我们将继续紧密结合检察文化建设实践，围绕检察文化建设实践中的重大问题，进一步开展理论研究，不断推出具有一定理论价值和理论深度的研究成果，探索构建中国特色社会主义检察文化理论体系，为推动检察文化事业的繁荣发展作出应有的贡献。检察文化理论研究是一项十分宏大而艰巨的系统工程，需要有志于这方面研究的检察官、理论家通力合作，艰苦攻关。《中国检察文化理论研究文库》是中国检察官文联为检察文化理论研究搭建的一个十分广阔的平台，这个平台具有极大的开放性和包容性。我们热切期待热心于检察文化理论研究的各界专家、学者和从事检察工作的同仁们携手共建这个平台、发展这个平台，推动检察文化事业深入发展，为建设社会主义文化强国和法治国家，实现"两个一百年"的奋斗目标和中华民族伟大复兴的中国梦而努力奋斗！

《中国检察文化理论研究文库》编委会

2017 年 9 月

目　　录

导　　论

　　一部人类社会发展史，是人类生命繁衍、财富创造的物质文明发展史，更是人类文化积累、文明传承的精神文明发展史。人类社会每一次跃进，人类文明每一次升华，无不镌刻着文化进步的烙印。① 文化是人类社会发展进步的推进器，是一个国家、一个民族强盛的标志之一。在历史的长河中，中国古代御史制度和现代检察制度在世界法律史上独树一帜，也孕育了独具特色的中国御史文化和检察文化。发展到今天，当代中国检察文化事业已经从萌芽期、探索期、成熟期，逐渐步入常态化建设时期，形成了以"法律监督、公平正义"为核心的当代中国特色社会主义检察文化的基本形态。它与我国历史文化传统和社会主义初级阶段的基本国情相适应，体现了检察机关和检察官群体的执法观念、开放思维、思想逻辑、职业品格和理想信念，承载和镌刻了几代检察人的探索与艰辛、光荣与梦想。

一、中国检察文化发展史研究的背景和意义

　　文化作为一种历史现象，具有历史传承性和时代鲜明性的双重性质，每一个时代都会有与之相对应的文化，每一种文化的起源与发展也都遵循着历史的轨迹。在研究中国五千年历史发展的同时，我们应关注中华民族优秀文化的传承与光大；在建设中国特色社会主义社会的同时，我们应关注中国特色社会主义文化的形成与发展；在推动中国当代检察文化繁荣发展的同时，我们应关注同中国检察制度史相生相伴、迫切需要开垦的处女地——中国检察文化发展史的研究与开发，从而为时代烙下印记。中国特色社会主义检察文化作为中国特色社会主义文化中不可或缺的一部分，不仅是民族自信心与社会自强力的体现，更是司法公正与程序实体双重正义的体现。研究检察文化的发展史，可以探索各个时期不同文化背景下检察文化的相关概念，明确中国特色社会主义检察文化的定义、属性及优越性。

---

① 胡锦涛：《在中国文联第八次全国代表大会、中国作协第七次全国代表大会上的讲话》，载《十六大以来重要文献选编》（下），中央文献出版社 2008 年版，第 751 页。

检察文化是检察人员在长期履行职务过程中，受其特有的检察属性影响而形成的一种独特的个性文化，这是检察机关区别于其他文化的重要标志。检察文化既是文化的一部分，又是检察事业的一部分；既有历史文化的传承，又有时代精神的创新；既具有其他文化的基本特征，又有区别于其他文化的特点；既受到传统的、西方的检察制度及文化的影响，更体现现代和地域的特色。在中国特色社会主义检察文化大发展大繁荣的今天，对检察文化发展史的探索仅是零星式的、片段式的，未有完整而权威的研究成果，当前对中国检察文化的发展进行脉络梳理与轨迹探索，可以更好地厘清检察文化的内涵与外延，为今后的检察文化研究提供参考依据。

二、中国检察文化发展史研究的对象和主要内容

本书的研究对象和主要内容在书名中已阐明，为中国检察文化发展史。检察文化发展史并不是一个单独的概念，它的主要内涵为中国检察文化。之所以称之为发展史，是因为我们以发展的眼光，大量运用历时分析法，将中国检察文化的研究放入历史的长河中，研究其萌芽与形成，变迁与繁荣，研究不同历史背景对检察文化的影响和推动，为当今检察文化的大繁荣大发展寻求理论依据与实践依据。研究中国检察文化，首先要厘清相关概念及特征。

（一）文化

文化是一个多义性的概念，也是一个广泛性的概念。古今中外，许多哲学家、社会学家、人类学家、历史学家、语言学家和文化学者站在不同的立场、不同的视角、不同的侧面、不同的历史时期，对"文化"给出了不同的定义，赋予了不同的内涵。据不完全统计，近代以来有关"文化"的定义至少有200多种。

1. 中国的文化观念

据考证，"文化"是中国语言系统中古已有之的词汇。中国古代"文化"一词最早出自战国末年《周易·贲卦》中的《彖辞》："文明以止，人文也。观乎天文，以察时变；观乎人文，以化成天下。"① 这里所说的"文"与"化"，是指以文教化、文明礼仪、文物典籍、礼乐制度等。我国最早将文与化结合为一个词的，是西汉时期的刘向。他在《说苑·指武》中说："圣人之治天下也，先文德而后武力。凡武之兴，谓不服也；文化不改，然后加诛。"②

---

① 《周易注疏，卷十一·系辞上》，上海古籍出版社1988年版，第245页。
② 刘向：《白话说苑》，长沙岳麓书社1994年版，第466页。

他把"文化"作为一个动词，与"武力"相对应，其意类同"教化"，强调的是文治教化等，是从伦理、德治和政治的功能来讲的。之后，中国古代的传统文化逐步发展为泛指追求一切美好的思想意识，表示对人性的陶冶，品德的教养，包含了道德、习俗、规则和法律等在内的各种文明体系。

自1919年"五四"运动开始，中国的新文化运动蓬勃发展，对文化的研究也出现了新的气象。我国著名学者梁漱溟在《中国文化要义》中说："文化就是吾人生活所依靠之一切……凡其所有器具技术及其相关之社会制度等，便都是文化之一重要部分……如国家政治，法律制度，宗教信仰，道德习惯，法庭警察军队等，亦莫不为文化重要部分……俗常以文字、文学、思想、学术、教育、出版等为文化，乃是狭义的。""文化之本义应在经济、政治，乃至一切无所不包。"[①] 他在文中把"与人类生活的关联性"作为文化的本质特征来考察，肯定了人们认识文化存在、文化现象的普遍性。1920年，北京大学校长蔡元培在湖南演讲《何谓文化》中提出："文化是人生发展的状况"，并从衣食住行、医疗卫生、政治、经济、道德、教育、科学等方面，从社会和个体的层面上探究文化的意义和作用。[②] 当代著名学者、散文家、艺术理论家、文化史学家余秋雨先生，2010年3月27日在接受澳科大荣誉博士称号后的学术演讲中说："我的定义可能是全世界最简短的文化，是一种包含精神价值和生活方式的生态共同体。它通过积累和引导，创建集体人格。"他还说："当文化沉淀为集体人格，它也就凝聚成了民族的灵魂。"[③]

综观历史，不同时期的文化，不同国度的文化，都深深地烙上了时代和民族的印记。中国文化，体现在伟大的中华民族精神之中，蕴含了中国的历史底蕴和文化元素。中华精神集中表现为《周易》中的两个命题："天行健，君子以自强不息；地势坤，君子以厚德载物"。前者是奋斗精神，后者是兼容精神，这就是使我们的民族生生不息地汲取新的营养丰富发展自己的精神。

2. 当代中国执政党领袖的文化理念

2011年10月，中共中央《关于深化文化体制改革推动社会主义文化大发展大繁荣若干重大问题的决定》指出，中国共产党从成立之日起，就既是中华优秀传统文化的忠实传承者和弘扬者，又是中国先进文化的积极倡导者和发

①　梁漱溟：《中国文化要义》，上海人民出版社2005年版，第6页。
②　蔡元培：《蔡元培学术文化随笔——〈何谓文化〉》，中国青年出版社1996年版，第129页。
③　余秋雨：《何谓文化》，长江文艺出版社2012年版，第5页。

展者。① 中国共产党三代领导集体历来都十分重视党的思想文化建设，他们站在社会主义革命、建设和改革的历史高度，对文化给予了众多全新的、精辟的、深刻的论述，提出了一系列社会主义文化建设的思想和理念。

毛泽东同志以哲学家的智慧重点论述了社会主义的文化观点与纲领。其在《新民主主义论》一文中指出："一定的文化（当作观念形态的文化）是一定社会的政治和经济的反映，又给予伟大影响和作用于一定社会的政治和经济；而经济是基础，政治则是经济的集中表现。这是我们对于文化和政治、经济的关系及政治和经济的关系的基本观点。"②

邓小平同志以开放性思维重点论述了社会主义的文化与物质文明、精神文明建设。1977 年 9 月，他在会见日本新自由俱乐部访华团时指出："社会主义制度的优越性表现在它的文化、科学技术水平应该比资本主义发展得更快、更先进，这才称得起社会主义，称得起先进的社会制度。"③ 1979 年 10 月，他在《在中国文学艺术工作者第四次代表大会上的祝词》中提到"要在建设高度物质文明的同时，提高全民族的科学文化水平，发展高尚的丰富多彩的文化生活，建设高度的社会主义精神文明"。④

江泽民同志从党的建设角度论述了社会主义文化的先进性。1997 年 9 月，他在《高举邓小平理论伟大旗帜，把建设有中国特色社会主义事业全面推向二十一世纪》中说："有中国特色社会主义的文化，是凝聚和激励全国各族人民的重要力量，是综合国力的重要标志。"⑤ 2002 年 11 月，他又在党的十六大报告中指出"全面建设小康社会，必须大力发展社会主义文化，建设社会主义精神文明。当今世界，文化与经济和政治相互交融，在综合国力竞争中的地位和作用越来越突出。文化的力量，深深熔铸在民族的生命力、创造力和凝聚力之中。"⑥

胡锦涛同志从科学发展观的高度论述了社会主义文化软实力建设。2003

---

① 中共中央《关于深化文化体制改革推动社会主义文化大发展大繁荣若干重大问题的决定》，2011 年 10 月 18 日中国共产党第十七届中央委员会第六次全体会议通过。

② 毛泽东：《新民主主义论》，人民出版社 1991 年版，第 663 页。

③ 邓小平：《邓小平年谱（1975—1997）》（上），中央文献出版社 2004 年版，第 200 页。

④ 邓小平：《在中国文学艺术工作者第四次代表大会上的祝词》，人民出版社 1994 年版，第 208 页。

⑤ 江泽民：《高举邓小平理论伟大旗帜，把建设有中国特色社会主义事业全面推向二十一世纪》，人民出版社 2006 年版，第 33 页。

⑥ 江泽民：《全面建设小康社会，开创中国特色社会主义事业新局面》，人民出版社 2006 年版，第 558 页。

年 4 月 15 日，他在广东省考察工作结束时指出："一个没有文化底蕴的民族，一个不能不断进行文化创新的民族，是很难发展起来的，也是很难自立于世界民族之林的。要提高发展水平，增强发展后劲，提高群众生活质量，必须高度重视并全面推进文化建设。"① 2011 年 7 月，他进一步在《在庆祝中国共产党成立 90 周年大会上的讲话》中指出"社会主义先进文化是马克思主义政党思想精神上的旗帜。面对当今文化越来越成为综合国力竞争重要因素的新形势，我们必须以高度的文化自觉和文化自信，着眼于提高民族素质和塑造高尚人格，以更大力度推进文化改革发展，在中国特色社会主义伟大实践中进行文化创造，让人民共享文化发展成果"。②

习近平总书记则从中华文化的历史传承与现实思考论述了社会主义文化思想的核心价值与发展。2013 年 8 月 19 日，他在全国宣传思想工作会议上说："中华民族创造了源远流长的中华文化，中华民族也一定能够创造出中华文化新的辉煌。对我国传统文化，对国外的东西，要坚持古为今用、洋为中用，去粗取精、去伪存真，经过科学的扬弃后使之为我所用。"③ 2013 年 9 月 26 日，他在会见第四届全国道德模范及提名奖获得者时指出："自强不息、厚德载物的思想，支撑着中华民族生生不息、薪火相传，今天依然是我们推进改革开放和社会主义现代化建设的强大精神力量。"④ 2014 年 2 月 24 日，在中共中央政治局第十三次集体学习时，他论述了文化的核心所在："核心价值观是文化软实力的灵魂、文化软实力建设的重点。这是决定文化性质和方向的最深层次要素。一个国家的文化软实力，从根本上说，取决于其核心价值观的生命力、凝聚力、感召力。历史和现实都表明，构建具有强大感召力的核心价值观，关系社会和谐稳定，关系国家长治久安。"⑤

以上关于文化建设的重要论述一脉相承，高屋建瓴，高度体现了中国执政党及其领导人对文化建设的战略眼光和深邃思想。他们在根本指导思想、最终目标、方针政策、发展道路、具体实践上，都丰富和发展了马克思列宁主义文化理论，使社会主义文化建设思想的理论创新达到一个新高度，而且为新时期中国特色社会主义文化建设思想奠定了坚定的理论基础，更是决定和影响着中

---

　　① 　胡锦涛：《在广东省考察工作结束时的讲话》。

　　② 　胡锦涛：《在庆祝中国共产党成立 90 周年大会上的讲话》，载《人民日报》2011年 7 月 2 日版。

　　③ 　习近平：《在全国宣传思想工作会议上的讲话》。

　　④ 　习近平：《在会见第四届全国道德模范及提名奖获得者时的讲话》。

　　⑤ 　习近平：《在中共中央政治局第十三次集体学习时的讲话》。

国特色社会主义检察文化的前进方向。

（二）法律文化

1. 文化与法律文化

法学家试图从文化概念中找到新的突破口，构建属于法学研究的理论框架，即法律文化。美国于 1969 年就正式公开了关于法律文化概念的初步研究成果，而我国在 20 世纪 80 年代也开始了对法律文化的关注和研讨，梳理国内学者的基本观点，可以在一定程度上厘清文化与法律文化的关系。

法律文化是文化的子概念和衍生品。作为上层建筑的文化不同于政治、经济等，它有独特的推进模式，由此而产生的法律文化，也具有与之相关联的构建模式。身为文化庞大家族中的一员，法律文化有遗传自文化的种族基因，这也必将使其带有不可磨灭的文化特性。

法律文化概念的构建可借鉴文化的思维模式。对法律文化概念的研究应以对文化概念的研究为起点和落脚点，法律文化究其本质仍是文化形态的一种，对法律文化的初期研究常常将文化学的研究方式直接移植到法学领域，这一做法现今看来固然欠妥，但对文化的研究确能给法律文化研究提供思路。上述借鉴方式虽能在学术研究上拓宽视野，但也容易造成法律文化概念的混乱与边界模糊。

对法律文化概念的构建不能照搬文化概念。文化与法律文化应当是整体和部分、一般和个别的关系，但单纯的法律文化无法成立，其势必附加于文化和融合其他文化子概念。一味以分析文化的思维模式来分析法律文化，不仅不能给后者的蓬勃发展带来希望与动力，还会使其深陷文化概念的泥潭，无法准确定位。文化概念催生了法律文化概念，也限制了法律文化概念的进一步发展，这不能不说是个知识发生学意义上的悖论，这也正是值得我们思索和考究的价值所在。[1]

2. 法律文化的概念推衍

据相关法学家论证，法律文化的概念最早由劳伦斯·弗里德曼提出，他认为法律文化泛指一些有关的现象。国内首先对法律文化下定义的是孙国华教授，在法律文化概念的推进过程中，有过许多争议与论辩，有的观点认为法律文化就是法律传统，有的认为法律文化就是法律意识，还有的法学家认为法律文化应当是一种解释方法，要从文化的视角去研究和剖析法律。理论上我们很难给法律文化下一个精确的定义，现在一般认为是法律意识、法律现象等各种法律内涵的总和。

---

[1] 南晓雪：《反思法律文化的概念问题》，吉林大学 2006 年硕士学位论文。

3. 中西方传统法律文化比较

中西方的传统文化自形成之初就有较大差异，究其原因，可能是国家和法律产生的基础不同，也可能是地域性的经济、风俗、文化等隔离因素。

法理观念不同。中国传统法律文化的法理观念是"法自然"，主要源于先秦的"天人合一"思想，中国古代强调人与自然应是和谐统一的，人没有必要，也不能同自然的法则相违背。西方法律文化的法理观念是"自然法"，它强调人的理性，只有人秉持理性所选择、认知的法则才是自然的。从上述差异可以看出，中国传统法律文化认为人不能改变自然，只能顺从自然的法则去行为，最终达到高度和谐；而西方法律文化认为人是法的主体，探究法则的前提是尊重人的理性、价值与自由。

价值取向不同。中国自夏朝的"代天行罚"到"周公制礼"，礼对法都有着深刻的影响，法律所附加的刑罚，不过都是为了保障"君君臣臣父父子子"所透视出的社会秩序。从苏格拉底到柏拉图再到亚里士多德，西方社会从古希腊开始，就始终坚信"正义"应当是法律的价值观念，因为法律是正义的，所以法律是权威的。从上述差异可以看出，中国传统法律文化认为由礼、德构建起来的社会秩序应是法律所作用的，而西方法律文化认为正义应是法律的核心价值与应有之义。

法律本位不同。中国古代法律以刑为主，强调的是"义务"，而义务往往与责任相连，在一定程度上造成民众害怕谈及法，也将对簿公堂看作是不光彩的事，有的学者称之为"厌讼主义"。而西方法律除了义务本位以外，也强调权力本位，这一理念在文艺复兴时期提出的"天赋人权"中全面普及深入。从上述差异可以看出，中国传统法律文化的法本位是义务，是遵守礼法、适格生存的义务；而西方法律文化的法本位则是权利，是不影响他人正常行使权利下的权利。

权力配置不同。中国自元朝开始，司法权与行政权就逐渐合二为一，权力多集中于统治者之手，下设的司法、行政机构多由统治者控制。西方的法律文化主张分权，反对一人之治，因为人性本恶，需要多人之间的监督，其中比较典型的是孟德斯鸠提出的立法、司法、行政三权分立理论。从上述差异可以看出，中国传统法律文化主张集权以维护统治者的权威，而西方法律文化则主张分权以抗衡，防止权力滥用。

4. 中国特色社会主义法律文化的特征

不可否认，我国传统法律文化存在诸多弊端和残缺，但从辛亥革命到改革开放再到建设社会主义法治国家理念的确立，我国正在构建中国特色社会主义法律文化的路上不停奋进，其具有如下特征：

民族性。文化不是千篇一律的，它会随着地域差异、民族人文的不同而有所差异，故民族性是中国特色社会主义法律文化最深层次的特征。它受到几千年来民族传统文化的巨大影响，是华夏民族礼、德、法的映射。任何民族都不可能凭空创造自己的文化，也不可能舍弃所有传统文化，中国特色社会主义法律文化是在承继旧文化的基础上形成的新文化，是一个"取其精华，舍其糟粕"的过程，这不是几代人所能创造的财富，是整个民族文化不断累积的结果。

时代性。每一种文化都有其应属的时代，这也是此种文化必然产生的另一种体现。在中国特色社会主义法律文化的结构中有两极化的文化现象和特性，即以适应现代化社会潮流的较为先进的制度性法律文化和以传统社会为根基的较为落后的观念性法律文化。[①] 此种二元性的结构可以说是这个时代的必然，是法律文化的短暂性、阶段性表现，而相互冲突的内涵结构必会随着社会进步、文化发展而逐渐瓦解，最终实现中国特色社会主义法律文化的协调统一。

历史进步性与现实局限性并存。以马克思主义理论的观点来看，经济基础决定着上层建筑，而社会生产力的发展水平也决定了法律等上层建筑的发展态势。中国特色社会主义法律文化是社会主义文化的有机组成部分，是较高社会形态中的文化种类，相比封建社会、资本主义社会的法律文化具有其历史进步性。但我国正处于并将长期处于社会主义初级阶段，生产力水平还不够高，现有国情决定了现有中国特色社会主义法律文化是不完整、仍需发展的文化。

（三）检察制度

1. 检察制度的起源与发展

关于检察制度的起源，国内外法学界长期以来存有争议。一种观点认为检察制度起源于法国，因为法国在 12 世纪就有了"国王代理人"，这一职位被认为是检察官的雏形，这也是学界通说。另一种观点认为检察制度起源于英国，因为亨利二世在 1166 年就颁布了严重刑事案件控诉官的诏令。本书采用通说观点，认为检察制度起源于法国。

封建制度确立之前的法国奉行日耳曼法，体现在刑事诉讼方式上主要是私体诉讼。法兰西在封建制度确立之后承继了日耳曼法和罗马法的传统，在 12 世纪末，国王设置了"国王代理人"角色，主要职责是为国王办理各类私人事务，也会代表国王提起诉讼、出席法庭审判等。初期的"国王代理人"虽然不是官吏，但其维护国王利益，代表国王提起诉讼的职能同之后的检察官十

---

① 张宝成：《当代中国法律文化的特征》，载《广播电视大学学报》（哲学社会科学）2003 年第 2 期。

分相似。13世纪的弹劾式诉讼要求当事人的指控、辩解等必须通过书面提出，司法程序也日益复杂，这无疑提高了诉讼成本，导致当事人面对犯罪不起诉或者撤回起诉。路易九世在此时进行了一系列的司法改革，其中即包括设置最高审判机关"巴列门"，强化中央集权。菲利普四世在位时，设置了地方"巴列门"，作为分院，同时为保证政令在全国范围内实施，有效监督地方官吏的执法和审判活动，数量庞大的"国王代理人"被菲利普四世委任到地方，开启了法国的检察制度。

"国王代理人"制度在14世纪时仅作为惯例推行，尚未有成文法规定，直到16世纪，国王先后三次颁布敕令，用检察官替代之前的"巴列门"代理官，同时明确了检察官的上下级领导关系。之后，1670年由路易十四颁布的关于刑事法律的敕令规定，在最高审判机关中设检察官，称总检察官。在各级审判机关设一定数量的检察官和辅助检察官，对刑事案件行使侦查起诉权。① 此举进一步改良和发展了法国的检察制度，而法国检察制度也与英国检察制度一起影响了之后的德国、美国、日本等国家检察制度的确立和发展。

2. 中国特色社会主义检察制度的特征及其优越性

黑格尔曾论述："如果要先验地给一个民族以一种国家制度，即使其内容多少是合乎理性的，这种想法恰恰忽视了一个因素，这个因素使国家制度成为不仅仅是一个思想上的事物而已。所以，每一个民族都有适合于它本身而属于它的国家制度。"② 检察制度是一个国家制度的重要组成部分，虽然各国检察制度在功能和意义上具有相近性，但不同国家的意识形态和国体、政体决定了其独有的检察制度。中国特色社会主义的检察制度以其具有的特征体现出优越性。

政治属性。中国特色社会主义检察制度建立的基础是政治理论与法律理论的有机统一，而欧洲大陆法系国家检察制度强调的是公共利益与统一定罪的结合。中国特色社会主义检察制度并不仅仅是诉讼制度，还可对国家各项权力的行使进行监督，最大限度地防止官吏腐败和国家权力的异化，运用制度本身的监督、矫正功能，保障国家法律的实施，维护正义与公平。因此，我国的检察机关有更加宽广的职能，可以依靠个案对政治系统产生积极的影响，这是西方国家检察制度所不具有的属性与功能。

人民属性。中国特色社会主义检察制度与人民代表大会制度相辅相成，这不同于西方国家以"三权分立"为基础的检察制度。人民检察院是由人民代

---

① 刘方：《人类社会检察制度起源刍议》，载《中国检察官》2006年第12期。

② ［德］黑格尔：《法哲学原理》，范扬、张企泰译，商务印书馆1961年版，第291页。

表大会选举产生的国家法律监督机关，故人民是检察权的源头，检察权应服务人民并接受人民监督，全心全意为人民谋福祉。中国特色社会主义检察制度所具有的人民属性，决定了检察机关必须坚持"立检为公、执法为民"的检察理念，必须将依法打击违法犯罪，维护社会公平正义作为检察工作的重中之重。

法律监督属性。中国特色社会主义检察制度的核心属性是法律监督，是一项与审判权并列的司法权，西方国家的检察权游离于司法权与行政权之间，总体依附于行政权，不具有独立的法律监督职能。我国的检察机关独立于行政机关，能最大限度地避免被行政权力影响司法，对维护法制社会的权威与尊严有积极的作用。因此，法律监督属性可以更好地彰显检察工作的特性，发挥检察制度的作用力和影响力。

（四）检察文化

检察文化其实是检察制度发展到一定阶段出现的多元性、开放性、融合的概念。20 世纪 70 年代末以来，在改革开放背景下和中国特色检察制度体制下，全国各级检察机关恢复重建，同时也开始了对中国检察文化的研究和探索，人们从不同的视角给出了不同的解释。国内理论界和检察系统内部是仁者见仁、智者见智，但基本上都是围绕检察机关、检察官和检察职能来界定的。

1. 一般检察文化的概念及内容

从一般意义上来讲，我们认为检察文化作为文化的一个子概念，它是指在一定的国家体制、政治制度和司法体制下，检察机关及其检察官群体在行使检察权和检察实践活动中，所形成的检察精神意识、检察制度管理、检察行为规范、检察器物设施及其成果的总称。这个概念，比较概括地界定了检察文化的地域、主体、载体、本质和内容，着重强调了检察文化的构成性、普遍性和职业特性。

检察文化主要包括以下内容：一是检察文化的核心价值，与国家体制、政治制度、司法体制的性质息息相关，反映了"检察文化的国家性、阶级性和司法性"，[①] 在不同的社会形态、国家体制、政治制度和司法体制下，所形成的检察文化具有不同特性，体现不同的政治属性和司法观、价值观；二是检察文化的产生发展，与检察机关、检察官群体的职业活动息息相关，它是在行使检察权和履行职责的过程中形成和发展的，检察实践活动是检察文化的根基和载体；三是检察文化的内容构成，包含检察精神意识、检察制度管理、检察行

---

① 张耕主编：《检察文化初论》，中国检察出版社 2014 年版，第 9 页。

为规范、检察器物设施等，体现检察实践活动所衍生的一切文化元素，是检察机关及其检察官群体的灵魂、纽带和精神所在，是检察人文和财富积累的结果。

2. 中国特色检察文化的基本概念及内涵属性

（1）中国特色检察文化的基本概念

2010 年 12 月，全国检察机关文化建设座谈会（济宁会议）后，最高人民检察院作出了《关于加强检察文化建设的意见》（以下简称《意见》）。《意见》明确指出："检察文化是检察机关在长期法律监督实践和管理活动中逐步形成的与中国特色社会主义检察制度相关的思想观念、职业精神、道德规范、行为方式以及相关载体和物质表现的总和，是社会主义先进文化的重要组成部分，是检察事业不断发展的重要力量源泉。"这是检察机关对检察文化的顶层设计，是目前对当代检察文化最权威、最基本的定义和定位，包含丰富的检察文化的基本内涵，对于指导检察文化的发展繁荣具有广泛而深远的意义。

（2）中国特色检察文化的内涵属性

依据上述概念，我们可以从几个方面来把握中国特色检察文化的内涵属性。

检察文化的政治属性。检察文化的政治属性是由当代中国执政党和国体、政体的属性决定的，是具有中国特色社会主义标签的检察文化。这是检察机关在国家政体中的基本定位、基本职能、职权运行和领导体制特点，也决定了检察文化的实践基础和职业特点。因此，作为社会主流文化，检察文化必须在中国共产党的领导下，在依法治国的总体战略中，体现社会主义先进文化的特性，体现中国特色社会主义检察制度的特性，体现中国特色社会主义检察事业软实力的特性，才能有强大的生命力和活力，才能与时俱进和繁荣发展。检察文化反映了检察机关及其全体检察人员自觉追求的理想信仰，符合先进文化前进方向的精神理念和积极进取的时代风貌，是能够保障检察职能充分发挥的精神财富和物质财富。

检察文化的法律属性。检察文化的法律属性是由检察制度、检察权的本质属性，即法律监督权和司法权决定的，是一种具有检察职业特殊性的法律监督文化。检察机关以检察权直接、集中、统一行使作为基本的组织机构形式，其检察文化是基于法律监督权及检察工作特性而产生的，因而是整个法治国家建构的组成部分。社会主义法治理念和政法干警核心价值观是构筑检察文化的基石，检察文化既反映了社会主义法治的基本精神、基本要求和本质属性，又充分体现了自身的鲜明特征。检察事业和检察制度是检察文化产生、发展的母体和土壤，犹如一个人生存所需要的空气和阳光。检察文化是根植于中国特色社会主义检察事业和检察制度的客观存在，它所包含的内容将随着检察事业和检察制度的发展而发展。检察文化只有在中国特色社会主义法治文化、法律文化和检察事业、检察制度的框架内构建，才能成为先进的检察文化，才能正确提升检察官的权力监督制约意识，真正成为检察事业不断发展的重要力量源泉、精神动力和智力支撑。

检察文化的主体属性。检察文化的主体属性是由检察机关和检察官群体的特殊性和共通性决定的，是一种独具特色的机关文化和职业文化。一是检察文化的单位属性具有特殊性。这是由检察机关的性质和司法机关的定位决定的。作为国家法律监督机关，由它所担负的检察监督的神圣使命而衍生出来的检察文化，毫无疑问具有特有的检察色彩，具有唯一的检察标签，带有强烈的检察印记，这是其他任何机关所不具备的。二是检察文化的个体属性具有特殊性。这是由检察人员的身份决定的。检察官是由全国人民代表大会通过的《人民检察院组织法》和全国人大常委会通过的《中华人民共和国检察官法》，以立法的形式确定的法律职务，是具有特定身份的法律人。自然而然，检察文化的个体主体，即行使检察权的检察官，以及服务于检察工作的其他检察人员，由于身份的特殊性而决定了他们是特定的检察文化的主体。检察文化主体的特殊性，既是区别于政府文化、企业文化、军营文化、校园文化等其他文化的主体标志，也是区别于审判文化、警察文化、律师文化等其他司法文化的主体标志。三是检察文化具有检察特殊主体的共通性。这是由检察文化的系统性、整体性、普遍性决定的。检察文化所蕴含的思想精神、观念价值、文化特质、文化内涵等，不仅限于一地、一检察机关、一检察人员所特有，而是涵盖了研究对象法域内所有行使法律监督权和从事检察实践活动的特殊主体——各级检察机关及其全体检察人员。这是形成检察文化的必要条件。当然，由于不同地域、不同文化的差异，各地检察文化也拥有自己的特色，从而形成检察文化百花齐放、万紫千红的繁荣发展局面。

检察文化的实践属性。检察文化的实践属性是由它的检察工作内容和检察活动所决定的，它是通过检察实践活动所积聚的一种文化软实力。检察文化既是一种观念性文化，更是一种实践性文化。换句话说，它是一种带有检察标签的"活"的文化。一是检察文化源于检察实践，又作用于检察实践。它来源于长期的检察实践活动，即检察机关及其检察人员依法行使检察权和开展检察工作的过程，因而具有独特的实践性和极强的活动性。检察文化产生于检察实践活动，凝聚成一种精神力量、一种职业情怀、一种综合能力。它又运用于、服务于检察实践，并推动检察实践活动的不断升级、发展和进步，推动检察工作、执法活动和检察队伍建设水平的不断提高。检察文化是与检察制度、法律监督职责、检察工作密切关联、不可分割的文化现象，不涉及与之无关的内容。二是从检察文化的实践活动来看，有主观活动和客观活动之分。其主观活动的表现形式就是在检察权行使和检察实践活动中产生并形成的检察思想理念，它包括检察人员对与检察有关的宪法和法律制度的认识与思考，对法治思维和法治方式的运用与实施，对检察制度和检察业务的理论研究与新观点，以及在司法实践和检察工作中形成的执法理念、执法方法等精神文化方面的表现。其客观活动的表现形式就是开展各种检察工作，它包括各种执法办案活动和法律监督活动，检察制度规范和规章执行，内部管理行为和外部执法行为等。三是从检察文化建设的实践形态来看，有静态和动态之分。静态的检察文化表现为检察精神、执法理念、道德准则、规范制度、物质设施等要素，而动态的检察文化则表现为检察执法活动、检察管理活动、检察文体娱乐活动等。动态检察文化建设和静态检察文化建设是有机的统一，构成了检察文化的全部实践活动。因而，检察文化不是抽象的、空洞的，而是具体的、实在的，是我们能够感知和操作的。

检察文化的行为器物属性。检察文化的器物属性——是由检察机关的特定性来决定的，是一种含有检察特质的、区别于其他文化的物质载体的检察文化。该属性具有三个方面的特殊性：一是检察官特有的专属行为。即体现出来的检察工作的特定方式和职业特征。例如，代表国家提起刑事诉讼和公益诉讼的行为、刑事犯罪的审查批准逮捕和职务犯罪侦查预防的行为、侦查活动和审判活动的法律监督行为、刑罚执行监督和监管场所违法纠正、控告举报和刑事申诉检察等行为，均属检察机关的专门职责，其他任何单位和个人都无权行使，否则将构成违法行为。二是独具检察含义的专门器物。它是能够折射出检察机关的工作性质、执法理念、司法文化，以及能够展示检察机关良好形象的载体。例如，检察制服、检察徽章、检察标识、检察标志、检察装饰、检察书籍、检察证书、奖杯证件、物品牌匾、特殊日子、历史遗物等，以及由这些器物所承载的检察制度和检察文化。三是反映检察属性的物质和环境。物质基础本身也是检察文化的一部分。检察文化是一定物质基础上的文化，这种物质基础是开展检察工作所不可或缺的。例如，具有纪念意义的检察旧址、故居、历史遗迹，检察标志性建筑、检察雕塑、检察文化墙、检察博物馆、检察陈列馆、检察物资、检察技术信息设施等，以及承载检察文化的办案设备、法律文书、院容院貌、职业礼仪、文化活动及文学作品。所以我们说，检察行为、器物、物质是检察文化的载体和表现形式，通过这些检察行为、器物、物质，在一定程度上可以反映与检察权行使和检察实践活动相关的思想意识、精神态度、价值取向和文化成果等。

三、中国检察文化发展史研究的视野和方法

研究视野和方法是为达到一定的研究目标而所应当选取参照的角度和遵循推行的方法。本书是研究中国检察文化的发展史，一般意义上的发展史都是带有全局性的研究课题，故本书除罗列史料并加以综合、分析和总结外，还采用具有普遍研究意义的方法，例如，既要有纵向研究、片段揭示，务求其深，也要有横向研究、宏观思考，务求其广；又如，既要强调整体研究，考虑政治、经济、宗教等各方面对文化的影响，也要注重个体差异，将中国的检察文化与其他国家或经济体的检察文化加以比较，使中外检察文化在相关的事件上得到统一认识，而不是将底蕴深厚的中国检察文化看成是某种单纯的直线性的因果关系或静态的历史画面。具体来讲，主要有以下几类研究视野和方法：

（一）科学方法与人文方法

科学方法的主要特征是经验观察、实验证明，通过对研究对象的观察、假说，进一步证实或证伪，最终得出结论，如本书中对中国特色社会主义检察文化基本特性的高度概括和提炼就运用了此方法。人文方法的主要特征是价值判断和心理感受，通过逻辑思辨和语义深究来得出结论，如本书中儒墨道法思想对中国古代检察文化影响的研究就是运用此方法。

（二）定性分析方法与定量分析方法

定性是对一定研究对象的性质进行认定的方法，而定量则是通过对研究对象的数量分析来进行认定。实际上定性方法和定量方法并不能截然区分开，定量分析并不是一大堆无意义的数据或案例，而是通过分析量与量之间，数与数之间的异同和特征，来准确认定研究对象。如本书中对检察文学艺术创作和检察文化活动繁荣的研究就收集和列举了大量基层人民检察院的实例。

（三）共时分析法和历时分析法

共时分析法是选取同一时间的研究对象进行分析，而历时分析法则会按照研究对象的历史发展过程进行研究。本书的主要研究对象是检察文化发展史，大多运用历时分析法，但其中也不乏共时分析法的适格运用，如在研究革命根据地时期和人民检察署时期的检察文化时，就会涉猎苏俄检察文化的深刻影响。

四、中国检察文化发展史研究的现状及展望

回顾近年来学术界对检察文化史的研究成果，有助于我们对检察文化有更全面、更深刻的认识，同时发现其中存在的不足和薄弱环节，也有助于学界加

强有针对性的研究工作，把检察文化史的研究工作推向深入，从而促进检察工作发展。检察文化的内涵应该包括与检察工作有关的制度、物质、行为以及精神等不同的文化内容和层次，故围绕检察文化开展研究的学术专著和论文我们一并列入检察文化史研究现状综述的范围。

（一）中国检察文化发展史研究的现状综述

对于检察文化的研究，近年来一度成为理论界和实务界的热门论题，关于检察文化的概念、内容、功能、载体以及检察文化建设等方面的理论研究成果十分丰富。但从查阅到的资料来看，国内外关于检察文化发展史的研究还非常之少，研究成果主要集中在检察文化基本理论和检察制度史等方面。

检察文化基本理论和检察文化建设实践的研究。检察文化的概念、内涵等基本理论是检察文化研究要解决的基本问题。10余年来，不少专家学者对此进行了较深入的研究。由于我国各地检察机关在建设检察文化时大多带有地域特色，故检察文化建设的路径和方式也是专家学者重点关注的内容，研究成果较多。除报刊网络登载的大量文章外，其中重要的专著有刘佑生等主编的《基层建设与检察文化》（2005年7月）、徐汉明等主编的《当代中国检察文化研究》（2012年12月）、张国臣主编的《中国检察文化发展暨管理模式研究》（2013年5月）、张耕主编的《检察文化初论》（2014年12月）等，都对检察文化的概念、内涵、功能、作用，以及中西方检察文化比较等有不同的认识。对检察文化的建设发展路径和方案都有专门论述，不仅指出了基层检察院检察文化建设中存在的问题，更提出了相关的解决途径。其中，也或多或少涉及检察文化产生和发展的历史脉络和轨迹，为我们研究中国检察文化发展史提供了写作思路和重要内容。

检察史和检察制度史的研究。检察制度是研究检察文化的基石，检察制度也是检察文化的重要载体之一，故检察文化理论研究中关于检察制度史的研究较为多见，也是检察文化理论中较早开始研究的内容。仅2004年至2013年，在全国各种公开刊物上发表的有关检察制度历史的文章就有300余篇。其中重要的专著有孙谦主编的《中国检察制度论纲》（2004年12月）、《人民检察制度的历史变迁》（2009年9月）和《人民检察八十年图说历史》（2011年9月），曾宪义主编的《检察制度史略》（2008年5月），何勤华主编的《检察制度史》（2009年10月），最高人民检察院主编的《人民检察史》（2008年5月），林海主编的《中央苏区检察史》（2002年9月）和《人民检察制度在中央苏区的初创和发展》（2011年1月），刘建国主编的《人民检察制度在鄂豫皖革命根据地的发展》（2011年9月），闵钐、薛伟宏主编的《共和国检察历史片段》（2009年9月）和《中国检察史资料选编》（2008年6月），王松苗主编的《共和国检察人物》（2009 年 12 月）和《检察史的新闻阅读》（2011 年 9 月），刘方主编的《检察制度史纲要》（2007 年 11 月）和《新中国检察制度史概略》（2013 年 8 月）等。重要的论文有石献智、陈国庆《检察制度起源辨析——兼论检察机关的职能定位》等。这些著作和论文对检察制度的萌芽、产生、发展和中国的检察制度史以及检察制度的发展趋势进行了全面深入的研究，展示了一幅中国检察制度发展完善的历史画卷。这些检察史专著、论文中，我们不难看到它折射出的检察文化印记，对于我们研究检察制度文化发展史提供了有益的帮助和参考。

（二）中国检察文化发展史研究的前景展望

从上述的检察文化史研究现状综述可以看到，当前检察文化的研究百花齐放，取得了丰富的成果。为数众多的检察文化发展资料得到整理，检察文化发展情况得到呈现，检察文化的内涵及其对检察工作的影响得到探讨，这极大地推动了检察文化研究的繁荣。但同时也存在一些问题，如检察文化史研究视野的广度与深度不足，对国外研究现状与成果了解不够深入，缺乏对检察文化史的系统研究。从研究深度来看，部分研究只停留在检察文化概念的注释和内容、功能的列举上，而没有站在社会发展和法治化水平提高的大背景下对当前检察文化建设进行反思，对于联系传统政治、法律、监察、民俗文化整体研究，寻找检察文化的“血缘”承继则更是少数，这就难以达到对检察文化的深度认识。从研究成果载体来看，发表了一些探讨检察文化建设方式方法的论文，但是重复成果较多，既有成果中，对于进行历史解析、法文化分析的论文并不多见。这些制约了检察文化史研究向纵深化发展。本书以为，要拓展检察文化史研究的空间，推进检察文化研究走向深入，应从以下几方面着手：

重视检察文化发展史料的收集与整理工作。“史料为史之组织细胞，史料不具或不确，则无复史之可言”，可见，史料是史学的基础，是史家认识和重建过去的中介。没有史料，就无从谈及写史、治史。史料占有的多少和质量，决定着研究的水平和价值。因此，研究中国检察文化发展的历史必须从全面收集、整理和分析已有的史料出发。

拓宽检察文化史的研究视野。当前，我国检察文化史研究主要集中在检察制度史的探讨。检察文化的内容包括检察机关和检察人员在检察工作中创造、发展和传承的各种精神成果，检察制度仅是检察文化的一部分。因此，为了更好地开展检察文化史研究，我们一定要在原有研究基础上进行深化研究。如在检察制度史方面，要重点从推动检察工作科学发展的视角去审视不同时期检察制度的制定与实施和对检察工作的影响，而不是只注重描述制度的内容与文本。

应结合检察工作发展研究检察文化。研究检察文化发展史，应当把它置身于中国检察工作的发展历程中，既要看到检察文化发展的自身特点，又要看到它的发展与中国检察工作发展的关系与影响；既要注重检察文化发展历史，又要重视检察文化在当下的价值，只有将此二者有效结合，我们的检察文化发展史研究才具有自己的特色，才能为检察工作发展提供更好的帮助。

我们相信，在众多专家学者和司法工作人员，特别是检察人员的共同努力下，对中国检察文化发展史的研究能够取得巨大的成就，并且以此为基础，拓宽其他检察领域的研究，全方位、多角度地推动检察工作蓬勃发展，为建设中国特设社会主义法治社会贡献必不可少的力量。

第一章　中国检察文化发展的历史渊源

　　检察文化是随着检察制度的产生而逐渐形成的，我国古代并没有现代意义上的检察制度和机构，因此也没有真正意义上的检察文化。然而，一个民族的文化是血脉相通的，我国检察文化的产生与发展，深深印刻着中国传统文化特别是御史监察文化的烙印，当代检察文化中的很多观念、制度、活动都能从传统文化中找到渊源，"检察"一词的词源就充分证明了这一点。《说文解字》对"检"字的注解为："检，书署也。"御史将所要弹劾的事项与典章律令相对照，即可谓之"检"；而"察"，按《说文解字》的解释，先秦时代是"覆审"的意思。"检察"两字合用始见于唐代，《资治通鉴》记载唐太宗李世民对黄门郎王硅说："国家本置中书、门下以相检察"，尽管与现代意义上的检察还相去甚远，但已经包含了"监督"这一现代检察制度的核心要素。可见，如果没有中国古代的御史制度和文化这一历史渊源，清末以来的检察制度和检察文化就会缺少赖以生存的文化根基。

第一节　中国古代的御史监察制度文化对中国检察文化的影响

一、中国古代的御史监察制度文化

　　一方面，现代检察制度，发端于欧洲，法国是世界上最早建立检察制度的国家，德国、日本的检察制度，均源自法国。我国的检察制度，清末自日本引进。另一方面，我国古代有着绵延上千年的御史监察制度，尽管我们不能将御史监察制度当作我国现代检察制度在制度上的起源，以免有牵强附会之嫌，但在御史所承担的纠弹百官、肃正纲纪的职能作用上，在御史所具有的忠诚勇敢、公正廉洁的品格上，御史监察制度与我国现行检察制度是相近的、相通的，就此而言，御史监察制度当可作为现代检察制度的文化渊源之一。

　　我国御史监察制度萌芽于先秦，形成于秦汉，成熟于隋唐，强化于宋元，而完备于明清，① 在这一演进过程中，监察制度的各种变革始终与封建专制主义中央集权的不断强化相适应，这是我国监察制度发展的基本规律，由此导致以下两大基本特征：一是监察权不断集中到皇帝手中；二是监察职权不断扩充。②

（一）先秦时期的御史监察制度及文化特征

一般认为，中国古代监察制度确立于秦汉时期。"我国监察制度，直至秦汉时代，始有重大之发展，具有完备之规模，为我国传统监察制度创下了新纪元。"③ 上古三代至春秋战国，未见有专门的监察机构和监察法规，但其权力监督思想的产生和兼有监察职能职官的出现，为后世监察制度的形成与发展奠定了基础。

周代实行"六官"之制，即天官、地官、春官、夏官、秋官、冬官。天官首长称大宰，副职为小宰，大小宰共掌建邦之六典——治典、教典、礼典、政典、刑典、事典，其中治、政、刑三典中分别含有"以治官府"、"以正百官"、"以刑百官"的内容，这些都是指对官员的监督与监察。除此之外，先秦时期兼理监察事务的主要职官，就是御史。"御史，掌邦国都鄙及万民之治令，以赞冢宰。"④ 意即御史掌理国家政令，协助天官冢宰履职。"御史原是君主近臣，本司记事之职，战国时益为君主所亲信，用以监察百官，为人主耳目，渐至变成纠弹官邪的风宪之官。"⑤

监察立法上，先秦时期尚无由发生，但体现权力监督思想的一些规定已有记载。如《周礼·天官冢宰》规定大宰得以八法治官府；⑥《周礼·秋官司寇》规定了八种官吏犯罪行为。⑦ 西周时期制定的《吕刑》中，规定了贼、

---

① 参见贾玉英等：《中国古代监察制度发展史》，人民出版社 2004 年版，第 4 页；邱永明：《中国古代监察制度史》，上海人民出版社 2006 年版，第 2～3 页。

② 参见邱永明：《中国古代监察制度史》，上海人民出版社 2006 年版，第 3～5 页。

③ 马空群：《秦汉监察制度》，台湾商务印书馆 1976 年版，第 3 页。

④ 《周礼·春官宗伯下·御史》。

⑤ 傅乐成：《中国通史（上册）》，贵州教育出版社 2010 年版，第 106～107 页。

⑥ "八法"：一曰官属，以举邦治；二曰官职，以辨邦治；三曰官联，以会官治；四曰官常，以听官治。五曰官成，以经邦治；六曰官法，以正邦治；七曰官刑，以纠邦治；八曰官计，以弊邦治。转引自张晋藩主编：《中国古代监察法制史》，江苏人民出版社 2007 年版，第 32 页。

⑦ 八种官吏犯罪行为：一曰邦为，二曰邦贼，三曰邦谍，四曰犯邦令，五曰挢邦令，六曰为邦盗，七曰邦朋，八曰邦诬。参见张晋藩主编：《中国古代监察法制史》，江苏人民出版社 2007 年版，第 32 页。

藏、盗、奸以及官员的"五过之疵",即惟官、惟反、惟内、惟货、惟来。这些可以看作是监察立法的萌芽。

先秦时期既无专门的监察机构和监察立法,那么这一时期的监察文化也就很"原始"、"本初",主要是权力监督思想的反映和体现。一般认为,夏商周为奴隶制政权时期,自启从益手中夺取部落联盟首领地位后,"天下为公"遂为"家天下"所取代,这种政治制度上的深刻变化,促使萌芽于原始社会末期的权力监督思想以维护君王的专制地位和专断权力为价值取向,纠察百官以服务于君王由是产生。最初由君王亲自行使监察权,但毕竟精力有限,因此逐渐转变为由特定官员负责监察,御史作为君王身边近丞,从专司记事,到兼职监察,慢慢开始向专门的监察职官发展。

(二)秦汉时期的监察制度

秦汉是我国统一的封建中央集权制度的建立和形成时期,与此相应,中国封建监察制度也开始创建并逐步确立。

秦时中央机构以丞相、太尉、御史大夫为最高职官,并称"三公"。其中,御史大夫除作为副丞相辅助丞相以外,还负责监察百官。御史大夫官署称御史大夫府、御史府。御史大夫下有御史丞、御史中丞各一,及侍御史十五人。御史丞掌府中对内事务,御史中丞专职监察事宜。"御史大夫,秦官,位上卿,银印青绶,掌副丞相。有两丞,秩千石。一曰中丞,在殿中兰台,掌图籍秘书,外督部刺史,内领侍御史员十五人,受公卿奏事,举劾按章。"① 秦统一后,地方上推行郡县制,前后共置四十一郡,郡的最高长官为郡守,其下有郡丞、郡尉等僚属佐之。在对地方的监察上,设有郡监,主要负责对县级官员进行监督。中央有时也派侍御史到各郡监察施政情况,称监御史,又称监公,但不常置。

汉承秦制,中央监察职责仍在御史府,首长仍为御史大夫,至东汉时,御史府改为御史台,御史中丞成为中央监察最高长官。在地方监察上,汉代有重大创新——十三部刺史。汉武帝元封五年(公元前106年),将全国划分为十三个监察大区,名曰"部",每部设刺史一人,以监督地方官员。刺史多在每年八月巡行,遇有职责所在之不法情事,即向中央举劾。此外,还有负责京城及附近地区监察事宜的特殊"刺史"——司隶校尉。汉武帝征和四年(公元前89年)设司隶校尉,职掌畿辅七郡监察事宜,即对京城、三辅(京兆尹、左冯翊、右扶风)、三河(河内、河东、河南)及弘农七郡地区的文武百官和

---

① 《汉书·百官公卿表》。

皇亲国戚进行监察。

监察立法上，秦代为我国封建监察制度的草创时期，尚无专门的监察法规，关于监察的一些规定散见于各律文中。其中比较有代表性的有《语书》、《为吏之道》。《语书》颁行于秦始皇二十年（公元前227年），提出了良吏与恶吏的区分标准；《为吏之道》则详细规定了"吏有五善"、"吏有五失"等官员的具体行为标准，为职官监察的基本依据。至汉，监察立法始有重大进步，先后颁行《监御史九条》和《刺史六条》两部监察法规，为地方监察之基本遵循。《监御史九条》，又称"御史九法"，制定于汉惠帝三年（公元前192年），为我国古代第一部专门性地方监察法规，《唐六典》和《西汉年纪》对九条监察规定有详细记载，[1] 主要监察郡县官吏的渎职、违制以及作风纪律三大方面问题。《刺史六条》为汉武帝时期所颁行，主要针对的是地方豪强，以防止地方势力过于强大而威胁中央政府。《监御史九条》与《刺史六条》开创了中国古代监察立法之先河，对后世影响深远，唐之《监察六条》、明之《宪纲条例》、清之《钦定台规》，皆因袭承接之。因此，这两部监察法规，被称为中国古代监察立法的奠基之作。[2]

"六国灭，四海一"，以法家思想为指导得以实现强盛的秦王朝，在统一天下后，继续推行"依法治国"，在中国历史上，秦王朝首次将法律作为全面调节社会关系的最重要规范。秦始皇下令统一六国货币与文字，一律使用圆形方孔钱，一律使用小篆文字，又统一全国之度、量、衡，"治道运行，诸产得宜，皆有法式"。[3] 这样的政治思想也体现在秦的监察文化上，不但有了专门的监察机构和监察职官，开创了中国古代监察官制之先河，相应的监察法规也陆续出现，而各级官员也带头遵守法律。但秦王朝的"依法治国"，过于强调法律的工具性，将法律作为治国理政、调整一切社会关系的唯一手段，走上了严刑峻法的极端，加之在思想文化上"焚书坑儒"，大搞专制主义，苛政之下的秦王朝短命而亡。

汉初政治反秦制而行，为保江山永为刘氏所有，分封了不少刘姓子弟各处为王，中央对地方的管理亦多放任，加之执政者笃信黄老思想，奉行无为之

① 《唐六典》载："有辞讼者，盗贼者，铸伪钱者，狱不直者，繇赋不平者，吏不廉者，苛刻者，逾侈及弩力十石以上者，作非所当服者，凡九条。"宋人王益之所撰《西汉年纪》引《汉仪》："察有司讼者，盗贼者，伪铸钱者，恣为奸诈论狱不直者，擅兴徭赋不平者，吏不廉者，吏以苛刻故劾无罪者，敢为逾侈及弩十石以上者，非所当服者，凡九条。"参见张晋藩主编：《中国古代监察法制史》，江苏人民出版社2007年版，第107页。

② 参见张晋藩主编：《中国古代监察法制史》，江苏人民出版社2007年版，第109页。

③ 《史记·秦始皇本纪》。

治，渐至中央权力削弱而地方势力变强，这自然是皇帝所不能容许的，强化中央集权、加强地方监察，势在必行。终于在武帝时期，创建了十三部刺史制度，开系统监察地方之先河，监察之风遂为之一变，终我国两千年封建社会，对地方的监察不断得到强化与完备。

此外，武帝开创了平民入仕的途径，这对于从品格和文化上保证监察官员的素质创造了条件。"汉初，入仕之重要途径有二，一为荫任，二为赀选，这样长久下去，便会僵化为贵族政治。武帝创建郡察孝廉，州举茂才，及博士弟子射策甲科等制度，开平民知识分子入仕之坦途，因此促成社会之灵动性。后来隋唐进士科举亦是沿此方向发展，使中国社会不能产生固定的贵族阶级，此与印度、日本、欧洲社会大有不同。"① 优秀的平民知识分子得以进入地方和中央监察系统，能够不断净化监察系统的自身环境，这对于后世监察官员优秀文化品质的形成与传承，对于监察机构维系和保护中央集权制度作用的发挥，都是非常重要的。

（三）隋唐时期的监察制度

隋唐两代在三国两晋南北朝时期监察制度发展的基础上，进一步将中国古代监察制度向纵深推进，监察制度达到成熟阶段。

隋代中央监察机构仍沿袭东汉以降之御史台，但长官不再是御史中丞，复为御史大夫。隋代御史大夫与秦汉时期身兼副丞相的御史大夫虽名称相同，但性质并不一样。隋文帝杨坚建隋后，因避其父杨忠之讳，废御史中丞之称，因此，隋代御史大夫实际就是汉晋之御史中丞。隋代在地方监察制度上的革新，在于其创设了专司监察地方郡县官员的监察机构——司隶台。隋初，地方监察之制尚未定型，只是临时派遣官员巡视地方。隋炀帝大业二年（606 年），设司隶台，标志着隋代地方监察制度的正式形成。隋代司隶台有别于汉代的司隶校尉，司隶校尉是只负责京城及其附近地区监察职责的地方监察官员，而司隶台则是负责全国的地方监察事务的机构。② 司隶台长官为司隶大夫，设别驾二人副之，负责"分察畿内"，一人按察东都（今河南洛阳），一人按察京师（今陕西西安）。司隶台监察官员的主体为刺史，共 14 人，掌巡察畿外诸郡，每年二月出巡，十月入奏。另设从事 40 人，佐刺史巡察。③

隋亡唐兴，中央监察制度沿袭隋，但废除了隋代的司隶台。御史台仍以御史大夫为长官，以御史中丞二人为辅佐，"掌邦国刑宪典章之政令，以肃正朝

---

① 严耕望：《中国政治制度史纲》，上海古籍出版社 2013 年版，第 94 页。
② 王正：《监察史话》，社会科学文献出版社 2011 年版，第 71 页。
③ 参见邱永明：《中国古代监察制度史》，上海人民出版社 2006 年版，第 213 页。

列"，"掌以刑法典章，纠正百官之罪恶"。① 唐玄宗开元年间，在御史台下设台院、殿院、察院，形成了唐代独具特色的"一台三院"监察体制。台院设侍御史6人，主要负责纠弹中央百官，权力极大；殿院设殿中侍御史9人，负责朝会时百官的仪态及言行举止的监督；察院设监察御史15人，负责分察六部，巡按郡县，其中监察六部者称"部察"，监察地方各道者（道为唐代地方监察区）称"道察"。唐以前，监察机构很少也很难发挥对司法机关的监督作用，到唐代，局面为之一变，凡遇特别重大案件，或者涉及皇亲国戚、五品以上官员的案件，御史大夫或御史中丞要会同刑部侍郎、大理寺卿共同审理，称之为"三司受事"。如果刑部、大理寺处置不当，御史台有权提出异议。自唐代始，监察机构得以监督司法的权力越来越大。

监察立法上，隋短命而亡，尚未制定专门的监察法规。有唐一代，凡290年，其法制达到了中国封建法制的顶峰，颁行于唐高宗永徽四年（654年）的《永徽律疏》，即后世所称《唐律疏议》，不但为封建法制之楷模，亦被认为是中华法系之代表。唐代的监察立法，除散见于《唐律疏议》、《唐六典》等法律中的有关条文外，还制定有专门的监察法规《监察六法》以及《风俗廉察四十八条》。唐玄宗开元年间，仿汉代《刺史六条》制定《监察六法》，② 较之汉六条，唐六条的监察对象更广，不仅局限于地方豪强大吏，不入品阶的小吏也在监察之列，监察的重点从地方势力转向了纠察官员失职。武后光宅元年（684年），颁行《风俗廉察四十八条》，既除百姓陈习陋俗，又察官吏廉洁奉法，但其过于烦琐，武后延载年间废除。

隋唐之关系犹如秦汉，秦隋皆因暴政短命而亡，代之者汉唐充分吸取了前朝覆灭的教训，政治上总体较为宽缓，包括监察制度在内的政治制度得以充分发展。隋文帝时，废除了魏晋以来致"上品无寒门，下品无士族"的不利于人才发展的九品中正制，恢复荐举；隋炀帝时，又开科取士；唐在隋基础上将科举制进一步推向缜密，此后历朝历代皆沿用不废。隋唐的科举制进一步完善了始于汉代的平民入仕途径，对于保障优秀人才进入官僚机关，功不可没。唐时监察范围扩张到了司法领域，这与我国检察机关定位为法律监督机关，有异曲同工之妙。

---

① 《唐六典·御史台》，转引自张晋藩主编：《中国古代监察法制史》，江苏人民出版社2007年版，第177页。

② 《新唐书·百官三》载："其一察官人善恶；其二察户口流散，籍账隐没，赋役不均；其三察农桑不勤，仓库减耗；其四察妖猾盗贼，不事生业，为私蠹害；其五察德行孝弟，茂才异等，藏器晦迹，应时用者；其六察黠吏豪宗兼并纵暴，贫弱冤苦不能自申者。"

（四）宋元时期的监察制度

宋元上承隋唐，下启明清，监察制度与监察立法，尤其是后者，有了长足发展，为我国监察制度的强化时期。

宋代中央监察机构仍为御史台，主要职责仍是纠察弹劾文武百官的不法行为。宋代御史监察百官的方式得以确定，即所谓弹、劾、纠、奏，分别针对官员的重大罪行、较重罪行、较轻罪行以及一般违法失礼行为。宋代御史台与唐代一样，享有司法监督权。宋代御史台区别于唐代之处在于：宋代御史台的监察御史不出巡地方，专司对中央及京城百官的监察，尤以六部为主要监察对象。宋代地方监察职能则主要由通判与监司承担。宋代地方行政体制为州县两级制，长官分别称知州、知县。在州一级，每州增设一至二名与知州同掌州务的官员，即通判。通判不是知州的属官，乃由皇帝选派。通判不仅与知州共同处理本州大小事务，并可监督知州及其下属。监司是宋代设置在地方上的四个职官的统称，即漕司（转运司）、宪司（提点刑狱司）、仓司（提举常平司）、帅司（安抚使司），四司职掌不同，但都负责对地方上某一方面的监察。监司官员与通判一样，不受别官节制，直接听命于皇帝，对皇帝负责。

元时御史台变革较大，一是地位空前提高。御史台长官御史大夫，唐时不过三品官员，宋时亦不过从二品，元时则提升为从一品，与行使宰相权力的中书省平章政事、枢密院知院同品。二是三院合一。唐宋时期御史台由台、殿、察三院组成，分工明确，各司其职。元代随着专制主义中央集权的进一步发展，台院裁撤，殿院降格，唯察院独大，实际上演变成为三院合而为一。三是司法监督权力的进一步扩大。元时取消了大理寺，唐宋时期的"三司受事"格局被改变，形成了由御史台直接监督刑部司法活动的新局面。元代地方上共设 10 个行省，划分为 22 个道，即 22 个监察区，各道设肃政廉访司（初称提刑按察司）作为地方专职监察机构。又有行御史台之制，即以行御史台作为御史台的派出机构监督各道，其中御史台直接管辖八道（称"内八道"），江南行台管辖十道（称"江南十道"），陕西行台管辖四道（称"西四道"）。①

监察立法上，宋以前监察立法发展总体缓慢，基本承袭汉代《刺史六条》，内容相对简单，且局限于地方监察。宋元时期，随着监察制度的强化，监察立法有了长足进步，出现了比较系统的监察法规，元代尤为突出。宋代监察法规虽仍偏重于地方，但内容开始增多，涉及面也趋广，仅据《庆元条法事类》与《宋大诏令》所载即不下 20 种，这些监察法规详细规定了监察机构

---

① 参见张晋藩主编：《中国古代监察法制史》，江苏人民出版社 2007 年版，第 269 页。

的性质、职能、任务以及活动原则和具体程序，体现较强的系统性。元代的《宪台格例》，是中国古代监察史上第一部专门的中央监察法规，明代的《宪纲条例》、清代的《钦定台规》，大体上均参照元代加以完善而成。

宋代国策，简言之就是"强干弱枝"。其基本原则有二：一是加强中央集权，使中央的各项权力如军、政、财、法等权都超越地方；二是提倡文人政治，严禁武将干政，旨在痛纠唐末以来武将乱国的弊病。是故，终宋一代，内忧外患不断。宋代以前，御史与谏官①职责分喻，台官监察，纠弹违法；谏官言事，规正讽喻。台官虽偶尔也可言事，但属于其很次要的活动，更无专职言事的台官。到宋代，台官与谏官的职责逐渐交叉融合，台官可以言事规谏，谏官也有纠弹百官之责。台谏合一，是宋代监察制度的重要特征。② 宋代监察权力的行使，以宰相为主要对象，宰相多有因弹劾而被罢免者。而宋室对此种作风，又多方鼓励，从不罪责监察官员。监察权力超过了相权，宰相受此牵制，难以有所作为，宋的积弱，与此亦大有关系。

元代虽有《宪台格例》这样的使监察制度进一步发展的代表之作，但元统治者歧视外族，将全国人民分为蒙古人（又称"国人"）、色目人（包括西域三十余部族，又称"诸国人"）、汉人（原受辽金统治的黄河流域的中国人）、南人（原受南宋统治的长江流域及其以南的中国人），四个阶级政治待遇悬殊，无论中央还是地方官员，正职首选蒙古人，次选色目人、汉人，南人最多只能做到副职。③ 御史台也是同样，长官必用蒙古人，御史与其他职官的任用"惟论根脚"。这种监察官任用原则，违背了中国封建监察制度在选拔监察官员方面的优良传统，严重影响了监察官员的素质结构。④

（五）明清时期的监察制度

自秦汉建立起的封建监察制度，经过一千年的变迁，到明清时期已发展成为一个体系庞大的官僚机构，封建监察制度达到了巅峰。

明初政治制度基本沿用元制，在监察制度上，中央监察机构仍为御史台。明太祖洪武十五年（1382年），改御史台为都察院，作为全国最高监察机构。其职责为："纠劾百司，辨明冤枉，提督各道，为天子耳目风纪之司。凡大臣

---

① 谏官是我国古代监察制度的重要组成部分之一，御史主要负责监察百官，谏官主要负责言事讽谏。秦时已置谏议大夫，但有名无实；汉承秦制，开始正式履行谏官职责。因谏官制度与现代检察制度关系不大，因此文中略而不述，但宋时台谏合一，故稍论之。

② 参见王正：《监察史话》，社会科学文献出版社2011年版，第102页。

③ 参见傅乐成：《中国通史》（下册），贵州教育出版社2010年版，第550页。

④ 参见邱永明：《中国古代监察制度史》，上海人民出版社2006年版，第384页。

奸邪小人构党作威福乱政者，劾。凡百官猥茸贪冒坏官纪者，劾。凡学术不正上书陈言变乱成宪希进用者，劾。遇朝觐考察，同吏部司贤否陟黜。大狱重囚会鞫于外朝，偕刑部、大理谳平之。"① 都察院设左、右都御史各 1 人（以左为上），左、右副都御史各 1 人，左、右佥都御史各 2 人，皆为都察院主管官员。都察院直接履行监察职权者为监察御史，监察御史身兼内外双重监察职能，既负责监察中央机构，亦受皇帝委托巡视地方，称为"巡按御史"。明代全国划分为 13 个监察大区，称为"十三道"，十三道监察御史的设置，从中央到地方形成了一个完整的监察体系，加强了中央对地方的控制。② 此外，明代废除了丞相制，六部升格直接听命于皇帝，但六部地位的提高对于皇权是潜在的威胁，因此，洪武十五年裁撤谏官时，六科给事中被保留，并逐渐演变为专门监督六部的监察机构，其自成体系，为明代监察制度一大特色。

清代都察院在明代基础上又有进一步发展。左都御史为都察院长官，地位同六部尚书，右都御史为总督加衔；左副都御史为都察院次官，右副都御史为巡抚加衔。六科给事中、十五道监察御史均隶属都察院。除十五道监察御史的专职监察和督抚的兼职监察外，清代地方监察职官还有提刑按察使，提刑按察使按省设置，共 18 人，主管一省的司法与监察事务。督抚与十五道监察御史以及提刑按察使的关系，大致如下：督抚为地方最高军政长官兼地方最高监察长官；十五道监察御史为都察院派驻地方的监察官员；按察使为省一级地方监察官。三者互不统属，又相互照应，对地方形成交错严密之监察网络。

监察立法上，明代监察立法较之元代又有进步，以颁行于明英宗正统四年（1439 年）的《宪纲条例》为代表。《宪纲条例》原文已佚，但其主要内容辑于《大明会典》第 209—213 卷。《宪纲条例》对监察官员的地位、职责、任用以及监察对象、监察方式、监察纪律等作出了详细的规定，堪称是一部完备的监察法规。③ 清代监察法规，除《大清律例》职制门中的有关规定外，始纂于乾隆八年（1743 年），经数朝修订完善的《钦定台规》，是中国封建社会最后一部也是最完备的一部监察法典，其以明代的《宪纲条例》为基础，不断加以修改而成。

明清时期，专制主义中央集权制度发展到了顶点。有明一代，皇帝的专制集权不断加强。明太祖时，先后诛杀胡惟庸与蓝玉两族党数万人，官员人人自危；锦衣卫、东西厂的设置，更是专制统治的极端表现。终明一世，虽因皇帝

① 《明史·职官二》。

② 参见张晋藩主编：《中国古代监察法制史》，江苏人民出版社 2007 年版，第 314 页。

③ 参见邱永明：《中国古代监察制度史》，上海人民出版社 2006 年版，第 406 页。

荒诞者多，致不时有宦官专权，但绝无宦官弑君另立新君之事，在中国古代历史中鲜矣，这也说明了以强化皇权为核心的专制主义集权发展得空前强大。与此相适应，明代监察之风强悍，监察官员敢于监察，乃是明代监察文化特征之一。例如御史蒋钦等人弹劾权宦刘瑾，参加的御史官员先后多达数十人，终致刘瑾被诛；权臣严嵩专权前后达 20 余年，御史官员针对其的弹劾从未间断过，许多御史官员因此而丧命，但终使严嵩被罢官，其子发配戍边。

清代为我国最后一个封建王朝，专制主义中央集权发展到了极致，服务于皇权的御史监察制度亦发展到了完备的阶段。清在明的基础上，将六科给事中和十五道监察御史均归属都察院掌管，科道合并，使中国封建监察机构达到空前的统一。清中前期，对于监察官员的作用非常重视，非常讲究御史的出身与品质，监察官员的文化素养普遍较高。而御史也恪尽职守，发挥了应有的作用。到清后期，随着封建专制主义走向尽头，作为这一制度一部分的御史监察制度，也逐渐无法发挥功用，走向死亡。

明清时期，监察官员监察范围扩大到了学术文化思想领域，凡"学术不正者"，也要受到劾举，这种监察权的不当扩张，既是专制主义集权统治发展的必然要求，也导致了明清时期高度的文化专制，演变成一桩又一桩文字狱，而且告讦成风，监察官员以陷害他人为能事。文化思想的禁锢，使当时不少知识分子脱离实际，只能在故纸堆中寻章摘句、推究考证些无关紧要的东西，这也是近代中国之所以在文化思想上落后的原因之一。

二、中国古代的御史监察形象文化

与现代机构高度的组织化、标准化不同，古代的御史监察制度中虽然一直有机构的存在，但御史职能的发挥，往往不是通过御史监察机构而是通过御史个人的履职得以实现。因此，如果说御史制度是御史监察文化在应然层面的集中体现，那么，御史个人以及御史群体的形象则是从实然层面代表了当时当世的御史监察文化。

（一）中国古代御史监察形象的整体特点

自从御史制度确立以来，由于其特殊的地位，历朝历代都十分重视御史的选拔。汉代薛宣云："御史大夫内承本朝之风化，外佐丞相统理天下。任重职大，非庸材所能堪。今当选于群卿，以充其缺。得其人则万姓欣喜，百僚悦服；不得其人则大职坠，王功不兴。"① 唐代张谓在五言诗《送韦侍御赴上都》

---

① 《汉书·薛宣朱博传》。

中描写朝廷选任御史的困难"天朝辟书下，风宪取才难"。由于朝廷在选拔御史上的高标准，因此，但凡在政通人和之时，御史无论是在个人的才德上，还是在行使职权的过程中，都展现出良好的形象；但在礼崩乐坏、世风日下之时，受到政治气候的影响，御史的素质和形象也难免出现下滑。

1. 古代御史的主流形象

综观中国古代御史制度的运行情况，特别是从历代御史选官的条件中，就能窥见古代御史的大致形象：

（1）绝对忠诚

中国古代有"明主治吏不治民"的吏治传统，因此，作为"治官之官"的御史，一直都为君主所倚重，很多御史在行使职权的过程中，甚至直接听命于君主。因此在选拔御史的过程中，首要的要求就是忠诚，要忠心不二地效忠君主，不折不扣地按照皇帝的意志办事。隋朝以前，御史多在宫内办公，因此是君主的近臣，如汉代御史大夫多为皇帝的亲信；隋朝以后，御史离开宫阙，能够更加独立地行使职权，其忠诚的品质就更加受到重视，如明代就要求御史能够"忠勤以事上。"①

（2）廉洁正直

司马光就选拔御史提出了三个条件：第一不爱富贵，第二重名惜节，第三晓知治体。清廉自洁，一身正气，介直敢言，不畏权贵，这既是史书中对御史形象最重要的描绘，也是选拔御史基本的品格要求。汉代，对御史全部冠以法冠，而御史的法冠则是一个铁制的直筒子，寓直不撕挠曲之意。

唐代文宗时反对以素来"避事者"为监察官，金代曾经禁止御史官员与其他官员进行非公事的交往。明成祖曾发布命令，要求只选拔那些进士及监生出身的人员担任御史，不得选拔"刀笔吏"②充任御史。因为"刀笔吏知利不知义，刻薄不知大体，用此徒任风纪，只使人轻视朝廷"。康熙帝一再表示御史"若挟其私心，天下必不能治"，"若心术不善，纵有才学何用"，因而选拔御史当以勤谨、廉洁、公正为必要之条件，康熙四十三年（1704年）规定降级、还级、革职还职者概不选取，监察官须身无瑕疵、品行端谨。历史上，御史官员廉洁自律的事例不胜枚举，如西汉初任御史大夫的申屠嘉，为人秉直清廉，为了不受私人关系的影响，坚持不在家中接待客人。东汉后期的侍御史杨秉，先后任四州刺史，"以廉洁称"，拒百万贿财于门外，尝以"三不惑"自许，"三不惑"者即"酒、色、财也"。明代著名廉吏轩輗任浙江按察使期间，

---

① 《明史·职官志》。

② 泛称主办文案的承差、吏典等吏员，讼师也称刀笔吏。

寒暑一青布袍，补缀殆遍，家无佣人，妻儿老小亲操井臼。他十分厌恶奢侈之风，任上从不受请赴宴，一次毫无办法，接受了同僚的请客，回到家中，他拍着自己肚子说："此中有脏物也。"① 自此，宴请、送礼，其再也不接纳，由此"情操闻天下"。

在清廉自律的同时，中国古代御史群体在性格上还体现了正直刚毅的形象特征。西汉司隶校尉诸葛丰，性情刚正不阿，对贪官污吏、专事阿谀奉承之小人恨之入骨，后因弹劾权臣，皇帝不允，被降为城门校尉。唐代御史权万纪"性强直，好直高"，李商隐"性率刚直，高无所隐"，都以处事明断得到皇帝称许。宋赵抃为殿中侍御史，弹劾权贵，刚直无私，人称"铁面御史"。明朝的冯恩任南京御史，上书弹劾当朝三名权贵罪状，反被打入狱中接受审问，在审问过程中冯恩仍坚持弹劾，在他被押解经过长安门时，围观百姓为之赞叹："是御史非但口如铁，其膝、其胆、其骨皆铁也"。因此，冯恩被称为"四铁御史"。②

（3）明法博学

作为执法者，御史必须懂得治国治民之道，才能够与君主保持思想和行动上的一致，因此，明法博学就成为御史在个人能力上的重要形象。汉武帝时曾任御史的大夫张汤，其同时也参与了多项立法工作，编定了《朝会正见》、《越宫律》。北魏时出现 800 人中选任一个监察御史的情形，南朝荀伯子、顾恺之、陆澄等御史，在他们的本传中，被称为博学、博览者比比皆是，他们以精通儒家经典为主，兼涉史学与诸子百家。宋朝明文规定以荫补入仕者不能担任御史，而台谏官 90% 以上有进士身份。明朝则要求御史必须是科举出身，而明成祖更是果断地指出，选御史"宜用学识通达治体者"，明英宗时期，因御史职位空缺，都御史王文奏请从进士出身的官员中选拔，通过考察的左鼎、白圭等十余人，"晓谙刑名，皆授御史"。③ 清朝康熙、雍正、光绪皇帝都曾经要求，出任科道官员的汉人必须是科举出身，满人也必须是通晓满汉文字者经举荐后方可充任。

明法博学的素养使得历代御史敢于捍卫法律，甚至不惜以死护法。唐代著名循吏李素立任监察御史期间，唐高祖主持朝议，就如何惩治犯罪诸问题，征询群臣意见，并提出："乱世当用重典，对于那些犯了法而又不够死刑者，可以特例特办，一概杀头，以儆效尤。"李素立立即谏阻："三尺之法，与天下

---

① 《明史·轩輗传》。

② 《明史·冯恩传》。

③ 《明史·左鼎传》。

共之，法一动摇，则人无所措手足。陛下甫创鸿业，遐荒尚阻，奈何辇毂之下，便弃刑书？臣忝法司，不敢奉旨。"体现其宁可抗旨也要护法的决心和优良品质。

（4）经验丰富

由于历朝历代都十分注重从具有良好政绩的基层官员中选拔御史官员。因此，古代御史除了有足够的知识储备，大多还有丰富的为政经验，对于御史而言，必须明察事理，通达治体，洞晓世事，否则就只能是纸上谈兵。汉朝时规定御史大夫要从表现出色的郡守当中选拔，汉景帝时，晁错由内史而为御史大夫。唐代之后，对御史选拔有了更为明确的资历限制，要求有实际工作经验。唐代规定，御史必须在地方州县任职，不少著名的御史官员，例如李峤、裴度、元稹等，都是经由县一级的丞、尉、主簿等提拔起来的。宋代则明文规定："自今非曾任两任县令，不得除为监察御史。"明代规定："新进初仕，不许除授御史。"明仁宗谕："御史耳目之官，惟老成识治体者可任。"清代监察官多由在任的京官和在外知县、推官等政绩卓异者，经内外大员保荐考试合格入选。

而阅历上的丰富往往是需要年龄作"资本"的，因此，历代御史官员中鲜有年龄过轻者。明代规定："新进初仕，不许除授御史"，"进十年二十以上者，力一许赴吏部考选授御史职。"当然，经验老到而年已衰迈无所作为者，也无法受命巡视、执行公务，当然也被排除在外。清规定，年过六十五岁者，不得保任监察官，其在任科道官，若老迈不能办事者，也要被勒令休致。因此，御史在个人形象上，多为经验丰富、年富力强的中年官员。

（5）威仪显赫

由于御史位高权重，其担任御史官员后极有可能出任宰相等行政高官，再加之很多御史官员出身名门，因此，御史特别是御史大夫、御史中丞等高级官员，不仅在朝中地位显赫，一旦出巡，更是服章严肃。南朝为维护御史中丞的监察权威，实行御史中丞与尚书令分道，御史中丞专道而行，有前驱卒开道，除太子、尚书令外，其余百官都必须停驻避让。陈代御史中丞徐陵向梁世祖弹劾其弟安城王，"世祖见陵服章严肃，若不可犯，为敛容正坐。陵进读奏版，时安成王殿上侍立，仰视世祖，流汗失色"。① 隋唐时期，侍御史不仅享有"服獬豸冠"的殊荣，还可以"当朝仗弹"大臣，被弹劾者必须出列听取弹劾，因此在唐代，"御史出使，州县祗迎相望，道路牧宰祗候"。监察御史韦思谦无不自豪御史出巡的感受："御史出都，若不动摇山岳，震慑州县，诚旷

---

① 《陈书·徐陵传》。

职耳。"① 元代设行御史台，御史苏天爵在《浙西察院提名记》中描述御史出巡"孳孳奉公，无不尽心，耆老为之惊叹，官僚为之震慑。"明代御史拥有大事奏裁，小事立断的权利，致使"藩臬守令不得专行其职，则事皆禀命于巡按矣"。②

2. 中国古代典型的负面御史监察形象

如前所述，由于古代御史及其职权高度依附于皇权，因此，在酷政横行或礼崩乐坏之时，御史的形象也并非一如既往的廉洁正直、受人尊敬，典型的负面形象有：

（1）严酷恣意

在中国历史上，酷吏③由来已久，即便是在政治清明、百姓安居乐业之时，也有酷吏的存在，可以说，酷吏是维护君主专制的重要工具。《旧唐书·酷吏传序》认为"持法任术，尊君卑臣，奋其策而鞭挞宇宙"，是为苛法；"持其苛，肆其猛"用事为酷吏。由于先天的文化素质影响，酷吏群体普遍具有急功近利、残暴贪婪、善于投机、品德拙劣等人格形象特质。一般情况下，由于人员选拔上的高要求，酷吏的行为多能受到君主及上级官员的节制，在御史监察机构和人员更是鲜有酷吏出现，但在特定政治环境下，酷吏也会大行其道。

中国古代有两个酷吏当道的时期，一是在唐初武则天当政时期，其以女性身份践登皇祚，不仅遭到李唐家族的反对，更是招致以男性为主体的官僚阶层的抵制。为了巩固统治，武则天大量任用酷吏，特别是在"治官之官"的御史中安插酷吏，作为打击政敌的工具。武周时期，至少有40名酷吏见诸史籍，这群酷吏绝大部分来自监察、司法部门，以御史台的酷吏最为残酷。著名的酷吏御史有来俊臣、王弘义、郭弘霸等，其通过上变告密而被授予官职，担任御史后更是滥用酷刑，毒刑相加；罗织罪名，构陷官吏。例如，来俊臣这名"请君入瓮"的主人公，其曾拜左台御史中丞，与一帮酷吏同恶相济，"俊臣与其属朱南山、万国俊作《罗织经》一篇。俊臣鞫囚，不问轻重，皆……掘地为牢，或寝以医溺，或绝其粮，囚至啮衣絮以食，大抵非死终不得出。每赦

---

① 《旧唐书·韦思谦传》。
② 《明史·职官》。
③ 《史记》、《汉书》、《旧唐书》等史书中均有酷吏列传，但其描述的酷吏除了在严刑峻法这一点上形象较为一致，其个人形象差别较大，其中既包括严格执法的正直官员，也包括利用酷刑草菅人命的官吏，本处所指的酷吏仅包括后者。

令下，必先杀重囚乃宣诏"。① 在这样的背景下，御史台的监察职能丧失殆尽，完全成为武则天打击异己势力的工具，在那个时代，御史也几乎成为酷吏的代名词。

二是在明清时期，随着封建专制的加剧，酷吏及其滥刑滥讯节节以长，特别是明朝厂卫制度②的创立，更在一定程度上导致了明代宦官酷吏害国。自朱元璋设立锦衣卫，永乐十八年（1420年）设东厂，之后两百余年历经十五朝，厂卫负责侦缉谋逆等政治犯罪，不仅经常侵越法司职权，成为明代后期宦官专权、残害忠良、排除异己的工具，其更是以滥刑酷刑臭名昭著。明武宗时，宦官刘瑾专权期间，大量立法改制。创用"枷法"，"枷重至百五十斤，不数日辄死。尚宝卿顾璿、副使姚祥、工部郎张玮、御史王时中辈并不免，濒死而后谪戍"。③ 到了明熹宗天启年间，魏忠贤以秉笔领厂事，并且使用卫使田尔耕，"镇抚许显纯之徒，厂卫一党，相互勾结，专以酷虐，厂卫之毒极矣"。④

（2）尸位素餐、趋炎附势

当一个王朝江河日下，君主和中央政府无法有效控制地方和社会时，作为维护专制君主和中央集权制国家的法律机构，其在国家政治体系中的地位也将下降，此时，即便部分御史官员还能尽忠职守，但整个御史群体和机构往往会表现出尸位素餐甚至荒纵堕落的形象。例如在唐后期，唐王朝社会政治日趋黑暗与腐败，地方上藩镇割据，朝廷内党争不断、宦官专权，唐初御史刚直不阿、威仪显赫的形象也大受影响。时任监察御史的元稹就不仅遭受了宦官的侮辱，还遭到贬官的处分，"召（元稹）还西京。至敷水驿，有内侍后至，破驿门呼骂而入，以马鞭击稹伤面。上复引稹前，贬江陵士曹"。诗人杜牧在东都监察御史任上，曾作《洛中送冀处士》一诗"我为八品吏，洛中如系囚"，将御史职位视为小吏和囚徒，流露出疲倦和无奈的气息。一些御史在上任时则直接将这种消极体现在行动上："（御史）承前远地除官，或三月五月，然始到京，所务逗留，积延时月……侍御史周岁而迁，或到城欲及满岁，监察二年为限，或在外有至半年。致此依违，曾无督责。"⑤ 这种新上任的御史在赴任途

---

① 《新唐书·酷吏传》。

② 关于厂卫制度，大多数学者都不认为其属于古代司法制度或检察（监察御史）制度的一部分。但厂卫集侦查缉捕、刑讯、会审、死刑执行监督等监察、司法职能于一身，应当说，其是一种特殊监察制度。参见胡旭晟编：《狱与讼：中国传统诉讼文化研究》，中国人民大学出版社2012年版，第816～828页。

③ 《明史·刑法三》。

④ 《明史·刑法三》。

⑤ （北宋）王溥：《唐会要·御史台上》。

中有意拖延时日，甚至半年才能抵达长安的情形，在历代都是鲜见的。而昭宗时任侍御史的孙棨，则似乎醉心于风月，其在《北里志序》里在详细描绘长安城平康里文士与妓女的风流逸事。

同时，御史作为官员甚至君主的监督者，在暴君当政或者相权独大之时，御史机构难以有效地行使监督职权，很多有气节的御史尚能独善其身，但有些御史则趋炎附势，甚至沦为奸佞之辈。宋朝神宗在位期间，作为变法推行者的王安石担任宰相，为了将台谏纳入自己的控制下，一方面尽量控制台官数量，监察御史几乎全都是试用性质的"里行"；另一方面则任用亲信担任御史要职，对于参奏自己的御史予以贬斥，"今后御史中丞独举台官，不拘官职高下，此亦安石之谋也，不过欲引用门下之人置在台"。① 在这种情况下，留下的御史要么趋炎附势，要么默不作声，本为"天子耳目"的御史成了权臣的工具，丧失了其监察的作用。这种情况，连后来的蔡京、秦桧等人当政时期，都无法与之比肩，也导致了北宋后期以及南宋权臣擅政的局面。② 而在隋炀帝时期，任用善于察言观色、阿谀奉承的裴蕴担任御史大夫，对于隋炀帝的亲信，他避重就轻，徇私枉法，对于隋炀帝不喜欢的人，他就无中生有，恶意陷害，极得隋炀帝信任，宪部和大理寺都得秉承他的意见判决，完全沦为隋炀帝施行暴政的鹰犬。

（二）中国历代御史监察形象特征及代表人物

历代御史监察机构和官员的形象构成了中国古代整体的御史监察形象。但随着御史监察制度的发展，以及政治制度和文化风气的变化，不同时期的御史监察形象又各有其特点，而在时代形象的背后，则又涌现出一批忠于职守、可歌可泣的代表人物。

1. 先秦时期的御史监察形象

（1）形象特征

尽管早在商代甲骨文中，就有御史这一官职的记载，但彼时与近现代检察制度相似的古代御史监察制度尚未形成，御史只是掌管祭祀和文书的官吏。春秋战国时期，御史经历了从掌管祭祀文书到传达法令、掌管礼仪监察再到监察官员的逐渐转变，但史书中关于御史具体形象的记载几乎是空白。能够作为近现代御史监察形象渊源的，只有那些敢于直谏君王的忠臣形象，尽管其遭遇各异：遇到开明君主，其言责如愿以偿，言谏发挥了十分积极的作用；生逢昏庸

---

① 《宋史·职官志九》。

② 刁忠民：《试析熙丰之际御史台的畸形状态》，载《历史研究》2000 年第 4 期。

暴君，却常常遭受贬谪甚至杀害。但无论个人遭遇如何，这一群体都有着共同的形象，自身正直廉明，同时敢于犯颜直谏。

（2）代表人物

这一时期的代表人物包括力谏纣王却遭剖心的比干、直谏中行的召公、巧谏楚王的令尹子西、以谏兴国的范蠡等，其中正直廉明的斗子文和直谏辅君的晏婴其形象更是闻名于世。

斗子文，于春秋楚成王（公元前671—公元前625年）时先后几次担任楚国令尹。① 斗子文为官清廉，爱民如子，他当了40年令尹，但生活十分清苦，上朝的时候，穿的是缯布之衣，回到家中就穿鹿皮袍子，家里一点积蓄都没有。楚成王得知后，就在他上朝的时候，预备了一束肉干和一筐干粮，来增加他的俸禄。斗子文一看，吓得就往外跑，有人问他原因，他回答道："夫从政，所以庇民也，民常贫而我取富，是勤民以自封也，死无日矣。我逃死而非逃富也。"② 充分展现其爱民如子的情怀和廉洁自律的精神。

斗子文的另一个形象特征是遵法重理，正直无私。有一天，他家里有人犯了法，被廷理即司法部门抓了起来，廷理审问后得知被抓的人是斗子文家里的人，怕惹不起，就把人放了。斗子文得知此事，把廷理官员召来，批评道："设置廷理这个职位，就是让你约束违反王法之人，维护国家法律庄严。如今你因为我的关系背弃法令，私放犯法之人，这是我秉心不正的反映。我身为令尹，却有这样的私心，还不如让我死了算了。"廷理只得又把犯法之人抓回来，并依法判处。

晏婴（公元前578—公元前500年），春秋时代齐国人，人称晏子、晏桓子，先后事齐灵公、齐庄公、齐景公。晏婴博闻强记、贯通古今，为官清廉简朴，特别是在齐景公执政期间，其担任宰相，以他的正直和机智不断对景公进行讽谏。有一次，景公听了奸臣的话，对无罪的人进行惩罚，晏婴知道了，劝说景公："我只听说圣明的君王希望见到圣人而听从他的教诲，没听说奸臣的花言巧语随便进行赏罚的。那些奸谗之人如果得势，忠良之臣就会受到伤害，看来我得请求逃跑了。"说完出门骑马扬长而去，景公立即意识到自己的错误，派人把晏婴给追了回来。

晏婴对于廉政和国运也有独到的见解，晏婴指出"社鼠"是治国之患，实行廉政应当既注意坚持长久又注重方式方法，廉政应当如"水"，水行之处

---

① 令尹，春秋时代楚国的最高官衔，多由楚国贵族中的贤能担任，对内主持国事，对外主持战争，总揽军政大权于一身。

② 《国语·楚语》。

— 34 —

可以荡涤污浊，因此才可以长久；而不能如"石"，因为石头里外都硬，没有办法长久。

2. 秦汉时期的御史监察形象

（1）形象特征

秦代设御史大夫，位列三公，御史监察制度正式形成。专门机构的设置，使得御史官员能够独立行使职权，一大批廉洁正直，敢于与奸佞恶逆、贪赃枉法作斗争的御史监察官员在这一时期涌现，御史群体疾恶如仇的形象更加鲜明。同时，御史官职的设立，也使得御史监察官员逐渐职业化和专业化，与先秦相比，御史群体有胆有谋的形象也逐渐树立。

（2）代表人物

这一时期涌现的代表人物中，有冒死进谏的茅焦、忠直刚烈的申屠嘉、锐意改革的晁错、贤良秉公的何武、敢于惩治贪赃的第五种，特别是西汉时期两名著名的御史——酷烈扬善的张汤和为世吏师的薛宣，最为后世所称道。

张汤（？—公元前115年），西汉杜陵（今陕西西安东南）人。早年学习律令，曾任长安吏和茂陵尉，后任侍御史、太中大夫、廷尉、御史大夫，后因御史中丞及丞相长史的诬陷，被迫自杀。历史上关于张汤的评价褒贬不一，有的认为他过于严酷，陈皇后巫蛊一案就诛杀300余人，将其划入"酷吏"行列；有的认为他恃宠骄横，"丞相充其为，天下事皆决于汤"，[①] 权势在丞相之上；有人认为他滥行苛政，为推行五铢钱等货币改制，不惜盘剥百姓，克扣地方。但从其御史经历来看，其形象正面而鲜明：一是执法严厉，在处理淮南王谋反案时，张汤深挖穷追，绝不姑息，武帝有意释放严助二人，张汤据理力争，因此，虽然张汤执法严厉不讲情面，但声誉很高，那些严于执法的官吏都愿意做其部下。二是明法通律，张汤早年学习律令，担任太中大夫期间，编定《越宫律》、《朝律》，特别是用以限制官吏职守的《越宫律》文字深刻、条律明确，张汤同时擅长根据《春秋》古义来处理各种案件。三是为官清廉，张汤死后，官府查封其家产，仅有五百进，全是其应得的俸禄和赏赐，其下葬时，无钱厚葬，只用牛车载着棺木，无有外椁。

薛宣（生卒年不详），西汉东海郯（今山东郯城县）人，历任不其县丞、乐浪都尉丞、宛句令、长安令，汉成帝（公元前33—公元前7年）时，诏补御史中丞，后任御史大夫、丞相。后因治盗不力以及太皇太后丧时惩发为奸，被免为庶人。薛宣为官赏罚分明，用法公平，为人喜好威仪，进退举止容仪温文，性格细致安静而有智谋，班固在《汉书》中赞其"为世吏师"。而薛宣作

---

① 《汉书·张汤传》。

为监察御史官员，作为突出的形象表现为：一是执法公正，根据充分。薛宣在任职期间，多次上言在政务上应当采取的措施，多次举报劾奏部刺史、郡国两千石们的过失，凡事他贬责而罢退的，都有充分的证据。而对于没有过失的官员，他也不会令其蒙冤，池阳县狱掾王立因被举报接受犯人家属钱财而自杀，薛宣责令县府调查，结果是王立的妻子私下收了被押人一万六千钱，才到手两个晚上，王立本人的确不知，薛宣给池阳县写信道："王立用自杀来表白自己的清白，他确实是一名廉洁之士，请按照府决曹的职称来题写他的灵柩，用来显扬他的精神。"二是有勇有谋，周到得体。薛宣得知高陵县县令杨湛和栎阳县县令谢游都是贪赃之辈，于是就暗中调查其劣迹，收集贪污的证据，在调查中，薛宣得知杨湛有悔改的表示，于是亲自写了一封信，信中列明了贪赃行为，并写道："我不忍把你亮出来丢人，希望你自己想个进退之计。"杨湛看后当场就将官印和绶带交给了来人，并写信感谢薛宣。而谢游则一直不把薛宣放在眼里，薛宣也写了一封信给谢游，以最后通牒的口气毫不客气地指责其贪污挪用数十万，谢游看完信后也只好解下官印和绶带走人。

3. 魏晋南北朝时期的御史监察形象

（1）形象特征

在这个时期，除西晋短暂的统一外，国家长期分裂，各个政权彼此对峙、相互征伐，朝代更迭频繁，但在御史机构设置上，基本上因袭汉制，而在政治风气上，尽管两晋时期门阀专政，思想上崇尚玄学，生活穷奢极欲，造成具有检察职能的机构和官吏也出现重视形式、崇尚浮华的不良风气，但一大批有识之士特别是在南朝推行清简寡欲之后，御史不避权贵、威仪四方的形象又重新得以显现。

（2）代表人物

这一时期的代表人物，有规谏禁兴土木的陈群、慑服权贵的傅玄、震慑豪强的王猛、勇于直谏的崔祖思，特别是担任南朝宋国御史中丞的孔琳之，更是以其震肃百官的气势闻名后世。

孔琳之（369—423 年），会稽山阴（今浙江绍兴）人，东晋桓玄辅政时，孔琳之任西阁祭酒，后相继任楚台员外散骑侍郎、太尉主簿、尚书左丞、扬州治中从事史。刘裕（宋高祖武皇帝）做宋公和称帝后，孔琳之相继任侍中和御史中丞。孔琳之崇尚法纪，反对浮华，其形象特点：一是主张节俭，反对奢靡。东晋末年奢靡之风盛行，桓玄辅政期间，孔琳之曾召集百官建言，针对当时官员宴饮奢侈、官印重复铸造，官府仪仗队穿着豪华、滥用绢布，造成绢价久涨不落等奢靡之风提出严厉批评，并提出要对官员的奢侈行为进行整饬，才能在社会上推行俭朴的美德。二是崇尚法纪，不畏权贵。孔琳之担任御史中丞时，当朝宰相尚书令徐羡之纵容手下违反"中丞专道"之制，殴打中丞随从，孔琳之上奏弹劾徐羡之，指出："朝廷典章必须得到遵守，尚书令作为朝廷重臣，本应是百官的楷模，但其行为既亏损了国威，又丧失了大臣的体制，还失去了法纪的准则"。人们看到孔琳之如此不畏权贵，"百僚震肃，莫敢进犯"，宋高祖刘裕对其也十分赞赏。

4. 隋唐五代时期的御史监察形象

（1）形象特征

隋唐时期，古代的御史监察制度逐渐成熟，御史机构也更加健全，御史官员对国家政治生活的参与也较前代更多。无论是隋的统一，还是唐的昌盛，以及五代诸朝的中兴，都离不开忠诚直谏的智识之士。特别是唐王朝的鼎盛更是证明这一点，这些谏诤之臣，在王朝滑向危险边缘时挺身而出，为统治者敲响居安思危的警钟；在帝国没落时，勇敢地批判现实，变革图强，才使唐王朝得以延续。因此，尽管有武则天时期的酷吏当道以及唐末五代时期部分御史怠权的负面形象，但这一时期，御史群体展现出的更多是一种忠君爱国、刚直骨鲠、清介自守形象。

（2）代表人物

这一时期的代表人物，有不畏强御的梁毗、多识君子褚遂良、守正全节的颜真卿、负气敢言的高适、独手遏群邪的陆贽。而其中沧海遗珠狄仁杰、守法持正的宋璟不仅有丰富的御史经历，在人物形象上也最具代表性。

狄仁杰（630—700年），唐代并州太原（今山西太原）人，刚出仕在汴州担任小吏，因秉性耿直、不善逢迎，反被诬告，考查吏政的中央官员了解案件原委后称其为"沧海遗珠"。狄仁杰大半生仕途坎坷，唐高宗仪凤年间才被提拔到大理寺任副长官，后升任侍御史，武则天称帝后两次出任宰相。狄仁杰的形象特征：一是秉性耿直，尽忠职守。狄仁杰担任侍御史，尽管官职不高，仅居六品，但其秉性耿直，对于贪赃的官吏一概上奏弹劾，狄仁杰刚担任侍御史，就把高宗的宠臣、作恶多端的王本立交法司办理，并将其恶行奏明皇上，高宗想赦免王本立，狄仁杰说："圣上莫非宁肯为怜惜罪犯二破坏国法，如果一定要庇护他，就请将我发配到不毛之地"，高宗只得听任发司将王治罪，狄仁杰的这一坚持也使得朝廷的政风得以转变。二是知人善任。狄仁杰在武周时期，向武则天举荐了不少贤才，如八十而拜相的张谏之、玄宗时期的名相姚崇等，这些人受任后业绩显赫，位至公卿。

宋璟（663—737年），唐代邢州南河（今江苏清江市）人，唐高宗时期中进士后任上党尉，后任监察御史，武周时期任御史中丞、吏部侍郎，唐睿宗和唐玄宗期间两次拜相。其形象特征：一是守法持正。长安年间，张易之诬陷御史大夫魏元忠有叛逆之言，让凤阁舍人张说去作证，张说为此感到惶恐不安，宋璟对他说："人不能违背良心诬陷好人，只要坚持正义，哪怕自己遭受贬谪也值得。万一你因说真话遭遇不测，我一定救你。"张说非常感动，见了武则天实情陈对，魏元忠因此免死。由于武则天宠爱，张易之、张宗昌二人恣意弄权，倾朝畏之附之，但宋璟仍然坚持在武则天面前揭发、弹劾二人的罪行，甚至连武则天的颜面都不给。二是清正持重。唐玄宗时期，宋璟从广州调入京师为相，广州有人坚持要给他立遗爱碑，宋璟针对此事特意上书玄宗："遗爱碑是为了传德颂功，我在广州政绩平平，如果当地因为我当了宰相就立碑过分称颂我，那这实际就是一种阿谀之词，刹住这种歪风应当从我开始。"不久，玄宗听从其建议下诏停建遗爱碑，朝野上下对宋璟的正直无不称颂。

5. 宋元时期的御史监察形象

（1）形象特征

宋元时期，台谏逐渐合一，御史监察官员不仅以纠弹之任成为"天子之法官"，而且以谏正直职成为"天子之耳目"，而元代江南、陕西行御史台的设立更是加强了御史监察职能在地方的行使，在这种政治背景下，御史官员得到了极大的重视和信任，御史官员除继续保持铁面无私、不畏权贵的形象外，还因为参与朝廷大政方针、官员任免等政务活动，其忧国忧民、兢兢业业的形象也更加突出。

（2）代表人物

这一时期，典型的代表人物有"百官股栗"寇准、铁面御史赵抃、不畏权贵的石公弼、不偏不倚持公道的李浩、清廉监察两度为相的张行信、刚正不阿的尚文、敢责宪台的御史张养浩，其中"包青天"包拯和"巴尔思"御史姚天福最为有名。

包拯（999—1062年），北宋庐州府合肥（今安徽肥东县）包村人。他28岁中进士，曾先后任天长、端州、赢州、扬州、庐州、池州、开封等地知县、知府，出使过契丹，还在刑部、兵部任过职，在财政部门做过副使、转运使、三司使，在监察部门做过御使、谏议大夫、御史中丞，最后做到枢密副使，成为朝廷的宰辅。受到清代小说《三侠五义》的影响，民间认为包拯的事迹多发生在其担任开封府尹期间，但实际上，包拯担任开封府尹的时间尚不到两年，而其自庆历三年（1043年）起出任监察御史里行，担任监察御史里行、监察御史、谏官和御史台台长等职时间共6年4个月，占其仕途生涯的1/5左右，这在他的政治生活中占有极重要的地位。包拯的形象特点：一是疾恶如仇，负责谏院工作期间，他多次论斥请朝廷罢掉一切以不正当途径升官的人，升任御史中丞后，包拯先后弹劾了买富豪家产的三司使张方平及其继任者宋祁，官宦贵戚为之收敛，提到包拯大名无不胆寒，民间当时流传有"关节不到，有阎罗包老"的赞誉。二是清廉正直。包拯曾言监察官"自非端劲特立之士不当轻授"，与人交往从不苟合，亲朋老友皆断绝关系，他还告诫家里："后世子孙为官者，有贪赃枉法之事不得放归本家，死后不得葬于大茔。"① 三是立足御史职位，积极参政议政。现存的《包拯奏议》是记载包拯一生政治活动和政治主张的一部重要文献，共 187 篇，其中任台谏官时的就有 137 篇，占总篇数的 73%。可见，担任御史监察官时期是其政治生涯闪光点最多的时期。

姚天福（1230—1302 年），元代山西绛州（今山西新绛县），元世祖期间曾任监察御史、治书侍御史、淮西道、湖北道、山北道按察使，陕西汉中道肃正廉访使，参知政事、大都路总管兼大兴府尹。其形象特征：一是刚毅正直，不畏强悍。任监察御史时，姚天福多次奏揭权臣，颇为元世祖欣赏。一日，其劾奏宰相阿合马不法行径，殿上群臣顿感震惊。忽必烈即召阿合马对质，姚天福当殿列其罪状，才念三条，忽必烈就说："就此三条，已够斩首，何奈别余？"便当众赐姚天福为"巴尔思"，并以物重赏。对物姚天福坚辞不受道："臣职居纠弹，惟负爵禄是惧，敢贪厚赏以重臣罪。"② 二是深谋远虑，处事得当。元世祖刚成立御史台时，当时设置两位御史大夫，但两名御史大夫发号施令，致使一些规章执行不一致。姚天福针对这一现象，及时向元世祖进言："如今御史台一蛇二首，各行其是，如何实现御史台的目的。"元世祖采纳了其建议。元世祖至元十二年，朝中很多人主张撤销各道按察司，元世祖也同意，姚天福立即向当时的御史大夫玉速帖木儿陈言厉害："各道设按察司，可以作为皇上的耳目，在非常时候能让朝廷先作准备，作用重大。"玉速帖木儿连夜进宫将姚天福的话重复给元世祖，元世祖恍然大悟，收回成命。可以说，姚天福几次就元代御史体制问题的进言，对御史制度有效运转起到了十分重要的作用。

6. 明清时期的御史监察形象

（1）形象特征

明清时期，君主专制空前加强，特务监察特别是明代厂卫横行，官吏腐败严重，复杂的政治环境，特别是鸦片战争之后，国家日渐贫弱，给检察职能的行使和御史监察官员带来了空前的困难，但仍有一大批为民请命、为国分忧的

---

① 《宋史·包拯传》。

② 《元史·姚天福传》。

英杰不畏权贵、不怕犯颜，弹劾奸邪、惩处贪赃不法，其铁骨铮铮的形象十分突出。

（2）代表人物

这一时期著名的代表人物有耿直言事的章溢、规谏入狱 12 年的杨爵、廉正无私的葛守礼、足智多谋的徐元文、"烧车御史"谢振定、察弊有方的李振祐，而最为有名的莫过于"刚峰先生"海瑞和蒙污含诟的诤臣曹锡宝。

海瑞（1514—1587 年），广东琼山（今属海南）人。海瑞于嘉靖年间参加乡试中举，初任福建南平教渝，后升浙江淳安和江西兴国知县，推行清丈、平赋税，并屡平冤假错案，打击贪官污吏，深得民心。得到提升，历任州判官、户部主事、兵部主事、尚宝丞、两京左右通政、右佥都御史等职。海瑞是中国古代最著名的清官之一，也是明朝二十四臣之一，因此尽管其担任御史官员的时间较短，但仍充分代表了古代的御史监察形象：一是自身清廉，海瑞的清廉甚至达到了不近人情的地步。按照当时官场的风气，新官到任，旧友高升，总会有人来送些礼品礼金，以示祝贺。这些礼品礼金只要数额不大，也是人之常情。然而海瑞公开贴告示说："今日做了朝廷官，便与家居之私不同。"然后把别人送的礼品一一退还，连老朋友贺邦泰、舒大猷远道送来的礼也不例外。至于公家的便宜，更是一分也不占。海瑞临终前，兵部送来的柴金多算了七钱银子，他也要算清了退回去。二是不怕犯颜，仗义执言。嘉靖皇帝晚年，迷信巫术，不理朝政，其他大臣除了向其献宝祝贺，都不敢谏言，海瑞在棺材铺里买好了棺材，然后向嘉靖皇帝呈上《治安疏》，批评世宗迷信巫术，生活奢华，不理朝政等弊端。嘉靖读了海瑞的《治安疏》，十分愤怒，将海瑞关进诏狱，却又不得不承认海瑞说得对，只得把《治安疏》留在宫中数月。三是重视法令，制度除弊。海瑞就任应天巡抚之后，立即颁布《督抚宪约》，详细规定了地方官吏必须遵守的法规，诸如禁止请托送礼、假公济私、滥取民财，从制度上打击腐败。条约的颁布，令应天府为之一震。海瑞同时还注重作风建设，规定巡抚出巡各地，府、州、县官一律不准出城迎接，也不准设宴招待。考虑到朝廷大员或许仍须稍存体面，他准许工作餐可以有鸡、鱼、猪肉各一样，但不得供应鹅和黄酒，而且也不准超过伙食标准。

曹锡宝（1719—1792 年），清代江南上海人，乾隆初年以举人资格考授内阁中书，后任刑部主事、刑部郎中、陕西道监察御史。其形象特征：一是不畏权贵，曹锡宝任监察御史期间，正值和珅执政专权，尽管满朝都知道和珅利用权势、结党营私、贪污纳贿、中饱私囊，但鲜有人敢弹劾，但曹锡宝生性坦荡、刚直不阿，他一直寻找机会弹劾和珅。二是有胆有谋，注重证据。为弹劾和珅，曹锡宝几经谋划，决定先拿和珅的家奴和府大管家刘全开刀，曹锡宝经过详细周密的调查取证，收集到刘全衣食住行违反成制的证据，并向乾隆帝上奏折。可以说曹锡宝的工作是相当充分的，但其同乡左都御史吴省钦却提前向和珅告密，和珅命刘全迅速毁掉了证据，导致曹锡宝弹劾失败，只能自承冒昧，被革职后郁郁而终。嘉庆亲政后，诛杀和珅，没收其家产，嘉庆也为曹锡宝平反，追赐其为副都御史。

第二节 中国古代御史监察文化活动

在中国古代的"文官制度"体系中，官员与文人二位一体，因此，从职业的角度看，御史执掌国家权力，负责纠弹百官，属于官员甚至可以说是高级官员的阶层。而从文化背景的角度看，御史多为接受了系统的教育并经历了科举等考试选拔的读书人，属于士人、文人的一分子。在日常工作和生活中，御史从事和参与了大量的文化活动，为我们留下了宝贵的文化遗产。

一、学术研究活动

古代官员大多数出身知识分子，即使在科举取士之前，担任政府各级官员的人也大多来自读书人，而作为重要官员的御史群体，大多自幼读经、史、子、集，进入御史台后仍旧十分注重学术方面的修养和钻研，形成了浓厚的学术研究氛围。

（一）经学与哲学研究

众所周知，自汉武帝"罢黜百家，独尊儒术"后，儒家经学从边缘走向政治中心，成为两千多年来中国文化的主流，经学在逐渐渗透到社会生活方方面面的同时，对历代御史群体也产生了深刻的影响。一方面，由于御史选拔上的高要求，统治者十分重视御史的学问水平，希望其能够精通以儒家为主的经典，因此，一些造诣颇深的经学家得以进入御史台担任职务甚至位列三公。另一方面，历代御史台群体中也有良好的经学研究氛围，很多御史或认真整理前人关于经学的典籍，认真研习各种经学方面的著说，或通过不断地求索思考天道人理，领悟经学要义，并著书立说，谈经讲道，成为一代大儒。

西汉从武帝开始，儒家文化就得到了重视，由于武帝本人喜好儒学，儒家经学之士逐渐开始占据朝廷丞相之职，在西汉中期后，中央的主要官员大都由经术之士任之，特别是以言语为职，以谏净为官者多是博古通今的经学之士。同时，随着五经立为官学和博士弟子员的设置，研习儒经的人趋之若鹜，而且各以师说相授受，异说纷呈，这种浓厚的经学研究氛围同样也存在于御史台中。而在御史群体中，经学造诣最高的当属薛广德，他经历宣、元两代帝王，其先后担任谏大夫、御史大夫。作为御史最高长官，薛广德以直言谏诤著称，甚至为了进谏汉元帝放弃劳民伤财的出游方式，不惜威胁要"当场自刎"，"以血溅污陛下的车轮"。而同时，其也是一名大经学家，是两汉时期最为著名的《诗经》学者，其主张从历史的角度来解读《诗经》。例如，其主张《关雎》是因王道制度衰微而劝谏时主的讽喻之作，通过赋予《诗经》以具体的历史内涵，由此串联起了西周王道社会发展的整个过程，使得以诗载史的观点得以系统化。薛广德在《诗经》方面的研究造诣，深得汉宣帝的欣赏。当时汉宣帝曾在长安未央宫石渠阁，"诏儒讲五经同异"，举办了类似现代的学术论坛，史称"石渠阁讲论会"，汉宣帝对讲论会十分重视，曾亲自主持讲论会和批阅讲论奏议，论定诸儒讲论臧否，而薛广德就曾以博士资格参与讲论。薛广德的经学造诣也深刻影响着他的御史活动，他上书言事首先援引古事，然后征引典籍，而通过这种方式提出的很多建议，都得到了当时汉元帝的采纳。

魏晋时期，经学衰落，而随着隋唐时期国家的统一，御史台再度出现经学和哲学研究的繁荣。御史群体中涌现饱读经书之士，如唐玄宗时期的马怀素，其曾"四迁左台监察御史"，同时由于其笃学谦恭，曾担任过玄宗的侍读，为玄宗授书讲学，深得唐玄宗的尊敬。马怀素不仅经学造诣高，还躬亲力行从事学术研究，他曾经上疏建议整理南齐以来的著述编录成典，得到了唐玄宗的支持。又如唐宪宗时期的韦表微，其著有《九经师授谱》一卷，《春秋三传总例》二十卷。而中唐时期最为著名的经学学派——"《春秋》学派"的形成和传承，就有深刻的御史台的烙印。安史之乱之后，藩镇割据的局面逐渐形成，一些在藩镇节度幕府担任幕僚的僚属多领御史衔，称为"外台"御史。唐德宗时期的陈少游，尽管其作为一名曾经"三总大藩"的官员厚敛财赋，喜好结交权贵，但由于其饱学能文，聪敏善辩，其幕府中招募了李锋、刘太真、卢翰、赵匡等一大批经学之士担任御史。他们之间的学问切磋、思想激荡，为赵匡、陆质编撰完成《春秋集传纂例》十卷，《春秋微旨》三卷，《春秋集传辩疑》八卷，最终形成"《春秋》学派"起到了至关重要的作用。而中唐时期曾担任监察御史里行的柳宗元，也有影响很大的哲学论著，其对汉代大儒董仲舒鼓吹的"夏商周三代受命之符"的符命说持否定态度，他反对天谴说，批判神学，强调人事，用"人"来代替"神"。

宋明时期，理学研究逐渐兴起，而御史台中也不乏熟稔儒家经典，并能从哲学的高度进行研究的佼佼者，其中最为著名的莫过于程颢。程颢与其弟程颐同为宋代理学的主要奠基者，世称"二程"，曾在宋神宗时期任监察御史里行。因与王安石政见不合，不受重用，遂潜心于学术。程颢的主要成就是他的理学主张，其以"理"或"道"作为全部学说的基础，发挥了孟子至周敦颐的心性命理之学，建立了以"天理"为核心的唯心主义理学体系，成为北宋时期影响最大，也是最为典型的理学学派，后来的朱熹，大致沿着"二程"的理路，发展为纯粹的理学，最终形成了所谓的"程朱理学"，并被钦定为官方的正统哲学思想，形成中国宋末至清代600余年间一直处于统治地位的思想理论。此外，"二程"将易学的发展提高到一个新的水平，《伊川易传》为义理易学诠释体系奠定了坚实的基础，《程氏易传》是伊川易学的精华，将儒家解《易》推阐发挥到极致。

清代随着中央集权的加强，以及科举考试制度的日益僵化，大儒入仕已十分鲜见。尽管程朱理学已作为官方御用哲学，被定为天下通行的标准答案，但基于对孔孟之道的尊崇，都察院和御史群体中仍然有浓厚的经学研究氛围。例如，在雍正和乾隆时期先后担任都察院监察御史、浙江道、江南道监察御史的谢济世，就著有《大学注》、《中庸疏》、《经义评》等经学研究作品。

良好的经学研究氛围，对御史群体的思想观念、履职方式有着很大的影响。一方面，通过经学研究，对儒家经典思想的尊崇已深入御史群体的骨髓，例如，清代御史谢济世任浙江道监察御史时，曾参劾河南巡抚田文镜"营私负国，贪虐不法"，由于当时雍正十分倚重田文镜，认为谢济世是受人指使，命人对其进行审问，刑部尚书励杜讷问其谁是指使者，他答以"孔、孟"。又问何故，答："读孔孟书，当忠谏。见奸弗击，非忠也"，足见其效孔孟之忠。另一方面，经学研究中所需的严谨、较真的学术风格常常被御史带到其工作中，如北宋大儒程颢，其虽然只担任了不具备正官身份的监察御史里行，但他常常以诲人不倦的态度，直言数落宋神宗，某日午餐时间已过，程颢仍旧絮叨述说，宋神宗饥肠辘辘，又不好明言。侍从便正色对程颢说："御史不知上未食乎？"程颢这才依依不舍地退了出来，"御史不知上未食"的故事一时传为美谈。

（二）法学与律学研究

一般而言，法学几乎是与法这一特殊现象同时诞生、同步发展的。而在中国古代，由于法律在统一国家和管理社会中的重要作用，为保证司法在时间、空间和质量上的统一性，一种讲求"法条之所谓"的官方学说应运而生，即"律学"。由于御史不仅有监察权、谏净权，还在一定范围内拥有一定的司法权，统治者在选拔御史之时，就会着重考察其法律功底，例如，唐代一些御史就是由"明法举"入仕，其本身就是专门的法律人才。同时，历代御史中的律学家就常常奉诏参与立法，以立法者的身份进行律学研究，律学研究与立法活动同步进行。

两汉时期，尽管尚无"律学"之用语，但律学研究勃兴，御史也通过自身的律学研究活动，阐释法律条文的义理，提出自己关于法律适用的观点，形成了御史、司法官员与律学家角色合一的景象。例如，汉武帝时期担任御史大夫的张汤，其早年就学习律令，并编定了《越宫律》、《朝律》。而随着汉代家学的逐渐兴盛，世代担任御史，同时又进行律学研究的律学家集团也随之出现。最著名的当属杜周、杜延年父子。杜周在汉武帝时期担任御史大夫，并奉命注释法律，写成律学著作《大杜律》，成为律学家拥有法律解释权的开端。汉宣帝时，其子杜延年担任御史大夫，又奉命注释《小杜律》。大、小杜律尽管已经散失，但从其流传至东汉并且在司法实践中得到适用的情况看，均具有法律效力，而根据《汉书》的记载，《小杜律》因为内容没有《大杜律》苛酷而被后世学者奉为至典。

魏晋时期，人们开始对思想内容枯燥的经学失去兴趣，哲学领域玄学逐渐兴起，而能够经世的法学和律学地位也逐渐上升。而在御史群体中，这一时期法学研究造诣最高的当属晋初的傅玄。傅玄，出身于官宦家庭，西晋王朝建立后任御史中丞及司隶校尉等职。傅玄不仅敢于上疏劝谏，连权贵大员都害怕他，而且学识渊博，著《傅子》，书中观点，多得后人好评，其中蕴含了丰富的法律思想。他主张以民为本，指出"利天下者，天下亦利，害天下者，天下亦害之"。他提出"欲吏之清"是贯彻法制的条件，提出"亲民之吏，百姓之命也。国以民为本，亲民之吏，不可以不留意也"。这些法律思想，颇具特色，对当时封建法制的发展产生一定的影响。

进入唐代，科举制度确立，明法科作为科举常科，成为选拔法律人才和授予官职的重要依据。而与此同时，统治者十分重视组织司法官员和御史编撰法典。从现存唐代几部具有重要影响的法典起草情况来看，御史一直是编撰的骨干力量。其中最著名的莫过于《唐律疏议》，作为中国古代律学的最高成就，其律文只占全部篇幅的20%，而疏义占到了80%，它集中以往各代法律解释学的成果，博引各家经典，运用限制解释、扩张解释、类推解释等多种解释方法，对律文逐条逐句进行解释，阐明文义，析解内涵，叙述法理，补充不周不备之处，建立起一个律学体系。《唐律疏议》由长孙无忌等19人集体编撰，其中就不乏御史的身影。例如，编纂者之一贾敏行，就是初唐著名御史，时任朝议大夫、守御史中丞，其以尚法著称。我国现有的最早的一部行政法典——《唐六典》，其编撰者中张说、萧嵩等均有御史经历。

随着《唐律疏议》将律学发展推至顶峰，唐宋之际，中国的学术由原先注重实用的经世之学转向心学、理学。明法科成为选拔低级法律专业技术人员的渠道，并最终在南宋消失。与之相对应地，包括御史在内的知识分子阶层不仅不再关心律学，而且鄙视律学。然而自明代开始，统治者积极鼓励私家注律，促使了一大批水平较高的私家律学作品的出现，并在清代达到了私家注律的鼎盛时期。而御史也通过自己的理解和研究注释律例，比较有名的有明代王樵的《读律私笺》，王樵曾在万历年间任刑部右侍郎、右都御史等职，著《读律私笺》二十四卷，对明律的篇名和门名，作者除解释含义外，还说明其沿革和安排顺序的理由。在解释律文时，其不仅解释词语和律文的意义，而且说明了律例执行的情况和删改的原因。其子王肯堂在其基础上，集各家之说，舍短取长，补足《读律私笺》之所未备，写成《律例笺释》，被命人奉为圭臬，该书不仅记录了明中叶以后的立法和司法，对清初法律的发展也产生了重要影响。

通过参与立法和律学研究，使御史台形成了强烈的法学气息，对御史群体的思想观念、思维模式都产生了十分重要的影响。一方面，浓厚的法学氛围有助于御史"崇法"意识的形成和强化，使"法为仁术"的观念逐渐在历朝历代御史思想中生根发芽。另一方面，法律的刚性也使得其在自己的御史生涯中更加刚正不阿。如西晋御史中丞傅玄，其性格严峻刚正，每次有奏疏检举，有时候时间已经很晚，他便手捧奏章，整饬自己的冠带，坐着等天亮。于是那些王公贵族都对他感到畏惧屈服，使台阁之间风气清廉。

（三）史学研究

中国是世界上唯一有几千年不间断历史记录的国家，从甲骨文、金文、《尚书》，到《春秋左传》、司马迁的《史记》，再到《二十四史》。自司马迁著《史记》以来，历来修史都是一件十分严肃、隆重的大事，因此，对于参与修史人员的要求也十分严格，在这样的背景下，尽管修史并不是御史的"主业"，但御史台中一些佼佼者因其史学造诣得以参与修史，从而在御史台中营造出良好的史学氛围。

西汉末年汉成帝改革，将御史中丞留中为御史台率，御史台移至兰台处。自此兰台作为众多宫廷藏书处之一，所藏书籍由御史中丞专掌。由于人文繁盛，兰台除有御史中丞领侍御史在殿中受公卿奏事外，也成为众多名儒、学者在其中负责典校秘书或从事撰述之处。东汉汉明帝时，班固继承父业编撰《汉书》，遭人诬告私作国史入狱。其弟班超上书汉明帝，为兄著书说情，明帝看到书稿，对班固的史学才能十分赞赏，任命他为兰台令史，管理校勘兰台藏书，并受诏撰光武本纪及诸传记，御史中丞治下的兰台成为史官的代称。

魏晋时期的傅玄在魏理宗时期以修撰《魏书》而走上仕途，此后在魏晋两朝官职累迁而览史、著史不废。傅玄的历史著述自觉遵循传统史学的规范直书史事，其史文涉及面广泛，观点公正而通达，文笔生动，研究内容以当代史为主，他关注历史的连续性，体现其重人事、民本，以史为鉴的史学思想。他对历史和历史学的评说卓识迭见，影响深远，以御史的身份成为魏晋之际重要的史学家之一。

唐代，御史群体直接参与修史活动的现象更加普遍。一方面，御史（大夫）常常兼任监修御史的职位，对史书修撰、史馆工作起领导和监督作用，承担奉诏引进史馆修撰人员，负责史书编修工作，裁断疑难，审正史稿等具体工作。唐初的御史大夫李义府、窦怀贞、张说，以及唐末的崔慎由都曾"监修国史"。另一方面，一些御史本身就是著名的史学家，直接从事史书编撰。例如李延寿，贞观时期为御史台主簿，其曾参加过官修的《隋书》、《五代史志》、《晋书》及当朝国史的修撰，还独立撰成《南史》、《北史》和《太宗政典》，可谓典型的御史与史学家"一身二任"的情况。值得一提的是，随着唐代御史监察制度的完善，御史通过记录其在职业生涯中的所见所闻，编撰有关史料，形成了以个人为角度的多部具有史料价值的著述。如杜易简的《御史台杂注》五卷，记录了御史台中的故事；李植《御史台故事》三卷，记载自周至隋的御史故事；韩琬《御史台记》十二卷，韦述《御史台记》十卷，各记录了唐代御史台故事。其中以韩琬《御史台记》最为有名，其在唐代影响颇大，深得后世史学家重视。中唐时期苏冕编撰的《唐会要》将《御史台记》作为有关唐代御史制度的主要参考书。《旧唐书》、《新唐书》中关于来俊臣、王弘义的传记在很大程度上来自《御史台记》。《资治通鉴》将《御史台记》与唐代历朝《实录》和《旧唐书》、《新唐书》共同作为来源，频繁引用了《御史台记》中贞观元年（627 年）至景龙元年（707 年）80 年间关于御史台的记述。

元朝建立以后，宋金辽三朝历史一直没有正式编写过，直到至正三年（1343 年），元顺帝诏修辽、金、宋三史，脱脱担任总裁官。脱脱是元代后期比较有为的政治家，其历任御史中丞、御史大夫、中书右丞相。其在担任御史大夫期间，大义灭亲，成功罢黜自己的伯父、当时权倾朝野的丞相伯颜。为了完成好修史工作，脱脱组织了汉族史学家欧阳玄、揭傒斯等人，畏兀儿族人廉惠山海牙、沙剌班，党项人余阙，蒙古人泰不花等一起参加修史，开创了各族史家合作修史的先例。后来，这三部史书被列入中国正史《二十四史》，而二十四史中，只有《宋史》、《辽史》、《金史》三部是少数民族宰相主编的，也只有这三史是汉族和其他少数民族历史学家共同完成的。

御史监修或者参与修史，一方面，使得历代御史台拥有一批求真务实、品格优良的御史兼史学家，通过他们在修史过程中的交流，也培育了御史台求真务实的氛围。另一方面，对于历史的研究，也使御史在自身的职务中善于引用历史，特别是劝谏中御史们常常会列举历代兴衰的实例来提醒君主，也促成了千百年来历代统治者懂得以史为鉴，重视从历史经验中进行总结的传统。

二、繁荣的文学创作活动

在官员与文人二位一体的社会文化体制下，特别是随着科举制的确立，文人在出仕之前，就需要通过创作上乘的诗文，扩大社会知名度与影响力，最终达到仕进之目的。可以说，文学创作本身就是包括御史在内的官员生活的一部分，而御史群体刚直骨鲠的性格特征和大济苍生的理想抱负，一方面繁荣了御史群体的文学创作活动，涌现出多名大诗人、大文豪；另一方面又在无形中形成了鲜明的文学创作特征，以及独具一格的创作门类。

（一）诗歌创作

诗歌，是一个民族的精神花朵，是德、智、美的殿堂。中国是一个诗的国度，创作诗歌，用以描绘景象与事件，抒发情感与理想，早已融入文人的日常生活。由于御史台中浓厚的文学氛围，御史中不乏大诗人，他们的诗歌作品中，或充分体现了其职业经历，或充分体现其作为御史官员的风骨和品格。而将他们的诗人身份、诗词曲作品与其御史监察的官职联系在一起，既是一个重要的文学现象，也是监察御史文化这一检察文化渊源的充分体现。

1. 纠弹谏言与御史谏政诗

在古代诗歌的发展历程中，用诗歌作为人伦教化的载体，早已深入人心。作为担任和曾经任职御史的诗人和文学家，御史匡谏弹劾的基本职责和职业经历，使得他们在诗歌创作中倾向于表达自身的谏诤观点，很多御史甚至直接利用诗歌投入到御史履职和政治活动中去，由此形成了独具一格的诗歌类型——谏政诗。

谏政诗是通过诗化的语言来劝谏当政者的诗歌，其起源可以追溯到《诗经》中，《国风·魏风·硕鼠》就纯用比体，以硕鼠比喻剥削者，来表达对奴隶主剥削的不满。而在《离骚》中，屈原通过对以往生活经历的回顾，描写他激励引导楚王"及前王之踵武"，使楚国富强的理想，和楚王听信谗言，疏远和放逐自己的事实；讽刺楚王反复无常的作为，揭露腐朽的贵族集团背法妄行，结党营私，把国家引向危亡的罪恶。《古诗十九首》中《青青陵上柏》作者通过冷眼游繁华都城，对于骄奢淫逸的王侯、官宦们提出了强烈的批评，以引起最高统治者对末世风俗的重视。

进入魏晋时期，诗歌逐渐文人化，尽管当时的诗歌更热衷于谈玄论酒，风格偏向清越超俗。但担任御史的文人却更加注重通过自身的诗歌创作关注社会现实，希望能引起最高统治者的重视。最为著名的当属魏末晋初的傅玄，其创作了大量反映社会现实的诗歌，有与曹操《蒿里行》、王粲《七哀诗》、曹植

《送应氏》一脉相承，反映汉末三国时期战争不断、人民生命如同草芥的《放歌行》；有反映大雨始滂沱不止，造成"霖雨如倒井，黄潦起洪波"，威胁百姓生命安全的《雨诗》和三季干旱导致粮食颗粒无收的《诗》：

炎旱历三时。天运失其道。河中飞尘起。野田无生草。一湌重丘山。哀之以终老。

而诗人不但了解到水旱灾害的情景，将其反映在诗歌之中，而且针对此还提出了让人民多种多得、多储蓄粮食、加固河堤等五个方面来具体应对，以做到防患于未然。傅玄的意见也得到了晋武帝的肯定："此诚为国大本，当今急务也。"

值得一提的是，在傅玄的诗作中，写得最好的、历来被人们给予很高评价的是他的妇女题材的作品。傅玄的这类以妇女生活为主题的作品或歌颂美好的妇德、赞美妇女美好的容仪；或表现出对妇女种种悲惨遭遇的同情。如傅玄借古题写时事的《苦相篇》，作品真实地刻画了没有独立地位的女性凄苦的一生。妇女生存的境况只能取决于男人的好恶，新婚燕尔时，是"昔为形与影"，色衰爱弛时，便"今为胡与秦"。又如《昔思君》、《历九秋篇》、《短歌行》、《明月篇》都表达了类似的同情。尽管这些作品的创作并不是以劝谏当政者为目的，但诗歌通过揭露女性悲剧命运的根源，体现出了一名御史对于社会的关注和忧思，以及一个传统的儒者"圣人优代念群生"的宽广的胸怀。

在唐诗三百多年的发展历史中，尽管现实主义的诗歌数量不能算多，在《全唐诗》48900余首诗歌的总数中所占比重也很小，但唐人叙事诗为中国古代叙事诗之顶峰。集大成者当属杜甫，其"三吏"（《新安吏》、《石壕吏》、《潼关吏》）和"三别"（《新婚别》、《垂老别》、《无家别》），成为不朽的史诗巨作。随着唐朝由盛转衰，受到杜甫的影响，御史群体中的诗人也更加关注现实，特别是担任谏官的白居易和担任御史的元稹共同倡导的新乐府运动，更是将以诗代谏的谏政诗推向了一个新的高度。白居易在《新乐府序》中全面提出了新乐府诗歌的创作原则，要求文辞质朴易懂，便于读者理解；说话须直截了当，切中时弊，使闻者足戒；叙事要有根据，令人信服；还要词句通顺，合于声律，可以入乐。宣称要为君、为臣、为民、为物、为事而作，不为文而作。在《与元九书》中，他回顾早年的创作情形说："自登朝来，年齿渐长，阅事渐多，每与人言，多询时务；每读书史，多求理道，始知文章合为时而著，歌诗合为事而作"，并明确提出自己创作这些诗歌的目的是"唯歌生民病，愿得天子知"。

元、白二人用自己的诗作实践着以诗代诤的主张。白居易《新乐府》五十篇，叙历史、述时事，涉及唐代历史与社会的各个方面，内容丰富，以犀利眼光和诗人的敏锐感受，揭露当时的各种弊病，并真实表现于诗歌。例如，

中国检察文化发展史

《杜陵史》讲述了一个老农民种薄田一顷，偏连连遇上旱灾霜降，庄稼几乎颗粒无收，但官吏仍急敛暴微，使老农必须典桑卖地缴纳官租，自己却衣食无着，这让他不禁愤怒地控诉："剥我身上帛，夺我口中粟，虐人害物即豺狼，何必钩爪锯牙食人肉！"《卖炭翁》更反映了宦官的飞扬跋扈和"宫市"给人民来的苦难，"满面尘灰烟火色，两鬓苍苍十指黑"的卖炭翁，冰雪之日不顾严寒来到街市卖炭，却被宦官以近乎掠夺的价格强行买走，让人读罢一阵心酸，一腔悲愤。《新丰折臂翁》则生动地表现诗人对穷兵黩武的遣责，诗里叙述了天宝年间新丰地方一个青年为逃避征兵，用大石锤断了自己的右臂，才免于随军死在云南，到元和年间，他已经是八十多岁的老翁了，虽然右臂残废，却并不后悔，因为保住了一条性命。这种以自残的代价来换取生存的权利的可悲经历，让人"唏嘘不已"。而在《红线毯》中，白居易则直接对靠进贡朝廷以获取晋升之阶的宣城太守大声呵斥："宣州太守知不知？一丈毯，千两丝！地不知寒人要暖，少夺人衣作地衣"。《新乐府》之外，《秦中吟》十首是白居易的又一组重要诗篇，也被他划入了"讽喻诗"，也是从现实出发，关注时事，揭露弊端，以期"达于上"。如《轻肥》，诗人前面绝大多数诗句都在极力形容达官显贵的奢豪生活，只在诗末最后两句点出"是岁江南旱，衢州人食人"的社会惨状，构成了强烈对比，对唐代执政者的批判意图十分明显。

　　元稹在御史任上，自觉地将御史关心民虞和批判现实的精神融入谏政诗歌创作中，其《和李校书新题乐府十二首》、《乐府古题》、《连昌宫词》等都是进谏讽政的名篇。在这些诗中，元稹或叙底层民众之苦，或揭露社会的黑暗，或针砭吏治之弊，或批判权相误国，最大限度地赋予诗歌谏戒规讽功能。例如《织妇词》、《田家词》等，前者写蚕尚未结茧，官府已经开始征税，并限令织户交出新花样的丝织品，害得织户苦不堪言；后者写农民苦于重赋劳役，且将其苦难置于当时兵祸连连的背景下叙写，令人伤心。而《连昌宫词》通过一个老人之口叙述连昌宫的兴废变迁，反映了唐朝自唐玄宗时期至唐宪宗时期的兴衰历程，探索了安史之乱前后朝政治乱的缘由，表现了人民对再现升平、重开盛世的向往和希望国家长治久安的强烈愿望。历来将《连昌宫词》和白居易《长恨歌》相提并论，南宋文学家洪迈指出，《长恨歌》不过述明皇，追怆贵妃始末，无他激扬，不若《连昌宫词》有谏戒规讽之意。

　　与元、白同时代的李绅也是以诗为谏的代表人物，其作有《乐府新题》二十首，并写出了千古传诵的《悯农》诗两首，内有"谁知盘中餐，粒粒皆辛苦"、"四海无闲田，农夫犹饿死"的名句，充满了对朝廷的批评，而《悯农》诗被唐武宗看到后，武宗感叹："久居高堂，忘却民情，朕之过也，亏卿提醒。"新乐府运动带动了中晚唐时期御史群体谏政诗创作的繁荣，即便是本身并不热衷于以诗代谏的御史。如韩愈，其诗作本以雄大气势见长和怪奇意象著称，而在他的叙事诗作《赴江陵途中》，将生民之苦与自身为民请命却被权贵所害遭贬之苦结合在一起，格外真实而沉重。

两宋之时，国家内忧外患，御史群体中的有识之士也在自己的诗歌创作中针砭时弊，希望能引起最高统治者的重视。最有代表性的有两宋之交的邓肃，其在徽宗当政时，针对徽宗建艮岳令各地进贡奇花怪石，呈《花石诗十一章并序》，批评那些借献"花石纲"以营私利的阿谀奉承之徒是"饱食官吏不深思，务求新巧日孳孳"。并向宋徽宗谏言"但愿君王安百姓，圃中无日不东风"。当朝权臣见诗大怒，将邓肃贬回故里。而在靖康之变后，邓肃又写下《靖康迎驾行》，将金兵两次进犯中原如履平地，掳掠金银几近卷地，以及"斯民嗷嗷将焉之，相顾无言惟泣血"的惨状真实地再现出来，并在沉痛中喊出"何日中兴烦吉甫，洗开阴翳放晴空"的希望。

与其他诗歌特别是其他官宦群体创作的诗歌相比，御史谏政诗具有十分鲜明的特征，主要表现在以下三个方面：[①]（1）诗教作用凸显。从创作目的来看，御史有着明确的以诗代谏的目的，虽然儒家一直倡导文学的教化作用，但在诗歌的实际发展过程中，即便是以叙事为主的现实主义诗歌，尽管其中包含了作者对现实的批判，但其更多的只是作者感情的延续，而并非以揭露和解决现实问题为目的。而御史在创作谏政诗的过程中，既包含了自己作为监察御史的政治责任，又强调了诗歌的社会功用，将诗歌作为谏诤的工具之一，充分发挥诗歌应有的社会效果，如元稹就曾言"予遭理世而君盛圣，故直其词以示后"。（2）批判性强。从创作动机来看，御史的动机也较其他社会角色明确，即"救济人病，裨补时网"。特别是在社会动荡时期，御史往往能在自己的职业生涯中深深体会到社会的弊病并在其笔下多有书写，正是出于这种御史的批判性思维方式，才涌现了大量可颂可讽的谏政诗，以此作为言事的手段之一。（3）语言通俗性。出于以诗代谏的需要，谏政诗在选题上往往以具体的事或场景为主题，运用通俗的叙事性的语言，直接进行描绘。如《卖炭翁》通过"满面尘灰烟火色，两鬓苍苍十指黑"两句就勾勒出人物年老艰辛的外貌，"可怜身上衣正单，心忧炭贱愿天寒"写出了主人公艰难的处境和复杂矛盾的内心活动，这种语言风格往往寥寥几句就能刻画出一个生动的场景，既脍炙人口，又能直接给久居高堂之人以强烈的冲击。

2. 出行履职与纪行诗

纪行诗，又称"记游诗"、"行旅诗"，或描述个人游历见闻感受，或表现

---

① 霍志军：《唐代御史与文学》，陕西师范大学 2010 年博士学位论文。

思亲怀乡之情，叙事与抒情相结合。御史由于职责所系，经常巡查州县，行程十分广泛，从北国塞漠到岭南沿海，从雪域高原到朝鲜半岛，处处留下了御史的足迹，因此，无论是在旅途过程中，还是奉命出巡期间，所到之处，不少御史文学家给后人留下了大量纪行之作。

纪行诗滥觞于《诗经》，《诗经》中带有纪行风格的诗共有 6 篇，主要保存在二雅当中，如《小雅·采薇》，描写一位参加周王朝与玁狁之战的返乡战士对边战艰难困苦生活的回顾；《大雅·常武》，叙述、赞美宣王平定徐国之乱，基本以军旅行役诗为主。三国魏晋时期，纪行诗的创作十分繁荣，无论魏之三祖（曹操、曹丕、曹叡）与曹植这样的曹魏皇家，还是王粲、陈琳、蔡琰、刘琨与陆机这样的名士文人，都创作了大量的纪行诗，尤以曹操的军旅诗和王粲的边塞诗为代表。

唐代，随着国家统一和战争的减少，唐王朝非常重视对州县地方政府的监察工作，始终将巡按州县作为御史台的一项主要职责，而由于御史刚正不阿的性格特点，朝廷还常常派御史充当使节出使。由于出巡、出使活动的增加，御史描写出行途中自然风光、民风民俗的纪行诗也大量涌现。

武后、中宗时期，李峤曾以监察御史身份出使岭南，来到岭南这个尚未开发的神秘地方，作下了《安辑岭表事平罢归》这篇描写岭南风光的纪行诗篇。而唐代最负盛名的山水诗人王维，就曾以监察御史身份两度出使边塞，还出巡岭南"知南选"，[①] 在这过程中，王维作有《使至塞上》、《出塞》等边塞纪行诗 20 余首，以及多首行旅山水诗，留下了诸多千古名句。其中，既有主要以自然风光为描绘对象的，如展现了边塞地区雄浑壮丽景色的"大漠孤烟直，长河落日圆"（《使至塞上》），展现秀丽南国风光的"江流天地外，山色有无中"（《汉江临泛》）；又有以军旅纪事为主题的，如展现围猎场景的"草枯鹰眼疾，雪尽马蹄轻"（《观猎》），展现作战场景和过程的"护羌校尉朝乘障，破虏将军夜渡辽"（《出塞作》）。还有以展现边疆地区祭祀等人文风貌的，例如"婆娑依里社，箫鼓赛田神"（《凉州郊外游望》）。这些诗歌洋溢着诗人勃发的生命力和生在盛世的自豪感，充溢着爱国主义、英雄主义的情感和时代光辉。与王维基本同时代的著名边塞诗人高适和岑参，虽然两人的御史生涯不算太长，其边塞经历也是以入幕的形式前往，但其御史经历对其边塞诗的创作起到了一定潜移默化的作用。例如，二人的诗作中既有"功名祇向马上取，真是英雄一丈夫"（岑参《送李副使真诚碛西官军》），"长策须当用，男儿莫顾

① 是唐代为在岭南、黔中等地选拔人才，专门在当地设置的一种特殊铨选制度，为保证南选的公正严肃，由御史负责进行监察。

身"（高适《高常侍集送董判官》）这样直接展现报国立功理想抱负和积极进取精神风貌的佳句，也有"少妇城南欲断肠，征人蓟北空回首"（高适《燕歌行并序》），"故园东望路漫漫，双袖龙钟泪不干"（岑参《逢入京使》）这种体恤下层士卒疾苦，展现其思乡之苦的情切之篇。

中唐时期吕温以侍御史身份出使吐蕃，沿途作有不少纪行诗，如《河源军汉村作》、《青海西寄窦三端公》等，记叙了其入藏行程。特别是其《吐蕃别馆和周十一郎中杨七录事望白水山作》所描绘的"玉嶂拥清气，莲峰开白花"、"半岩晦云雪，高顶澄烟霞"高原风光让人耳目一新。元稹担任监察御史期间，奉命出使东川，作下了《使东川》一组22首纪行诗，展现了一幅幅巴山蜀水的风俗画：万竿丛竹、一江碧流、涛涛江声、峨眉山月、层峦叠嶂、子规啼鸣。

宋代交通比前代更加方便，所以宋代的纪行诗歌发展非常繁荣，并且宋人在前人的基础上具有主动的纪行意识。曾担任广东提点刑狱的南宋著名诗人杨万里说："闭门觅句非诗法，只是征行自有诗。"而他个人也用大量的纪行诗来印证了自己的诗歌创作理念，充任金国贺正旦使的接伴使时，亲眼看到沦丧于金国的宋朝大好河山和中原遗民父老，写下了著名的《初入淮河四绝句》，以"只余鸥鹭无拘管，北去南来自在飞"的诗句来表达心中郁闷国家残破的巨大耻辱和悲愤；而在长期的迁仕过程中，他写下了大量的纪行写景诗，在其4000多首诗歌中占到了一半以上，他创作诗歌不仅景中含情，怀融于景，还特别擅长并以"一峰忽被云偷去"等轻灵浪漫的笔调来描绘自己所见之景。而另一名曾担任福建提点刑狱的伟大词人辛弃疾，其作为豪放派的代表，曾在旅途中作下了《永遇乐·京口北固亭怀古》、《水龙吟·登建康赏心亭》、《菩萨蛮·书江西造口壁》等歌咏祖国山河的作品，以"醉里挑灯看剑"来表达自己强烈的爱国主义思想和战斗精神；以"青山遮不住，毕竟东流去"来表达自己的失意。而其在隐居期间作下了《西江月·明月别枝惊鹊》等描绘农村秀美风光的词。

明清时期，御史出巡创作诗歌的风气仍然浓厚。例如，清雍正年间，夏之芳以御史身份前往台湾巡视，并留任一年。他在台任职期间，创作了《台阳纪游百韵》共100首，既真实描绘了宝岛台湾的美丽风光，又客观描述了台湾的风物风俗及民情农况，具有鲜明的地方特色。

与其他诗歌相比，御史纪行诗具有十分鲜明的特征，主要表现在以下两个方面：一是题材上以写景为主，具有很强的地域文化特征。纪行即记录旅行过程中所见所闻，诗人每到一处，最先见到的当然是当地的山川湖泊，因此在题材上纪行诗多以写景为主，由于我国疆域辽阔，纪行诗歌中描绘的边塞、岭南、江南、蜀地、雪域、宝岛，与中原地区在风土人情上具有很大的差别，形成了各具特色的地域文化特征，或壮美，或旖旎，或神秘，或秀美。二是在价值上，艺术价值和历史地理认识价值兼备。纪行诗作为诗，其艺术美感无须赘述，而由于御史特殊的职业身份，其所创作的纪行诗，描绘的旅途情况具有更强的真实性，其中所包含的地理景观、自然现象、历史事件，对于后世认识当时的社会及自然风貌都具有很强的参考价值。

3. 政治品格与咏物诗

咏物诗是我国古代浩大的诗歌王国中的一个重要门类，以动植物以及人工器物为吟咏对象，在诗中作者或就物论物，或借物咏怀寄寓深意，或二者相融。

先秦时期的很多歌谣和占卜辞就带有咏物成分，而《诗经》中的多首诗歌都通过描写鸟兽虫草来抒发感情，屈原的《橘颂》则是第一首成熟的咏物诗，直到魏晋南北朝时期，咏物诗才真正兴起，而文采斐然的御史群体也创作了大量的咏物诗，如永明时期曾担任御史中丞的沈约，留下了30余首咏物诗，这些诗在题材上突破了荷花、菊花等固定范围，扩大到芳树、竹、柳、杜若、鹿葱、甘蕉等更广泛化、生活化的对象，诗歌语言华美，刻画生动，情感上长于清怨，代表了齐梁时期咏物诗的最高成就。

唐代是咏物诗的鼎盛时期，也是御史创作咏物诗的高峰期。初唐时曾担任监察御史的李峤，同时也是第一位有组织有计划地大规模创作咏物诗的诗人。他创作了共有120首的《杂咏诗》，作为儿童启蒙读物，分为乾象、坤仪、芳草、嘉树、灵禽、祥兽、居处、服玩、文物、武器、音乐、玉帛凡十二部，每部十首，涉及范围较广，结构颇为庞大。虽然是为启蒙而作，体例上全部采用近体诗，语句简短，但在内容布局上仍然十分考究，往往是从最基本的一个意象、一个典故、一个句子、一联诗引申更为深刻的意境。如其咏镜子的《鉴》："明鉴拂尘埃，含情照魏台。日中乌鹊至，花里凤凰来。玉彩疑冰彻，金辉似月开。方知乐彦辅，自有鉴人才。"就通过直接的描写和魏武帝山鸡舞镜的典故引申出其对鉴才之人的渴望。

盛唐时期，国力强盛，政治稳定，诗人们更青睐在咏物诗中展示雄浑盛大的盛唐气象以及个人的欣喜之情。然而御史群体似乎更能洞悉盛世掩盖下的忧患与不公，他们通过诗歌，对帝王、权贵的失当之举给予抨击和讽刺。如王维的《听百舌鸟》，以"万户千门应觉晓，建章何必听鸣鸡"的诗句，抨击朝廷重用的是那些善于花言巧语的百舌鸟（小人），而真正有德司晨的雄鸡（贤士）却不被当权者所重视。而同样曾担任监察御史的储光羲作《群鸦咏》，以"群鸦随天车，夜满新丰树。所思在腐怜，不复忧霜露"的诗句，以"群鸦"

喻小人表达对当世朝廷充满了追随天车、贪图禄位的小人，而缺乏忧国忧民之士的担忧。

安史之乱后，国运日衰，这一时期，御史群体中的很多人自觉壮志难酬，或沉滞下僚，或贬谪荒远，或归隐田园，所以他们笔下的咏物诗有的寄托遥深，清俊淡雅，有的讽时刺世，锋芒毕露，而咏物组诗的创作尤为丰富，如白居易有《有木诗》八首、《禽虫》十二章，《池鹤八绝句》；元稹有《有鸟》二十章。白居易的咏物诗现存 287 首，是全唐诗人中咏物诗作数量最多的一位，而与其谏政诗一样，其咏物诗也具有很强的讽喻和批判精神，如《有木诗》八首，诗人在序言中指出其目的"不独讽前人，欲儆后代尔"。而在《禽虫》中，诗人以"一鼠得仙生羽翼，众鼠相看有羡色，岂知飞上未半空，已作乌鸢口中食"诗句寓言老鼠，讽刺生活中那些趋炎附势的小人。元稹的咏物诗达 132 首，其说自己的诗歌"感物寓意"。在著名的《有鸟》二十章中，鸟虫大多数是丑恶的意象，借比小人以抒愤，表达作者对中唐社会相继出现的藩镇割据、外患频仍、宦官专权、政治腐败等社会现象的忧愤，而在《桐花》中，诗人以桐树自喻，表明自己学有所成，愿为君分忧"我愿裁为琴，安置君王侧，调和元首音"，为国出力的忠君爱国态度。而曾担任监察御史的刘禹锡则创作了大量的寓言类咏物诗，充满着对恶势力的憎恶与仇恨之情。在《聚蚊谣》中，其以鄙夷的态度，将那些趋炎附势、暗箭伤人的官僚权宦比喻成利嘴伤人的蚊子，它们"殷殷若自南山来"，"喧腾鼓舞喜昏黑"，但最终就像那"清商一来秋日晓，羞尔微形饲丹鸟"的蚊子一样，走向灭亡。

到了宋代，文人少了几分唐人的青春张扬之气，多了几分厚重之感，咏物诗的创作也有了新的发展。一方面，随着政治局势的变化和北宋的灭亡，包括御史监察官员在内的文人通过咏物诗词表达战乱之苦和漂泊流离之痛，曾任两浙东路提点刑狱的朱敦儒，传有 27 首咏物词，基调低沉，呈现出作者所遭受的苦难，抒发这种苦难背后隐藏的愁苦和哀伤，其在《卜算子》中借孤雁"云海茫茫无处归，谁听哀鸣急"的处境，写出自己仓皇南徙、辗转漂泊的痛苦经历，情景交融。另一方面，随着御史台理学风气的兴起，御史咏物诗创作充满理趣或说教意味。例如杨万里所作咏物诗 500 余首，其中少不了有咏物喻理之作。如《岸沙》，以"荡去荡来元不觉，忽然一片岸沙摧"的诗句先描写水冲岸沙只能细细地荡出沙痕，本对岸沙没有什么太大的影响，但日复一日"荡来荡去"，忽然间就将岸沙冲毁，以此说明一个自然之理，任何事物都会被积少成多的量变引起最终的质变，如若事先不做好防范，谨慎以对，最后就会产生意想不到的后果。

明清时期，尽管咏物诗创作的鼎盛时期已过，但无论是官宦还是民间，借咏物抒发感情的热情仍不亚于前人。其中，御史群体所作咏物诗中不乏精品。例如明代的于谦，宣德初年授监察御史，并曾在河南、山西巡抚期间作下了著名《咏煤炭》，歌咏煤炭的品质和功用，以"但愿苍生俱饱暖，不辞辛苦出山林"表达甘愿贡献自身、造福于民的博大胸怀。而其《石灰吟》则成为千古传诵之作，"千锤万凿出深山，烈火焚烧若等闲。粉骨碎身浑不怕，要留清白在人间"。全诗巧妙地把言志和咏物有机地结合起来，诗中每一句都紧扣石灰的特点，同时每一句都在抒发胸怀，寓意深远。尽管创作这首诗时于谦尚未出仕，但已经展现其以天下安危为己任的宏大志愿和铁骨铮铮的高尚气节，成为其个人业绩的真实写照。又如清代康熙年间曾任左都御史的王士祯，其大力倡导"神韵"，将其作为诗歌创作和批评鉴赏的最高标准，并在自己的诗歌创作中努力追求神韵。其早期曾作咏物诗《秋柳》四章，赋予秋柳人的愁怨来加以表现，言柳"志"，抒柳情，以"他日差池春燕影，只今憔悴晚烟痕"、"东风作絮掺春衣，太息萧条景物非"等诗句，抒写作为前明遗民物是人非的感叹和对前朝故国的一腔幽情。

在整个咏物诗之中，御史群体创作的咏物诗既带有咏物诗借物抒情、托物言志的一般特征，又有其自身特点，主要表现在以下两个方面：（1）内容上充满了对家国的忧思。御史群体创作的咏物诗，很多时候表达的是诗人忧国忧民的情怀，在盛世下，这种情怀体现为对盛世背后隐忧的关注，例如王维《听百舌鸟》中的"万户千门应觉晓，建章何必听鸣鸡"；而在政治腐败或山河破碎之时，则直接表现出其愤懑和哀叹，如刘禹锡《聚蚊谣》中的"利嘴迎人看不得"。（2）传递忠君爱民的政治态度。无论诗作的基调是批判、苦楚还是耿介，在诗作中，诗人都会透露出自己希望得到重用、大济苍生、振兴皇朝的忠君爱民思想，如刘禹锡《聚蚊谣》以"我躯七尺尔何芒，我孤尔众能我伤"表达出自己并不惧怕小人的积极态度。

4. 镜鉴思维与怀古咏史诗

咏史怀古诗是以历史事件、历史人物、历史陈迹为题材，借咏叹史实、怀念古迹来感慨兴衰、托古思今目的。《诗经》、《大雅》中的《生民》、《公刘》等篇寓含着后人对先人的咏赞之情，已含有咏史的成分。《楚辞》中的《离骚》、《天问》涉及了许多历史传说人物和事件，而最早直接以咏史目的出现的是东汉班固的《咏史》，其将汉文帝时期的缇萦救父之事摄入诗歌，并以"咏史"首标其目。魏晋时期，御史也逐渐参与到咏史诗的创作中来，傅玄的《秋胡行》以刘向《列女传》通过叙述鲁国秋胡轻薄和秋胡妻贞烈自杀的故事，歌颂其贞烈，惋惜其自杀，带有一定反礼教的色彩。而西晋时曾任侍御史的左思作《咏史》八首，诗歌错综史实、融会古今，将咏史题材的创作逐渐发展起来，以"郁郁涧底松，离离山上苗。以彼径寸茎，荫此百尺条"的艺术形象，深刻揭露"世胄蹑高位，英俊沉下僚"的不合理现象；借咏古代贤士的坎坷遭遇，沉痛地指出"何世无奇才，遗之在草泽"。对扼杀人才的现实进行了猛烈的抨击。

唐朝咏史怀古诗的创作，也进入了承前启后的繁盛期，名家辈出，众体兼备，为花团锦簇、繁星璀璨的唐诗苑增色添彩。曾任谏官的陈子昂可谓是初唐怀古诗的大家，他直言敢谏，对武后朝的不少弊政，常常提出批评意见，不为武则天所采纳，并曾一度因"逆党"株连而下狱。其作《感遇诗三十八首》，其中至少有8首都是咏史之作，但又具有强烈的针对性和时政性，例如《感遇诗》其二十八，借楚灵王举国营造章华台供自己享乐的典故，给执政者示以警钟。而其随军武攸宜出征期间，多次进言不但被拒还被降职，其登上燕昭王为招纳天下贤士而建的幽州台，写下了著名的《登幽州台歌》"前不见古人，后不见来者，念天地之悠悠，独怆然而涕下"，表达自己政治抱负不能实现的苦闷心情。

随着国运的衰落，中唐时期曾任御史的怀古大家刘禹锡，留下了《金陵五题》、《荆州怀古》、《姑苏台》等怀古诗，以及《杨柳枝》等怀古词，以"炀帝行宫汴水滨，数株残柳不胜春"的隋宫残柳，以"山围故国周遭在，潮打空城寂寞回"的金陵空城等随意的几笔点染，便道尽往昔市列珠玑、户盈罗绮的繁华消逝之景，场景阔远，寓意深邃，表明随着历史的演变，六朝王宫贵族的富贵荣华已成为陈迹，对于图谋权势的帝王将相的沦亡既有悲悯之情，又暗含讽喻之意。

中晚唐时期，官员和宦竖争斗不断，曾在唐文宗时期担任监察御史的杜牧，面对内忧外患日益加深的时局，仍怀经邦济世的抱负，希望能从"治乱兴亡之迹，古人之长短得失"探究兴国之道，因此在诗歌创作中也擅长通过咏史来议论当世政事，其《樊川诗集》中有各类咏史诗30余首，其中尤以七言绝句居多，约占总数的3/5。杜牧的咏史诗选题别出心裁，独抒机杼，从史家不到处别生眼目做翻案文章，同时篇幅简短，笔锋犀利，意境深远，堪称咏史诗之集大成者。其既有通过对前世兴亡的描绘和总结，希望引起当世警醒的借古讽今之作，如《过华清宫绝句》三首，其一"长安回望绣成堆，山顶千门次第开。一骑红尘妃子笑，无人知是荔枝来"，语言看似平和，但寥寥数语就将唐玄宗娇宠杨贵妃，仅为满足其爱食荔枝的喜好，不惜耗费国力，以致人马力竭而毙，相望于道。诗作对李、杨的骄奢淫逸、劳人害马的行径并未从正面置一词，却能让人从作者的深沉慨叹之中读出其中的微言大义。又如《泊秦淮》中"烟笼寒水月笼沙，夜泊秦淮近酒家。商女不知亡国恨，隔江犹唱后庭花"，蜻蜓点水般的语言就勾勒出南朝政权摇摇欲坠时贵族王孙仍然醉生梦死的画面。而《过骊山作》"始皇东游出周鼎，刘项纵观皆引颈。削平天下实辛勤，欲为道旁穷百姓。黔首不愚尔益愚，千里函关囚独夫。牧童火入九泉底，烧作灰时犹未枯"，则直接用通俗的语言对秦始皇进行辛辣的讽刺，批评他不知体恤百姓，一味残暴，以致断送天下的愚蠢。这些咏史诗都是采用借古讽今的手法，写的是秦始皇、陈后主、唐玄宗，批判的是晚唐皇帝，希望其汲取历史教训。另外一部分咏史诗则是以著名历史事件为题材，采用翻案的手段，提出与传统观点相对立的新颖独到的思考与见解。如《赤壁》："折戟沉沙铁未销，自将磨洗认前朝。东风不与周郎便，铜雀春深锁二乔。"在杜牧看来，赤壁之战的胜利，并不表现周瑜的天才军事策略，他不过是借助当时东风之力，侥幸成功而已。诗中作者对已有结论的历史事件加以重新评论，发表了与众不同的见解，表现了自己的胸怀、胆识和才华。

随着北宋"庆历新政"、"熙宁变法"，北宋文人的政治热情再次被带动，咏史怀古诗词的创作又重新兴起，王安石、苏轼、李甲、贺铸、仲殊、周邦彦，都自成一家，尽显特色。而御史群体在忧患意识的支配下，以史为鉴，形诸篇章，则为史论；发为吟咏，则为咏史，特别是靖康之变后，面对家国剧变，逐渐形成了集体创作怀古诗词的洪流。咏史诗上，曾担任侍御史的王十朋作《咏史诗》共 110 首，以历代帝王将相为主要吟咏对象，展示了一卷历代帝王将相图谱。同样曾担任侍御史的刘克庄作《杂咏二百首》，结合纪传，对历史人物进行筛选，归类分咏。而怀古词上，曾任福建提点刑狱的辛弃疾的怀古词最具特色，他一改花间怀古词调女性化、柔艳化为豪士化、悲慨化，做到了在史事的吟咏中折射出冷峻的现实、寄托深沉的抱负，将史事、情志和现实结合。辛弃疾怀古词中的凭吊物有滕王阁、西湖、赏心亭、京口北固亭、京口尘表亭、赤壁、会稽蓬莱阁、南剑双溪楼等。他们如一页页字迹斑驳的史书，既展示着现在，又联系着过去，具有丰厚的历史人文内涵。其中最具代表性的当属《永遇乐·京口北固亭怀古》：

千古江山，英雄无觅，孙仲谋处。舞榭歌台，风流总被，雨打风吹去。斜阳草树，寻常巷陌，人道寄奴曾住。想当年，金戈铁马，气吞万里如虎。

元嘉草草，封狼居胥，赢得仓皇北顾。四十三年，望中犹记，灯火扬州路。可堪回首，佛狸祠下，一片神鸦社鼓。凭谁问，廉颇老矣，尚能饭否？

该词结构严密，层次井然，纵横开阖，一气呵成，词格苍劲悲凉，作此词时已南归 43 年，年纪 66 岁，词的上片写他登上北固山上的北固楼，缅怀三国时期吴国的君主孙权和南朝宋武帝刘裕两位先贤，对他们的英雄业绩表示无限的敬仰。词的下片，则转为慷慨悲歌，追忆自己的往事，并用廉颇自比，慨叹当前处境。词人表达了含蓄深沉的观点：从君的角度看，无仲谋、寄奴等英明之主而有丧权辱国的懦君；从将的角度看，无叱咤风云之师而有王玄谟之流的弄柄擅权的庸将；从己的角度看，无称心如意的幸遇而有廉颇的被谗受弃的不幸。这便是词人所面对的悲剧性的现实，也是这首词所表现的深刻主题。

元代，继诗词之后，散曲逐渐兴起，并与传统的诗、词样式分庭抗礼，御史群体也参与到怀古咏史散曲的创作中来。曾担任御史台掾属和监察御史的张养浩，在担任陕西行台中丞赈灾期间，连续作下了 9 首七题《山坡羊》怀古散曲，其中最为著名的当属《潼关怀古》：

峰峦如聚，波涛如怒，山河表里潼关路。望西都，意踟蹰，伤心秦汉经行处。宫阙万间都做了土。兴，百姓苦；亡，百姓苦！

这首散曲于浓烈的抒情色彩中迸发出先进的思想的光辉，从抒发个人怀抱，上升到了对历史规律深沉反思的高度，深刻揭示了历史上无论哪个朝代，兴也罢盛也罢，老百姓总是遭殃受苦的真理。

在整个咏史怀古诗之中，御史群体创作的咏史怀古诗有着十分鲜明的特点，主要表现在以下两个方面：一是诗词的境界更为高远。在御史群体创作的咏史怀古诗词中，往往能看到作者几个层次的态度，首先是对过往历史的怀念或批判，而在此之上，则是对个人情感的抒发，这两个层次是大多数咏史怀古诗都能达到的，而更上一层的是，借对咏史怀古，对现实进行批判，对当世进行讽喻，从而透露出作者对国家命运的忧虑、对社会前途的关切，这是御史群体创作这类诗词更为高远的境界，也与御史群体以史为鉴的思维是契合的。二是角度更为独特，分析更为透彻。由于御史群体深厚的史学功底，因此在咏史的过程中，看待历史事件的角度更为独到，分析也更为深入。例如，杜牧就能从赤壁之战中看到历史的偶然性，而张养浩则能从王朝更迭中反思出历史的规律。

5. 兰台交往与唱和诗①

诗词唱和是中国文学史上一种极为普遍的文学现象，它源远流长，颇具特色。事实上，御史台也为诗文创作提供了契机，台中文士间多唱和之作。御史唱和诗，包括唱和、赠别、留别、联句、寄赠等内容和形式，集审美、社交、娱乐功能于一体，体现了御史台文人的生活情态及心理状态。

唱和诗是伴随着诗歌的产生而产生的。《诗经》中《郑风·东门之墠》、《卫风·木瓜》都可看作是最早的唱和诗。两汉魏晋时期，文人唱和诗逐渐兴起，到唐代达到鼎盛，而御史台文人的唱和诗创作也随之兴起，既包括御史台

---

① 霍志军：《唐代监察御史与文学》，陕西师范大学 2010 年博士学位论文。

文人之间的唱和，最为著名的当属中唐时期白居易和元稹之间的唱和，元白第一次唱和始于贞元十八年，历经 27 年直到元稹去世，留下了千余首唱和作品，尽管在二人和诗的大部分时间里，并没有担任御史或谏官，但由于二人在政治上、文学上有相似的主张，自结交之日起两人便结下了终身的友情，而唱和诗也成为二人精神层面的沟通方式。御史创作的唱和诗还包括在出巡以及宴饮所作的应酬之作。而无论唱和的对象是谁，唐代御史群体的唱和诗有着自身的特点，具体而言有以下几方面：一是獬豸意象备受推崇。例如，储光羲《奉和韦判官献侍郎叔除河东采访使》"龙楼加命服，獬豸拥秋霜"；包融《戏赠姚侍御》，诗云："新披媳马陇西驹，头戴獬豸急晨趋"；张谓《送韦侍御赴上都》"更渴麒麟殿"；岑参《晦日陪侍御泛北池》云："月带虾蟆冷，霜随峭血獬豸"。二是偏好使用坚硬、刚性的词，借以抒发御史群体对自我生命的真切感受，表现出刚强、倔强的人格风采。例如白居易："元稹为御史，以直立其身。其心如肺石，动必达穷民。东川八十家，冤愤一言伸。"用典的特殊性，使得御史台诗歌整体上呈现以刚强、劲健为主的风格。三是用典较多，特别是"埋轮"、"破柱"的典故。例如，孙遨《送李补网补网摄御史充河西节度判官》"昔年叨补衮，边地亦埋轮"，通过唱和歌咏张纲埋轮的故事，充分体现了御史诗歌创作的刚劲风格。

（二）御史公文与散文

自从荀子在《荀子》中提出"文以明道"以后，传统中国文化中逐渐形成了"文以载道"的文体观念。而御史群体出于职事活动的需要，创作了一定数量的应用公文，同时，一些御史还将自己鲜明的主体意识和价值观念注入到散文等的写作中，借以传达自己的政治思想。

1. 公文写作

自御史制度建立以来，出于职事活动的需要，御史群体创作了一定数量的应用公文，这些公文既是御史履职的重要载体和御史制度的具体体现，而透过御史台公文，也能够管窥当时的御史监察文化。

（1）弹文

弹文源于古代御史监察制度，有官员违法乱纪，则必有御史监察官起而弹劾，两汉时期，逐渐要求以格式化和规范化的语言文字形式对弹劾情况进行准确记录，弹文就此形成。魏晋时期，对于弹文格式和内容的要求进一步明确，《文心雕龙》奏启篇指出弹文应"是以立范运衡，宜明体要。必使理有典宪，辞有风轨；总法家之式，秉儒家之文，不畏强御，气流墨中，无纵诡随，声动简外，乃称绝席之雄，直方之举耳"。在这样的指导思想下，弹文的体系更为严密，再加之魏晋时期自由开放的文风，奏弹文的文采也十分值得称道。而这一时期流传下来的弹文有百余篇之多，其中著名、很有代表性的弹文有齐梁时期沈约的《奏弹王源》，全文义正词严，立明主张，后世评价其"曲勘尽致，笔甚锋锐"。

唐代御史监察制度日益成熟，唐代弹文写作颇为盛行，据学者统计，目前尚能考知的唐代弹劾事件达 200 余起，亦即唐代弹文数量当在 200 篇以上，[①]在唐人心目中，弹文的写作水平是衡量一个人能力的重要标准，例如《御史台记》的记载，武周时期的酷吏来俊臣，官至侍御史，但此人不学无术，弹劾只会背诵别人的弹文，故而为人诟病。而唐代科举考试中的"直言极谏科"考试中，大量对策是针对朝政的谏净文，具有弹文的性质，弹文的写作水平，直接决定参加应试者的前途命运。在这样的背景下，御史弹文的质量得到了进一步的提升。几乎全部具备相对完整的内容、独立的形式和比较规范的体式结构，尤其是中晚唐时期的弹文，往往体制严谨、精心营构，规模可观。如元稹《论浙西观察使封杖决杀县令事》大量运用了散句的句式，无论是叙事还是说理，都表现出文气畅达，明白利落，而且条理清楚、有理有序。而其在《弹奏剑南东川节度使状》一文中，用了洋洋洒洒长达 2500 余字，历数严砺"擅没管内将士、官吏、百姓及前资寄住等庄宅、奴婢，今于两税外加征钱、米及草"等罪状，有事实、有证据、有建议。

宋代由于宋太祖曾立下"不杀言官"的条令，为御史奏弹创造了良好的环境，也造就了弹文的繁荣局面，流传于世的弹文达 500 余篇，在能够考证到作者官职的 300 余篇弹文中，绝大多数都系台谏官员所作。而在弹文的种类上，在前世奏、奏弹、疏、状等基础上，将奏军机速办之事所用的"札子"（又称劄子）纳入弹文的载体中。而在行文的风格上，可谓风格多样，既有就事论事，论证客观，语气平和，文风柔缓，颇具儒生气息的，如欧阳修所作的各类弹文，如《上仁宗乞罢狄青枢密之任》；也有措辞强硬，锋芒毕露的，如包拯《上仁宗论张尧佐除四使不当》，而包拯之后又六次弹劾张尧佐。

明代历经初期的励精图治，中后期宦官行事猖獗，作恶多端，昏君日夜为乐，这一方面造成了朝廷秩序混乱，百姓民不聊生；另一方面也使御史中的有识之士仗义执言，促成优秀弹文层出不穷。如杨继胜《弹劾严嵩罪状》，分条陈列了严嵩败坏祖宗成法、窃取君主大权、掩盖君主功绩、纵容逆子窃取权威、冒领朝廷军功、援引悖逆奸臣、贻误国家军机、独揽升降大权、失去天下人心、败坏天下风俗十大罪状。"文章条理明晰，笔锋犀利，力透纸背，被誉为'有明一代大文章'。"

---

① 霍志军：《唐代监察御史与文学》，陕西师范大学 2010 年博士学位论文。

清代中央集权进一步加强，对于御史监察官员，皇帝是既利用又限制，因此，尽管御史弹文的数量较多，但其中不乏在皇帝授意下所作之文，如康熙就授意郭琇《特纠大臣疏》纠劾明珠，形成案中案，把治河问题转化为一场政治风波，从而对明珠为首的内阁大换班，使位极人臣甚至藐视皇权的明珠永世不得翻身。

自魏晋时期逐渐成熟，弹文就作为一种特色鲜明的公文与御史监察制度联系在了一起。具体而言，弹文有几个突出特点：（1）从结构上看，弹文具有刑事诉状的特征。作为纠举百司不法的专门文书，弹文在结构上一般包括以下几部分：①风闻事由，即弹劾案件的线索来源；②弹劾的事实与证据；③对事实的定性；④运用律例或"清议"分析弹劾者的行为性质；⑤结合案情提出惩处建议。不难看出，这样的结构布局与当代的刑事诉状具有很大的相似性。以北魏时期御史中尉王显弹奏石荣、抱老寿的弹文为例，其主要内容为：①风闻前洛州刺史阴平子石荣、积射将军抱老寿洛荡非轨，易室而奸，膜声布于朝野，丑音被于行路（案件线索和来源）。②即摄鞫问，皆与风闻无差（事实与证据）。③犯礼伤化，老寿等即主。（案件定性）④谨案石荣……老寿人理所未闻，鸟兽之不若（适用法律分析）。⑤请以见事，免官付廷尉理罪，鸿护削爵（惩处"量刑"建议）。而元稹《弹奏剑南东川节度使状》则将严砺擅自籍没庄宅奴婢，擅自加重百姓税赋，擅自加征钱粮等三件行为分别叙述犯罪事实，分析其如何违反律例，并提出处理建议，做到了"以事实为依据，以律例为准绳"。（2）从语言风格上看，其始终用散体文进行写作。文作为法律公文，有着区别于其他语体的特殊风格，它既不同于形象生动的纯文学语言，也有别于以上传下达为宗旨的一般朝廷公牒文牍，因此，无论是在文风自由飘逸的魏晋，还是在充满理学精神的宋明，弹文始终用散体文写作，既能保证文章言简意赅、庄重得体，同时也不失其锋芒。（3）充满感情，具有很强的文学审美价值。尽管属于公文，但与其他大部分公文相比，弹文是御史以个人名义起草和上奏的，而奏弹之事常常都会激发出作者的愤慨正义感，因此弹文的字里行间中充满了作者的感情，使其具有文学上的审美价值。在弹文中，作者或表达自己的忠君爱国之心，如明代周怡在《弹劾翟銮、严嵩罪状》中表示"人臣以尽心报国为忠，协力济事为和，未有公卿大臣争于朝、文武大臣争于边，而能修内治、御外侮者也"。或表达对官员贪赃的愤慨之情，例如元稹在《弹奏剑南东川节度使状》指出严砺"岂惟剥下，实谓欺天"。

（2）奏议

除起草弹文之外，御史还要起草奏议等各类向帝王进言的文书。这些向君主进呈的文字统称上书，秦统一六国后始称为奏，其具体形式有章、奏、表、议等。与弹文这类专属于御史言官的公文不同，奏议是所有官员在其履职过程中都会创作并向君主呈报，但御史基于其职责和职业品格，与其他官员创作的奏议，御史奏议有着鲜明的特点：①在内容上，敢于直面和揭露时弊。历代御史奏议中，特别是面对君与主自身存在的问题时，不乏旁敲侧击、避重就轻之作，但更多的是敢于直面时弊，揭露朝廷问题的直谏之作。例如，明代嘉靖十一年间出现彗星异象，明世宗按照发布诏书，向天下征言，广泛征求避灾消难之策。与大多数官员提出一些不痛不痒的办法不同，监察御史郭宏化直接上书批评明世宗迷信道教的做法，对世宗崇道大兴宫观坛宇，不顾民力大兴土木之风弊端，提出在建的仁寿宫等应节约用料，完工后将西苑、南城等宫观坛宇缓建或停建。建议皇上谕旨工部，对所需用料进行清理，召回官差对大木、大砖、珍珠停止采买，不够的珍珠京城有货，无须舍近求远，节约资金以舒穷困。可惜这样敢于揭露问题的奏疏招致了明世宗的不满，郭宏化也因此被削职为民。②在文风上，充满自然而真实的情感。御史奏疏中包含了作者个人的意见，而在阐述这些观点的过程中，文章经常会依据事情形势的不同，而迸发出不同的感情，有的感情浓烈厚重，抒情感慨的色彩显而易见，字里行间都蕴含着浓厚而显著的个人感情色彩。如海瑞的《治安疏》，开篇就用"不为悦谀，不暇过计，谨披沥肝胆为陛下言之"表明自己死谏的态度，中间又用"玄修无害矣乎？"质问的语气批评明世宗一味崇道，之后在指责明世宗迷信道教、错�‌误国，弄得"吏贪将弱"、"民不聊生"的过失后，用了两个"而陛下何不为之？"表达出自己恨铁不成钢的心情，全篇字里行间就充满了激愤之情。③在写作手法上，擅长引经据典。引用圣贤言论和历史典故，是古代官员在公文写作中稽古道今、使人明智的一种常用方法，而御史奏议更是擅长此道。如中唐时期的元稹，其在《论谏职表》、《献事表》等多篇奏议中就征引了唐太宗时从善如流的开明之举以及当时的谏官之事，来增加公文对策的可行性。又如明代韩文在其奏疏中针对当时阉党势大的时弊，写到"窃观前古，阉宦误国，为祸尤烈，汉十常侍，居甘露之变，其明验也"，引用了东汉末十常侍、唐中后期甘露之变等宦官专权多件史实，阐述宦官专权的巨大危害。

2. 骈文与散文

在履行职责的过程中，御史需要起草大量公文，而在御史的个人生活和日常经历中，为了记叙自己的见闻，表达自己的观点，抒发自己的感情，御史往往更青睐使用散文（包括骈文）这一兼具记事、议论、抒情、说明、描写等多种功能的文体，留下不少散文名篇，涌现不少堪称文豪的散文大家。

秦汉时期，词赋的兴起发展，其文于铺陈夸饰之中骈俪大增，而到魏晋南北朝，行文骈俪的倾向迅速发展，并渐成风气。这一时期御史中也有不少擅长作赋，如西晋晋武帝时期担任侍御史的左思，他在读过东汉班固写的《二都赋》和张衡写的《两京赋》后，决心依据事实和历史的发展，写一篇《三都赋》，把三国时魏都邺城、蜀都成都、吴都南京写入赋中。通过收集大量的历史、地理、物产、风俗人情的资料，历经十年终于写成，尽管《三都赋》曾一度遭到当时著名的文学家陆机耻笑，但这篇赋文在文字上内容丰实，辞藻宏丽，情景交融，读者如身临其境，比之《两都赋》与《二京赋》有过之而无不及；而在思想上，通过魏国先生驳斥西蜀公子和东吴王孙，强调了合乎民心的政治才是固国之本。这篇赋文终于得到其他名人的赞赏，"富贵之家竞相传写"，留下了"洛阳纸贵"的千古美名。

唐代以来，六朝以来的骈俪文风逐渐遭到摒弃，中唐时期在"复古"的口号下，一场提倡古文、反对骈文的文风、文体、文学语言的革新运动逐渐兴起，文学史上称为"古文运动"。而古文运动的旗帜人物则是两位监察御史——韩愈和柳宗元。韩愈被尊为"唐宋八大家"之首，创作了400余篇散文，在赋、诗、论、说、传、记、颂、赞、书、序、哀辞、祭文、碑志、状、表、杂文等各种体裁的作品，均有卓越的成就，时人有"韩文"之誉，他的文章有两个十分突出的特点：一是率真大胆，敢讲真话和违背旧说的话，如《师说》一文，全文观点不流于俗，抨击当时"士大夫之族"耻于从师的错误观念，倡导从师而学的风气，同时表明任何人都可以作自己的老师。二是气势雄伟，慷慨激昂。特别是论及人才，更是愤激不平，如《杂说》对于人才不为世用所发的不平之论，其中《马说》一篇，通过"千里马常有，而伯乐不常有"的感慨，表达怀才不遇的愤懑和对伯乐的渴望；《送温处士赴河阳军序》围绕选拔人才，提出"相为天子得人于朝廷，将为天子得文武士于幕下，求内外无治，不可得也"云云，表达对于国家用人的殷切希望；《送董邵南序》用悲歌慷慨的语调，对董邵南"不得志于有司"，感同身受，无限叹惋。

而曾任监察御史里行的柳宗元坚持"文道合一"、"以文明道"，要求文章反映现实，"不平则鸣"，富于革除时弊的批判精神。其《天说》、《封建论》、《断刑论》等哲学、政论等以议论为主的杂文笔锋犀利，论证精确，特别是《桐叶封弟辨》批评了"君权神授"的谬论横行，提出了"凡王者之德，在行之何若"，对统治者的言行，要看它的客观效果如何，不能拘执盲从的进步观点。而其在游记和传记方面也留下了不少优秀作品，《小石潭记》等"永州八记"已成为我国古代山水游记名作，而《捕蛇者说》以捕蛇者宁可冒死捕蛇也不愿承受赋敛的经历，揭露了中唐时期横征暴敛导致民不聊生的社会现实。

在散文兴起的同时，唐代骈文也因为御史的创作在思想性上有了很大的提升。例如，中唐时期曾任监察御史的刘禹锡，其擅长因事立题，有感而发，既有《因论》七篇等杂论文，同时其《陋室铭》以不足百字和音律优美、对仗工整的骈句，含而不露地表现了自己安贫乐道、洁身自好的高雅志趣和不与世事沉浮的独立人格，揭示了这样一个道理：尽管物质匮乏，但只要自身品德高尚、生活充实，就会内心宁静、满屋生香。而晚唐时期的杜牧继承了韩柳风格，其散文笔锋犀利，寓意深刻，其《阿房宫赋》通过描写阿房宫的壮观和秦朝统治者的奢靡生活，将六国和秦灭亡的教训归结为"灭六国者，六国也，非秦也；族秦者，秦也，非天下也"，向当世统治者发出警告。

五代时期骈文浮夸的现象复辟，宋代的文人群体针对这一问题再次掀起古文运动，其中不乏御史的参与。最著名的当属欧阳修，其散文内容充实，形式多样。无论是议论，还是叙事，都是有为而作，有感而发。他的议论文有些直接关系到当时的政治斗争，如早年所作的《与高司谏书》，揭露、批评高若讷在政治上见风使舵的卑劣行为，是非分明，义正词严，充满政治激情。而其在游记方面的创作也十分受限，不过其代表作《醉翁亭记》语言极有特色，格调清丽，遣词凝练，既有图画美，又有音乐美。

明清时期，尽管御史群体再无唐宋时期的散文大家，但也有不少当世之名家。例如明代开国重臣、明初曾任御史中丞的刘基（刘伯温），其著有《郁离子》、《复瓿集》、《写情集》等集，其作品内容博大精深，还阐明了他的政治、经济、军事、哲学、伦理、道德等观点，《卖柑者言》由买卖一个坏了的柑橘小事引起议论，假托卖柑者的一席话，以形象、贴切的比喻，揭示了当时盗贼蜂起、官吏贪污、法制败坏、民不聊生的社会现实。而清代乾隆年间曾任署理按察使的孙星衍擅长骈文创作，在乾嘉年间负有盛名，有古奥渊雅、炼意深隽之风格，其或叙史陈义，或抒情写景，俱能运筹挥洒，超迈绝特。

（三）小说和寓言

御史纠弹百僚、巡查天下的经历和活动具有很强的传奇色彩，因此一方面，御史在自己的职事活动中能收集到很多奇闻逸事，一些御史以其丰富多彩的生活阅历为背景，投身到笔记小说的创作中来；另一方面，御史自身职业活动中的传奇经历也成为小说描绘的对象。

1. 小说和寓言创作

唐代以前，小说多以神怪为主，御史中鲜有参与小说之人。进入唐代，随着史书体例影响下唐代笔记小说的兴起，御史也在无意识中开始了小说创作。围绕御史履职，武周和开元年间一直担任监察御史的韩琬作《御史台记》，记载唐初至开元御史故事，"台中官属，美恶必书"，其中关于来俊臣、周兴等酷吏的故事记载，被《旧唐书》大量援用。而另一名在武则天时期的御史张鷟则是当时著名的"小说家"，其作品甚至在日本、朝鲜等国受到追捧，其

《朝野佥载》六卷此书记隋唐两代朝野遗闻，尤多武后朝事。书中反映了当时有关人物事迹、典章制度、社会风尚、传闻逸事，也站在反对派的角度对武后朝的政治黑暗、吏治腐败、酷吏横暴、民生疾苦有所揭露，暴露了"贿货纵横，赃物狼藉"的现实世相。因属时人记时事，所载内容，多为第一手资料，所以颇有参考价值，为《太平广记》、《资治通鉴》以及后世治唐史者广为引用。

除了与履职有关的小说创作，在唐代大量的叙述才子佳人风流韵事的小说中，也有不少是御史的作品。张鷟其用1万余字的骈文作小说《游仙窟》，以第一人称描写了一场华丽的艳遇，把唐初文人放荡、轻佻的生活，第一次写入小说。而元稹作《莺莺传》，讲述了贫寒书生张生对没落贵族女子崔莺莺始乱终弃的悲剧故事，后被元代王实甫改写为《西厢记》。

而随着古文运动的兴起，御史也参与到寓言创作中。中唐时期的柳宗元作《三戒》(《临江之麋》、《黔之驴》、《永某氏之鼠》)、《传》、《罴说》等多篇寓言，擅长在语言中推陈出新，造意奇特，用各种动物拟人化的艺术形象寄寓哲理或表达政见，嬉笑怒骂，因物肖形，表现了高度的幽默讽刺艺术，还留下了"黔驴技穷"等人尽皆知的成语。寓言的创作一直持续到明代，明初刘基作《郁离子》，包罗万象，囊括古今，阐明了刘伯温的政治理想、哲学观点、处世态度和治世的谋略等。

2. 小说中的御史故事

御史的主要职责是监察百官、整伤吏治、司法审判、纠视刑狱，这些职事活动使御史的职业生涯充满了传奇、神秘色彩，成为人们闲话时津津乐道的谈资。而随着明清小说创作的不断发展，御史也逐渐成为小说中的重要人物。在这些小说中，御史都是以"清官"形象出现的，与史书记载相比，小说中的御史形象更加生动、丰满，具体而言，其形象表现为：

一是断案清明。历代御史在一定上拥有断案权，而御史断案一般具有案情分析缜密、思路清晰、断案手段巧妙、量刑定罪公正等特点，而在文学作品中，甚至融入现代破案的手段、方法，如心理推测、精神分析、逻辑推理、法医鉴定等，使审案、判案具有文学、法学、医学等方面的价值和意义。例如，《喻世明言》、《陈御史巧勘金钗钿》中的陈濂御史，少年登科，聪明异常，断案清明。被委派巡查是否有审理错误的冤假错案。他乔装打扮隐去真实身份，亲自到第一案发现场，寻求物证和案件真相。侦查过程中，他善于抓住人性弱点，顺利破案。他审案、判案合乎法理、人情，量刑适当公平。

二是正直为民。历代御史中不乏不惧权贵、正直为民、秉公执法的清官，他们敢于为民请命，不畏强权；审理案件时以百姓的实际利益为出发点，想百姓之所想，急百姓之所急。例如，《五色石》中《去和尚偷开月下门来御史自鞫井中案》所描述的御史对为非作歹、杀人越货和尚的惩罚，亦显示出御史爱民的本色。他从一个受冤枉的书生成长为御史，不仅是身份的变化，更是正直为民清官人格、能力与品质形成的过程。

三是廉洁奉公。御史自身大多是两袖清风，同时面对贪腐、假公济私等行为则疾恶如仇。例如，《海公案》描写海瑞病故，由于海瑞没有儿子，死后的丧事全由同僚为之操办，清理他的全部家产时，发现只有银子10余两，他家的床帷都是用粗制的葛布缝的，箱笼破烂，不知用了多少年了。而海瑞在得知其下属陈御史常常让差役拿着"红票"到市场上去买米，百姓对此是敢怒而不敢言时，勃然大怒，将差役枷号在陈御史办公的衙门前。

三、独具一格的书法和绘画艺术创作

中国书画源远流长，书画创作的主要力量是文人，其中也不乏御史群体的参与，一些御史在书法和绘画上形成了其独树一帜的风格，取得的艺术成就甚至高于其御史职业成绩。

（一）书法

书法是中国特有的艺术，汉字产生时即开始萌芽，东汉末正式成为艺术门类，历代书法大家层出不穷，其中不乏御史。汉末魏初的钟繇曾担任御史中丞，在书法上其篆、隶、真、行、草多种书体兼工，首推楷书，代表作有"五表"、"六帖"、"三碑"，尽管其书法真迹到东晋时已亡佚，但从书法古雅浑朴，圆润遒劲，古风醇厚，笔法精简，字体大小相间，整体布局严谨、缜密。钟繇所处的时期，正是汉字由隶书向楷书演变并接近完成的时期，在完成汉字的这个重要的演变过程中，钟繇继往开来，起了有力的推动作用，历来都认为他是中国书史之祖。

经过魏晋南北朝时期的发展，唐代书法跨入了一个新的境地，时代特点十分突出。唐太宗时曾担任谏议大夫的褚遂良，在书法上与虞世南等并称为"初唐四大家"，其楷书以虚运实、化实入虚，形成了既饶骨力又丰神韵，瘦润华逸、清静刚毅的风格。褚书以永徽年的《房玄龄碑》及《雁塔圣教序》为代表，尤其是《雁塔圣教序》，是他58岁之作，王虚舟评价："笔力瘦劲，如百岁枯藤，空明飞动，渣滓尽而清虚来，想其格韵超绝，直欲离纸一寸，如晴云挂空，仙人啸树，故自飘然不可攀仰"。盛唐时期著名的书法家颜真卿曾任御史大夫，其为人为官正气凛然，而他的书法一反初唐书风，化瘦硬为丰腴雄浑，结体宽博而气势恢宏，骨力遒劲而气概凛然，他的行草书，遒劲有力、真情流露，结构沉着，点画飞扬，在王派之后为行草书开一生面。他的书体被

称为"颜体",传世作品以碑刻最多,楷书有《多宝塔感应碑》、《颜勤礼碑》、《颜氏家庙碑》等,行书有《争座位稿》。其《多宝塔感应碑》尽管只是早期成名之作,但书写恭谨诚恳,直接二王、欧、虞、褚余风,而又有与唐人写经有明显的相似之处,整篇结构严密,点画圆整,端庄秀丽,一撇一捺显得静中有动,飘然欲仙,成为后世学习楷书笔力与结构的必临之作。中唐时期曾担任谏议大夫的柳公权,吸取了颜真卿、欧阳询之长,融会新意,自创独树一帜的"柳体",以骨力劲健见长,结体遒劲,而且字字严谨,自成一家,为后世百代楷模,与颜真卿一起享有"颜筋柳骨"的美誉。其代表作《玄秘塔碑》,运笔遒劲有力,体势劲眉,别构新意,被历代拓印,在国内外传世 1000 多年,直到今天,仍然是临习和研究中国书法必备的碑帖。

宋代书法涌现出苏、黄、米、蔡四大家,其中蔡襄曾主持谏院衙署,遇事从不回避,奏疏忠诚恳切,使权贵心怀畏惧,多有收敛。而其书法浑厚端庄,淳淡婉美,自成一体,留有《自书诗帖》、《谢赐御书诗》,以及《陶生帖》、《郊燔帖》、《蒙惠帖》墨迹多种,碑刻有《万安桥记》、《昼锦堂记》及鼓山灵源洞楷书"忘归石"、"国师岩"等珍品。其书法在其生前就受时人推崇备至,极负盛誉,最推崇他书艺的人首数苏东坡、欧阳修。苏东坡在《东坡题跋》中指出:"独蔡君谟天资既高,积学深至,心手相应,变态无穷,遂为本朝第一。"

作为以汉字为基础、用毛笔书写的、具有四维特征的抽象符号艺术,书法反映了人作为主体的精神、气质、学识和修养。因此御史群体的书法创作,也体现了其个人及御史群体的特征:一是从整体上看,御史的书法作品多以布局严谨、缜密的楷书为主,在笔法上遒劲有力、浑厚端庄,而鲜有媚匀、狷狂之作,行草字体的作品相对较少。二是从具体的作品上看,充分体现了时代特征和个人风骨。例如,颜真卿的书法丰腴雄浑,气势恢宏,体现了大唐帝国繁盛的风度,并与他高尚的人格契合,是书法美与人格美完美结合的典例。

(二)绘画

中国绘画可以上溯到原始社会新石器时代的岩画,自东汉三国时期出现以个人身份创作的绘画,文人画家一直都是绘画创作的中坚力量,而文人画家中也有不少长期担任御史或有御史经历者。

东晋时期曾担任御史的著名画家顾恺之,擅长人物肖像及佛像、禽兽、山水等,当时有"才绝、画绝、痴绝"之称,注意描绘细节,表现人物神情,善于利用环境描绘表现人物的志趣风度。其传世名作《洛神赋图》,根据曹植著名的《洛神赋》而作,曲折细致而又层次分明地描绘着曹植与洛神真挚纯洁的爱情故事,无论从内容、艺术结构、人物造型、环境描绘和笔墨表现的形式来看，都不愧为中国古典绘画中的瑰宝之一。而另外一幅代表作《女史箴图》，根据晋惠帝时张华陈箴希望当时的贾后能放弃专权的《女史箴》所作，分段配画，形象地提示了箴文的含义，用笔细劲连绵、色彩典丽、秀润，具有很高的艺术价值。

唐玄宗时期曾担任侍御史的韩滉善画人物，尤喜画农村风俗和牛、马、羊、驴等。其画牛之精妙乃为中国绘画史千载传誉之佳话，其田园风俗绘画与杜甫、张籍、元稹等反映社会现实的诗作相辉映，表现出曾经目睹过开元、天宝的盛世景象又经历过安史之乱的一代文人对民生疾苦的深切忧虑和同情。其代表作《五牛图》是现存最古的纸本中国画，画在一张窄而长的桑皮纸上，五牛姿态各异、身形逼肖，全图除了一丛荆棘之外，不设任何背景，着重突出牛的既倔强又温顺的性格，用粗壮雄健而富于变化的线描，表现牛的骨骼和筋骨，以赭、黄、青、白等色彩表现五牛毛色的不同，且根据牛体的凹凸施以不同颜色，具有立体感。

北宋曾任御史检法的著名画家李公麟，擅长鞍马、佛像、人物和山水。他在临摹古人名迹中掌握了绘画技法，而越出古人的技法。他画的人物，据说能够从外貌上区别出"廊庙馆阁、山林草野、闾阎臧获、台舆皂隶"等社会各阶层人的特点，并能分别出地域和种族的具体特点，及动作表情的各种具体状态。他的艺术创造有生活现实性为基础，所以他敢于追求新的表现。他敢于突破前人的定式，画长带观音，飘带长过一身有半，还画过石上卧观音，这些都是他创造的新式样，其传世作品有《五马图》等。

明代监察御史姚绶，擅长山水、竹石，小景好作沙坳水曲景色，墨色苍润，孤钓独吟，其阔幅重林远汀，著四五渔船而已，墨气皴染皆妙，闻写吴镇竹石，亦潇洒可爱。清代乾隆年间曾担任监察御史的钱沣，同时也是享有盛誉的书画大家。其为人耿直，疾恶如仇，刚正不阿，其绘画以画马为主，尤喜画瘦马，他笔下的瘦马形象，风鬃雾鬣，筋骨显露，苍浑有力，神姿逼人。时人争相收藏，以致洛阳纸贵。因其官拜江南督察御史，所以又称他为"瘦马御史"。

与书法一样，御史群体所创作的绘画，也充分体现其职业品格和个人风骨。一是从绘画的选题上，御史群体的绘画往往不热衷于描绘雍容典雅的贵族人物和华丽富贵的景物，而更加青睐牛马、山水等更为清朗的对象，如唐代韩滉身在崇尚浮华的盛唐时期，其画作却舍鞍马而求诸牛羊，舍贵族宴乐声色而求诸田家风俗景物，将绘画题材转向农家生活的拓展，关注田家的悲欢。二是从绘画作品的思想上看，体现其铮铮铁骨。如顾恺之的《女史箴图》，即根据箴文所作，具有一定的针砭意义。韩滉在农村生活和田家风物的描绘中，记录着农家生活的喜怒哀乐，寄予着对广大穷苦百姓的深切同情。而钱沣画瘦马，当人们问他为何这样画马时，他回答说："人都吃不饱，马焉能不瘦。"分明就是他人格追求的一种宣示和表露，其挺劲苍浑的瘦马形象，与他刚直不阿、正气凛然的性格特征已融合无间，形成了"瘦马精神"的审美意蕴。

四、充满人文气息的科技研究

中国古代科技源远流长，在很长的一段历史时期都居于世界领先地位，为世界文明的发展作出了突出的贡献。尽管文人群体并不是科技研究的主要力量，但也有一些御史、司法官通过自身的游历，以及对工作中技术性内容的专研，在古代浩若烟海的科技成就中占有一席之地，而由于他们的御史司法官职业背景，其科技研究充满了人文气息。

（一）郦道元与《水经注》

御史由于经常出巡出使，常常游览祖国的河流、山川，留下了不少游记，这些游记既具有文学价值，同时也具有很强的地理学价值。而北魏时期曾担任御史中尉的郦道元，尤其喜欢研究各地的水文地理、自然风貌。他足迹遍及今河北、河南、山东、山西、安徽、江苏、内蒙古等广大地区，调查当地的地理、历史和风土人情等，通过大量的调查、考证和研究工作，撰写出地理巨著《水经注》。

《水经注》因注《水经》而得名，《水经》一书约一万余字。《水经注》看似为《水经》之注，实则以《水经》为纲，详细记述各地的地理概况，开创了古代综合地理著作的一种新形式。从内容上讲，书中不仅详述了每条河流的水文情况，而且把每条河流流域内的其他自然现象如地质、地貌、地壤、气候、物产民俗、城邑兴衰、历史古迹以及神话传说等综合起来，做了全面描述。因此《水经注》是6世纪前我国第一部全面、系统的综合性地理著述。对于研究我国古代历史和地理具有重要的参考价值。同时，《水经注》不仅是一部具有重大科学价值的地理巨著，而且也是一部颇具特色的山水游记。郦道元以饱满的热情，浑厚的文笔，精美的语言，形象、生动地描述了祖国的壮丽山川，表现了他对祖国的热爱和赞美。

（二）宋慈与《洗冤录》

随着中国古代断案较早摆脱了神明裁判的影响，历代司法官员对于证据科学十分重视，而法医学是其中十分重要的一部分，南宋曾任广东、湖南等地提点刑狱官的宋慈就是法医学研究的佼佼者。多年提点刑狱的实践，使宋慈清楚地认识到，狱情之失，常起因于微小的误差；鉴定检验之误，则皆来自阅历经验之浅薄，错案、冤案多由于检验不足而造成。于是，他博览法医学诸书，研究了同时代早期著作《内恕录》以及其他一些法医学著作，汇集其精华加以考核修正，并结合自己多年工作经验，于1247年著成《洗冤集录》，成为世界上第一部系统的法医学著作，它比国外最早由意大利人菲德里写的法医著作要早300多年。《洗冤录》内容非常丰富，记述了人体解剖、检验尸体、勘察现场、鉴定死伤原因、自杀或谋杀的各种现象、各种毒物和急救、解毒方法等十分广泛的内容；它区别溺死、自缢与假自缢、自刑与杀伤、火死与假火死的方法，至今还在应用；它记载的洗尸法、人工呼吸法，迎日隔伞验伤以及银针验毒、明矾蛋白解砒霜中毒等都很合乎科学道理。

五、中国古代御史监察文化活动的特点

（一）自发的活动性质

检察文化活动的发展经历了一个从自发到自觉的过程，与当前的检察文化活动相比，古代监察御史的文化活动大多是自发的、个人的。具体而言，在文化活动的组织上，从御史府、御史台到都察院，尽管自秦汉至明清，历朝历代都有完备的御史监察机构，但除了少量的修史、修律以及经学辩论，有组织的文化活动却十分鲜见，御史群体的文化活动更多的只是个人兴趣的体现，个人情感的抒发，属于个人的、业余的活动，处于自发的状态。而在其影响因素上，御史文化活动深受当时文化活动的影响，如唐代作为诗歌的鼎盛时期，御史群体中也是诗人辈出，而宋代随着词的兴起，御史中又涌现出不少的词人。可见御史文化活动的内容和形式都深受当时文化的影响，尚未自觉发展成一个相对独立的范畴。

（二）强烈的职业烙印

作为文职官员生活中的一部分，御史文化活动与其他文人具有很大的相似性，深受当时文化的影响。然而，御史的文化活动又具有强烈的职业烙印，无时无刻都体现着其作为一名御史的不同：一是御史文化活动充分体现了其职业经历，特别是在御史创作的诗文中，如我们能在王维的纪行诗中看到其出巡大江南北所见的景象，能在杨万里的诗歌中读出其出使时的遭遇，能在韩琬的《御史台记》看到御史台官员们的起起伏伏，能通过海瑞的奏疏了解当时的君主是否贤达，政治是否清明。二是御史文化活动所创作的作品体现了其职业性格特征。御史群体具有疾恶如仇、清廉自持、刚直骨鲠、忧国忧民的性格特征，而其创作的格列作品中，无论是柳宗元的《捕蛇者说》还是于谦的《石灰吟》，无论是海瑞的《治安疏》还是钱沣所画的《瘦马》，都能看到一个铁

骨铮铮、勇于谏言而又心怀百姓的御史群体形象。

（三）极高的文化成就

尽管古代的御史文化活动更多的只是一种自发性的活动，但这并不妨碍历代御史文化活动所取得的极高成就。这种成就上的高度或者体现为在其领域中的绝对领先。如王维、岑参的边塞诗，在唐代乃至整个古代，几乎无人能出其右；顾恺之的画作在当时是出神入化，为中国传统绘画的发展奠定了基础。或者体现为别具一格的特点。如元稹、白居易的谏政诗，成为文学家与御史两种社会角色契合的独特方式；又如钱沣画马，一反前人画马讲究俊朗、富贵的做法，另辟蹊径，以凝重而傲岸有神的笔墨画瘦马。

（四）深远的后世影响

御史的文化活动给后世带来了深远的影响。除其极高的文化艺术成就给后世的文学和艺术创作所起的示范作用外，这种影响至少还体现在两个方面：一是为后世研究、了解当时的历史提供了丰富的史料，由于御史职业的特殊性，其创作的诗文等各类作品所反映当时的政治经济文化面貌，具有很高的可信度。二是为当前检察文化活动提供了丰富的精神支持和艺术参考。御史文化活动所传递出的疾恶如仇、清廉自持、刚直骨鲠的性格特征，以天下为己任、心系百姓的精神风貌，仍然为我们当今的检察文化所倡导，也是当前检察文化活动希望传递和塑造的风貌。

第三节　中国古代思想对检察文化的贡献

从思想的发展史角度来看，一切文化都有其历史根源。而一切与检察文化有关的内涵，也正是古典中国的思想家们追寻的价值，不论是春秋战国时期百家争鸣的儒墨道法，还是明末清初的思想"异端"，他们都在自己所处的时代，自己所立足的经济背景和政治背景，寻求我们此处所讨论的价值的实现。虽然，他们都生活在君主制度之下，但是，当他们在构想社会的组织模式运行模式时，竭尽全力寻求各种方式约束执法者、执政者，乃至君主本身，力图寻求有效的方式对权力的行使进行监督和检察。从这一点来看，虽然他们没有当代的检察体系，但是他们却为当代的检察文化提供了丰富的思想资源。在这里，我们即将开始讨论古典中国的思想家们在权力监督、检察方面的贡献，悠悠中华，思想史横亘几千年，囿于篇幅的限制，我们仅从古典中国思想的起源及其批判开展讨论。

德国哲学家卡尔·亚斯贝尔斯经研究发现，人类世界直至今天的一切文化，都滥觞于曾经的一个轴心时代。所谓轴心时代，是人类各种不同文明发源的一个时代。德国哲学家卡尔·亚斯贝尔斯这样论述："以公元前五百年为中心——从公元前八百年到公元前两百年——人类的精神基础同时地或独立地在中国、印度、波斯、巴勒斯坦和希腊开始奠定。而且，直到今天，人类依然附着在这种基础上。在公元前八百年到公元前两百年间所发生的精神过程，似乎建立了这样一个轴心。在这时候，我们今日生活中的人开始出现。让我们把这个时期称为'轴心的时代'。在这一时期充满了不平常的时间，在中国诞生了孔子和老子，中国哲学的各种派别的兴起，这是墨子、庄子以及无数其他人的时代。在这个时代产生了所有我们今天依然在思考的范畴，创造了人们今天仍然信仰的世界性宗教。人类竭力想规划和控制事件的发展，第一次想恢复或创立一些称心的条件。思想家在盘算人们怎样才能够更好地生活在一起，怎样才能更好地对他们加以管理和统治。"本章即将讨论轴心时代的儒墨道法四家对古典中国传统思想的贡献，以及明末清初时期"异端"思想家们对传统中国思想的批判。

春秋战国之际，社会大动荡，史称"礼崩乐坏"。夏商西周的旧有秩序被破坏殆尽，社会矛盾丛生，列国彼此征战不休，随之而来的是国命日促、国祚日短。如何才能延续国命，如何才能在列国纷争之中得以存立足进而称霸诸侯，如何才能统一列国建立新的秩序，顿时成为每一个治国者需面对的问题。正如亚斯贝尔斯先生所述，对这些问题的思考，意图重建国家秩序，其内容涵盖哲学、政治学、法学等多个方面。思想家们也恰逢其时，应运而生。他们从各个角度阐述治国理念，在中国文化史上形成了空前绝后的思想繁荣时代，史称百家争鸣，形成了东方文明的轴心时期。在这一时期，各个学派及其思想家们提出了至今仍然有着重要影响力的思想范畴，其主要代表为儒墨道法四家。

儒墨道法为诸子百家中最具影响力的四家，这四家致力于讨论安邦强国之术以取合诸侯，他们的思想也是古典中国法制思想的主要来源。在阐述其安邦强国之术中，儒墨道法的思想家们的论述涉及了法律的起源，权力的来源，君主制度的维护，百官的箴行，百姓的治理等各方面内容。其中百姓的治理，与现代社会法制建设尤其有借鉴价值。

检察文化是我国当今有中国特色社会主义文化的当然部分。如前所述，检察文化包含了检察思想政治建设、执法理论建设、行为规范建设、职业道德建设和职业形象建设等。而春秋时代的儒墨道法四家即是从权力的来源，百官的作为，百姓的治理等方面开展论述。从古典中国的士文化，古典中国的监察御史，古典中国的官箴，古典中国的士子和百官的文化研习与修养，直至今天的社会主义核心价值观，都有儒墨道法四家论述的影子。

儒墨道法，皆出于士。"士"在古代典籍中有多种不同的含义，有时指一般的卿大夫，如"济济多士，秉文之德"；有时又指狱官之长，如《尚书》中记载的"汝作士，五刑有服"。不论从哪一个方面讲，"士"均指自上流社会的知识分子，这些知识分子中的成功者一般会被拜为国士，为诸侯献王霸之策，即便是其中的失败者，也仍以治王霸之学为业。他们拥有独立的社会地位，掌握专门文化知识，不耕而食，不富而贵，出现在春秋战国时期，以专门的治国策略向诸侯提供智力服务。在这个过程中，他们逐渐发展出一套自己的理论体系，涵盖了治理国家治理百官治理百姓等诸多层面。仔细研读他们的理论之后，我们会发现，他们在官员的治理上不仅包括制度的思考，而且包括内在的要求，这与当今对权力的监督等检察文化有相通之处。

一、儒家思想的贡献

儒家，是先秦诸子百家之一，创始人为孔子。儒家以重血亲人伦、道德修养为出发点，推演出了一套"礼治"、"仁政"等治国理念。

关于儒家，《汉书·艺文志》曾记载："儒家者流，盖出于司徒之官，助人君顺阴阳明教化者也。游文于六经之中，留意于仁义之际，祖叙尧、舜，宪章文、武，宗师仲尼，以重其言，于道为最高。"①

检察文化以对执政者的约束、对执法者的监督为主要内容。儒家思想自孔子开端，由孟子、荀子推演开来。其主要目的是要在执政者中树立行为的规范，实现执政为民。从理论观点上可以说，两者有相通之处；从思想演变角度讲，儒家执政为民的理念一定程度上对当代检察文化思想作出了贡献。

儒家为百家之首，也是百家之先。儒家的创始人为孔子，后人称孔子为至圣先师。孔子之后有孟子，史称"亚圣"，孟子的理论与孔子并无二致，在孔子礼治的理论基础上提出"仁政"，强调百姓的地位。后来则有荀子，荀子是儒家思想的集大成者，并结合百家思想，将儒家理论进行了改造。

（一）孔子的思想及其贡献

孔子名丘，字仲尼，春秋时期鲁国昌平乡陬邑（今山东省曲阜县东南）人。生于公元前551年，卒于公元前479年，享年73岁。孔子先世系宋国贵族，其父陬叔纥曾当过鲁国下级武官。孔子三岁丧父，由母亲抚养成人。他"十有五治于学"，"三十而立"，进而创建了我国思想文化史上第一个独立的学派——儒家。孔子曾于鲁定公八年（公元前502年）被任命为中都宰（中

---

① 《汉书·艺文志》。

都的地方官），一年之后晋升为司空（中国古代官名。西周始置，位次三公，与六卿相当，与司马、司寇、司士、司徒并称五官，掌水利、营建之事），52岁时出任司寇（西周始置，位次三公，与六卿相当，与司马、司空、司士、司徒并称五官，掌管刑狱、纠察等事），执掌刑政。据记载，孔子作司寇时期，执法严肃认真，公平无私，作奸犯科之人都十分忌惮，不敢为非作歹。对此，后人有"至清廉平，路遗不受，请竭不听，据法听讼，无有所阿。其断狱屯，与众共之，不敢自专"。司马迁在《史记》中也评述为"京珠在位听讼，文辞有可与人共者，弗独有也"。之后孔子去职，以传授"仁"、"礼"等思想为业，周游列国。

孔子一生述而不作，其门人将孔子与弟子的部分对话辑录成书，是为《论语》，成为孔子传世的主要经典。首先，孔子主张为"仁"，实施德政，坚持礼治，主张为国以礼。孔子的学说重人世轻鬼神，讲人道合天道，主张制定优良的人世法，表现了一定的法律精神；其次，孔子主张"天下为公"的理想法，以唐虞三代的理想法批评当世之法，激扬了倡立天下公法，废除私法的价值取向；最后，孔子非常注重执政者执法者的自我约束，主张"为政在人"，认为"文武之政，布在方策。其人存，则其政举；其人亡，则其政息"；作为鲁国的司寇，在诉讼中，孔子主张"无讼"与"相隐"的司法观点，这些观点可以说是当今中国很多执政与司法观念的来源。

1. "正"为"执政"之本

"名不正，则言不顺；言不顺，则事不成；事不成，则礼乐不兴；礼乐不兴，则刑罚不中；刑罚不中，则无所措手足。"[①]

孔子认为执政的问题首先是一个"正"的问题。正，关系到国家组织国家结构，关系到权力的合法性，关系到法律适用的合理性，进而关系到礼与刑的关系，延伸为立法权与法律解释权的问题，也关系到执政者执法者在使用权力运用法律的时候对法律本身的遵守。

季康子身为鲁国的正卿，彼时鲁国境内盗贼多出，季康子考虑是否可以动用严刑峻法诛杀所有触犯盗窃的人。为此，季康子向孔子请教，孔子认为盗窃多是执政者的问题，因为"苟子之不欲，虽赏之不窃"。对于诛杀盗贼的严刑峻法，孔子则认为："子为政，焉用杀？子欲善而民善矣。君子之德风，小人之德草。草上之风，必偃"。[②] 所以，孔子认为，执政执法的根本原则就是一条："政者，正也。子帅以正，孰敢不正。"执政者必须执法公正，执政公平，

---

① 《论语·子路》。

② 《论语·为政》。

否则难以取信于民，因此，"正"为执政之本。

2. "君子"为"执政"之基

人们常常误以为孔子排斥法律的适用，其实并非如此。孔子自己本身就曾做过鲁国的司寇。不过，在孔子看来，除了法律以外，培养合格的执法者，为执政的根基。那什么是合格的执法者呢？孔子提出了"君子"的概念。

"君子食无求饱，居无求安，敏于事而慎于言。就有道而正焉。"① "君子喻于义，小人喻于利。"②

在孔子看来要让执政者、执法者做到执政公平，执法公正，则需要执政者、执法者具备相应的素质。孔子讲这些执法者、执政者成为"君子"，君子需要以义为行为标准，而不能以利为行为标准，君子应该以执政为民为理想，而不能追求个人生活的安逸。孔子认为只有具备这样的内在修养，才能够成为合格的执政者。

孔子在描述自己的生活时曾经说过："饭疏食饮水，曲肱而枕之，乐在其中矣。不义而富且贵，于我如浮云。"

首先要自己遵守法律，不能逾越法律的界限，严格按照法律行为，而且，君子要不断地提醒自己，"如切如磋如琢如磨"！只有如此，才能治理万民。而且要不断地提高自己的内在修养，这样才能成为百姓所信赖的执政者。

3. "无讼"、"刑罚中"为"执政"之方

如前所述，孔子曾任职鲁国司寇。在任职司寇时期，对于审理案件，孔子认为解决纠纷的最佳方式是"无讼"、"听讼，吾犹人也，必也使无讼乎！"③

在孔子看来，诉讼都是"上失其道"、"为上不正"的后果，认为诉讼或犯罪都是执政者虐政导致的，因此，在审断案件时，针对刑事案件要"哀矜折狱"，要求司法官在弄清案件的事实问题之后，考虑庶民犯罪的社会原因；在民事案件中，要考虑案件涉及的两造双方在诉讼之外的根本需求，从诉讼双方的根源出发，解决纠纷，而不是简单地给予判决。因此，孔子反对滥刑，认为"不教而杀谓之虐"！

在此基础上，根据案情需要或惩罚犯罪的目的，确实需要实施刑罚，也必须遵守"刑罚中"的基本原则。因为"刑罚不中，则民无所措手足"。④ 孔子曾经几乎用咒骂式的语言批评："始作俑者，其无后乎"，来反对滥刑、酷刑，

---

① 《论语·学而》。

② 《论语·里仁》。

③ 《论语·子路》。

④ 《论语·子路》。

反对残害人肢体的刑法。

孔子的思想博大精深，涵盖了很多方面，这里我们仅就与今天的检察文化相关的部分进行简要的叙述。结合上文的叙述，我们可以看到，孔子在执政的原则，纠纷的解决等各方面都有颇为精到的阐述。在孔子看来，执法者的内在修养，是建立良好政治环境的根本，只有执法者具备了君子般的修养，才能做到公正公平，才能更好地解决纠纷。

（二）孟子的思想及其贡献

孟子在孔子的基础上，发展了儒家的思想。孟子名轲，春秋时期邹国（今山东邹县）人。大约出生于公元前372年，卒于公元前289年，享年84岁。孟子早年丧父，其母"三迁"、"断织"教子，后"受业子思之门人"，是继孔子之后，最有影响力的儒学思想家。后世士人学子奉其为亚圣。孔子创造了"仁学"、"德政"、"礼治"理念，孟子继承了孔子的思想，并将孔子的思想结合起来，形成了自己独特的"仁政"学说。

孟子几乎走了一条与孔子基本相同的人生道路。孟子30岁左右，开始收徒讲学，先后有学生几百人。中年以后，孟子怀着治国理想，携弟子游历各国，历经20多个春秋，先后到过齐、宋、滕、梁、鲁等国，推行他的"仁政"学说。晚年时期，孟子回到家乡邹国，潜心著书立说，传道授业。据《史记》描述："孟子退而与万章之徒序《诗》、《书》，述仲尼之意，作《孟子》七篇。"《孟子》一书发展了孔子关于"仁"的思想，提出仁政主张和"民贵"、"君轻"的民本主义思想。"民贵"、"君轻"是孟子政治理论的核心内容，由此而建立起孟子的民本主义。民本主义要求"取于民有制"和"正经界"，并加之以"辅贤罚暴"的保证措施。在法制问题上，孟子主张贤人与良法并重，在此基础上，由贤人执法，要求"省刑慎罚"，反对"不教而诛"，执政者首先必须做到"养民教民"，然后在执法过程中要做到"道法互补"、"生道杀人"。

1. "贤人"与"良法"并重的执政基础

孔子反复强调"君子"在执政中的作用，强调君子守"正"，执政才能公平。孟子继承了孔子这一论点，他也认为"徒法不能以自行"。但孟子同时也对孔子的观点作了相应的修正，认为"徒善不足以为政"。①

所以，在孟子看来，执政既要有孔子所说的"君子"，也要有"良法"。虽然，在孟子看来，所谓的良法就是"先王之法"。不过，从今天看来，孟子

---

① 《孟子·离娄上》。

的理论很好地概括了一条千古有用的政治经验：仁人与良法兼备兼重的理论。也就是说要高度重视政府官员、司法官员的个人品德和素质。

2. "省刑慎罚"与"教而后诛"的执法理念

孟子认为最严重的犯罪是执政者的不仁不义，是执政者的争地争国等窃国行为。正是由于执政者为了争夺地盘的连年征战与超额赋税，才导致普通百姓冒着生命危险去触犯刑律。所以，在孟子看来，解决社会犯罪、稳定社会秩序不能光靠严刑峻法镇压一般的犯罪者，而应首先矫治统治集团内部的贼仁害义的犯罪行为。此外，还要调整刑罚的适用，调整"德教"与"刑罚"的作用。

为此，孟子认为执政者应"省刑罚"、"不嗜杀人"，"杀一无罪非仁也"！① 迫不得已需要用极刑的时候也要极为慎重。"左右皆曰可杀，勿听；诸大夫皆曰可杀，勿听；国人皆曰可杀，然后察之，见可杀焉，然后杀之。"② 同一时期，法家的商鞅在秦国变法，施行连坐、族刑等酷刑。此外，孟子还主张"教之不改而后诛"的原则。孟子认为犯罪不是天生的，罪犯也不是天生的，因而是可以预防的。

3. "道法互补"、"生道杀人"的诉讼理念

在继承孔子理论的基础上，孟子更加注重刑罚对治理国家的作用。不过，孟子更为强调德刑之间的关系，强调德刑在国家治理中的互补作用。为此，国家应该"明其政刑"，以示上下皆以法守。

此外，孟子提出"生道杀人"的理论。所谓生道杀人，大意是指当司法官审断死刑案件时，应以"求其生"之道来审慎审理，如确系罪大恶极，不得已才可将其处死。要用"不忍人之心，行不忍人之政"。③

孟子的思想承继自孔子，二者有相同之处。当然，孟子在很多方面有自己的创新。孟子更注重法的作用，注重法与德在治理国家中同等重要的作用，注重在执法过程中对法有限度的适用，而且，注重讨论犯罪的根源。强调执法者的选取，强调执法者在施法时对刑罚适用的慎重。

(三) 荀子的思想及其贡献

儒家在春秋时期的第三个代表人物为荀子。荀子，名况，战国时期赵国人，生卒年不详。主要学术活动时间在公元前298年至公元前238年之间。荀子"年十五"游学于齐国稷下学宫，成名后又两次回到稷下讲学。公元前266年前后，荀子应聘入秦，与秦昭王论政。公元前262年，荀子游学至

---

① 《孟子·尽心上》。

② 《孟子·梁惠王下》。

③ 《孟子·公孙丑上》。

楚国，楚春申君聘荀子为兰陵令。晚年废居兰陵，著书立说，作《荀子》一书。

荀子一生的成就颇具争议，一是由于他虽然身为儒家学派，但却极大地改变了孔孟儒家的理念与范畴。二是他有两个法家代表人物的学生：李斯和韩非。

1. "性恶论"的犯罪内在根源

荀子与孔孟等儒家思想家的最大不同就是断言"性恶"。在《性恶》篇中，荀子说道："不可学，不可事而在天者，谓之性；可学而能，可事而成之在人者，谓之伪；是性伪之分也。"①

据此，荀子断言"人性之恶"。不过，只是有恶的成分。人性应当改造，也可以改造。是为"化性起伪"："故圣人化性起伪，伪起而生礼义，礼义生而制法度。然而礼义法度者，是圣人之所生也。"②

这里荀子指出犯罪本身起源于人的恶性，而矫治人性恶的最有利的手段是制定礼义法度。在荀子看来，恶是人的本性，是犯罪产生的内在原因，要防止恶的发生就应该制定法律规范礼义，进而用礼义法度来规范约束人们的行为。由此荀子讨论了犯罪的起源与法律的内在根源问题。

2. "欲多物寡"的犯罪外在根源

除了性恶的犯罪内在根源外，荀子认为"欲多而物寡，寡则必争矣"。③占有欲太强而财富匮乏，所以必将争夺而产生犯罪。但是，在荀子看来，"物寡"有其特殊的原因，"上以无法使，下以五度行，故百事废，则物诎，而祸乱起。王公则病不足于上，庶人则冻馁羸瘠于下；于是焉，桀纣群居而盗贼击夺以危上矣"。④ 可见，在荀子看来，是执政者的贪得无厌带头破坏法制，才导致犯罪的发生。由此，荀子认为，犯罪的外在根源包括两个：第一，执政者的贪得无厌与民争利；第二，财富的有限。所以，治理国家首先要治理执法者，要让执法者恪尽操守，遵守礼义法制。基于此，荀子提出了"治人论"。

3. "治人论"的执法观

在荀子看来，"有良法而乱者，有之矣；有君子而乱者，自古及今，未尝闻也"。又认为"故法不能独立，类不能自行，得其人则存，失其人则亡！"⑤

---

① 《荀子·性恶》。

② 《荀子·性恶》。

③ 《荀子·富国》。

④ 《荀子·正论》。

⑤ 《荀子·君道》。

中国检察文化发展史

这则延续了自孔子以来对执法者的要求。荀子认为，需要有良好的法律，也需要有儒家所称道的"君子"来执行法度。

荀子讨论了法度的起源问题，认为内心的恶性与资源的有限是犯罪产生的内在和外在两大根源。此外，他还认为应该严格筛选并约束执政者和执法者，使执政者和执法者必须具备自我约束能力，必须严格遵循法度，只有这样，才能从根源上减少犯罪的发生。

儒家的孔子、孟子和荀子三位思想家，从犯罪的起源、执法者的约束、解决纠纷惩罚犯罪的方式等方面开展讨论。可以说，他们在对执法者的约束方面，有着共同的价值取向，认为对执法者的约束，不论是内在约束还是外在约束，都是遏制犯罪治理国家的首要任务。

二、墨家思想的贡献

墨家是战国初期以墨翟为创始人的一个学派，也是先秦时期最早与儒家对立的一个学派，与儒家同居显学的地位。在百家争鸣之中，墨家是儒家最大的反对派。与其他各家自由的传道授业不同，墨家不只是一个普通的学派，而且还是一个组织严密的军事团体，团体内部有严密的组织和严格的纪律，其领袖成为"巨子"，由贤者担任，代代相传，巨子对所有成员握有生杀予夺之大权。墨家的创始人墨翟即为第一任巨子。而墨家的整个理论也基本围绕墨翟的思想展开。

墨翟，鲁国人（一说宋国人），出身小工业者，据说与当时的能工巧匠公输班齐名。后来墨翟"学儒者之业，爱孔子之术"，成为士大夫，招收门徒，周游列国。但其从未做过高官，自称"上无君子之高，下无耕农之劳"，墨子虽学于儒家，却"以为其礼烦扰而不悦，厚葬靡财而贫民"，从此与儒家分道扬镳，自创墨家，成为先秦最早起来反对孔子的学派。墨翟的著作，传世仅《墨子》一书，据《汉书·艺文志》记载，《墨子》本有71篇，流传至今的仅有15卷53篇，学界通说认为《墨子》一书是墨翟的弟子及其后学根据记忆在不同时期编纂而成，其中大部分为墨翟的言行或者墨家后学的论述，是研究墨家学派墨翟思想的最直接材料。

（一）"天志之法"的执法观

墨子非常重视法律在治理国家中的作用，在墨子看来，治国的第一要义是法度。《墨子》一书中随处可见"法度"、"法仪"等术语，此外，墨子经常用"规矩"、"方圆"、"绳坠"等术语引申指称法律。

但是，在墨子看来，并非所有的规范都可以称为法律，法律必须符合"天志"的标准。什么是天志呢？墨子提出："我有天志，譬若轮人之有规，匠人之有矩，轮匠执其规矩以度天下之方圆，曰：'中者是也，不中者非也.'今天下士君子之书不可胜载，言语不可尽计，上说诸侯，下说列士，其于仁义则大相远也，何以知之？曰：我得天下之明法以度之."①

可见，墨子将"天志"作为法律的本体来源，"天志"是制定一切现实法律的最高标准，要求一天现实法律或现实执法行为都必须符合"天志"的要求。然而，"天志"是什么？"天志"的内容是什么？墨子认为"天志"的根本含义就是"爱人"。

上天"为日月星辰，以昭道之；制为四时春秋冬夏，以纪纲之；雷降雪霜雨露，以长遂五谷丝麻，使民得而财利之；列为山川溪谷，播赋百事，以临司民之善否；为王公侯伯，使之赏贤罚暴"。② 可见，在墨子看来，从生活环境到国家制度，都是"天志"为了百姓的生活而创造的。而且，天志"行广而无私，其施厚而不德，其明久而不衰"，"天志"是绝对公正无私。

在墨子看来，执法者是"天志"选来代天管理万民的，要"以天为法，动作有为，必度于天。天之所欲则为天，天之所不欲则止。"他们必须符合"天志"的要求，按照"天志"的规范，治理万民。如果执法者违背"天志"，则"天能罚之"。

（二）"节用"、"非乐"的行为标准

墨子借用"天志"的权威提出"节用"、"节葬"、"非乐"的行为标准。墨家极力反对儒家的繁文缛节，以及儒家伦理社会下的奢侈浪费，墨子认为一个国家的实力可以倍增，只要能够做到"去其无用之费，足以倍之"。此外，墨子还对执政者提出"诸加费不加于民利者，圣王弗为"。③ 并认为执政者应该节俭，反对奢华之风，就此，墨子向执政者提出"冬服绀緅之衣，轻且暖；夏服絺綌之衣，轻且清"。此外，墨家还反对厚葬，认为这都是对生活资源的奢侈浪费。

墨家思想以儒家思想的对立面而生，意在反对儒家的繁文缛节和儒家家族伦理之下的奢侈之风，反对儒家君子小人社会等级划分，主张平等与节俭，主张执政者应遵循"天志"，行天之法度，推行节俭，杜绝对资源的浪费，提出"天罚"的观念，并用"天志"、"天罚"观约束执政者，并对执政者立法与执法的行为进行约束和监督。

---

① 《墨子·天志上》。
② 《墨子·天志》。
③ 《墨子·节用》。

三、道家思想的贡献

"道"，本意是指人走的道路，引申为规律、原理、宇宙的本源等意。先秦诸子中，老子和庄子，以"道"为学说的核心内容，他们认为"道"是世界万物的本源，同时也是宇宙运行的总规律，他们以一种超然于一切之上的态度面对人世的纷争，视权力、等级、财富为弊履。他们反对儒家虚伪的"仁义"、"礼治"，认为这都是执政者愚弄百姓的说辞，他们认为人类生活在自然之中，应该遵循自然的规律，按照自然的方式生活，而不是人类自己的欲望本身。据此，他们反复讲述"道"的内在含义与外在延伸，史称"道家"。

（一）老子的思想及其贡献

老子，字伯阳，谥号聃，又称李耳（古时"老"和"李"同音；"聃"和"耳"同义），大约出生于公元前571年，卒于公元前471年，一说是楚国苦县厉乡曲仁里人。据传曾做过周朝"守藏室之官"（管理藏书的官员），是中国最伟大的哲学家和思想家之一，后世还将老子尊为道教始祖。老子主张"道法自然"和"无为"的执政方式。

据传老子在任周"守藏室之官"后，罢官归隐，在出关之时，为关守所留，作《老子》一书，分为上下两篇，上篇为《道经》，下篇为《德经》，又称为《道德经》，全书总计五千言。在该书中，老子以"道"解释宇宙万物的演变，认为"道"是自然的永恒规律，"独立不改，周行而不殆"。该书中包括大量辩证法的观点，认为任何事物均具有正反两面，并且能由对立而转化，并用来解释执政之方。他的哲学思想和由他创始的道家学派，不仅在春秋百家中独树一帜，而且对后世中国古代思想文化的发展有极为重要的影响。

1. "道法自然"的执政观

老子的思想有着朴素的古代自然法倾向，他认为最公正的法律就是完全符合自然的法律，而自然的法律就是自然的客观运行规律，他称之为"道"。"道"是最终极的，最高的规范，也是一切规范的来源，"人法地，地法天，天法道，道法自然"。对于"道"的具体含义，老子觉得无法直接做限定，因为"道可道，非常道"。不过，他用反复通过从自然中观察到的景象，告诉人们"道"的内容。"曲则全，枉则直，洼则盈，敝则新，少则得，多则惑"是"道"；"天下皆知美之为美，斯恶已。皆知善之为善，斯不善已。有无相生，难易相成，高下相倾，音声相和，前后相随，恒也"也是"道"；"飘风不终朝，骤雨不终日。孰为此者？天地。天地尚不能久，而况于人乎？"①还是"道"。"希言自然。""道"就是自然规律。只有执政者按照自然的统御万物的方式治理万民，才能像自然一样，万物有序，万物归于自然。

老子警告执政者们，你们看自然是如何治理万物的，自然几乎从不在万物中索取，而只是给予。自然从来不用过多的言辞或行为去索取，"希言自然"。正是自然这种给予万物以生机，自然才最终拥有了万物。正所谓"洼则盈"、"少则得"、"多则惑"。如果执政者从百姓中过度的索取，不仅是对自然规律的违背，而且也必将"惑"，得不偿失。

2. "无为"的执法观

"无为而治"是老子的又一重要观点。老子警告执政者，不要过度作为。针对当时列国诸侯繁重的赋税制度，老子一针见血地指出"民之饥者，以其上食税之多"，"民之轻死者，以其上求生之厚也"。因此，最好的执政时"损有余以补不足"，具体说来就是"高者抑之，下者举之，有余者损之，不足者补之"，这完全是一种约束执政者，以民瘼为出发点的执政思想。

此外，老子的"无为而治"还包括反对酷刑滥刑。"飘风不终朝，骤雨不终日。孰为此者？天地。天地尚不能久，而况于人乎？"在老子看来，严刑峻法就好比狂风骤雨，狂风骤雨不能持续地发挥作用。这些严刑峻法是不得已而施用的，不能滥用。而且，即便在迫不得已的情况下需要施用刑罚，也要按照自然之"道"，不应用刑罚来伤害百姓。

总之，执政者应该约束自己的行为，应该懂得自己行为的限度。执法者也应该注意刑罚适用的限度，不应以刑罚为治民的主要手段，执政者的以其行为均应该"以百姓之心为心"。

（二）庄子的思想及其贡献

道家思想的第二位代表人物为庄子。庄子，名周，大约生于公元前369年，卒于公元前286年，宋国蒙（今河南商丘）人，其先祖为宋国国君宋戴公。庄子是东周战国中期著名的思想家。继老子之后，发扬了道家学派的思想，是道家学派的主要代表人物。庄周崇尚自由而不应楚威王之聘，《史记·老子韩非列传》中曾记载："楚威王闻庄周贤，使厚币迎之，许以为相。庄周笑谓楚使曰：'千金、重利、卿相、尊位也。子独不见郊祭之牺牛乎，养食之数岁，衣以文绣，以入太庙。当是之时，虽欲为孤豚，岂可得乎？子亟去，亏

---

① 《老子》。

污我！我宁游戏污渎之中自快，无为有国者所羁，终身不仕，以快吾以焉'"。① 他生平只做过宋国地方的漆园吏，人称其为"漆园傲吏"。庄子深谙老子"道法自然"与"无为"思想，并将老子的思想发微阐述，著有代表作品《庄子》，其中的名篇有《逍遥游》、《齐物论》、《养生主》等。后人钦佩庄子对道家义理的阐述，将庄子与老子齐名，史称"老庄"。

1. "绝圣弃智"的法律观

庄子反对一切以仁义的名义制定的虚伪的立法。认为"仁义"名义制定的法律，人为地将人与人划分为不同的等级和身份，而且那些在这样的等级和身份中受益的人往往假借"仁义"之名行"贼盗"之实。在庄子看来，这些认为的"仁义"之法都是对自然本性的破坏，是对"道"的违背。最终，不仅是对自然的破坏，而且助长了执法者对百姓的盘剥。

2. 批判"肉刑刀锯"的刑罚观

在庄子看来，严刑峻法不仅不能缔造有规范的社会，反而是治乱之源。因为，一味的刑罚反而造成人与人的仇恨和残杀，破坏了天地自然的和谐，进而必然会导致"天下大乱"。

庄子继承了老子的思想，在老子思想的基础上，更为极端地批判了儒家、墨家和法家的治国理论。认为儒家的理论在人与人之间造成了隔阂，墨家的理论完全是基于集中不符合人之本性的臆想，而法家的严刑峻法则更是对自然大道的违背，势必导致社会的混乱。因此，他同老子一样，主张"道法自然"，反对虚伪的人为之法，认为这都是罪恶的根源，他尤其反对以刑罚求治的法家思想，因为刑罚无异于仇恨与残杀。要求执法者慎用甚至弃用违背自然的刑罚，回归大道之治。

四、法家思想的贡献

春秋战国诸子百家中，儒家力图以血亲人伦来淡化、美化、融化社会矛盾，墨家则假借"天志"的名义约束执法者，道家寻求自然规律，法家以"法"为名，主张"任法而治"。法家的产生可追溯至春秋末期的管子、子产、邓析、李悝等人的思想和活动之中。管子是春秋时期执政者，在法律思想方面，最早提出了"以法治国"的主张，对后来法家思想的形成产生了很大的影响。子产是郑国的执政者，在执政期间，子产铸造刑书，第一次将法律公之于众，并提出"以宽服民"与"以猛服民"宽猛相济的执政之方。邓析则是法家原出的一个思想者，据传他自己私造了"竹刑"以告知普通百姓行为是

---

① 《史记·老子韩非列传》。

非及罪与非罪的标准，并曾聚众讲学，传授法律知识。李悝则是最早以法家之名名世的人，对于后来的法家的影响来说，李悝最大的贡献就是他在总结春秋以来各诸侯国所颁布的成文法的基础上，"撰次诸国法，著《法经》"六篇，即盗法一，贼法二，囚法三，捕法四，杂法五，具法六。李悝的《法经》已尽然失传，但是他却极大地影响了后世的法家思想家及后世各个朝代的法制建设。以上四家在年代上均为春秋中后期和战国早期，彼时法家还没有完全成为一个可以和儒家抗衡的学派，直到战国时期，以商鞅、韩非为代表的法家思想家的横空出世，法家才作为百家之一，成为与儒、墨、道等各家争鸣于世的学派。

（一）商鞅的思想及其贡献

商鞅，大约生于公元前390年，卒于公元前338年，战国时期魏国人。本为魏国国君的后裔，故称卫鞅或公孙鞅；后在秦国领导变法，因功封于商地，号商君，史称"商鞅"。商鞅"少号刑名之学"，曾在魏国做过魏相公孙痤的家臣，熟悉李悝、吴起等在魏国变法的理论与实践。公元前361年，秦孝公下令求贤，商鞅携李悝《法经》入秦，取得秦孝公的信任，受命主持变法。商鞅变法的内容涉及废除井田制，允许土地自由买卖；奖励军工，禁止私斗，废除世卿世禄制，推行县制，奖励耕织，重本抑末，实行编户和十五连坐法，按户口征税，并改法为律，制定《秦律》，颁布天下。商鞅的法律思想广博庞大，这里仅就与检察文化有关的展开论述。

1. "定分"、"止争"的法律观

在商鞅看来，法律其主要目的就是定分，他曾经比喻说"一兔走，百人逐之，非以兔为可分以为百，由名未定也。夫卖兔者满市，而盗不敢取，由名分已定".① 可见，"定分"就是作为"土地、货财、男女之分"，主要是"作为土地、货财、男女之分"，确定财产的所有权，规定人与人之间的权利义务关系。而法律产生的根源则是因为财富多寡的关系，在商鞅看来，由于社会对财富的追求，必然会产生"内行刀锯，外用甲兵"的暴力。此外，人性也是法律产生的一个原因，"民之性，饥而求食，劳而求逸，苦则索乐，辱则求荣，此民之情也。""好利恶害"是人的本性。由此，人与人之间必然会产生争执。执法者就是要根据人们好利恶害的本性，遵循定分止争的原则适用刑罚。通过刑罚，把人民纳入法律的治理之下，但是法律的最终目的是既要调整好"好利恶害"的本性，又要合理地"定分止争"，而且能够驱使人民积极从

---

① 《商君书·定分》。

事耕战，达到富国强兵的目的。

法家的商鞅不同于儒墨道三家，他认可法律在调解人与人之间的纠纷的作用，认为刑法律可以用来"止争"，更可以促进社会进步。但是执法者要懂得对法律的合理使用。

2. "壹赏"、"壹刑"的法治观

商鞅认为执法者要懂得对法律的合理使用，所谓对法律的合理使用就是"壹赏"、"壹刑"、"壹教"，他认为这是圣人治国的基本原则。所谓"壹赏"，就是奖赏标准必须统一，使民众有一致的目标，以达到治民富国强兵的目的。所谓"壹刑"，就是在法律面前的刑罚平等。商鞅说道："所谓壹刑者，刑无等级，自卿相将军以至于大夫庶人，有不从王命者、犯国禁、犯上制者，罪死不赦。有功于前，有败于后，不为损刑；有善于前，有国于后，不为亏法。"①可见，商鞅提出了"刑无等级"的思想主张，而且，在实践中，商鞅曾因为太子犯法，而处罚了太子太傅，这在历史上世前无古人后鲜来者的。这种"刑无等级"的思想具有重大的历史进步意义，对今天的法制建设以及法律监督工作都具有非常重要的价值。

3. "任法"而治树立法律权威

商鞅在秦孝公的支持下推行变法的时候，首先，强调要树立法律的权威，提出"任法"而治，要求一切均应以法律为"权衡"。一是要"立法分明"，将法律公之于众，让人们知道法律的内容，明确罪与非罪的标准和界限，执法者也应以此取信于民。二是要知法。执法者必须学习并熟悉法令。他们有责任明白正确地回答百姓关于法令的一切咨询。"遇民不修法，则问法官。法官既以法之罪告之。"② 而且，商鞅在变法中规定，如果执法者不回答百姓的咨询，等到询问者犯了罪，"而法令之所谓也，皆以民之所问法令之罪，各罪主法令之吏"，③ 如果属于该执法者应当知悉范围之内的法令却遗忘的，"各以其所忘之法令名罪之"。对执法者提出了很高的要求，而且作出了相应的惩罚措施。这一点有点儿类似于当代公民的"知情权"。其次，商鞅认为，法律一旦制定，执法者应该首先做到守法，带头遵守"公法"，做到"任法去私"，执法者尤其不得"以私害法"，这都表达了商鞅对执法者的严格要求。

商鞅的法制思想中，有很多部分结合其所处时代背景及国家需求，主张"重刑轻罪"，甚至包括连坐、族诛、凿颠等野蛮刑罚，导致秦国的刑罚极端

---

① 《商君书·赏刑》。

② 《商君书·定分》。

③ 《商君书·定分》。

残酷。但是他的"壹刑"、"任法"理论，对执法者严格按照法律的要求，对执法者在法律适用、法律解释以及执法者的法律责任诸方面，在诸子百家中可谓是独具特色，对当今的法治建设和检察实践颇有借鉴价值。

（二）韩非的思想及其贡献

韩非，战国末期韩国人，大约生于公元前280年，卒于公元前233年，恰逢秦始皇统一列国的前夕。其出身于韩国贵族世家，喜好刑名法术之学，胸怀大志，有治国之雄才。但是，由于其天生口吃，虽善于著述，却不善言辞，故数次谏言韩王，却从未受到重用，于是发奋著书立说，作《韩非子》一书，其中《无蠹》、《孤愤》、《说难》等名篇在当时已极具影响力。传说秦王嬴政在看到韩非的著作之后非常赞赏，并深有感慨地说："寡人得见此人与之游，死不恨矣。"秦王嬴政统一列国之前，大致于公元前234年，韩非出使秦国，未及被秦王信用，即遭嫉妒他才华的李斯等人陷害，被囚多年，最后忧愤被迫自杀。其大作《韩非子》，共计55篇，全篇以"法治"为核心，这是法家的共同特征。但是在实行法治的理论基础方面，韩非的论述更为系统深入，在推行法治的方法上，韩非的理论也较之前的思想家们更为完备具体，他提出的"以法为本"的理论，可称得上是法家思想的集大成者，影响后世极为深远。

1．"人口众而财货寡"的法律起源理论

韩非认为，因为"人民众而财货寡"，人民之间产生了大量的纷争，由此国家和法律才得以产生。他说："古者，丈夫不耕，草木之实足食也；妇人不织，禽兽之皮足衣也。不事力而养足，人民少而财有余，故民不争。是以厚赏不行，重罚不用，而民自治。今人有五子不为多，子又五子，大夫未死而有二十五孙。是以人民众而财货寡，事力劳而供养薄，故民争，虽倍赏累罚而不免于乱。"① 在这里，韩非子从人口的绝对增长与资源的相对减少的角度，以及人口不断增长的需求与资源绝对的有限之间的矛盾来说明国家和法律的起源，并进而提出这种资源的有限与人口的不断增长，必然导致有的人富有，有的人贫穷，进而发生争夺与社会矛盾，由此阐述法律的必要性，阐述"法治"的必需性。这可以说是韩非子的一大发现，对当今社会解决法律纠纷都很有启发意义。

2．"以法为本"的"法治"论

韩非子与之前的法家思想家同样，认为实行"法治"，首先必须有明确的法律，并且在法律制定之后，必须"以法为本"。他认为"法者，所以为国

---

① 《韩非子·五蠹》。

也，而轻之，则功不成、名不立"，"国无常强，无常弱。奉法者强，则国强，奉法者弱，则国弱"，"治强生于法，弱乱生于阿"。① 这都反复在强调法律对于一个国家的重要性。那么如何做到"以法为本"呢？

首先，必须做到制定并公布成文法律。在韩非看来，"法者，编著之图籍，设之于官府，而布之于百姓者也"。② 法律是由国家制定和颁布的，是人们必须遵守的行为规范，必须统一，而且所立之法必须要有相对的稳定性，良法"莫如一而固"，如果"数变法，则民苦之"。特别不能允许法律之间有不同甚至相反的规定。韩非认为，不论是百姓还是执法者，都需要知晓法令，百姓知晓法令，则有所遵循，执法者知晓法令，则可以防止官吏徇私，进而使得"官不敢枉法，吏不敢为私"。那么如何才能使得官吏守法不徇私呢？

其次，必须使得法律拥有绝对权威。要使得法令高于一切。在韩非子看来，"令者，言最贵者也；法者，事最适者也。言无二贵，法不两适。故言行而不轨于法令者必禁。③"他要求执法者应该做到带头守法，必须在法令的范围内活动，做到"法不阿贵，绳不绕曲"，"刑过不避大臣，赏善不遗匹夫"。④ 在这里，韩非子与商鞅拥有同样的观点，在他们看来，法令首先应该拿来治理官吏，官吏守法是法治的第一要义。

毋庸置疑，法家思想由于其时代局限性，从根源上来看，都是为春秋时期的君主专制提供服务的。在他们的思想体系下，虽然官吏要首先遵守法律，他们的徇私枉法行为将受到法律的严格制裁，但是君主无一例外都是凌驾于法律之上的。这一点，法家的思想又比儒家的伦理学说要走上极端。在儒家那里，即便是集权君主，也必须按照伦理礼治的原则约束自己的行为，不得坏礼。但是在法家这里，君主往往是独立于法律之外的。但是，法家的法治思想，加强了对官吏的束缚，要求官吏必须严格按照法律的要求，依照法治的标准施行法律，否则将依法"坐罪"，可以说在仍然奉行等级社会的春秋时代，是最为大胆的主张。

人类社会有史以来，一直在讨论对官员的束缚，寻求如何才能将官员的行为限制在规范之中。儒墨道法的思想家们所代表的阶级各有差异，但都是在集权君主的基本范畴之内讨论规范的运行。不过，撇开他们各自的阶级背景，从其思想的建设性来看，儒家希望通过伦理规范来限制官员的外在行为，力图将

---

① 《韩非子·有度》。
② 《韩非子·难三》。
③ 《韩非子·问辩》。
④ 《韩非子·有度》。

官员执法行为用伦理给予约束，并且寻求用内在的道德修养培养官员感知人性，体会民情的内在操守，虽然其思想流于迂阔，更由于其过分注重内在修养的培养，很难形成普遍有效的强制约束力，往往是缘木求鱼，很难成为现实。但是其理论思想仍然给了我们极大的启发意义，并且儒家的理论通过对士子官员的教育，形成了一套儒家的官箴理论，该理论重在约束官员的内心，在官员的内在心理中形成了一种道德负担，再加上家族伦理理论本身就是古典中国人的生活方式，官员的个人行为与他本人的个人荣誉以及家族荣誉紧密地联系在一起，所以，该理论仍然有其时代的功能，形成了一定的约束力，对当今官员的监督有可资借鉴的价值。墨家寻求用"天志"的自然法批判等级社会或强权社会的人定法，足以称为古典中国最早关于法的批判的学说，他们反对儒家的繁文缛节和奢侈之风，用"天志"、"天罚"观来约束执法者，通过对人定法的批判，开展对官员行为的约束，是中国最早以理想法批判现实法的理论。道家从对自然的观察入手，通过"道法自然"和"无为"的理论，警告执法者要注意自己执法行为的边界，警告执法者法律作用的有限性，最早提出了规范作用的限度。法家主张"任法而治"，是古典中国唯一提出"法治"理论的学派，他们对法的重视，对于执法者守法的强调，使得古典中国在法的理论上有了自己独特的贡献。虽然法家的"法"与我们当代的法有很大的不同，其内在本质仍不外乎君主一人之法的专制，法家的"法治"也只是君主"人治"的统治工具，但是法家从对官员执法行为的监督角度开展治国理论的论述，在春秋战国之时，新创出一套用法律来约束执法者的理论，该理论抛弃儒家内在约束的不确定性，抛弃墨家"天志"和道家"道"的不可捉摸性，寻求通过公开明确的法律，用确定的方式，用外在的惩罚治理官员，在当时可以说是法家独特的贡献。

自春秋诸子百家之后，儒墨道法四家思想融合成为一体，形成了自秦汉以来的大一统的君主专制的思想模式。这一思想模式将儒家的伦理礼治、道家的清静无为、法家的"法治"、墨家的"天志"观融为一体。形成了儒法合流，兼具道墨的思想模式。该模式力图约束执法者的权力，从内在心理、外在伦理、刑罚处罚等各方面入手，以血缘纽带、血缘情感为内容，将家情与民情相结合，将个人名誉与家族荣誉甚至社会理想连接在一起，既希望建立一套有效的官员监督制度，也形成了一套独特的古典中国的官箴制度。然而，作为古典中国占统治地位的思想，它仍然受自己时代和阶级的局限，其中最主要的局限就是无法摆脱"法自君出"的理论前提，不论是儒家的"礼乐征伐自天子出"，墨子的"一同天下之义"，法家的君主"独制于天下而无所制"，这些思想在逻辑前提上都将君主作为法律的唯一来源，同时也将君主作为正义的最终诉求。最终，这一切都走向了君主的专制集权。其中对执法者对官员的约束和限制，最终也只能沦为君主个人的好恶；而要求君主必须带头守法，也只能成为思想家的一种缘木求鱼的奢望。

然而，由于中国自秦代以来及世代相沿，建立了大一统君主专制国家，这种君主凌驾于法律之上的思想一直是社会的主要思潮。不过，这种思潮在明末清初之际，当中国社会和政治发生了天翻地覆的动荡和变化之后，出现了亘古未有的"异端"。

五、明末清初的批判思潮及其贡献

在明末清初之际，满清颠覆大明王朝。公元 1644 年 3 月 19 日，明崇祯皇帝自缢煤山，明帝国覆灭。满清的八旗铁骑入主中原，在汉族思想家们看来，少数民族又一次入主中原，这无异于"天崩地解不汝恤"的时代震荡。如此剧烈的社会动荡激起了文人们的"亡国之思"，也随之引发了思想上的变革。这一变革，在古典中国思想史上称之为"异端"。这些异端思想以秦汉以来的君主专制思想为批判对象，猛烈抨击秦汉以来的君主专制制度，将矛头直指君主本身。他们认为，秦汉以来的法律都只是君主"一家之法"，君主为天下的主人，君主的好恶成为天下是非的标准。他们提出要"以天下之法代替一家之法"、建立一个"天下为主君为客"、树立"有治法而后有治人"的新的国家观、天下观、法律观以及君主与百姓关系。这些理论，从今天成熟的法律理论来看，毋庸置疑仍然是不成熟的，但是在当时黑暗沉闷的封建专制制度之下，堪称惊世骇俗。在这一君主专制时代的思想异端中，最具代表性的则是黄宗羲、顾炎武和王夫之三位的批判思潮，他们三人都曾参加过反清复明的斗争，也都在从明亡事件中总结教训，寻求对古典中国君主专制思想与制度的改革。

（一）黄宗羲的思想贡献

黄宗羲，字太冲，号南雷，又称梨洲先生，浙江余姚人，生于公元 1610 年，卒于公元 1695 年，明末清初思想家。其父亲黄遵素为东林党人，因弹劾魏忠贤被迫害致死。黄宗羲深受其父影响，自幼坚持东林党理念，不畏权势与之抵抗，曾参加过反"阉党"的斗争。明亡之后，又组织"反清复明"的斗争。晚年隐居山林，终身不出仕满清，从事著述讲学，主要代表作品有《明儒学案》和《明夷待访录》。

1. 批判"家天下"，确立"学校议政"

在黄宗羲看来，自秦以来的后世君主均以为"天下利害皆出于我，我以天下之利尽归于己"，并"以我之大私为天下之大公"，"视天下为莫大之产业"。①
在这样的制度下，君主将全天下都视为自己个人的财产，相反全天下也仅以
君主个人的好恶来治理，必然会导致封建时期"君为臣纲"的思想，诸子百
家所幻想的官员治理也均沦为君主个人的喜好，随后国家必将沦为君主个人骄
奢淫逸的牺牲品，"敲剥天下之骨髓，离散天下之子女，以奉我一人之淫乐，
视为当然"，对天下百姓和百姓之财富不仅不珍惜，而且还认为"此我产业之
花息也"。黄宗羲认为这种以天下为私产的君主制度正是万恶之源。

为此，黄宗羲主张建立"学校议政"。所谓"学校议政"是要打破"天下
是非一出于朝廷"的传统。在中央，太学每月初一开讲座，"天子临幸太学，
宰相、六卿、谏议皆从之。祭酒南面讲学，天子亦就弟子之列。政有缺失，祭
酒直言无讳"；在地方，每月初一、十五两天"大会一邑之缙绅士子，学官讲
学，郡县官就弟子之列，背面再拜，师弟子各以疑义其质难。郡县官政事缺
失，小则纠绳，大则伐鼓号于众"。② 这里的学校不再只是教育场所，而且还
是议政机构，"天子之所是未必是，天子之所非未必非，天子亦遂不敢自为非
是，而公其是非于学校"。这虽然与现代的监察、监督等制度有很大差异，虽
然仍然是建立在君主制度的框架之内，但是其中论述，均涉及了现代监督审查
质询等职能，甚至还涉及了现代的议会制度。

2. 批判"一家之法"，寻求"天下之法"

在黄宗羲看来，在"家天下"的君主专制制度之下，一切法律制度都不
能算是合格的、真正的法，都是"一家之法"、"非法之法"。这种法律制度，
仅以保护一家一姓的利益为宗旨。在这种君主制度下的一家之法"利不欲其
遗于下，福必欲其敛于上"。为此，黄宗羲提出要敢于革命，创立以天下为
公，"天下为主君为客"的"天下之法"。黄宗羲以这样的"天下之法"约束
君主和百官，形成对君主和百官的监督和检察，可以说是最接近现代意义的法
治思想了。

（二）王夫之、顾炎武的思想贡献

王夫之，字而农，号姜斋，生于公元1619年，卒于公元1692年，湖南衡
阳人。明末清初思想家，青年时期曾从事"反清复明"斗争，起义失败后南
逃肇庆，侧身于南明永历小朝廷。后隐居山中，授徒讲学，论史注经。著有
《读通鉴论》、《噩梦》等书。

---

① 《明夷待访录·原君》。
② 《明夷待访录·学校》。

顾炎武，本名绛，字宁人，生于公元 1613 年，卒于公元 1682 年，江苏昆山人。因其家有亭林湖，世称"亭林先生"。明末清初思想家，年轻时期曾经参加过"反清复明"的斗争，失败后游历四方，晚年定居陕西，著书立说，有《日知录》、《亭林文集》等问世。

王夫之和顾炎武作为反清复明的同道，亲历明王朝覆灭满清入关的历史大变革，在痛定思痛之后，退而著书立说，批判传统中国君主专制的思想，思考法的本源与标准，王夫之认为应"本天下之公法"，是为立法之精义。顾炎武认为"公天下之法"，是为法之本源。二人得出较为相近的法的理论，在此一并论述。

1. 王夫之"本天下之大公"的立法理念

王夫之认为"有一人之正义，有一时之正义，有古今之通义。轻重之衡，公私之辩，三者不可不察。以一人之义，视一时之大义，而一人之义私矣。以一时之义，视古今之通义，而一时之义私矣"，"不可以一时废千古，不可以一人废天下"。① 在王夫之看来，这就是立法本应有之精意。

王夫之认为，政治与法律必须本"天下之大公"。因为"以天下论者，必循天下之大公。"然而，什么才叫作"天下之大公"呢？在王夫之看来，所谓天下大公之法，就是以天下万民之利害为利害，不以一家一姓之利害为利害。

2. 顾炎武"公天下之法"的法律观

顾炎武认为，君主权力的极度膨胀，是政治腐败的重要原因。"一兵之籍，一财之源，一地之守，皆人主自为之，欲专其大利，而无受其大害，遂废人而用法。"② 他认为，君主专制之下的法均建立在君主私利私欲的基础上，君主以私利私欲而治天下，百官以私利私欲而逢迎君主，进而导致天下大乱民不聊生。必须要废除君主的独治，实行的"众治"，废除"一家之法"，建立"公天下之法"。

3. "宽法待民，原情定罪"的执法观

王夫之认为法简刑轻是执政者的基本准则。所谓"政莫善于简"，"简者，宽仁之本也"。对百姓必须实行宽仁的执法理念，即"宽者，养民之维也"；相反，对官员则要用严法进行约束。所谓"严者，治吏之经也。"综合起来就是"严以治吏，宽以养民"。那么如何才能做到"严以治吏，宽以养民"呢？对此，顾炎武提出必须限制法律的适用界限。顾炎武提出了伦理教化与法律制

---

① 《读通鉴论安帝十四》。
② 《日知录·卷八》。

度在治国之中的优劣轻重问题，他认为治国不能简单地以刑裁断，执法者要做到"宽以养民"，为政从"善"，要约束对刑罚的使用，"法令者，败坏人才之具"。应该做到"原情定罪"。

六、中国古代的执法思想与官箴理论

检察文化讨论的是对执法者的监督，对执法权力的约束。从诸子百家到明末清初的思想"异端"们，他们虽然论述各有不同，但是殊途同归，都是在寻求治理万民的最佳途径。在古典中国思想家的蓝图中，不论是儒家"礼治"，还是墨家"天志"，道家"自然"，法家"法治"等，他们从各个方面寻求对执法者的约束，希望建立一个良好的社会运转模式。后世统治者和执法者们将儒墨道法诸子百家的思想融合在同一个大框架内，将儒家的内在伦理教化与法家的刑罚威慑等结合起来，形成了"外儒内法"、"王霸杂之"、"出世入世"等综合理论，目的都在约束统治者的行为。然而，由于他们自身的局限，几乎都停留在君主制度的范围之内进行讨论。至明末清初之际，思想"异端"者们提出"公天下之法"，批判君主制度之下的"一家之法"，从法的根源的角度对执法者的权力挑战。思想家们都在力图约束执法者，并在此基础上形成了古典中国的执法理念与官箴思想。

（一）中国古代的执法理念

古典中国的思想家们在承认法律的刑罚作用之时，他们也非常注意法律适用的界限。他们认为必须对法律的作用进行限制，法律必须以实现良好的统治为目的。为此，在"任法"的同时，提出了"壹刑"、"慎刑狱"、"无讼"等思想。在他们看来，法律必须是迫不得已的最后手段，而不能成为执法者残害百姓的手段。执法者要做到"礼刑结合、礼刑并用"。要首先用礼治伦理教化百姓，而后，在教化不成之时，才可以"教而后诛"。这种思想对执法者本身提出了很高的要求，对执法者的权力进行了约束。要求执法者懂得刑罚的片面性，懂得简单的刑罚并不能最终解决问题。执法者必须用"礼"来指导"法"的应用，寻求"无讼"的"天下大治"。这就是古典思想家们对官员的要求。这些要求自春秋战国时期的诸子百家以来，历朝历代反复强调，最后，形成了一种中国独特的官箴理论。

（二）中国古代的官箴思想

所谓"官箴"，是古典中国人对为民父母官的行为要求。四库全书有记载说："当官之法，唯有三事：曰清、曰慎、曰勤。"并进而衍申为三十六字的官箴语录："吏不畏吾严而畏吾廉，民不服吾能而服吾公。公则民不敢欺，廉则吏不敢慢。公生明，廉生威。"

由此可见，古典中国的思想家们首先从内在约束执法者，并要求执法者在使用法律治理万民的时候，注重教化的作用。但是，教化万民首先要教化自己。所谓"修身齐家治国平天下"。任何一个执法者，首先要做到自己"修身"，然后"齐家"，最后才能有资格谈论"治国"。进而，形成了上文所述古典中国独特的官箴语录。

根据我们上文的分析，可以得知，官箴语录从思想根源上来源于儒墨道法等各家的思想，是各家思想的集合。首先，官箴要求官员时刻不忘内在修身，保持清正廉洁，只有做到了自己先遵守法律，不枉法，不违法，不乱法，才能具备公正的威严。这就是孔子讲的"政者正也"。其次，官箴要求官员要做到"慎刑恤刑"，要懂得刑罚适用的界限，简单的刑罚并不能制止犯罪，刑罚必须是在迫不得已之时才可以适用，而重刑酷刑，更是要慎用。这就是老子讲的"飘风不终朝，骤雨不终日"。最后，官箴理论还要求官员要做到"勤俭"，要勤于公务，要简于生活。这就是墨家所倡导的"节用"。

古典中国的官员们，几乎都是士子出身，熟读百家经典，奉教官箴语录。这些思想和语录要求官员在治国的时候，要懂得将儒墨道法各家的思想融合在一起，既要用儒家的伦理修身自律，又要用儒家的伦理教化百姓；既要用法家的刑罚威慑万民，又要知道刑罚必须是"教而后诛"。

然而，由于古典中国的君主专制制度的缺陷，使百官往往将百姓置之脑后，而只求媚于天子，于是，在"一家之天下"的古典中国，很难实现思想家们以万民为心的"大同世界"；加之上述思想家的思想以及官箴语录大都是从内在心理约束官员的行为，没有完善有效地约束官员权力的制度，结果，这些思想往往成为标榜的语录，很难成为有效的制裁。但是，因为政治制度、经济制度等客观原因，我们绝不能苛求古人从现代的制度需求进行思考，更不能从现代的视角批评古人思想理论的缺陷。因为，即便他们没有现代的经济和制度基础，这些思想家及其作品却在很多方面给予了我们启发。让我们怀着对古人的敬意，总结历史经验，从中寻找解决当代问题的灵感。

第二章　清末的检察文化

第一节　清末检察文化的产生背景

一、近代思想转型与理论引进

清末是中国社会由传统向现代转型的历史阶段，也是中国法律思想和司法制度转型的重要时期。"中国传统法文化是一个独立的文化体系，它以儒家伦理纲常之说为理论基石，受自然经济、专制政治、家族本位等因素决定，同时又反作用于这些因素，使之趋于稳固。因此，尽管体现了中华民族高度的智慧和品格，起到了组织社会、整合人心的巨大历史作用，但却不可避免地带有因袭性、保守性。"① 鸦片战争后，随着国门的打开，这种因袭性和保守性遭到了空前的冲击，人们开始对传统的经济、政治、社会文化和法律观念，进行前所未有的反思。从林则徐、龚自珍等经世致用派的睁眼看世界、倡言改革到洋务派的"中体西用"、师夷变法，从资产阶级改良派的维新变法、鼓吹宪政到清末的移植西法、仿行宪政，都引进了当时西方的经济、政治、社会和法律理论。在近代社会变革转型和西方文化的引进过程中，中国的司法制度和法律文化从传统走向了现代，现代意义的检察制度和检察文化由此萌生发展。

（一）西学东渐：西方分权学说与司法独立理论的引进

近代文化思潮的迭兴是在对中国传统文化的批判和对西方现代文化学习的过程中完成的。中国传统政治文化在制度层面主要包括君主专制、中央集权以及官僚政治等方面，在意识层面主要包括民本、礼治、德仁、大一统等观念。中国古代封建君主专制到明代扩张到了极致，明清之际，以顾炎武、黄宗羲、王夫之等人为代表的进步思想家，揭露君主专制集权于一身、专断于一人的弊端，批评封建法律作为一家之私法，"藏天下于筐箧"，② 提出限制君权"君臣

---

① 郭成伟等：《清末民初刑诉法法典化研究》，中国人民公安大学出版社 2006 年版，第 185 页。

② 黄宗羲：《明夷待访录·原法》。

共治"的思想，主张建立"公天下"的法律。康乾盛世之后，随着社会矛盾的加深，地主阶级中的开明人士继承了明清之际的经世致用思想，改变皓首穷经、埋首故纸堆的学风，开始评议时政，揭露和抨击腐朽吏治，畅言社会改革。这股思潮一直延续到鸦片战争前后，涌现一支上有淘澍、贺长龄、林则徐、徐继畬等都抚大员，下有龚自珍、魏源、包世臣、姚莹等饱学之士的经世致用改革派。

林则徐是近代中国睁眼看世界的第一人。在禁烟运动中，他从一般兵法"知己知彼，百战不殆"的战术出发，留心海外情势，派人收集"夷情"，致力于改变满朝文武闭目塞听"暗于外情"的状况，主持编译了《四洲志》，编辑了《华事夷言》，翻译了《各国律例》。魏源在《四州志》的基础上编辑完成《海国图志》，这部介绍西方的大百科全书，对西方国家议会和司法制度进行了简略介绍。此外还有徐继畬的《瀛环志略》、夏燮的《中外纪事》、陈逢衡的《英吉利纪略》等一大批研究介绍国外和西方情势的著作相继问世，形成了一股了解西方、研究西方的新风气。长期以来，由于中国独特的地理位置和国家社会的早熟，一直养成了妄自尊大的文化优越心理和拒绝外域文化的惰性心理。鸦片战争失败后，"清王朝的声威遇到不列颠的枪炮就扫地以尽，天朝帝国万世长存的迷信受到了致命的打击"。[①] 这些在鸦片战争刺激下为寻求救国"制夷"方略而译著的作品，成为当时人们了解世界、了解西方的启蒙读物，在中国近代化进程中起到了思想文化开路的作用。

19世纪60年代初，在内忧外患的双重压力下，清朝封建统治集团内部一些较为开明的官僚，发起和主持了一场学习西方运动，其目的是"师夷长技以自强"，其代表人物，在中央有军机大臣兼总理衙门大臣恭亲王奕䜣和文祥等人，在地方有汉族地方官僚曾国藩、李鸿章、左宗棠、沈葆桢、丁日昌以及后来的张之洞等人，此外还有一些洋务思想家，包括冯桂芬、王韬、郭嵩焘、容闳、薛福成、马建忠、郑观应等人。洋务派的指导思想是"中学为体、西学为用"。所谓"中学"主要是指以孔孟之道为代表的中国封建文化，核心是"伦常名教"，具体体现在封建君主专制制度。所谓"西学"则是指西方资本主义文化，刚开始主要是指资本主义物质文化，进入19世纪80年代后，一些洋务知识分子和洋务官僚，开始认识到西方的富强不仅在于坚船利炮或测算格致、声光电化之学，更在于西方议院等政治制度。例如，马建忠在分权学说的基础上提出司法独立的主张："各国吏治异同，或为君主，或为民主，或为

---

① ［德］马克思：《中国革命和欧洲革命》，载《马克思恩格斯选集》（第2卷），人民出版社1972年版，第2页。

君民共主之国，其定法、执法、审法之权分而任之，不责于一身，权不相侵，故其政事纲举目张，粲然可观"。① 他们要求把"议政于议院，君民一体"的君主立宪制运用于中国。早期洋务思想逐渐向维新思想过渡。

甲午战争失败，宣告历时30余年的"洋务运动"及"中体西用"主张的破产，而明治维新使日本走向富强之路的先例使有识之士意识到，不革新政治，就难以达到民富国强的目的。除薛福成、马建忠、王韬、郑观应等早期改良派从洋务派中分化而出外，以康有为、梁启超、谭嗣同、严复等为代表的资产阶级改良派走上了历史舞台。区别于洋务派官僚阶层性质，资产阶级改良派是一批会通中西的知识精英，他们摆脱了"中体西用"的思想，通过著书立说、讲学办报，② 把西方进化论、社会契约论、主权在民论和天赋人权论等思想引入中国，提出"全变"、"变本"的理论，这为接受异域法律文化价值准则、推行新的法律制度准备了思想和理论土壤。在清末帝后两党的争斗中，改良派与帝党结合，最终促成了光绪二十四年光绪帝"诏定国事"，开始维新变法运动。这次变法涉及内政、外交、教育、军事等多方面，但从根本上是一套倡导君主立宪、引进和效仿现代西方国家政治法律制度的宪政方案。康有为认为："东西各国之强，皆以立宪法开国会之故。国会者，君与国民共议一国之政法也。盖自三权鼎立一说出，以国会立法，以法官司法，以政府行政，而人主总之，立定宪法、同受治焉。"因此向清帝建议，"立行宪法，大开国会，以庶政与国民共之，行主权鼎立之制"，如此，"则中国之治强，可计日待也"。③ 尽管维新变法运动在以慈禧为中心的后党绞杀之下失败了，但它却把西方的民主政治与法制引到国人眼前，使更多的人接受了维新变法思想。

戊戌变法失败后，资产阶级革命派和改良派围绕中国前途命运展开激烈论证。以康有为、梁启超为首的改良派主张实行君主立宪，推崇英、日等国的政治体制。以孙中山、章太炎等为代表的革命派则主张排除满族政府，实行民主共和，推崇法国式革命。1905年至1907年，两派各自创办期刊，著书立说，宣传各自的宪政观点，形成了论战格局。据不完全统计，到辛亥革命前，革命

---

① 马建忠：《上李伯相言出洋工课书》，中华书局1960年版，第28页。

② 维新派把"开民智"作为变法图强的"第一义"，大力倡导开学堂、办报刊、立学会。据统计，1895年至1899年，全国共兴办学堂约150多所，其中"百日维新"期间就达106所，估计学生总数达万人。从1895年康、梁在北京创办维新派第一份报纸《万国公报》开始至1898年间，出现了约60余种报纸。参见桑兵：《晚清学堂学生与社会变迁》，学林出版社1995年版，第40页。

③ 康有为：《请定立宪开国会折》（第二册），上海神州国光社印1953年版，第236页。

派在上海出版了 15 家报刊,在香港出版了 13 家,在广州出版了 15 家,在湖北出版了 10 家,即使在陕西、四川、贵州、新疆等边缘地区也有革命派的报刊,革命派印发的各类图书达 220 余种。这场论争,使西方资产阶级文化思想在中国得到了更为广泛的传播,对于唤起人们的民族民主意识,动摇清王朝专制统治起到了很大的作用。

（二）治外法权：中西诉讼制度和诉讼文化对比与冲突

根据文献考察,鸦片战争前,清朝对于涉外案件,基本上是依据本朝的法律进行审理和处罚,其中一个核心理由是中华文明具有优越性,加上皇帝的权威,自然无须参照"蛮夷"规范。随着中西交往的加深,司法实践中出现了大量涉外案件,如 Success 船员案、Lady Hughes 号炮手案、Terraova 案等,中西法律文化冲突进一步凸显。由于中国和西方各国在法律价值、法律观念与诉讼制度上的差异,西方认为中国刑罚过于严酷,力图摆脱清朝法律的约束。[①]鸦片战争后,英国人用坚船利炮轰开了中国独立自主的大门,通过不平等条约攫取了领事裁判权。1943 年《中英五口通商章程》规定,中国的法庭无权审判在华英国侨民的民、刑案件,而必须由英国领事馆依照英国的法律处理。随着一批不平等条约的签订,美、法、俄、德、葡等国也相继攫取了此项特权。外国领事先后取得了观审权、会审权和会审公廨中的司法审判权,甚至出现了"外人不受中国之刑章,而华人反就外国之裁判"的怪现象。[②]

义和团和八国联军侵华事件以后,清廷及国人意识到治外法权对中国主权的损害,但列强以中国法律及司法制度过于陈旧、法律过于严苛不同意清廷收回治外法权。1902 年,清政府与英国议定通商条约,其中规定:"中国深欲整顿本国条例,以期与各西方律例改同一律,英国允愿尽力协助以成此举。一俟查悉中国律例情形及其审判方法,及一切相关事宜皆至妥善,英国即允弃其治外法权。"[③]

治外法权其实质反映的是西方诉讼文化对中国诉讼文化的直接冲撞和对抗。中国传统诉讼文化是建立在自然经济之上,与高度集权的专制政体相对应的诉讼文化,其主要特点是诸法合体、民刑不分、实体和程序不分。儒家的伦理道德是诉讼立法和司法实践的指导思想,有学者总结,古代司法办案的第一原则是"人有争讼,必谕其理,启其良心,俾悟而上","由于中国古代诉讼文化具有强烈的伦理性,加之系统化程序规则的缺乏与粗糙,导致司法实践中

---

① 参见刘清生：《中国近代检察权制度研究》,湘潭大学出版社 2010 年版,第 28 页。
② 朱勇：《中国法制通史》（第九卷）,法律出版社 1999 年版,第 9 页。
③ 张晋藩：《中国法律的传统与近代转型》,法律出版社 1997 年版,第 437 页。

诉讼运作的个别化色彩浓厚"。① 特别是在封建纠问式诉讼中，兼任司法权的行政官独擅司法权力，既侦查者、追诉者，又是裁判者、执行者，由此形成的集权型、专断性和非对抗性为特征的司法全能主义，其公正性、中立性往往受到质疑。"近代意义上的法律制度发轫于西方国家，是西方历史文明演化的结晶。它们是以理性主义为思维范式，在反对中世纪封建统治和神学桎梏的斗争中产生，并在以私有制为基础，崇尚自由竞争的社会环境中逐渐成长的。在法律观念上强调自由平等、社会契约和权利制衡等。"② "在司法原则上强调司法公正、司法独立、司法权威、司法公开等。"③ 西方诉讼制度在程序设置、事实认定、举证责任等方面的特征对中国封建法制提出了巨大挑战。事实上，封建司法程序暴露的腐败和黑暗，一直备受指责，到了封建社会晚期，随着律典编撰上的僵化和落伍，法律内容上的不合理，以及司法技术上的保守立场，既加剧了启蒙思想家们对传统诉讼制度的批评，又成为列强推行领事裁判、租界司法的一个口实。

一方面，治外法权的确立，破坏了中国司法独立，减损了法律移植的平等性和自主性；另一方面，也直观地展示了中外诉讼制度的差异，让清廷官员和广大民众认识到诉讼制度多元化的存在。西方殖民者的强力征服，促使清朝统治者对西方司法制度从拒绝与排斥的立场，逐步转变为被动接受和主动移植。

（三）清末新政：中国对西方宪政和法律文化的整体移植

在经历甲午战败、日俄刺痛、庚子事变等一系列内忧外患后，为抵制蓬勃兴起的资产阶级民主革命运动，维持岌岌可危的统治，清朝统治者不得不打出"新政"的旗号，从整体上实行自上而下的改良。1901 年 1 月 29 日（光绪二十六年十二月十日），慈禧发出"变法上谕"。同年 4 月 21 日，清政府成立以庆亲王奕劻、李鸿章、荣禄等 6 人负责的督办政务处，作为筹划推进新政的专门机构，从而开始了包括变法修律、考察西学、预备立宪、改革官制、开设新学等内容在内的改革运动。

1. 清末修律

光绪二十八年（1902 年），清帝上谕："现在通商交涉，事益繁多。著派沈家本、伍廷芳将一切现行律例，按照交涉情形，参酌各国法律，悉心考汀，

---

① 宋英辉、吴卫军：《中西传统诉讼文化比较初论》，载《诉讼法学研究》2002 年第 1 期。

② 刘清生：《中国近代检察权制度研究》，湘潭大学出版社 2010 年版，第 29 页。

③ 龚瑞祥：《西方国家司法制度》，北京大学出版社 1993 年版，第 150 页。

妥为拟议。务期中外通行，有稗治理。俟修定呈览，候旨颁行。"①并任命熟悉中外法律的沈家本和伍廷芳主持修律。1904年修订法律馆设立。这场兼并中西修律活动的主要成果包括：《大清现行刑律》（1908年编定，1909年奏进，1910年颁布施行）；《大清刑事民事诉讼法》（1906年奏进，未施行）；《大清新刑律草案》（1907年奏进，多次修改后于1910年颁行）、《法院编制法》（1907年奏进，1910年颁行）；《违警律草案》（1907年奏进，1908年颁行）；《大清商律草案》（1904年奏进）；《刑事诉讼律草案》和《民事诉讼律草案》（1910年奏进，未施行月）；《国籍条例》和《禁烟条例》（1909年奏准颁行）等。② 尽管修律运动所形成的大量法律文件尚未真正颁行，但这一大规模修律运动，使西方的法学观念、法律文化在中华得到传播，并直接促使古老中国法律体系逐渐瓦解，具有深远的法文化意义。清末变法修律与新刑律、刑事民事诉讼律、警察、监督、检察等法典的编撰，也为近代检察权的引入提供了法制基础。

沈家本1902年受命担任修订法律大臣，主持修律期间大力引进西方法律和法学思想著作，大力提倡法律教育和法学研究。对这场修律的背景，他谈到："夫西国首重法权……收回治外法权，实变法自强之枢纽。臣等奉命考订法律，恭译谕旨，原以墨守旧章，授外人以口实，不如酌加甄采，可默收长驾远驭之效"，指出"欲明西法宗旨，必研究西人之学，尤必译西人之书"，③ 因而在修律前广泛组织人员大量翻译和研究西方国家的法律，并派员出国留学、考察，聘请部分外国法律专家参与修律活动。从1904年起，他主持翻译的西方法律和法学著作达33种之多。1906年，在他的努力下创办了京师法律学堂、北京法学会、法政研究所和《法学会杂志》，为近代法学思想的宣传和普及发挥了重要作用。在1906年官制改革中，沈家本负责筹备并担任首任大理院正卿。

2. 考察西学

日俄战争以"蕞尔小国"日本获胜，使清廷朝野内外仿效日本明治维新的呼声更加强烈，清廷统治者内部也出现了一批主张实行君主立宪制度的官僚，如湖广总督张之洞、驻日公使李盛铎、会办商约大臣盛宣怀等。慈禧发布

---

① 《德宗景皇帝实录》（七），中华书局1987年版，第577页。

② 参见夏锦文主编：《冲突与转型：近现代中国的法律变革》，中国人民大学出版社2012年版，第64~65页。

③ 沈家本：《寄簃文存》卷六《新译法规大全序》，商务印书馆2015年版，第212页。

改革诏书后，许多驻外大臣、封疆大吏纷纷上书要求开国会、立宪法。日本明治政府在立宪过程中，先后两次遣使欧美考察宪政，最后以德为师，获得了宪政模式转换的成功经验。清廷作出"预备立宪"决定前后，也效仿日本，分别于 1905 年和 1907 年两次派员出洋考察政治，并效仿日本"明治维新"设立考察政治馆的先例，设立考察政治馆（后改为宪政编查馆），专门从事宪政准备工作。考察政治大臣回国后，纷纷上书言政，认为政体之改良，国家由弱而强，国势转危为安，唯一的出路就是仿行宪政。载泽在奏请宣布立宪的密折中陈述了"改行立宪政体"，可以"定人心而维国势"，并认为立宪有三大好处：皇位永固，外患渐轻，内乱可弭。正是考察政治大臣的立宪言论，加上国内朝野上下的立宪呼声，清朝统治者最终决定仿行预备立宪。

3. 预备立宪

1906 年 9 月 1 日（光绪三十二年七月十三日），清廷颁布《宣布预备立宪谕》，表示"时处今日，唯有及时详晰甄核，仿行宪政，大权统于朝廷，庶政公诸舆论，以立国家万年有道之基。但目前规制未备，民智未开"，只能"分别议定，次第更张"，实行"预备立宪"，"俟数年后，规模初具，查看情形，参用各国成法，妥议立宪实行期限，再行宣布天下"。① 尽管清廷是迫于内外情势推行的宪政，但立宪谕令一开，朝野上下仍然颇受鼓舞，急切地吁请速开国会以救时艰。在朝野舆论的推动下，清廷于光绪三十三年（1907 年）八九月间，相继谕令设立资政院、咨议局和议事会，并次第公布了资政院和咨议局章程及议员选举章程。1908 年 9 月，慈禧颁布了《钦定宪法大纲》，实行 9 年立宪期限。1911 年 10 月，在武昌起义爆发后，清政府又抛出《宪法重大信条十九条》。但随着辛亥革命的一声炮响，清王朝统治结束，立宪派人士意图通过清廷主导的和平变革方式推进中国走向宪政之路的努力归于失败。

二、清末司法改制与近代检察制度的发端

中国近代检察制度是伴随着清末变法修律和仿行宪政的进程而产生的。在对西方宪政模式和检察制度比较的过程中，出于对自身集权统治的紧握与迷恋，清末统治者们最终选择了以日为师，仿行日式君主立宪模式，通过"远师法德、近仿东瀛"，移植了大陆法系特别是日本的检察制度。

（一）清末官制改革与司法改制

仿行立宪首先就要进行官制改革，所谓"廓清积弊，明定责成，必从官

---

① 《宪政初纲·诏令》，转引自《近代中国宪政历程：史料荟萃》，中国政法大学出版社 2004 年版，第 52 页。

制入手。"① 出使各国考察的政治大臣戴鸿慈、端方给清廷的密折认为，"司法与行政两权分峙独立，不容相混，此世界近百余年来之公理，而各国奉为准则也……臣等谓宜采各国公例，将全国司法事务离而独立，不与行政官相隶"。② 总司核定的奕劻、孙家鼐、瞿鸿机在将中央官制方案上奏的奏折中，谈及当时官制的弊病："一则权限之不分。以行政官而兼有立法权，则必有藉行政之名义，创为不平之法律，而未协舆情。以行政官而兼有司法权，则必有徇平时之爱憎，变更一定之法律，以意为出入。以司法官而兼有立法权，则必有谋听断之便利，制为严峻之法律，以肆行武健。而法律浸失其本意，举人民之权利生命，遂妨害于无形。此权限不分，责成之不能定者一也。"③ 当前进行官制改革"首分权以定限。立法、行政、司法三者，除立法当属议院，今日尚难实行，拟暂设资政院以为预备外，行政之事则专属之内阁各部大臣……司法之权则专属之法部，以大理院任审判，而法部监督之。均与行政官相对峙，而不为所节制。此三权分立之梗概也"。④

清末在仿行宪政，对政治权力进行重构的过程中，首先考虑的是司法权与行政权的分立，即司法独立。这是因为相对于开设议院、将立法权下放给民众来说，司法权的独立更容易被统治者接受。一是司法机关名义上独立，实际上仍可由朝廷控制。如达寿在上奏考察日本宪政情形折中说道："其在日本，则如司法之裁判所，其法律本为君主所定，裁判官特以君主之名，执行法律，故裁判官直辖于天皇，不受其他机关之节制，以此谓司法独立。非谓裁判所别有法律，虽天皇不得干预其事也。此谓司法独立之未尝减少君权者一也。"⑤ 二是司法权的独立，符合西方宪政之精神，既是收回治外法权的举措，又可以作为清廷预备立宪的一个诚意表示。因此，清廷以"民智未开"为借口，拒绝将立法权从行政权中分立出来，而将司法权独立作为三权分立的切入点。

1906 年 11 月 6 日，清廷颁发"厘定官制谕"，宣布中央官制改革方案，命令"刑部著改为法部，责任司法。大理寺著改为大理院，专掌审判"。⑥ 1907 年 7 月 6 日，地方官制改革方案公布，规定各省按察司改名为提法司，

① 《宪政初纲·诏令》，转引自《近代中国宪政历程：史料荟萃》，中国政法大学出版社 2004 年版，第 52 页。

② 《大清光绪新法令》（第 1 册），第 17 页。

③ 《清末立宪档案史料》（上册），中华书局 1979 年版，第 463 页。转引自迟云飞：《晚清预备立宪与司法"独立"》，载《首都师范大学学报》（社会科学版）2007 年第 3 期。

④ 载泽等：《出使各国大臣奏请宣布立宪折》。

⑤ 《清末筹备立宪档案史料》（上），中华书局 1979 年版，第 33 页。

⑥ 《大清光绪新法令》（第 1 册），第 17 页。

改按察使为提法使，专管司法行政，并监督各级审判；省会增设巡警道一员，专管全省警政事务；同时分设审判各厅以为司法独立之基础。但同时又规定，总督、巡抚"总辖该管地方外交军政，统辖该管地方文武官吏"，各省布政使、提学使、提法使应"受本管督抚节制"。清末的这场官制改革和司法改制打破了中国沿袭数千年的司法与行政不分的传统，司法与行政分立的原则开始确立。

（二）检察制度的产生及文化渊源

近代检察制度是在清末仿行立宪和司法改制进程中，作为现代司法独立的精神要义和现代审判制度的组成部分引入中国的。清末引进检察制度时，世界各国已有多种检察制度模式，正如清廷对西方立宪模式的考量和选择一样，对检察制度的移植也有一个模式选择问题。这其中既有西方宪政和法律文化传统的牵引，也有中国传统政情和法律文化的孕育。

1. 对检察制度的关注

晚清赴西方各国考察宪政和司法制度的许多大臣考察归国后发现，我国缺乏近代意义上的检察制度，而检察制度是现代司法独立的重要内容。1905 年，清廷派出多名官员对日本裁判所所附之检事局进行了考察。修订法律馆聘请的日本法学专家志田钾太郎针对中国国情，提出了设立检察制度的建议，他认为设立检察官，可避免中国封建传统纠问式诉讼的弊端，"于法律保障人民权利之义，关系重大"，"中国改良司法，实以设立检察制度为一大关键"。①

2. 对西方大陆法系文化的推崇

第一，在政体上，清末预备立宪实行的仿德日的君主立宪政体，为取法大陆法系提供了前提。19 世纪末的德国、日本有许多共同之处，但最根本的一点是王权强大，在政治和经济上保留了大量封建残余，具有浓厚的封建性，资产阶级力量相对软弱和不成熟。1871 年的德国宪法和 1889 年的日本宪法均是确认主权在君的钦定宪法的典型。考察政治大臣通过对各国政体的考察比较得出"各国政体，以德意志、日本近似吾国"的结论。② 第二，在法律渊源上，中国的国家制定法传统与大陆法系国家相近，并且成文法的移植借鉴较判例法相对容易，这也是取法大陆法系的原因之一。第三，在审判方式上，中国古代

---

① ［日］志田钾太郎口授，湘潭王炽冒述，清末首任京师高等检察厅检察长徐谦鉴定，检察制度研究会编辑：《检察制度详考》，民国元年（1912 年版），转引自张培田：《法与司法的演进及改革考论》，中国政法大学出版社 2012 年版，第 163～164 页。

② 夏新华：《借鉴与移植：大陆法系宪政文化对近代中国的影响》，载《南京大学法学评论》2010 年第 1 期。

法官坐堂审问的纠问式审判方式与大陆法系国家以法官为中心、实行纠问式的审判方式相类似。而英美法系国家的司法活动采取陪审制为特征的对抗式审判方式，在原被告辩论中，法官只起消极的"仲裁人"作用，这对于清末当权者而言，不容易接受。清末在诉讼制度上之所以钟情于大陆法系传统，最根本的原因在于，以国家职权主义为特征的大陆法系国家法律制度对当时的中国社会结构、皇权制度冲击较小，而英美司法中的自由主义和个人主义倾向，对当时的社会结构、皇权制度隐含着危险，被当权者认为不符合国情。因此，"中国检察制度，宜采欧洲大陆主义"成为当时的一种历史选择。

3. 对日本法律文化的直接借鉴

中国对欧洲大陆法系的借鉴并不是直接从德、法等传统大陆法律国家借鉴，而是借道日本完成。一是中国与日本有相似的法律文化和诉讼文化传统，近代日本明治维新的转型成功，得到清朝上下以及开明知识分子的艳羡。刘坤一、张之洞、袁世凯等人在奏折中则曰："该国系同文之邦，其法律博士，多有能读我会典律例者，且风土人情、与我相近，取之较易。"沈家本提出"日本旧时制度，唐法为多，明治以后，采用欧法，不数十年，遂为强国"。二是留日法政学生和日本法学著作的大量涌现。海禁大开特别是洋务运动以后，外出留学之风日盛，当时留日学生最多，而在留日学生中，法政科学生位居前列。据程燎原教授对清末 1908—1911 年各省留学日本学习法政的毕业生和未毕业者的名单的考证和统计来看，学生分官费和自费两种，学校遍及早稻田大学、明治大学、京都法政大学、中央大学、警察监狱学校等众多法政学校，专业包括法科、狱政、警政等清末司法制度变革所需要的专门人才，人才遍及宪政编查、修订法律、行政治理、司法行政和审判、地方自治、担当"议员"、法政教学等诸多热门领域。[①] 在立宪多歆羡日本言论的牵引和鼓动下，翻译日本法律和法学著作也成为朝野自强救国的重要举措。例如，修律大臣沈家本从光绪三十年至宣统元年主持下翻译的法律和法学著作，日本的法律和著作就有近 30 部。[②] 三是日本学者对清末立法的参与。在清末修律运动中，日本法律专家参与的情况比较突出，其中比较有影响的代表有岩谷孙藏、冈田朝太郎、松冈义正、小河滋次郎、志田钾太郎等人，他们有的担任清廷法律顾问，有的从事法学教育工作，有的直接参与了部分法律案的起草。留日学生和日本专家对清廷引入日本检察制度起到了相当的介绍、推动作用。

通过听取出洋考察大臣的意见和日本专家的建议，清廷最后决定取法日

① 程燎原：《清末法政人的世界》，法律出版社 2003 年版，第 342~407 页。

② 李贵连：《沈家本传》，法律出版社 2000 年版，第 209~300 页。

本，建立检察制度。1906 年，清廷颁布的《大理院审判编制法》规定了京师检察机构的设置和权限，此后陆续颁布实施的《各级审判厅试办章程》和《法院编制法》规定了检察机构的设立、检察官的任用等内容，明确了审判权和检察权分立的原则，独立的检察制度开始在中国确立。有学者通过法典的比较描述了这种借鉴途径，"日本《明治宪法》大量抄袭普鲁士宪法条款，而《钦定宪法大纲》又大量抄袭了日本宪法条款"。[①]"我国清末时期的检察制度几乎是日本明治日期检察制度的翻版。"[②]"《法院编制法》与日本明治二十三年的《裁判所构成法》相比'名称稍异，大体则同'。"[③]

4. 中国传统推鞫狱讼文化的影响

推鞫狱讼、辨明冤枉是古代御史的重要职责，也往往被视为检察机关法律监督权力的渊源。所谓的鞫，即审讯或审查的意思；所谓的谳，即定罪的意思。早在秦朝时，"天子置三法官：殿中置一法官，御史置一法官及吏，丞相置一法官"。在这样的制度规定下，御史便拥有了干预和监督司法审判的权力。到了唐朝，监察御史被赋予了对审判活动进行监督的权力。宋朝为了防止刑狱冤滥和官吏作弊，要求"鞫之与谳者、各司其局"，强调审判与检法断刑相分离。事实上，传统御史制度蕴含的文化基因，与西方现代检察文化是有一定相通与暗合之处的。湖南巡抚岑春蓂说："司法独立，其制度虽新，其意蕴古。"[④] 这也是清末顺利引进检察制度的重要原因之一。

第二节 清末检察文化的基本内容和特征

一、清末检察制度文化

受"远师法德，近仿东瀛"的影响，清末检察制度基本上仿照日本检察制度建立。为尽快确立近代审判检察制度，这一时期清廷颁布实施的法律以组织立法为主，并且为了能够立即推进实践，包括一些本该在程序法中规定的内容，也在组织立法中予以载明和体现，具有鲜明的实践性特征。

---

① 夏新华：《借鉴与移植：大陆法系宪政文化对近代中国的影响》，载《南京大学法学评论》2010 年第 1 期。

② 谢如程：《清末检察制度及其实践》，上海人民出版社 2008 年版，第 481 页。

③ 陈刚总主编：《中国民事诉讼法制百年进程》（清末时期第一卷），法制出版社 2004 年版，第 410 页。

④ 《湖南巡抚岑春蓂筹办各级审判厅情形折》，载《政治官报》（第 691 号）宣统元年八月十六日。

（一）检察制度体系的日趋完善

1.《大理院审判编制法》

光绪三十二年（1906 年）十月二十七日，在详细考察日本裁判所制度的基础上，"采中国旧制详加分析"，制定了《大理院审判编制法》，[1] 对京师地区的审判检察机构及权限等做了规定。这是中国历史上第一部专门的法院、检察院组织法。[2] 该法用 6 个条文对检察局、检察官的权限、设置及人员编制做了规定。其中，第 12 条规定："凡大理院以下审判厅局，均须设有检察官，其检察局附属该衙署之内。检察官于刑事有提起公诉之责；检察官可请求用正当之法律；检察官监视判决后正当施行。"根据该规定，我国司法制度史上第一次有了检察权。由于这个阶段对检察制度的认识还不够深入、全面，《大理院审判编制法》引入的检察制度，内容还比较简略、模糊。

2.《各级审判厅试办章程》

地方官制改革方案公布后，[3] 修订法律大臣沈家本组织编成《法院编制法》，并于 1907 年 9 月 9 日（光绪三十三年八月二日）上奏，清廷随后送往宪政编查馆考核，由于各方对法律条文的争论，导致《法院编制法》被搁置。在此情况下，1907 年 12 月 4 日（光绪三十三年十月二十九日），法部又上奏了一份共计五章 120 条的《各级审判厅试办章程》，对审判体制、诉讼程序以及具体制度作了相对较为具体的规定。该章程被上报宪政编查馆，并下发到各省，直到宣统元年（1909 年）始获实施。与《大理院审判编制法》相比，《各级审判厅试办章程》"最大的进步就在于专设'检察通则'一章，使检察制度内容趋于全面"。[4] 此外，为加快各省省城及商埠审判检察厅筹办速度，法部又制定了《补订高等以下各级审判厅试办章程》和《各省城商埠各级审判检察厅编制大纲》。

3.《法院编制法》

1910 年 2 月 7 日（宣统元年十二月二十八日），清政府最终正式颁布《法院编制法》，并将《法官考试任用章程》、《司法区域分划章程》、《初级暨地方审判厅管辖案件章程》作为《法院编制法》的附件一并颁行。《法院编制

---

① 参见《大清法律法规大全·法律部》，卷七"审判"。

② 张晋藩：《中国法制通史》（第九卷），法律出版社 1999 年版，第 295 页。

③ 地方官制改革方案的最后一条规定是："各省应就地方情形，分期设立高等审判厅、地方审判厅、初级审判厅。分别受理各项诉讼及上控事件。其细则另以法院编制法定之。"参见《清末筹备立宪档案史料》（上册），中华书局 1979 年版，第 510 页。

④ 谢如程：《清末检察制度及其实践》，上海人民出版社 2008 年版，第 63 页。

法》的第十一章"检察厅",第十二章"推事及检察官之任用"比较集中地规定了检察机构的性质、设置、职权、检察官选任管理等重要事项。《法院编制法》是第一部完整意义上的法院、检察院组织法,从法制意义上讲,清末最终确立了完整的检察制度体系。

(二) 各级检察机构的设立

在加快组织立法的同时,各级审检厅的筹建工作先后展开。清廷规划了审判厅检察厅"九年筹办事宜",即从光绪三十三年(1907 年)十一月始,筹办京师各级审判厅和检察厅,次年京师各级检察厅应一律成立;从宣统元年(1909 年)始,筹办各省城商埠等处各级审判厅及检察厅;到 1914 年,乡镇初级审判厅地方审判检察厅要初具规模;直至 1915 年"一律成立"。

1. 中央和京师检察机构的成立

1906 年颁布的《大理院官制清单》,首先明确了中央检察机构和人员编制及分工。"……各国通例,凡审判衙门必有检事局,以检察案证调度司法警察,其对于审判事项有补助而无干预。大理院内应附设有总检察厅……总检察厅厅丞一人,掌总司大理院民刑案内之检察事务,并调度司法警察官吏,监督以下各级检察厅。检察官六人,掌分任检察事务,总检察厅厅丞之命令。主簿一人,掌经理一切庶务。录事四人,掌缮写文件、承办庶务。"

根据《大理院审判编制法》规定:"大理院在京直辖审判厅局有三:(1) 京师高等审判厅。(2) 京师城内外地方审判厅。(3) 京师分区城谳局。""凡大理院以下审判厅、局均须设有检察官,其检察局附属该衙门之内。""高等审判厅内附设检察局。""各地方审判厅各检察局附设于该厅之内,检察局须置检察长一人。"

京师的高等、地方、初级各审判厅于 1907 年 12 月 9 日(光绪三十三年十一月初五)同时成立。内城设三处、外城设二处初级审判厅。法部于 12 月 7 日奏准,京师民刑诉讼事件均自次日起概归初级、地方各审判厅起诉。

京师地区检察机构设置如下图:

总检察厅(设置于大理院内)

↓

京师高等检察局(设置于京师高等审判厅)

↓

京师地方检察局(设置于京师地方审判厅)

↓

京师初级检察局(设置于京师各城谳局内)

清末首任京师高等检察厅检察长——徐谦

徐谦字季龙，自署黄山樵客。英译名 George Hsu（1872 年至 1940 年 9 月 26 日）。安徽歙县徐村人，生于江西南昌。1904 年，应试及第为光绪朝进士，入翰林院仕学馆攻读法律。先后任翰林院编修和法部参事，1908 年，任京师地方审判厅厅长、京师高等审判厅检察长。中华民国成立后，历任内阁司法部次长、孙中山广州军政府秘书长、最高法院院长。后移居香港，执业律师。徐谦在担任京师高等检察厅检察长时主持出版了《检察制度详考》一书，较为系统全面地介绍了检察制度和检察理论。

2. 袁世凯在天津试办审判厅——地方最早的新式审检制度实践

1906 年 10 月，《大理院审判编制法》出台前夕，袁世凯明确提出应仿造日本检事制度设置检察官。《大理院审判编制法》出台后，袁世凯组织人员起草了《奏报天津地方试办审判厅章程》，向皇帝奏明"为专设审判，先由天津地方试办"，1907 年 2 月开始实施，其先在天津县设地方审判厅，下设检事局，这是地方首个检察机构。之后又在天津府设高等审判厅，在天津城乡设乡谳局四处。同年 6 月，袁世凯上奏《天津府试办审判厅情形折》称"现经试办数月，积牍一空，民间称便"，"外人于过堂时则脱帽致敬，于结案时照缴讼费，悉听该厅定章"。① 《直隶天津府属审判厅试办章程》规定了"检事官"及其职务，后来法部编定的《各级审判厅试办章程》，有不少内容取法于《天津府属审判厅试办章程》。

3. 京外检察机构的设置

清末京外检察机构的设置，经历了两个阶段：第一个阶段是先在省城商埠试行新型审判检察制度，把检察机构设立于省城商埠的审判厅内；第二个阶段是在全国范围内，普遍推广新型的审判检察制度，于京外各级审判厅内设置检察机构。②

根据《各省城商埠各级审判厅检察厅编制大纲》，省城商埠检察机构设置如下图：

---

① 袁世凯：《天津府试办审判厅情形折》，载《光绪朝东华录》（第 5 册），中华书局 1958 年版，第 5694～5695 页。

② 参见张培田：《检察制度在中国的形成》，载《中国刑事法杂志》2001 年第 3 期。

省城高等检察厅
↓→省城高等检察厅驻商埠分厅
省城商埠地方检察厅
↓
省城商埠初级检察厅

　　根据《法院编制法》规定，各审判衙门分别配置检察厅，即初级检察厅、地方检察厅、高等检察厅、总检察厅。地方及高等审判分厅，大理院分院分别配置地方及高等检察厅分厅、总检察厅分厅。通过上述法律，清末逐步建立起"审检合一"的四级检察机关体系。

　　检察机构体系设置如下图：
总检察厅（大理院内）
↓→总检察厅分厅（大理院分院内）
高等检察厅（高等审判厅内）
↓→高等检察厅分厅（高等审判厅分厅内）
地方检察厅（地方审判厅内）
↓→地方检察厅分厅（地方审判厅分厅内）
初级检察厅（初级审判厅内）

　　1908 年，随着《钦定宪法大纲》和《逐年筹备事宜清单》的公布，推动各省督抚逐渐开始行动起来。广西巡抚张鸣岐率先于省城设立了审判厅筹办处，负责筹办审判厅。山东省于 1909 年 5 月 24 日开办"山东全省审判厅筹办处"，由巡抚袁树勋委派"藩、学、臬三司为总办，加派娴习法政人员，分充会办各职务，以助进行"。浙江省于 1909 年 7 月 18 日设立筹办处，委派按察使为总办，内设法制、筹备两科。较为偏僻的四川省是从宣统元年开始设立独立审判厅，总督赵尔巽在省城设立审判筹办处，负责承办工作，计划在省城设高等审判厅一处；地方审判厅三处，分设于省城附属的成都、华阳二县及重庆商埠所在的巴县；初级审判厅拟先设三处，成都、华阳、巴县各一，预计在宣统二年成立。1910 年，宪政编查馆派人到各地考察宪政筹备情况。1910 年 12 月 14 日，宪政编查馆大臣奕劻等奏报："按照筹备清单，各省会及商埠审判厅，今年应一律成立。除东三省业已次第开办外，直隶则天津早经成立，保定正在筹设。山西则本年四月，业经开庭试办。湖北、福建，暂就地方官署附设各级审判厅，殊非司法独立本意，现在另行组织，改良办法。而福建因财政困难，关于法庭建筑，司法经费，不能不因陋就简，此则该省特别之情形也。司法研究馆，广东课程最为美善，浙江亦在刻意筹备，力求完全，江苏则不免敷衍矣。其余各省，依次进行，尚可不误期限。至各级审判厅，除奉天、吉林、山西业经建筑完竣外，直隶、山东、河南、湖北、浙江、广东，约计年内均可一律竣工。江苏、福建，正在赶办，不免稍后时日"。一方面，清政府的筹办计划有着相当大的理想化成分，仅七八年时间，就要完成在全国全面建立审检厅的计划，不仅财力艰窘，而且需要大量的合格司法人员，非常不易。但另一方面，各地在试办中也取得了不少成功经验。

在考察中负责直隶及东三省一路的陆宗舆，在其考察奉天的报告中，认为奉天省城的司法改革是相当有成效的。他对改革前后作了多方面比较，指出改革后至少在五方面较以前大大进步，为民众提供了便利，即"收受诉状之便"、"传人之便"（传唤被告）、"审讯之便"、"上诉之便"、"相验之便"。如审判，"（从前）州县问案，非老吏及有辩才者，鲜坐大堂，往往在花厅中秘密讯问，案外人无能前往观听。诉讼人到堂，无论刑事、民事，一体长跪，回答稍不如意，任意鞭笞。竟有为细故涉讼而受累千百、淹禁数年者。至结案时，由刑事写一甘结，勒令画押，任便发落，受罚者尚不知其所犯何罪"；改革后"则除刑事应预审者不准旁听外，余则无论民事刑事，概许外人入庭听审，于庭内设有旁听座位，并设有报馆人特别旁听席。诉讼人到庭，民事及刑事原告人并证人、鉴定人均系立供，未问及时，且可返坐于旁听栏外"。再如上诉，"向来上诉无一定期限、一定阶级，故今年所结之案，明年可翻；前任所结之案，后任可翻；州县所结之案，道府可翻，院司可翻；外结之案，京控可翻……至复审办法，除重大案件提审外，余皆发回原审，不唯不能昭雪上诉者之冤，适以重触问官之怒，而重其祸……今则于宣读判词后，问官向两造告知限期，刑事十日，民事二十日，准其上诉。其准上诉者，以审级而进诉，至第三审为终审。初级起诉之案至高等为终审，地方起诉之案至大理院为终审。案经终审判决后，即不得再行上诉。如此则不致有从前任意缠讼之弊。且第一审既经判决，其案内情节必已讯明，所争者不过处分之不合。故至第二审须传证人者甚少，至第三审仅至法律之解释……行之数年，举从前之积弊悉与廓清而扫除之"。陆宗舆甚至在报告中说，此前他见过英、法、德、俄和日本的法庭，但此次他到奉天考察，觉得奉天省城的审判厅并不比各先进国家的法庭差多少；由于法庭审判的进步，外国人也有不少愿来中国法庭起诉。陆宗舆还特地私访了来法庭诉讼的老百姓，都反映说"不要钱，不拖累，不能为专横之诬枉，自比以前州县衙门不同"。陆宗舆还谈道，奉天的独立审判"自（光绪）三十三年十二月开办以来，未及三年，各厅已结案一万七千余起。是结案之多而且速，以视从前之任意积压者，殆不可同日而语矣"。陆宗舆是当时政府中的新派人物，他的报告可能有夸张成分，但总的说来，独立审判制度要胜过从前那种行政与审判不分的制度。①

二、清末检察权力文化

传统中国的政治权力架构是君主专制。清末在仿照西方推进立宪进程中，试图将国家权力划分为立法、司法、行政等权，但是，由于清末在推行立法、司法、行政分立的不彻底性，以及司法、行政权力边界划分得不清晰，导致在清末以至后来民国时期检察权力的行政性和司法性因素始终呈现相伴而生的独特文化现象。

（一）检察权的性质之辨

关于清末检察权的性质，有"司法行政权"说，②有"司法行政权与司法权"混合说。③清末在司法性权力的构建过程中，划分为两大权力体系，大理院管辖司法审判事务，法部管辖司法上之行政事务，两者合为司法权。从这两大权力体系出发，仔细梳理检察厅与法部、提法司、总督、督抚以及审判厅之间的关系，就可以理解清末检察权的性质及其背后的文化内因。

1. 检察权作为"司法行政权"

根据清末官制有关规定，在中央，法部是清末中央司法行政机关，与大理院分立。司法官吏之进退、刑杀判决之执行、厅局辖地之区分、司法警察之调度，皆系法部专政之事。在地方，除东三省外，各省均置提法司，各设提法使一员。提法司负责该省司法行政事宜，监督各审判庭，调度检察事务，并受总督、巡抚节制。根据《提法司办事画一章程》的规定，提法司专设总务、刑民、典狱三科，统一司法行政管理事务，在司法区域划分、人员补署、升降、经费拨付、成绩考核、备案审查等方面享有较大的职权。在原则上，法部、提法司对检察厅实行的是行政上的监督管理，检察厅的人员④、经费保障及履行执法职务在相当程度上受法部等机构的直接控制，同时，在地方还要受总督、

---

① 上述两段史料梳理转引自迟云飞：《晚清预备立宪与司法"独立"》，载《首都师范大学学报（社科版）》2007 年第 3 期。陆宗舆的考察报告及引述，见《政务处全宗》，中国第一历史档案馆藏。

② 谢如程：《清末检察制度及其实践》，上海人民出版社 2008 年版，第 300～304 页。

③ 杜旅军：《中国近代检察权的创设与演变》，西南政法大学 2013 年博士学位论文。

④ 法部在宣统元年制定的《补订高等以下各级审判厅试办章程》，其中第 3 条"用人"一项规定："内外审判检察各厅，属于本部直辖所有。一切官员请、简、奏补、委用之权均应归宿本部，以与各行政官区别。京师即已实行，各省自应一律照办。"载《大清法规大全·法律部》卷七"审判"，"法部奏筹办外省省城商埠各级审判厅补订章程办法摺并清单"。

巡抚的节制。1907 年夏,法部在《京外各级审判厅官制并附设检察厅章程》的奏折中认为:"检事局属于司法上行政之组织"。[①] 1907 年年底,法部等衙门在《核覆奉省提法司衙门及各级审判检察厅官制原奉》中认为:"至于检察厅以保护公安为专职,介于行政权、审判权之间"。这些是认定检察权为"司法行政权"的主要理由。

2. 检察权作为广义的"司法权"

《宪政编查馆奏核定法院编制法并另拟各项暂行章程折》称:"司法与立法、行政,同为国家统治权作用之一。故东西立宪国,各以独立机关专司之。司法机关分广狭义,狭义之司法机关,专指行使司法审判权之各级审判衙门而言,广义之司法机关,则兼及司法行政之检察厅,盖以司法行政与司法审判权本有密切之关系故也。规定司法审判及司法行政两机关之组织权限、官吏资格、执行事务方法与司法行政职务及监督权者,为之《法院编制法》由是,则此法命名之意可得之矣。"[②] 从清末立法者的说法来看,各级检察厅属于广义的司法机关。以《大理院审判编制法》为先导,历经《各地审判厅试办章程》、《法院编制法》以及地方性检察法规的制定,初步建立起了民刑分列包含诉状收受、指挥司法警察、预审请求、提起、实行公诉、监督判决执行、民事公益保护等多项职权。在诉讼模式由旧向新转向过程中,检察制度的有效运转使得传统诉讼模式由纠问式向弹劾式转变,就诉讼阶段论而言,检察权的行使成为审判的前置程序,特别是检察权的起诉处分权的行使,具有明显的司法裁决性。特别是推检统一纳入法官任用资格考试和由法部统一分发任用,也可以看作是推检司法同一性的具体表现。

3. 检察权力的层级

清末在改旧式司法机构设置法部和大理院时,最高裁判机关大理院和附设于厅内的检察机构的司法地位是存在较大差异的。就清末司法官员的任命方式来看,存在三种不同的方式,且对应不同的品级。大理院正卿和少卿为特简官,其遇缺时由皇帝亲自任命,不需要法部的直接奏请。总检察厅厅丞、大理寺推丞由该管长官汇同法部奏请在三人中选择一人简放。[③] 对于大理院推事、总检察官、地方审判厅厅长、检察长以下的官员和推检,一概为奏补官,由该

---

① 《法部奏定京外各级审判检察厅办事章程》,载《国风报》1911 年第 2 卷第 12 期。

② 《宪政编查馆奏核定法院编制法并另拟各项暂行章程折》,宣统元年(1909 年)十二月癸卯(1910 年 2 月)。

③ 简放的官员还包括京师高等审判厅厅丞、京师高等检察长、地方高等审判厅厅丞、地方高等检察长、京师地方审判厅厅丞、京师地方检察长。

管长官查明符合任职资格和条件后，由法部奏补。从人事任免等级和权限来看，检察机构中央层面的检察厅厅丞（负责全国检察事务）与大理院的推丞的任命方式和职务品级相一致。这表明在朝廷的改制过程中，全国审判机构大理院的对应机构是法部，而不是与其职权行使密切相关的总检察厅。这一方面在于法部和大理院在改制前的对应机构为刑部和大理寺，另一方面也在于朝廷在改制时对国家层面权力的构设只是将包括总检察厅在内的各级检察机构看成审判机构权力行使的附设机构，未将审判权和检察权置于同一个权力层级。① 虽然在中央层面检察机构的权力配置层级与审判机构比较略显低下，但在地方层级确是处于同一权力配制等次，这不但体现在官员的任职资格、薪俸等方面，也体现在人员的任职升转等方面。

4. 权力边界的交叉及影响

在清末改制初期，虽然在国家机构设置和权力划分层面试图实现行政司法的分立，但实际上没有截然分开，最为典型的就是部院之争，同时，由于在改制初期司法人才的严重缺乏以及旧式司法思维惯性，在审判检察权的权力行使边界中，也并没有实行完全彻底的二元划分，立法上规定了在紧急情形下因检察厅的请求，可以由推事代行检察事务。② 在初级检察厅，立法上还规定了法部和各省提法司在初级检察厅所在地之警察官、城镇总董、乡董办理检察事务。检察权兼理制的出现，在旧式司法转轨之际，对于尽可能的整合社会调控资源，发挥新旧司法人员的齐力共建作用，不无助益。但非专业化的行政人员等兼理检察权，这既降低了检察司法特质，也造成执法水平的不高。

---

① 还有学者通过考察法部、提法司与检察厅相互行文公式，发现清末各省提法司对下级审判厅检察厅均用"劄"，下级审检厅对提法司则用"呈"，反映提法司对下级审检厅的领导指挥关系。参见谢如程：《清末检察制度及其实践》，上海人民出版社2008年版，第314页。

② 《法院编制法》第103条规定："初级检察官如有不得已之事故，初级审判厅监督推事得因请求派该厅推事临时代理。其不设监督推事者，由该管地方审判厅厅丞或厅长行之。地方及高等检察官、总检察厅检察官，如有不得已之事故，各审判衙门长官，得因请求派各该推事临时代理。地方以下各检察厅，并用该厅候补检察官代理。本条之代理，以紧急事宜为限。"

部院之争

由于 1906 年官制改革对司法权与行政权界定上的混乱，最终引发了法部与大理院的权限之争。

法部认为司法权即司法行政权，包括司法与行政两个方面。光绪三十三年（1907 年）四月初三，法部尚书戴鸿慈领衔上奏《法部奏酌拟司法权限折（并清单）》，称"王大臣原奏法部节略所称大辟之案由大理院或执法司详之法部以及秋朝审大典均听法部覆核，此外，恩赦特典则由法部具奏奉等语。此臣部所以有司法权之明证也。原奏法部官制清单第一条所开法部管理民事刑事牢狱并一切司法上之行政事务，监督大理院、直省执法司、高等审判厅、地方审判厅、乡谳局及各厅局附设之司直局，调查检察事务等语，此臣部所有行政权之明证也。"鉴于"大理院中附设之检察总厅本隶于（法）部而对大理院为监督之机关"，因此，提出司法权层层监督审判权的主张，并建议"大理院官制，因检察总厅隶于法部及请简、请补员缺皆须会商，即应会同法部具奏，其推丞及总检察由法部会商大理院请简，推事及检察由法部会同大理院奏补"。根据法部的这一建议，不仅检察官，而且大理院的推事法部均有权参与决定。

大理院认为，司法权包括司法行政权与审判权。同年四月十二日，大理院正卿沈家本上奏《大理院奏厘定司法权限折（并清单按语）》进行反驳，"原以法部与臣院同为司法之机关，法部所任系司法中之行政，臣院所掌系司法中之审判。……至检察总厅职掌实与审判相关，盖各国之有检事官，籍以调查罪证，搜索案据。其宗旨在于护庇原告权利，与律师之为被告辩护者相对立。而监督裁判特其一端。该检事官厅大都附设于裁判衙门，故大理院官制清单列入检察各官职是故也。至推丞推事等官，以今日开办伊始，应由臣院请简奏补。以一事权而免贻误。异日法学材多，法部编制法纂定颁行，自可部院会商公同奏请。若检察厅丞及检察官职任虽与审判相维系，而所司为行政事务，应俟官制奏定后会同法部请简奏补。"这一奏折反映，大理院在用人权方面力求掌握主动，并试图掌握总检察厅人员的任免权。

朝廷收到双方的奏折后，要求法部与大理院"会同妥议，和衷协商"，并通过将部院最高官长对调——"调大理院正卿沈家本为法部右侍郎；法部右侍郎张仁黼为大理院正卿"的政治平衡术来消弭争议。法部与大理院会商后，于四月二十日共同提出了《法部大理院会奏遵旨和衷妥议部院权限折（并清

---

① 关于部院之争的相关史料及观点，参考赵晓耕、刘涛：《法律监督的渊源——以中国法制近代化为视角》，载《法学家》2007 年第 4 期；谢如程：《清末检察制度及其实践》，上海人民出版社 2008 年版，第 33 ~ 36 页。

单)》，其中有关检察厅人员选任内容为："大理院官制拟会同法部具奏后，所有附设之总检察厅丞及检察官，由法部会同大理院分别开单请简奏补"。

法部和大理院在司法权限划分上出现的争论，从表面上看是法部和大理院对"司法"与"审判"在认识上的差异，但从文化深层次上看，是"行政兼理司法"固有传统与"三权分立"立宪体制之间的冲突，是坚持行政对司法的监督还是坚持司法独立精神的根本立场的区分。从部院之争的结果来看，无论部院之间如何分配权力，检察厅自身并无独立人事权。这种体制的确立，使得检察厅处在一个十分尴尬的境地，从机构设置上，其设置与作为依附于审判机关的大理院，但是在人员管理上，隶属于权限性质不明的法部。由于清末在检察权构建与施行整体理念上的混淆，导致其始终无法摆脱行政兼理司法的困扰。

（二）检察机关的主要职权①

根据《法院编制法》、《各级审判厅试办章程》和1907年制定的《司法警察职务章程》、《营翼地方办事章程》以及1910年颁布的《检察厅调度司法警察章程》有关规定，清末时期检察机关的职权主要包括逮捕权、取证权、公诉权、上诉权、判决执行的监督权、特定民事案件的干预权等。

一是逮捕、取证权。检察机关的逮捕权主要体现在指挥调度司法警察逮捕罪犯，根据《各级审判厅试办章程》的有关规定，司法警察在执行检察事务时应受检察厅长官的调度。对于现行犯在警署接受讯问时供出同案要犯，若逮捕稍迟恐人犯逃匿时，司法警察方可先行逮捕，但必须及时将讯问口供录送检察厅。检察厅对于犯罪嫌疑人或人犯所在地不确切的情况，可以随时摘录事由，交由警署侦捕。对于重要的刑事案件，不论是否在辖区之内，一经检察厅的调度，司法警察必须立即遵照办理。就取证权而言，《检察厅调度司法警察章程》有明确规定，检察厅应当指挥司法警察调查、搜集有关犯罪人的犯罪事实和证据。司法警察搜查证据时须听从检察官的调度，对于有可能作为证据使用的物品，应当设法保存，勿使淹没或移动位置，以待检察官莅临勘验。

二是公诉权。《检察厅调度司法警察章程》、《各级审判厅试办章程》作了具体规定，如因被害者告诉、他人告发、司法警察官之移送或自行发觉者之刑事案件，均由检察官提起公诉，检察官在收受诉状后24小时内要移送审判厅。刑事案件虽有原告，概由检察官用起诉正文提起公诉，其未经起诉者，审判厅

---

① 参见李江发：《中国检察文化的历史演进与当代建构》，湘潭大学2012年博士学位论文。

概不受理。凡经检察官起诉案件，审判厅不得无故拒却，被害者亦不得自为和解。

三是上诉权。检察官可以对刑事案件的判决结果提起上诉。与原告人、被告人、代诉人提出上诉后还能撤回上诉不同，检察官提起上诉后不能撤回。

四是判决执行的监督权。《各级审判厅试办章程》亦有明确规定，凡判决之执行由检察官监督指挥之，凡死刑经法部宣告后，由起诉检察官监视行刑。

五是特定民事案件的干预权。清末的检察机关对于一般民事诉讼案件采取不干涉的态度，但为了维护伦理纲常，检察官必须莅庭监督婚姻事件、亲族事件、嗣续事件的审判。有关上述事件的审判，如果审判官不待检察官莅庭而为判决者，其判决为无效。①

三、清末检察监督文化

清末从一开始引入检察制度，就非常重视检察机关的监督属性，在立法上赋予了对审判及执行的法律监督职权，并对检察机关内部自上而下的监督管理作出规定。这种监督文化，既承继了中国官员监督的古制，又效仿了现代西法的监督制约精神，开启了中国近代检察监督文化的先河。

（一）法律监督文化

1. 检察法律监督权的提出

光绪三十三年五月十七日，总司核定官制大臣奕劻在论述司法应与行政分立时，从历史上考察了检察监督制度之由来，论证了检察监督制度的现实必要性："古者执法之官事权本不相假，三代之士师，两汉之廷尉，皆奉天子之法，以为天下之平。权既不分，法无所枉。国家因仍明制分设布政、按察两司，亦后各有专官，截然不紊。自州县身兼其事，始不免凭恃，以为威福，今日为外人借口，而自失其权者正坐于此。若使不相牵混，自能整饬纲纪，由此而收回治外法权初非难事。……又有虑及法官独立，将有枉法以行其私者。又不知法者，天下之公，岂容其意为左右。且监督之官，检察之法，一切具在。正不必鳃鳃过虑。"② 认为要推行司法独立，改变司法行政合一之弊，就得有监督之官，检察之法。检察厅监督审判，既能防止审判机构因独立而走向枉法裁判，同时也有助于回应外人之批评，促进收回治外法权。《大理院审判编制法》第 12 条规定："检察官可请求用正当之法律，检察官监视判决后正常实

---

① 曾宪义主编：《检察制度史略》，中国检察出版社 2008 年版，第 161～164 页。

② 《清末筹备立宪档案史料》（上册），中华书局 1979 年版，第 503 页。

行"，《各级审判厅试办章程》规定，检察官有监督审判，并纠正其违误、监督判决之执行及查核审判统计表之职权等，正是监督思想在立法层面的体现。虽然后来的《法院编制法》在监督范围上有所缩小，只规定了检察官在刑事诉讼中有"监察判断之执行"，但仍然没有改变监督的这一属性。

2. 检察法律监督职权的内容

清末在移植西方以公诉权为核心的现代检察制度过程中，其检察法律监督性更多的是以一种诉讼权力存在的，主要体现为对审判、执行活动的监督。

（1）监督审判

一是检察官莅庭监督。公诉案件及亲告案件皆应由检察官莅庭，否则审判厅的判决无效。《各级审判厅试办章程》第110条规定："预审或公判时均须有检察官莅庭监督，并得纠正公判之违误。"其第110条规定："检察官对于民事诉讼之审判，必须莅庭监督者如下：婚姻事件、亲族事件、嗣续事件。以上事件，如审判官不待检察官莅庭而为判决者，其判决无效。但案经提起上诉者，上诉衙门得咨询同级检察官之意见，仍予受理。"

二是检察厅提起上诉、非常上告。根据《各级审判厅试办章程》第58条之规定，上诉有三种情形："凡不服第一审之判决于第二审判厅上诉者曰控诉"；"凡不服第二审之判决，于终审审判厅上诉者，曰上告"；"凡不服审判厅之决定或命令，依法律于该管上级审判厅上诉者，曰抗告"。第16条规定，检察官上诉，一般不得撤回。当事人上诉，则可"准其禀请注销上诉状。"非常上告是抗告的一种形式。根据《刑事诉讼律草案》第448条规定，配置于管辖再审审判衙门之检察官有权提起再审。在判决生效后，因发现原判在适用法律方面有错误而进行的再次审判，此为非常上告。非常上告的目的是维护法律的统一，并不是为了有利于被告。第460条规定，非常上告由总检察厅厅丞向大理院为之。1910年的《死罪施行详细办法》还对死罪以下（包括死罪）案件的非常上告程序和再审程序作出明确规定。

三是检察官提议召开、列席审判厅会议，监督审判工作。高等检察长和地方检察长就有关法律章程之执行，有请求召开同级推事总会议之权。推事总会召开时，同级检察长有列席陈述意见之权。高等检察长在定期于每年三月召开的推事总会议中，有讨论评决下级审判厅报告之权。高等检察长对高等以下各级审判厅上年成绩总结报告，有在高等推事总会议上演述之权，"演述之笔记，应申报法部或提法使"。

四是检察厅监督审判统计表之权。《各级审判厅试办章程》第118条规定："各级审判厅审判统计表，非经各该检察厅查核，不得详报。"这是非常积极的监督职权。清廷这一立法源于其对审判统计表等司法统计工作重要性有充分认识，光绪三十四年六月十八日《法部奏撰成第一次统计表册并规划司法统计大略折》就称："窃维统计之学，以考一国政教民物之消长。而司法统计尤足以观人民进化之迟速，与行政秩序相纲维。当汇全国之刑狱诉讼、罪犯年龄，贯通比例，条晰缕分，洪织毕举，使执法者有所考镜，奉法者有所监惩，东西各邦皆合通。国之君臣士庶，以维持司法独立之机关，其司法统计亦列为专科，岁益精密。"①

（2）监督刑罚执行

早在前清时期，按察使中设有司狱司，设司狱一人（正九品），掌检察监狱事务。两江总督刘坤一和湖广总督张之洞在《江楚会奏变法第二折》中提出"派专官"视察检查监狱的主张。《大理院审判编制法》、《各级审判厅试办章程》和《法院编制法》都规定检察官具有"监视（察）判决之执行"的职权。清政府聘请日本监狱学家小河兹次郎为顾问，于宣统二年（1910年）制定的《大清监狱律草案》，规定检察官对于留置所、拘禁所实行巡视。虽然该草案并未正式颁行，但对民国初（北洋政府时期）法律正式确定检察机关负有监狱、看守所的监督、视察职责产生了影响。同时，从《法部奏定京外各级审判检察厅办事章程》以及《广西法院看守所章程》、《广西法院看守所办事规则》地方法令来看，清末检察厅对监管场所负有监督、管理与指导的职责，具体包括：舍号变更知情权，随时入所巡阅及处理犯人申诉权，决定在押人犯的会见通信，监督处理在押人犯死亡事件，监督指挥看守所长加强规日常范管理，高等及地方检察厅长官巡视下级检察厅及所在监狱等职责权力。此外，清末在立法及司法层面都赋予了检察机关执行判决的职权。例如，《刑事民事诉讼律草案》（1906年）规定了检察官执行罚金、没收、罚鍰、没入及追征刑罚。《各级审判厅试办章程》（1907年）规定检察官有监督指挥执行和监视死刑执行这两种执行权。《四川省各级审判厅及检察厅事务通则》、《河南地方审判厅章程》赋予检察机关更多的执行权。

3. 检察法律监督权的文化溯源及影响

清末检察监督功能，一方面传承了中国传统御史纠举百官、惩恶扬善、巡案有司的职权功能，另一方面也移植了西方权力制衡、追求公平正义的法律监督属性。御史的职权是"纠察百官、监督审判"，同时又参与司法审判，其角色与今日检察机关所拥有的对职务犯罪侦查和启动刑事审判程序活动相类似，这也是清末变法中检察机关能够顺利引入的文化内因。在京师地方机构改制

---

① 参见谢如程：《清末检察制度及其实践》，上海人民出版社 2008 年版，第 345~348 页。

中，京师审判厅和检察厅实际上是由都察院下属的京师五城察院改成，原来属于都察院受理民刑案件的权力转移至检察厅，御史的部分职能由检察官行使，因此，检察机关法律监督体系在某种意义上是随着都察院功能的分立而出现的。但现代检察官的功能是检控犯罪，与御史参与共同审判犯罪有根本区别。从法制的本质意义上说，御史是维护封建专制的工具，检察官则是司法分权和制度民主化的产物。所以，古代御史不可能自然演进为近代的检察官。清末在移植西法时，很鲜明接受并凸显要对独立出来的司法权限加以限制监督的努力。1907 年 4 月，法部在奏酌拟司法权限摺中认为："审判权必级级独立，而后能保执法之不阿；司法权必层层监督，而后能无专断之流弊"。张德美博士曾经概括，检察官得以纠正审判官的错误，这正是控审合一的传统在新的司法体制下的一种延续，这种延续，又何尝不是检察官制度能够为人们所接受的理由。① 但基于清末检察权力层级的过低以及独立性不强，在社会动荡不安、民生苦难难耐、官吏贪贿成行、正义良知失衡的多重困境下，法律监督职权显得非常脆弱、无力，从而容易汇集成一股巨大的要求改进甚至是取消检察制度的变革力量。

（二）检察内部监督文化

检察制度从引入之初即体现"检察一体"的和"上命下从"的特点。《各级审判厅试办章程》第 98 条规定："总检察厅丞监督总检察厅及其下各级检察厅；高等检察长监督高等检察厅及高等审判厅管辖区域内之各检察厅；地方检察长监督地方检察厅及所附置地方审判厅管辖区域内之各检察厅。"《法院编制法》第 98 条规定："检察官均应从长官之命令。大理院审判特别权限之诉讼案件时，与该案有关系之各级检察官应从总检察厅丞之命令办理一切事务。"第 158 条规定："总检察厅检察长监督该厅及各级检察厅；高等检察厅检察长监督该厅及所属下级检察厅；地方检察厅检察长监督地方检察厅；检察分厅如置监督检察官时，准前项之例，由该检察官行使监督权。"从这些颁布生效的条文来看，不管是清末，还是后来的民国时期，这种自上而下的层级监督，在表现形式上都是检察长（首席检察官）的监督，而不是检察机关的上下级监督。立法赋予了各级检察厅检察长司法事务分配、人员配置、职务转移、职务代理等多项职权。这种强调检察长个体权威的内部监督文化，虽然在监督效率和责任追究上十分便捷，但由于容易招致权力干预、形成权力专制，因而为人所诟病。

---

① 张德美：《晚清法律移植研究》，中国政法大学 2002 年博士学位论文。

四、清末检察队伍文化

从清末新政开始，原属于吏部的司法官任免权由法部获得，司法官任免权逐步从普通官吏任免权中分离出来，这是司法独立事业的一大进步。法官、检察官具有专门的称谓、独立的身份，并开启了向专业化发展的道路。清末对检察官严格的选任、从业禁止和惩戒制度，在经过百年司法进化历程之后的现在来看，仍具有一定的先进性。

（一）检察官称谓的引进与变迁

中国古代政治与法律制度中没有检察官官称。正式的检察官官称始于清末变法修律与司法改制运动。沈家本将"Public proseeutor（proseeuting attor-ney）"翻译为"检察官"。而英文"Public prosecutor"的原意是政府律师，英国的皇家律师和香港律政司的政府律师与检察官同义。沈先生将其译为检察与中国古词和古代制度有关。据考证"检察"词源古已有之。"检，书署也。"书署谓表书署函之意。《后汉书·祭祀志》的记载，就是皇家碟藏于石室金匮中，尚书和太常进行查验交接、题签印封的"表书署函"活动来释明"检"意。皇家谱碟需要"检"，诰命谕旨、典章律令需要"检"，据《通志·魏高恭传》载，秦汉时已有专门"检"法的御史，"御史检事，移付司直"。"检事"是将所要纠正的事项与典章律令相对照，如查验有违制情形则依典章律令的规定移交有关部门处理。而"察"谓之"覆审"（《说文》），"察"谓之纤维皆审，以明察秋毫（《新书·道术》）。古词"检察"源自唐代，《资治通鉴·唐记八》载："国家本置中书、门下以相检察，中书诏救（皇帝颁布的法律文告）或有差失，则门下当行驳正"。"检察"谓之中书令为皇帝起草的诏救交由门下省复检以驳正诏救文稿中的差失。此时的检察意涵监督。清末移植近代西方法制文明时，沈家本没有将"Public prosecutor"译为政府律师，统治者法制改革的正式文本中也没有采纳诸如律师之类的词语，可能的原因是当时中国既无现代意义上的政府，又无法制意义上的律师制度；而译名检察官，可能的原因是这一官职称谓既有社会历史性的词源因素，又有与中国的某些制度存在内在的实质性联系因素。[①]

清末建立检察制度的过程中，在检察官称的命名上也几经改订。光绪三十二年（1906年）九月，颁布的官制改革清单，确立大理院专掌审判，专职人

---

① 王新环：《中国检察官制的滥觞与职权擅变——以制度演进为视角对检察官基本功能的分析》，载《国家检察官学院学报》2005年2月。更详细的词源分析还可参见谢如程：《清末检察制度及其实践》，上海人民出版社2008年版，第20～22页。

员名为"推丞"、"推官",即法官;检察机构叫"司直厅(局)",检察官叫"司直"。光绪三十三年四月三十日(1907年6月10日),清军机大臣、法部和大理院会奏,增改大理院官制:"臣等查阅官制清单……原拟职掌事宜及员司名缺,大抵远师德法、近仿东瀛,其官称则参与中国之旧制,亦即斟酌中外,得所折中矣。推官之名,肇始有唐,相传甚古,然历代皆属外僚,不系京职。考宋时有左右推事之称,拟改推官为推事,即以此推行内外审判衙门,以符裁判独立之意。司直官称,亦缘古制。惟名义近于台谏,尚与事实不符,拟改总司直为总检察厅丞,改司直为检察官,庶核实循名,人人易知其职守"。①光绪三十三年(1907年6月12日),法部在《京外各级审判厅官制并附设检察厅章程》的奏折中指出:"各国法制,凡一裁判所必有一检事局,虽附设于裁判所之中,实对裁判所而独立。其职务在代表公益监督判官的行为,纠正裁判之谬,今拟正名为检察厅,先从京师始。"② 该年十月二十九日颁行的《各级审判厅试办章程》,称各级检察机构为"检察厅"。

(二) 严格的检察官选任、从业禁止和惩戒制度

光绪三十一年八月初四,清代的科举制度停止施行。通过考察与借鉴日本判事、检事登用制度,立法者创设了通过专业考试选任检察官、推事的制度。清廷聘用的日本法学专家松冈义正在讲解司法制度时专门谈到了日本明治维新时期对法官(检察官)的严格选任制度:"日本判事、检事之登用,须经过二次试验。第一次为学力试验,第二次为事务试验。试验规则取极端严密主义,应试者数千人,及第者恒不过数十人。日德及法兰西法系诸国皆然。日本维新之初,试行法官登用试验,应试者程度与今日中国新发明之法官相当,不得不降格求之。迨其后,法官学识品味皆较一般官吏为优。"③ 毕连芳教授指出,清末对于法官检察官选任的重要性是有清晰认识的。《法院编制法释义》申明:"审判得失,上系国家之安危,下关人民之性命。其职任綦重,其办理綦难。推事检察官苟不得其任,不惟虚掷数百万之经费,而酿祸将至于无穷。"④

---

① 《军机处、法部、大理院奏核议大理院官制折》(光绪三十二年九月二十日),转引自闵钐:《中国检察史资料选编》,中国检察出版社2008年版,第27页。

② 《京外各级审判厅官制并附设检察厅章程》,转引自闵钐:《中国检察史资料选编》,中国检察出版社2008年版,第29页。

③ [日]松冈义正:《民事诉讼法》,陈刚:《中国民事诉讼法制百年进程》(清末时期第一卷),中国法制出版社2004年版,第264页。

④ 《法院编制法释义》,商务印书馆(上海)宣统二年(1910年)十一月版。

在《宪政编查馆奏核订法院编制法并另拟各项暂行章程折并单》① 中，宪政编查馆再次强调法官选任的重要性，"审判得失为人民生命财产所关，亦为将来改正条约之所系，任用苟不得其人，则上足以损法令之威严，下适以召闾阎之藐视，众心散失，遗患无穷"，因而饬令法部，法官必须经过考试方得任用。②

　　1. 考试任用制度

　　按照宣统元年十二月二十八日颁行的《法院编制法》和《法官考试任用暂行章程》，推事及检察官，应按照法官考试任用章程，经两次考试合格者，始准任用。就投考的资格而言，符合"法政法律学堂三年以上、领有毕业文凭者，举人及副拔优贡以上出身者，文职七品以上者，旧充刑幕、确系品端裕者"几项条件之一的人才能投考。同时因褫夺公权丧失为官吏之资格者、曾处三年以上之徒刑或监禁者、破产未偿债务者、有干烟禁条款者不得投考。就考试程序来讲，第一次考试合格人员，分发地方以下审判厅检察厅学习，以两年为限，学习人员期满后应受第二次法官考试，合格者始准作为候补推事、候补检察官，分发地方以下审判厅检察厅听候补用，遇有缺出，即行奏补，唯以先补初级厅为限，其候补逾三年以上者，遇地方审判厅地方检察厅出缺，亦可酌量奏补。《法院编制法》还规定了两类免考人员：一是在京师法科大学毕业及在外国法政大学或法政专门学堂毕业，经学部考试，给予进士、举人出身者，得免第一次考试；二是在法政法律学堂肄习 3 年领有毕业文凭，充京师及各省法政学堂教习或律师，历 3 年以上者，得免第二次考试。考试合格和免考人员仅限于地方以下审判厅、检察厅听候补用，补高等审判厅推事及高等检察官者，须具备下列资格：（1）任推事或检察官历 5 年以上者；（2）在法政法律学堂肄习 3 年领有毕业文凭，充京师及各省法政学堂教习或律师，历 5 年以上，而任推事及检察官者。补大理院推事及总检察官者，须具备下列资格：（1）任推事或检察官历 10 年以上者；（2）在法政法律学堂肄习 3 年领有毕业文凭，充京师及各省法政学堂教习或律师，历 10 年以上，而任推事及检察官者。可见，因大理院、总检察厅及高等审判、检察厅各法官职责更为重要，其资格要求更高，选任更加严格。但是，开办审判厅对清廷来说是新事物，最早的天津审判厅创办还不足 3 年，京师法政学堂的创办也仅 3 年多时间，这种高规格的法官任用资格和要求在当时根本不可能实现。宪政编查馆和法部也意识

---

　　① 《宪政编查馆奏核订法院编制法并另拟各项暂行章程折并单》，载《政治官报》宣统二年（1910 年）正月初九日，第 826 号。

　　② 毕连芳：《试论清末司法改革中法官的选任办法》，载《西部法学评论》2009 年第 1 期。

到这一问题，因而在《法官考试任用暂行章程》第 13 条规定："京师暨直省高等审判检察厅推事、检察官如无合上述资格人员应补者，京师由法部，外省由提法司呈请法部按照第十一条办理。大理院推事、总检察厅检察官如无合上述资格人员应补者，推事由院卿就该院现有候补人员内拣定，咨由法部核定，分别奏请补署，总检察官由厅丞拣员报由法部核定分别奏请补署。"①

在法部的主持下，宣统二年八月（1910 年 9 月），清廷举行了第一次全国性的法官考试，共录取 841 人。尽管此次考试的人选资格和考试结果不是非常满意，存在录取人员新旧混杂等弊端，在最后的任用上也未能完全照章办事，有选而不用的现象。但清末法官考试制度及其实践，开创了我国司法考试制度的先河，通过考试选拔出了一批新式司法人才，充实到刚刚成立的新式审检厅内，不但为清末的司法改革作出一定的贡献，甚至到民国时代，他们中的很多人仍然活跃在司法领域。

2. 从业禁止和惩戒制度

清末要求检察官不得"与职务外干预政事，为政党员、政社员及中央议会或地方议会之议员，为报馆主笔及律师，兼任非《法院编制法》所许之公职，经营商业及官吏不应为之业务"。《各级审判厅试办章程》规定，检察官如非因过失，妄为起诉，致他人无辜受害者，依惩戒处分规则行之。《法院编制法》规定，检察厅检察官有废弛职务及侵越者以及行止不检者，经各该监督者屡戒不悛，或情节较重者，应即照惩戒法办理。②

（三）检察人才培训和检察理论

经过伍廷芳和沈家本奏请并经多方努力，1905 年秋天京师法律学堂设立，经京师高等检察检察长徐谦发起，于 1907 年在京师法律学堂设立了检察研究会。沈家本聘请的冈田朝太郎、松冈义正、小河滋次郎及志田钾太郎等日本法律专家充任学堂教员，他们于该年冬，各以其所长为检察研究会讲授检察制度。他们教习的法律课程既解决了"养成裁判（检察）人才"的燃眉之急，也对推动与检察制度有关的立法，促进检察文化传播，有非常深远的影响。我国最早的检察理论专著也是由此产生。

郑言笔述《检察制度》，我国首部检察专著。③

此书为江苏高等审判厅厅丞郑言（时任京师地方审判厅民厅推事）在听

---

① 毕连芳：《试论清末司法改革中法官的选任办法》，载《西部法学评论》2009 年第 1 期。

② 曾宪义：《检察制度史略》，中国检察出版社 2008 年版，第 157~160 页。

③ 薛伟宏薛、聂利民：《我国首部检察专著》，载《检察日报》2013 年 7 月 19 日第 6 版。

日本法学诸博士讲授时的笔述原本编纂，并由蒋士宜编纂，中国图书公司宣统三年四月二十六日（1911年5月24日）出版。全书依次包括：检察制度、检察制度勘误表、题词、序、编纂例义、检察制度总目，内文：第一编刑事法与检察制度（冈田朝太郎口授，郑言笔述、蒋士宜编纂）、第二编民事法与检察制度（松冈义正口授，郑言笔述、蒋士宜编纂）、第三编行刑法与检察制度（小河滋次郎口授，郑言笔述、蒋士宜编纂）、第四编检察制度与对外关系（志田钾太郎口授，郑言笔述、蒋士宜编纂），以及附件：冈田毕业演说、小河演说、识别法、指纹识别法。该书是我国最早的检察教材或讲义、译著、文集、口授记录整理图书，中国政法大学出版社2003年重印。

此外，基于口授者的部分相同与笔述、鉴定、编纂、出版发行者的不同，《检察制度》还另有3个版本：一是由冈田朝太郎口授，张一鹏（1873—1944年，时任京师地方检察厅厅长）笔述的《检察讲义》。它由检察制度研究会中华民国元年八月（1912年8月）印制。内容包括：第一编关于刑事法之部（冈田朝太郎口授、歙县徐谦鉴定、宜宾张智远笔述）、第二编关于民事法之部（松冈义正口授，徐谦鉴定、三台王枢笔述）、第三编关于行刑法之部（小河滋次郎口授，徐谦鉴定、王枢笔述）、第四编关于国际法之部（志田钾太郎口授，徐谦鉴定、湘潭王炽昌笔述）。二是由上述四日本法学教习口授，徐谦鉴定，张智远（时任京师地方审判厅刑二庭推事）、王枢、王炽昌笔述的《检察制度详考》。它由安徽法学社中华民国七年十二月（1918年12月）印制。内容主要包括：刑事法与检察制度、检察制度与对外关系、行刑法与检察制度、民事法与检察制度。三是由上述四日本法学教习口授，熊元翰（1873—1950年，时任京师地方审判厅推事）编辑、熊仕昌和沙亮功笔述的《检察制度》。它由安徽法学社中华民国七年十二月（1918年12月）印制。内容主要包括：刑事法与检察制度、检察制度与对外关系、行刑法与检察制度、民事法与检察制度。

沈家本指出："法律成而无讲求法律之人，施行必多阻碍，非专设学堂培养人不可。"[①] 宣统三年（1911年）二月十六日，法部奏《遵旨筹划各级审判厅提前办法并预拟本年实行筹备事宜折》，认为《法官考试任用暂行章程》法官资格过严，通过考试者人数无多，不敷选用，将来续办各厅，同时成立，约需员额当在万人以上，故应筹设法官养成所，及早储养人才。为此，各地通过设立审判研究所、司法审判研究所、法官养成所，着力培养新式司法

---

① 沈家本：《寄簃文存》（卷六），《法学通论讲义序》。

人才。^①

1910年，广东将原有的审判员研究班扩充为"司法研究馆"，分为审判员研究班、司法警察官研究班、司法警兵教练队、检验吏研究班、律师研究班、监狱研究班、典簿主簿研究班、承发吏研究班和庭厅教练队。其中，审判研究班的学习课目主要是大清律例、法学通论、行政法、法院编制法、刑法、民法、刑事诉讼法等，除学习外，可随时派驻各署局观审。其考试合格后，派署推事、检察等官。司法警察研究班主要学习刑法、警察学、侦探学、宪法、诉讼法、司法警官服务要领、兵式体操等，经考试合格，派署各检察厅，充任司法警官或司法巡长。^②

1911年，浙江巡抚增韫于浙江省审判厅筹办处内设立审判研究所，由法政学堂毕业生、翰林院编修孙智敏出任该所监督，招收法政讲习所及法政学堂毕业生80人入所为甲班，拟学习研究8个月毕业；另招收稍通法律者80人为乙班，学习15个月毕业；学员毕业后，再实习3个月，然后正式委任职务，为初设审检各厅输送了应急人才。^③

安徽审判审办处在光绪三十四年前后设立审判研究所，宣统三年（1911年）将该所改为法律专修科，开学刚半个月，安徽巡抚朱家宝又奉命将该法律专修科改设为法官养成所，附设监狱专修科。招生120名，学习时间为3个学期，每学期6个月。^④

河南"拟于法政学堂内附设司法研究科一班，额定120名，官班八成，绅班二成。分甲乙两级，甲级以6个月毕业，专就该堂上年官班讲习科毕业学员及现时在堂肄业各官绅中，择取成绩优胜者，教以司法手续各法；乙级以1年毕业，另行考取官绅之文理通达、品行端正着二并教以司法之实体手续各法"。^⑤

贵州"现于按察司署设立审判厅筹办处，规划一切事宜，并附设司法讲习所，养成应用人员，业已开班讲习，以10个月为毕业，俾明年审判厅成立，

---

① 下述关于清末培训机构的史料梳理，转引自谢如程：《清末检察制度及其实践》，上海人民出版社2008年版，第75～76页。

② 参见《司法研究馆章程》，附于《署督部堂批司法研究馆详续开各班增订章程请核示遵文》，载《广东宪政筹备处报告书》（司法类）宣统二年（1910年）五月第3期。

③ 《浙江巡抚增韫奏浙江筹办各级审判厅情形折》，故宫博物院明清档案部编：《清末筹备立宪档案史料》（下册），中华书局1979年版，第877页。

④ 《安徽司法志·清末与民国法学教育》。

⑤ 《河南巡抚吴重熹奏筹办省城各级审判厅情形折》，载《政治官报》宣统元年（1909年）十一月二十六日第791号。

不致有临事无才之叹。听讲各员并令于发审局设陪审席，实地练习，以资经验，一切费用，力求撙节"。①

山东"前于法政学堂，专设司法讲习科，通饬谳局委员，及曾任地方官候补道府以下各员，均令入堂肄习，俾有经验者加以学问；复将毕业人员分别考试，派充各局署帮审，俾有学识者加以练习。现在拟设各厅，约计需用60余员，一候开办有期，即将此项专门人才，并其余合格人员，照章考试任用。既经多方造就，自当慎选其人，决不稍存宽假。其司法警察先已分班教练，检验一途亦已招选学习，届时并可学成应用。此预备人才之办法也"。②

第三节　清末检察文化的载体和功能

一、物质载体

清末执政者认识到，司法建筑与司法独立及司法权威的关系十分密切。早在考察日本裁判所时，考察大臣就对司法建筑予以充分关注："裁判既许公开，则各国之参观者必众，法庭构造断难简率。考比利时、匈牙利、德之柏林、法之巴黎，裁判所之恢宏华美为环球所艳称，盖与议会、寺院、博物馆等，俱代表国粹之一，非是不足以坚外人之信服。日本各裁判所，尚难与泰西争衡，而建筑俱仿西制。东京自大审院逮地方裁判所，俱连属于一，监督既易，且无隔阂之虞也。"③《奉天高等检察厅请建筑厅署咨呈提法司转详文（附批）》称："据全省审判最上之阶，地方两厅又受理重要及不服初级之诉讼，事权有属，即形式亦宜稍事讲求。东西各国法院规模均极壮丽，一以肃人民尊重法律之观念，一以表国家巩固法律之精神，用意至为深远。"④

此后的立法与司法者也认为，司法建筑应该有一定的规模，才能真正体现司法独立，树立司法权威。例如，沈家本认为，大理院选址"系从庶之心思，耸外人之观听，非细故也"。"法权之尊重，实国体之攸关。""因陋就简，苟且目前，不唯无以尊上国之法权，亦恐不足餍中外之视听。"法部上奏朝廷

---

① 《贵州巡抚庞鸿书奏筹办各级审判厅并设司法讲习所折》，载《政治官报》宣统二年（1910年）正月十八日第835号。

② 《山东巡抚孙宝琦奏拟设省城商埠各级审判厅并酌计各项经费折》，载《政治官报》宣统二年（1910年）三月一日第877号。

③ 王仪通：《调查日本裁判所报告书》，北京农工商印刷科1906年5月铅印。

④ 《奉天高等检察厅请建筑厅署咨呈提法司转详文（附批）》，参见《法官须知》之设立归并各厅公牍。

称："司法独立特为宪政之纲维，审判厅即其精神之所寄也。乃或过持减啬之义，意存敷衍。其甚者至欲以地方官署为审判厅，即以地方官兼充推事，于司法行政分离之意实大相径庭。况省城为郡邑楷模，商埠系中外观听，前所以定分的筹备之制者，正欲令财政纾缓，得以布置从容。"

为了彰显司法独立，清廷要求各地司法建筑尽可能独立于行政官署"法庭及办公处所自以从新建筑为合宜，如财力实有不给，尽可就各项闲废公局处所酌量修改，但是不得与现在之各行政官署混合，以划分界限，尊重司法独立。"① 但是经费之困难，使许多司法建筑的宏伟理想无法实现。大理院、京师及福建省奉天、广东、河南、山东等地方均出现类似的司法建筑经费不足问题。为了节省经费，尽可能顺利地成立新式审判检察机构，清末法制变革者采用多种方法节省司法建筑开支。宣统三年（1911 年），法部提出节省经费的变通建议，"不必一一依法营构"，否则"不特工程浩大，亦难旦夕观成"。② 对建筑的要求也改为节约实用为原则，"惟建筑之法，言人人殊，或谓规摹洋式，备列国之观瞻；或谓轮奂法庭，杜小民之玩视。二者费既不赀，亦均未得其要。夫当此帑金奇绌之秋，臣等又正在饬催各省城商埠一律设立审判厅为宪政始基，京城为四方则效，首先筹建地方审判厅，但求任事各员克尽详鞫精思之用，在押人犯不受寒暑疾疫之虞，似不应徒涉铺张，贻各省以滥觞之诮。是以半载以来督同该厅悉并庭员往复讨论，事求核实，酌定建筑准式，谨略陈于下：曰垣墙、曰法庭、曰办公室、曰看守所、曰接待外人处所、曰诉讼人候质处所，以及各庭两旁储存稿案，并录事书手、缮稿写供、茶灶更夫、厨房人等支应伺候各处所，统为筹划，均系万无可省。计须筑围墙一百一十五文，建大小房屋二百七十余间，共核计实需银七万两。"③ 同时还提出用官府原有旧建筑作检察厅办公用房，或者购买、租赁民房作办公场所等变通方法。

中国第一个地方检察院：天津地方审判厅的历史沿革

1906 年，直隶总督袁世凯奏请在天津试行《直隶天津府属审判厅试办章程》。1907 年，天津高等审判厅、天津地方审判厅在南马路"老县衙"建成开厅，接受诉讼案件，中国现代地方审检厅及制度框架基本形成。随后，高等审

---

① 《各省城商埠各级审判厅筹办事宜》，载《政治官报》宣统元年（1909 年）七月二十日第 666 号。

② 《奉天高等检察厅请建筑厅署咨呈提法司转详文（附批）》，参见《法官须知》之设立归并各厅公牍。

③ 《法部奏筹筑京城地方审判厅公署现款不敷请饬部添拨兴造折》，载《政治官报》宣统元年（1909 年）十一月二十六日第 791 号。

判厅、地方审判厅搬至河北区三马路，乡谳局于 1907 年分别在永丰屯、赵家场、咸水沽、杨柳青 4 地设立。1911 年永丰屯、赵家场乡谳局合并为一个审判厅，办公地址又回到南马路。辛亥革命后，国民政府于 1914 年在南马路（原第一初级审判厅旧址）设立天津地方审判厅分厅。1937 年抗日战争爆发，天津沦陷，河北区三马路的天津地方审判厅毁于战火，案卷资料被焚毁，人员四散。伪政府将南马路旧县署衙门作为法院办公地予以扩建，仿照日本东京裁判所的建筑形式，一座局部三层的青砖楼房于 1942 年建造完成，后该建筑一直沿用至 2000 年。该建筑设计遵从中国特有传统，在办公楼右侧底座部位镶嵌刻有"惟明克允"（出自《尚书·舜典》）的青灰色大理石"戒石铭"一块，寓意司法机关要"明察事物、公允裁断"。

二、行为载体[①]

新式审检厅成立后，即开展了一些执法司法活动。1911 年（辛亥）冬至 1912 年（壬子）春编撰的《各省审判厅判牍》，搜集了宣统年间京师和各直省省城商埠各级审判检察厅的所作判词和批词 400 余个，其中有检察厅批词 90 余则。这些批词，比较直观地反映了当时检察官的执法理念和执法实践。同时，通过史料记载的一些典型案例和执法事件，也可以反映当时检察职能发挥的真实状况，并以此窥见检察文化发展的基本样貌。从总体来讲，这些实践既体现了现代司法的一些基本理念和精神，但也未完全摆脱旧式执法方式和执法思想的窠臼。比较值得肯定的有：

（一）不畏强权，敢于执法

尽管清末检察权独立性不强，但在清末办案实践中，检察厅不畏司地方权力、敢于独立公正司法的意识是比较明显的。

1. 宣统三年五月，宁波方得胜白昼抢夺新德顺钱店银洋一案。[②] 该案经宁波地方审判厅开庭公判，依照法律判处方德胜绞立决。但在该犯解往检察厅之时，即有游手好闲之徒，跟从而至，要求即行正法。该检察厅认为："方得胜虽系游勇，并未啸聚渊泽、抗拒官兵，照章不能就地正法，业已按例判决，应候覆核执行。"而围观者不仅不予理喻，反而任意滋闹。经检察厅一再催商巡防队调兵弹压，初次只派到八名，复不能实力弹压，致人数越聚越众，竟将该

---

① 这部分资料主要参考谢如程：《清末检察制度及其实践》第十章内容，上海人民出版社 2008 年版。

② 《宁波地方审判厅判决方得胜白昼抢劫伤人案预审报告书》，载《法政杂志》宣统三年（1911 年）六月第 5 期。

厅大门内揭示场、二门检察厅收状处、录事室、巡官室、检察长检察官室门窗什物并大小轿四乘，一律捣毁。该厅遂将犯照章送寄县监，该人众才散开。次日上午八点钟，宁绍台道会督宁波知府、陉（鄞）县县令、左路防营常统领，将该犯方得胜提讯，立予正法，且未知照检察厅。根据清末司法新制，司法由审判厅专管，宁绍台道等官员无权提讯在监人犯；而监视执行刑罚，属于检察厅法定职权。台道等行政衙门官长置法律于不顾，擅自将人犯正法且不知照检察厅，此举甚为粗暴。对此，宁波地方审检两厅联名向浙江巡抚反映情况，并以全体辞职相抗议台道知府违法执行刑罚。但遗憾的是，巡抚认为，"该道等将游勇方得胜正法，虽为维持地方权宜起见，事前并不知照审判厅"，为台道进行开脱，未予追究。但宁波审检两厅捍卫司法独立和法律权威、敢于同强权势力抗争的执法理念和精神，值得充分肯定。

2. 浙江高等检察厅批山阴傅厅氏（批词）："此案业经本厅一再照会山阴县迅予断结去后，原差周渭欲索厚规方肯传集，情果非虚，殊属胆玩已极。案悬五载，该民人负累已重，差役复呈威勒索，益加之厉。殊失立法保护人民之至意，抑亦良有司所不忍闻矣！仰候再照会山阴县，迅照本厅前批酌量办理，以清积案而免拖累。并严讯该差周渭有无勒索情形，按律严办，毋稍枉纵。状抄发。"该批词虽短，但反映的内容非常丰富，"原差周渭欲索厚规方肯传集……差役复呈威勒索"、"案悬五载"反映当时司法官吏索贿及办理案件久拖不决的司法腐败情形；"浙江高等检察厅前次照会催令竟无效果"，反映检察厅执法之实际权威不尽如人意；"并严讯该差周渭有无勒索情形，按律严办，毋稍枉纵"反映检察厅要求严查渎职司法官吏、维护司法公正的鲜明立场；"案悬五载，该民人负累已重，差役复呈威勒索，益加之厉。殊失立法保护人民之至意，抑亦良有司所不忍闻矣"体现了司法爱民护民之意。

（二）重视程序，依法办案

尽管清末草拟的程序法基本上没有颁布实施，但在试行新式审判制度的地方，对相关法律法规已经载明的办案程序和原则，还是得到了较好的遵循和执行。

1. 京师总检察厅批赵韩氏遣抱周庆云呈（批词一）："……新章'凡州县已结不服案件，应控由高等审判厅再审，本厅未便违章受理。'所控仍不准行，原呈发还。"京师总检察厅批彭尧遣抱彭积躬呈（批词二）："查新近诉讼办法，凡经各省高等审判厅判结之案，如有不服，应呈由该省高等检察厅，声明不服理由，照章上告。该检察厅即行查明期限，检齐卷宗，咨呈本厅送院。该职不服该省高等审判厅判决，遣抱来京呈控。殊与定章不合，仰即回本籍赴该检察厅上告。如恐已逾定限，即由本厅行文该厅从宽收理可也。"贵州高等检察批清镇县民钟克典上诉陈凤昌霸妻毁房一案（批词三）："查所诉诱拐烧毁均陈凤昌等所为，应由原控之清镇县并判。如有不服，再行依法递控，毋得越渎。"这些批词都反映检察厅严格依程序规定、不越权受案的法治理念。

2. 光绪三十四年十二月，张玉文控王猛治逼良为娼一案。"光绪三十四年十二月十四日，巡警总局第五分局一区巡弁禀称：民人张玉文以拐带等情控王猛治一案，送请核办到局。（地方检察厅）当经饬员假预审。张玉文即张郁文供系昌黎县人，伊父病故遗母周氏并一弟一妹。于去年八月间，伊母听信王猛治唆，赴承德县送伊忤逆，伊当避回昌黎县原籍。本年六月间，伊复来奉寻母，探悉伊母与妹均被王猛治拐往安东县。去伊即赴安寻访未着。延年十月间，接得伊母信称，王猛治在安东设开设娼窑，逼令伊妹为为娼，已在该县呈控有案等语。伊乃据信投向提法司司法衙门，控诉前情蒙批，仰安东县查案录复。伊正在外候间，突与王猛治相遇，因报警局带回送案。（地方检察厅）讯之王猛治即王瑞治则称，伊于去年九月间凭媒王钟氏等说妥张周氏为妻，带有一子一女，言明随娘代养十年，立有字据为凭，后因该氏盗去伊洋三百余元，经伊查知，屡次口角，伊亦甘与该氏离异。嗣经人调说，携赴安东度日。至本年五月间，该氏愿将其女给伊为媳，后又暗许宋氏为婚，致相争吵，该氏控经安东县传讯有案。今伊来省有事，路遇张玉文，令其将母周氏接回事了，张玉文不允，扭报岗警转送到案。（地方检察厅）查此案既据张玉文即张郁文声称已在提法司成案，且称蒙批仰安东县查案复录，相应将原告张玉文即张郁文、被告王猛治即王瑞治二名解送到司。"对此，奉天提法司认为该案应由奉天高等检察厅向奉天高等审判厅起诉。"（提法司）查此案既据该原告张玉文将被告王猛治扭送，自应就近省讯办，相应将原被告一并照会贵厅（奉天高等检察厅）移送高等审判厅研讯拟办等因。"奉天高等检察厅审查后，认为依照《各级审判厅试办章程》等法律法规关于案件管辖的规定，应由地方审检厅处理，因而未听从提法司的个案指导意见，仍将此案交由地方检察厅办理。在当时提法司对检察机关有调度、监督权的情况下，检察机关敢于严格遵守程序规则，这种精神非常难能可贵。

（三）注重说理，追求效果

清末审检厅在一些执法实践中，往往结合办案，进行释法说理和法制宣传教育，体现执法整体效果。在当时民众普遍不熟悉法律新规定的情况下，这是一个比较好的普法手段，并有助于让人信服，达到定分止争的目的。

1. 直隶高等检察厅又批雄县文生孙国桢续呈（批词）："此案本系民事，嗣因孙大秃殴伤尔子，兼及刑事。兹据呈称已经该县判决，将大秃处十等罚，按律科罪。是刑事已经完结，毋庸呈渎。至孙永田等所争地基各节，系属民事。究竟该县如何判断，本厅无从悬揣。候行该县录复，再行核夺。该生回籍静候可也。"本批词反映该高等检察厅的工作责任心较强，对于属于辖区内县级司法机关正在处理的案件，也据法说理作出一定的解释，请申诉者安心等候处理。这种姿态对当事人能起到的一定的心理安慰作用，也有助于维护基层司法机关的形象。

2. 梧州地方检察厅批苏钟氏续辩黄梁氏呈诉拐案未结一案（批词）："你子苏守植有妻娶妻，经审判厅判决，处你子九等罚，你媳陶氏离异归宗。业经伊母陶陈氏具结领去。所请给领碍难照准。你子罚金仍须依限完缴。如果无力，亦须赴厅候改折工作。本厅执法不能少徇摘录审判厅判词，仰即只遵此批。查律载，将亲女卖与人作使女，名色骗财之后设词托故公然领去者，照本律加一等徒一年，赃重者仍从重论。媒人同谋、邀抢者同论。又，再若有妻再娶妻，处九等罚后，娶之妻离异归宗。此案陶陈氏即将亲女亚日抵与黄梁氏，共得银一百二十元，复设计商由胡陈氏骗诱价卖所得财礼银一百两，虽已抵偿胡陈氏债务，究与陶陈氏自得无异，应准窃盗赃以一主为重，计赃银一百两折库平银八十九两有奇，应照骗财后设计领去者计赃从重论例，处徒二年半。胡陈氏引诱陶亚日出嫁，显系同谋媒合，虽无邀抢重情，亦应照媒人同谋例，与陶陈氏同罪。至苏钟氏价娶陶亚日为媳，讯系明媒正娶，并无串诱强娶情事，着予免议。惟苏守植有妻更娶妻，应依律处九等罚，离异归宗。又黄梁氏附带私诉，仍追陶陈氏履行债务。判结。"该批词中，检察厅严格执行审判厅判决确定执行事项，绝不打折扣。同时，兼顾对审判厅判决的理由和法律依据进行释法说理，力图使人信服。

此外，一些判例和批词也反映当时存在很多落后的执法理念和做法，例如，不善引用法律，适用法律不当；过于重视推理，证据意识不强；沿用刑讯旧习，维护封建夫权等，在此不作专门阐述。

第三章 中华民国时期的
检察文化

第一节 中华民国前期的检察文化

自清末检察制度创设以来，检察文化的发展变迁，就一直受政治时局和社会思潮变迁的制约和影响。民国前期，在革命党除旧布新、各派军阀割据混战的状态下，检察文化最集中地体现在执政当局关于检察制度和检察机构的设置、对检察权力的划分以及对检察队伍建设的构思和实践上，并最终在检察执法办案实践中得到印证和体现。

一、湖北军政府和南京临时政府时期的检察文化

1911 年 10 月，中国资产阶级革命派首先在武昌发动反对封建王朝的起义，不久即建立了中国历史上第一个民主革命政权——湖北军政府。湖北军政府成立后，推动了全国革命形势发展。革命浪潮席卷大江南北，各省纷纷宣布独立，成立都督府，并在此基础上建立起统一的民主共和政府——南京临时政府。1912 年元旦，孙中山在南京就任临时大总统，正式宣告中华民国成立。由于袁世凯为首的北洋军阀的压迫，以及资产阶级革命派的妥协，1912 年 3 月，孙中山被迫把权力移交给北洋军阀统领袁世凯，南京临时政府仅存续了 3 个月。这些政权是顺应高涨的革命形势成立的，由于事先缺乏充分的组织准备，加之存续时间短暂，立法并未形成体系，其有关司法机构设置的规定也多见于一些政府公文，因而具有草创性特征。但以孙中山代表的资产阶级革命派的法律思想和民主立法活动却对后世产生了深远的影响。

（一）孙中山等革命党人的主要法律思想及立法活动

孙中山不仅是民主革命家，而且是一位富有创新特色的资产阶级法律思想家。他以西方"天赋人权"的自然法理论为依据，以法国和美国的民主制度

为样板，融合中国传统文化，提出了"三民主义"、① "五权宪法"等思想。这些思想既是资产阶级民主革命的政治纲领，也是其立法和司法活动的理论基础和指导原则。

1. 孙中山的主要法律思想

孙中山的法律思想主要包括他的民主法律思想、资产阶级民主共和国法制思想、"五权宪法"思想以及关于刑法、刑事诉讼法、民商法等部门法的理论观点。孙中山在早年接受西学教育和在欧美游历的过程中，深受卢梭的"天赋人权论"的影响，倾心于18世纪法国资产阶级的自由、平等和博爱。他批评清政府"无论为朝廷之事，为国民之事，百姓均无发言或闻之权。其身为官吏者，操有审判之全权，人民身受冤枉，无所呼诉……甚至堵塞人民之耳目，锢蔽人民之聪明，尤可骇者，凡政治书不得浏览，报纸尤悬为厉禁……国家之法律，非人民所能与闻"。② 主张废除清朝特权等级法律，实行主权在民。1906年，在《民报合刊词》中，孙中山明确提出要在推翻清朝以后，建立一套民主进步的法制，以便"使最宜之法治适于吾群，吾群之进步适应于世界"。孙中山在对"西方三权分立"学说批判继承的基础上，提出了"五权宪法"理论，指出"五权宪法是根据于三民主义的思想，用来组织国家的"。③五权宪法理论主要包括"五权分立"和"权能分治"两大学说。五权分立，是孙中山在认真研究美国宪法之后，认为其"不完备的地方很多，且存在不少流弊"。④ 因此提出"我们现在要集中外的精华，防止一切流弊，便要采用

---

① 早在1894年孙中山在檀香山创立兴中会时，便在其盟约中提出要"驱除鞑虏，恢复中华，创立合众政府"；1903年7月，孙中山在日本东京创立青山军事学校时，提出了"驱除鞑虏，恢复中华，创立民国，平均地权"的口号；1905年11月，在《民报》发刊词中，正式提出了民族、民权和民生三民主义。在民族主义方面，孙中山认为，对外要坚持反帝斗争，对内要坚持民族自决。民权主义，主要指必须经由国民革命的途径推翻封建帝制，代之以民主立宪的共和制度，实行为一般平民所共有的民主政治。民生主义，主要是指发展资本主义经济，使中国由贫弱至富强，同时还包含关怀劳动人民生活福利的内容，其中最重要之原则有两个：一是平均地权，实行耕者有其田；二是节制资本，私人不能操纵国民生计。

② 《孙中山选集》（第1卷），人民出版社1981年版，第18页。

③ 《孙中山选集》（第1卷），人民出版社1981年版，第564页。

④ 孙中山曾经指出："现在立宪各国，没有不是立法机关兼有监督的权限，那权限虽然有强有弱，总是不能独立，因此生出无数弊病。例如，美国纠察权归议院掌握，往往擅用此权，挟制行政机关，使他不得�首总命。因此常常成为议院专制……况且照正理上说，裁判人民的机关已经独立，裁判官吏的机关都仍在别的机关之下，这在理论上是说不过去的，故这机关也要独立。"参见孙中山：《五权宪法之讲解》，载《孙中山文集》，团结出版社1997年版，第29页。

外国的行政权、立法权、司法权，加入中国的考试权和监察权，连成一个很好的完璧，造成一个五权分立的政府。像这样的政府，总是世界上最完全、最良善的政府"。① 权能分治是指政权和治权分开，由人民掌握政权，政府实施治权，人民有管理和监督政府的权利。孙中山五权宪法之创建，是在对西方"三权分立"学说批判继承的基础上，混合中国固有之制度，熔一炉而冶炼出来的结晶。他的思想在临时政府的立法中有一定体现，但基本上没来得及实施就被袁世凯的独裁统治打断，后来为南京国民政府继承并加以利用。

2. 主要立法活动

在湖北军政府时期，由于当时正处于战争阶段，法制建设缺乏系统性，主要侧重于确立适应革命战争需要的法律制度。在这一时期，先后颁行了《中华民国军政府暂行条例》、《中华民国鄂军政府改订暂行条例》、《中华民国鄂州约法》等法律性文件。其中《鄂州约法》吸收了资产阶级法律制度中的三权分立、自由权利等原则。② 南京临时政府成立后，孙中山意识到"编纂法典，事体重大，非聚中外硕学，积多年调查研究，不易告成"。③ 在难以颁制统一法典的情况下，不得不借用前清时期的法律，并依据近代资产阶级法理进行了一些改造和创制活动。在《中华民国临时政府组织大纲》（1911 年 12 月 3 日）的基础上，于 1912 年 3 月 11 日正式颁行了《中华民国临时约法》（以下简称《临时约法》）。《临时约法》根据资产阶级三权分立的原则，规定了以责任内阁制为特点的中华民国政治制度，确立了以司法独立、辩论、公开审判等为主要内容的资产阶级司法体制。在民事法制方面，临时政府颁布了《保护人民财产令》（1912 年 2 月 2 日）等法律文件。在刑事法制方面，坚持资产阶级刑事法律原则，主张罪刑法定，反对溯及既往，宣扬刑罚人道主义，禁止刑讯体罚。中华民国南京临时政府时期的法律体系尽管比较粗糙、不够完备，但其揭开了资产阶级民主法制的序幕，初步确立了资产阶级的宪法、行政法、民事法、刑事法及司法体制。

（二）南京临时政府政权下的检察制度及文化特征

孙中山在就任临时大总统之前，就表示要通过实行法治来整顿混乱的局

---

① 转引自杨幼炯：《五权宪法之思想与制度》，商务印书馆中华民国二十九年（1940年）版，第 32~33 页。

② 公丕祥主编：《法律文化的冲突与融合：中国近现代法制与西方》，中国广播电视出版社 1993 年版，第 75~76 页。

③ 《临时政府公报》第 47 号（3 月 24 日咨），转引自曾宪义：《检察制度史略》，中国检察出版社 2008 年版，第 166 页。

面，巩固共和制度。但南京临时政权机构成立后，其大部分时间和精力都用于巩固政权的军事、外交和财政活动中，对包括检察制度在内的司法制度改革则顾及较少。但在有限的立法和司法活动中，仍然能够看出孙中山为建立资产阶级民主法制和检察制度的努力，其中闪耀着追求民主法制进步、追求司法独立精神和人道主义文化精神的独特光芒。

1. 检察体制的确认

民国初立时，前清《法院编制法》得到沿用，检察制度得以续存。孙中山指出"四级三审之制，较为完备，不能以前清曾经采用，遽尔鄙弃"。[1] 在《中华民国临时约法》第六章，以法院为名专章对法官的任命、审判法律依据、审判原则和职务职权进行了专门规定；赋予了临时大总统和司法总长任命法官之权。考察南京临时国民政府时期的检察体制，基本上沿袭清末旧制，其组织机构、名称、职权等基本上没有改变。由于临时政府存续时间较短，从司法部草创的《司法部官职令草案》、《司法部官职》、《司法部部职细则》等相关规定来看，临时政府试图建立门类齐全、职权细致的机构和人员。但从当时司法部发布的政令和批文来看，司法部的主要精力在于整顿当时较为混乱的司法秩序，使前清的司法机构、人员、法律规定等在民国得到确认、改换或废弃，并对全国各地的司法实情进行汇总，以利于全国司法的统一。1912 年 2月，《司法部咨各都督调查裁判、检察厅及监狱文》中，司法部要求各省都督将本地已经设立的裁判所和监狱的详细情形以表格填写上报，并要求加紧设立新式审检厅和监狱，加速司法改良的进度。民国元年（1912 年）十月八日，总检察厅通令《刑事案件须照检察制度各节办理》，强调必须全面执行、落实检察制度："查检察官为国家之代表，居于原告地位，有检举犯罪、实行论告、提起上诉之责。乃检阅各厅上告案卷，检察官除待人告诉告发始提起公诉外，于自行搜检、不服上诉、当庭论辩各事，多未实行，殊失检察制度之精神。为此，通令各该检察官，嗣后对于刑事案件均须查照上举各节，一体遵办。此令。"[2]

2. 对司法官独立地位的强调

孙中山认为："司法为独立机关。"[3] 为了纠正中国封建时代行政干预司法、司法机关作为行政长官附庸的弊端，《临时约法》特别强调"司法独立"原则，规定"法官独立审判，不受上级官厅之干涉"（第 51 条）；"法官在任

① 《南京临时政府公报第三十四号》，转引自《辛亥革命资料》第 25 页。
② 闵钐：《中国检察史资料选编》，中国检察出版社 2008 年版，第 33 页。
③ 《孙中山全集》（第 2 卷），人民出版社 1981 年版，第 281 页。

中不得减俸或转职，非依法律受刑罚宣告，或应免职之惩戒处分，不得解职"（第 52 条）。《临时约法》中关于法院独立审判和法官地位独立的规定，是孙中山试图建立资产阶级司法制度的最初尝试，从侧面反映了他的以法治国思想。在 1912 年 3 月《司法部批江宁地方审判检察厅长杨年、刘涣组织高等审判检察两厅请备案呈》、《司法部批南京地方审判厅厅长杨年申报夏仁沂等调补该厅庭长及各职员呈》、《司法部批南京地方审判厅厅长杨年申报委任该厅刑二庭长及各职员呈》[①] 中，司法部强调了高等、地方审判检察厅不能兼任的司法原则。司法部拟制的《法官考试委员官职令草案》、《法官考试令草案》等相关规章制度，提出了民国司法官考试制度的设想。

3. 司法实践

前山阴县令姚荣泽杀人案。1911 年 11 月 17 日，在武昌起义爆发 1 个月之后，发生了惊动全国的"周阮惨案"。革命党人周实、阮梦桃惨遭从旧官僚易旗过来的姚荣泽杀害，周实连中 7 弹而亡，阮梦桃遭剖腹剜心而死。当时民国刚刚成立，姚荣泽的罪行让许多革命党人愤愤不已，针对如何处置罪犯这一问题形成了两派观点。以上海都督陈其美为代表的一派认为这种罪大恶极之人，应按照军法进行审讯，直接判死刑；而以司法总长伍廷芳为代表的一派则认为民国初立，律法未制，法院未成，应当通过理性的审判"示人以文明气象"。最终在孙中山的支持下，按照伍廷芳拟订的方案，设置法庭、安排裁判官，以近代新式审理方案进行。1912 年 3 月 23 日上午，该案在上海南市市政厅开庭。由法律专家陈贻范、蔡寅、丁榕 3 人担任承审官（审判官），组成了临时裁判所（合议庭）。按照既定程序，由法律专家林行规、许继祥为公家代表（亦称国民代表，原告律师，即公诉人），陈述姚荣泽惨杀周、阮事由，代表国家提起诉讼。这是民国的第一次公审，庭上除了 3 名审判官，还有 7 名陪审员。经过 3 次审判之后，陪审团认定姚荣泽谋杀罪成立，判处其死刑。对于残杀革命志士的元凶姚荣泽，南京临时政府并没有快意复仇，滥施刑罚，而是依据司法独立、公开审判、程序公正的原则，采取控辩式进行审理，开创了中国现代刑事审判制度的先河。[②]

二、民国北京政府时期的检察文化（1912—1928 年）

1912 年 4 月至 1928 年 6 月，是我国北洋军阀统治时期，因中央政府设在

---

① 朱勇：《中国法制通史》（第 9 卷），法律出版社 1999 年版，第 415～416 页。

② 参见杨大春：《论辛亥革命时期中国刑事审判制度的革新——以姚荣泽案为例》，载《苏州大学学报》（哲学社会科学版）2001 年第 4 期。

北京，因此也称为北京政府时期。这短短十六七年间，先后经历了袁世凯、皖系军阀、直系军阀、奉系军阀的统治，中央政府数易其人，宪法更迭频繁。袁世凯、曹锟、段祺瑞等军阀政权，为了给自己的统治披上"合法"外衣，纷纷打着"立宪"旗号，制定宪法或宪法性文件，袁世凯的《中华民国约法》（称"袁记约法"）和《中华帝国宪法草案》，曹锟的《中华民国宪法》（称"贿选宪法"），段祺瑞的《中华民国宪法草案》（称"段记宪法草案"）等先后出台。

但北洋政府时期政局的动荡并没有导致司法体制的停步不前。一是司法独立观念更为深化。民国初建，大总统袁世凯在颁布整顿司法令时提出"司法独立为万国共由之大义，欲进国家于法治，易悬此鹄以期成"。[1] 北京政府第一任司法总长王宠惠认为"司法独立，是为宪法之精义。三权鼎峙，司法一端，故为人民之保障，绝对不受行政之干涉"。第二任司法总长许世英也有"司法独立为立宪国之要素，亦即法治国之精神"之论。第三任司法总长梁启超早在清末就开始宣扬三权分立学说和司法独立主张，出任民国司法总长后，也提出"司法独立为立宪政治之根本，收回法权之要图"。二是法律体制更为完备。北洋政府建立后，在继续沿用清末法律的基础上，修改、制定并颁布了大量宪法、法律和法规，涵盖行政法、刑法、民法、诉讼法及司法官考试惩戒等方方面面，为现代审判检察制度的运行提供了法制基础。三是整顿司法计划持续推进。北京政府时期的数任司法总长均力推司法改革，在司法制度改革、司法人才培养等方面取得了一定的成绩。

民国初年，司法体制基本沿用清末旧制，保留了司法机关四级三审制度、检察厅与审判厅分立的内容，并确认和肯定了"检察对峙审判，在吾国尤为新颖之制度"。[2] 在 1915 年 6 月 20 日和 1916 年 2 月 2 日，北京政府司法部对暂时适用的清末颁行的《法院编制法》进行了两次修订。这两次修订：一是对初级审判厅和检察厅设立的内容进行了删除；二是废除了提法司监督各省审判厅和检察厅的规定；三是司法称谓发生变化，总检察厅厅丞改为总检察长，以前的典簿、主簿、录事等更改为书记官长和书记官。随后，检察体制发生较大的调整变化，检察文化也出现新的特征。在检察制度文化层面，主要体现为审检所制度、县知事兼理司法制度、司法公署轮番演，并最终开启了县知事兼理司法的滥觞。在检察权力文化方面，主要体现为检察权力的扩张、军事检察权的出现、检察权行政化色彩浓厚和民国后期检察权地方化倾向等几个特点。

---

① 《大总统令》、《整顿司法计划书》，载《司法公报》1913 年 12 月。

② 参见《司法公报》第 34 期关于区划权限事项中的相关记载。

在检察队伍文化方面，主要体现为按照职业化、精英化的要求，确立起一套比较严格的检察官考试选拔制度、考核惩戒和培训内培养机制。

（一）北京政府政权下的检察制度文化及其特征

根据清末司法改制以及对检察厅筹办规划，宣统三年正是初级审判检察厅推行年，① 随着清王朝的覆灭，这一规划中断，到民国初年，全国大部分县级行政区域的新式司法机构并未建立，清末留给民国的基层司法建设基础实际上是非常薄弱的。在清末的司法结构中，初级和地方审判检察设立的初衷在于根据案件受理范围的不同情形分别进行一审，但筹办过程不但花费巨大，且面临司法人员匮乏的问题。这一困局在民国成立后并没有得到改善，反而在军阀们的征战和内耗中变得更加严峻。因此，在民国司法改制中，首当其冲也最为艰难的就是基层司法机构建设问题。围绕解决这一问题，审检所制度、县知事兼理司法制度、司法公署制度轮番演，但最终还是开启了县知事兼理司法的滥觞。

1. 民初司法总长许世英和审检所制度的推行

许世英认为清末司法规划虽然区划完备，但要取得实效，"匪惟制度之阙略，障碍之丛生，人民信仰之未坚，京省情形之互异也"，"人才之消乏，财力之困难，实为一重大原因"。② 并且"综计全国已设之审检厅外，大约不及十分之二"，初步估计"全国应设院局两千有奇"。为了解决这一难题，在他的推动下制定了 5 年完全建立司法机构的计划，并开始了设立审检所的实践。审检所制度的初创首先来源于山东和四川。其目的在于结合当时的司法实际，在未设立审判检察体制的地方，通过设立审检所来促使审判事务摆脱行政官员的左右和制约。在审检所的制度构设中，设立具有法政知识的帮审员进行审判事务，"每县以三员为率，使司法行政逐渐分离"，检察事务由县知事行使职权。该制度从 1913 年 3 月开始推行，到 1914 年 4 月袁世凯裁撤全国的初级审检厅时被废除。据统计数据，"至民国三年四月前，全国设置审检所九百九十二所"。③ 设立审检所的实践，可以看作是新旧司法转轨的过渡性制度，在一定程度上实现审判权和检察权的分立。

---

① 根据谢如程在《清末检察制度及其实践》一书的研究统计，在清末皇朝统治的覆灭前，至少设置了 174 所地方各级检察厅，具体包括高等厅 23 所，高等分厅 2 所，地方检察厅和分厅 61 所，初级检察厅 88 所。

② 许世英：《司法计划书》，载《司法公报》1912 年 11 月。

③ 张生：《中国法制近代化论集》（第 2 卷），中国政法大学出版社 2009 年版，第380 页。

2. 梁启超 "县知事兼理司法" 制度与初级审检厅的裁撤

梁启超认为，根据四级三审制的司法规划，"略计法官人才需在万内五千人以上，司法经费需在四五千万以上"，并认为初级和地方管辖案件只有刑种和民事标的区别，应该将 "初级管辖名目废去而归并于地方"，建议将审检所废除改为县知事兼理司法，"以救现行编制法之穷也"。① 在司法当局的主张之下，加上财政的困难，1914 年 4 月 5 日，北京政府颁布《县知事兼理司法事务暂行条例》，规定 "凡未设立法院各县之司法事务，委任县知事处理之"，将全国 2/3 的地方审检厅和全部初级审检厅撤销。② 虽然设置了承审员，但其属于县知事的 "帮审人员"，由县知事保举，没有实质的独立性。袁世凯从清末最早倡导并实际推行地方审检厅的实践，到民国时期亲自裁撤初级检察厅，在某种程度上可以看作内治困境的挣扎，其直接后果造成基层司法分权制的锐退和衰弱。这不但有违权力分立与制衡的宪政精神本旨，更使基层司法很难摆脱行政权的影响和制约。③

3. 段祺瑞政府设立司法公署的尝试

针对县知事兼理司法出现的弊端，1917 年 4 月，段祺瑞政府颁布施行《暂行各县地方分厅组织法》，对三级三审制进行了细微的调整，指出 "政府以地方审判分厅范围较大"，"决定于已设地方审判厅地方附近各县设立地方分庭，其未设地方分厅各县，则设立司法公署，配置检察官一人或二人，如置推事检察官二人以上者，一人为监督检察官，监督检察官监督该分厅之行政事务"。这里的司法公署和地方分庭相当于初级审判厅，内置检察官近似于初级检察厅，此机构建制一直到 1928 年北京政府统治结束时没有大的变化。但是，由于此项改革事先注明因特别情形不能设司法公署者，可暂缓设置，仍令县知事兼理司法，加之各省筹设司法公署，经费未列入预算，实际上各县设地方分庭或司法公署者甚少，县知事仍多兼理司法。④

---

① 《司法总长梁启超呈明司法改良各办法恳特办明令一力主持文》，载《政府公报分类汇编》1915 年第 16 期。

② 曾宪义主编：《检察制度史略》，中国检察出版社 2008 年版，第 167 页。

③ 对于县知事兼理司法弊端，民国时任司法部长的王用宾评论为："县知事审理案件，得设承审员助理之，承审员由县知事呈请高审厅长任用，其事简者，可不设置，是承审员直县知事之掾属耳，实际不及清末刑幕之尊，名义不如汉代法曹之正。县知事每不通法律，颐指气使，颠倒案情，承审如不从命，一朝难安于其位，弊端百出，为世诟病。"参见王用宾：《二十五年审检制度之变革》，载《中华法学杂志》1936 年新编 1 卷第 2 期。

④ 参见李江发：《中国检察文化的历史演进与当代建构》，湘潭大学 2012 年博士学位论文。

（二）检察权力文化及其特征

民国前期，以袁世凯裁撤初级检察厅为分水岭，检察权力演变可以分为两个阶段：在废除初级检察厅之前，检察机构总体向着四级检察厅制逐渐完善，权力结构配置和行权主体自上至下较为统一；在以县知事代行初级检察厅检察权后，检察体系的整体结构发生了变化，由以前四级检察厅制（包括采取过渡形式的县一级的审检所），变为总检察厅、高等检察厅、地方检察厅和县知事级，其中，三级检察厅实行行政、司法分立，且检察权与同层级的行政权分离；而县知事却同时行使行政权和检察权，行政、检察两权合一。无论是早期的承审员制度，还是改进后期的司法公署制度，都表明在县域一级，未实现完全的三权分立，这是这一时期权力文化的基本特征。同时，在北洋军阀独裁期间，检察官职权的扩大特别是军事检察官的出现，以及省宪运动中检察权地方化的上演，也是这一时期检察权力文化的独特方面。

1. 检察权法律地位的提升

清末的检察权，由于总检察厅依附于法部，地方三级检察厅在权力行使中受提法司的左右和制约，司法行政权特征较为明显。这一权力结构形态在民国前期的权力配置过程中发生了改变。在中央，总检察厅不但与大理院处于同一法律层级，而且通过设立总检察厅检察长，确立了总检察厅检察长对检察事务自上而下的管理权力。在地方，对省级提法司的裁撤，扫除了对地方检察事务的制约作用，使检察机关摆脱了法部（提法司）附属机构的地位，获得了法律意义上的独立性。

2. 刑事检察权的扩张

根据北洋政府法律，在实施逮捕方面，不仅赋予检察官指挥司法警察的权力，还可以调动更大范围的人员，包括宪兵，森林、铁路、海船、税务等方面的警察，必要时还可以指挥军队。在起诉方面，赋予了检察官对刑事简易程序案件较大的职权。初级审检厅的裁撤以后，刑事案件数激增，为应对此种局势的出现，民国三年四月三日司法部通令颁行《地方审判厅刑事简易庭暂行规则》、《审检厅处理简易案件暂行细则》，规定地方审判厅因必要情形时，设置刑事简易庭，配置专门负责此项工作的主任推事，地方检察厅设置简易起诉处，设置主任检察官，加强对简易刑事案件的打击力度。对于简易案件，地方检察厅检察长享有认定权，检察官自受理案件至起诉不得超过 2 日，免予预审程序，起诉以检察官的言词进行并作好记录，并且简易庭推事自配受案件到谕知判决不得超过 2 日，因特殊情形，地方审判厅长得延长至 5 日，突出的是案件处理的迅速和快捷。① 这一制度这在段祺瑞执政时期颁行的《处理命令暂行条例》中，赋予检察官对于五等有期徒刑、拘役或罚金案件，直接以声请不经审判，通过命令方式直接对案犯判处刑罚。在执行方面，检察机关不仅监督判决的执行，还亲自处理一些执行事宜，包括负责对没收、扣押或保管财产的处理，笞刑的执行等。这一时期对检察机关权力的限制，主要体现在参与民事诉讼的权力方面。北洋政府从立法上赋予检察机关指挥警察权、刑事案件快速决裁权，预审干预权和部分刑罚执行，体现了在军阀统治时期为稳定社会动荡秩序，加强刑事镇压、强化检察职权行使文化特色，这不但与北洋整个时期宪法秩序的混乱景象相合，也与军阀统治下对人民权利的漠视和轻贱相关。

3. 军事检察权的初现

在整个北京政府统治时期，检察权的构建，无疑受到军事势力的左右和影响较大。袁世凯十分注重对军事力量的控制，为加强对军事犯罪活动严厉打击和镇压，加大对军事力量的控制，北洋政府于1915年和1918年先后颁行《陆军审判条例》和《海军审判条例》，确定在军队中设立检察官，他们主要由宪兵军官和军师、旅的副职充任，权力很大，有权侦查逮捕一切犯罪之军人及与军队有关的人员，有权核定证据，认定犯罪刑事，分轻、重送至各审判机关。② 这种军事审判管辖权限非严格化的区分，对于军事检察官借口与军队有关而滥行军事检察权，提供了立法上的依据，并大开方便之门。加之军事检察官员一般由同一机关任命，并受到军队上级命令的调动和指挥，军事检察院司法的随意性和实施法律时所表现的野蛮性都很严重，这对在军阀混战中的人权保障，成为一种潜在的巨大威胁。但不可以否认的是，军事检察权作为近代检察权的新生权力，对加大对军人的法律制约和管束，阻止军人的任意妄为，加强对军人犯罪的惩罚和打击，具有一定的积极意义；同时，因军事检察人员任命的快速和办理案件的迅捷，对于当时普遍软弱的司法控制不力，也发挥了一

---

① 以民国三年和民国四年中河南开封地方检察厅受理案件数的数据比较，民国三年为1222件，民国四年为2019件，增加案数为787件。同样情形中，长春地方检察厅在民国四年的受理案件数目为2525件，民国三年为1965件，增加案数为560件。从当时包括高等检察厅在内的全国所有的检察厅受理的案件数的增幅来看，全国90%以上的检察厅平均每厅增加的案件数都为上百件。这些案件数中，显然有相当一部分属于简易程序案件所引发。由于该统计表中对数据没有进行细致的分类，只能对增加的案件数目进行一个推论。参见司法部编：《司法部四年度办事情形报告》，北京司法部民国六年发行。

② 参见曾宪义：《检察制度史略》，中国检察出版社2008年版，第168页。

定层面的社会秩序的调控功能。

4. 检察权行政化的色彩

首先，县知事兼理司法，使检察权在县域层面具有极强的行政色彩。随着提法司对检察权制约的解除，检察权的一体化趋势进一步强化，在检察机关内部建立起了比较完备的行政管理制度，内部行政色彩增强。最明显的体现就是检察处务制度和首席检察官。1915 年 10 月，司法部批准实施了《京师高等检察厅暂行处务规则》和《京师地方检察厅暂行处务规则》，对考勤制度、行文管理规则、检察长管理职权、检察业务办理程序、办事流程等作出明确细致的规定。民国时期检察处务制度的建立，使检察机构内部的日常行政管理得到加强。其次，为了加强对内部业务的分配和指导力度，为检察长分担具体的检察行政管理事务，北京政府在检察长之下首次设置首席检察官。[①] 这一制度运行为民国后期实行检察官配设制中以首席检察官负责检察事务埋下了制度流变的种子。

5. 检察权地方化

北洋军阀混战时期，中央政权变动频繁，国家制宪计划久拖不决，地方性制宪热潮的倡行，由此带来了司法权力配置的地方化。自从民国九年以后，"各省鉴于护法失败，一时全国统一无望。乃倡联省自治之说，主张各省自动制宪，实行自治，再由各省派遣代表，组织联省议会，制定国宪，依国宪组织中央政府"。[②] 作为司法制度重要组成部分的检察制度也成为省宪论者必须考虑的重要事宜。但各地的设置不尽一样，甚至完全相左。例如，1922 年 1 月 1 日公布的《湖南省宪法》规定，高等审判厅为一省之最高审判机关，高等检察厅为一省最高之检察机关，下设地方、初级审检厅，实行三级三审制，其中高等审检厅的厅长由议会选举产生，高等审检厅以下的法官，由省务院呈请任命之。高等审判厅长暨高等检察厅长以下各法官，非因法律，不得免职、降职、停职、减职务或转职。但在 1921 年 9 月 9 日宣布的《浙江省宪法》中，检察机构及其职权设置非但未能得到湖南省宪那样的重视，反而受到废除的命运。在省宪运动关于检察权设计中，无论权力认可也罢，制度存废也好，都是

---

① 在河南高等检察厅民国五年的检察厅制和事务分配中，其高检厅设检察长 1 人，首席检察官 1 人，检察官员 2 人，实习员 1 人。机构设置总务处和侦查处，因该厅检察官人数较少，检察事务实行轮流办理制度，由检察长交首席检察官按员轮流分配办理。参见《司法公报》1916 年第 56 期。

② 张知本：《宪法论》，上海法学编译社民国二十二年版，第 171 页。

对清末以来检察制度的认真梳理和反思，较好地反映了当时检察权力文化观念的多样化现实。

（三）检察队伍文化及其特征①

清末开创的法官、检察官考试任命制度在民国初期得到了较好的延续和系统改进。在民国开国初期，大总统袁世凯在《整顿司法计划令》中，就反复强调"法官之品格、学识、经验，确堪胜任，为巩固国基之治效"，并认为"严法官之选择，实所以保法院之威严未容缓"。②在司法总长许世英的《司法计划书》中，也认为"吾国司法方在萌芽，基址未臻"，而"法官资格，法定纂严"，③遂提出在中央设一司法专门学校，分普通、特别两科，④以经验、学识并重，其宗旨在培植司法专门人才，以求司法之改进。继任司法总长梁启超认为，民国以来司法制度在有很大的进步的情况下，却不被人理解、反遭谤议的原因主要四个，其中之一就是人才未经历练，刚刚毕业就成为司法官，难以做到审判公平，"所养人才既不足，其择而用之也又不精"，⑤他在担任司法总长时期提出的改良方案：一是慎重任用司法官，主张用考试与甄拔相结合的方式来用司法官，即使符合法官资格者也要考核察验。⑥二是严格淘汰不称其职的司法官，采取考核的方式，以功过定去留，同时赋予其上级随时举报弹劾的权力。在这些思想的主导下，严订司法官员任职资格，加强人才培养力度成为民初司法当局推行司法计划的强力举措，由此带来检察官任职资格和人才选拔

---

① 对清末以来法官、检察官制度的研究，比较全面的专著有马志刚的《近代中国法官制度》、郭志祥的《民初法官素养论》、毕连芳的《北京民国政府司法官制度研究》等。本部分主要参考毕连芳：《北京民国政府司法官制度研究》，中国社会科学出版社2009年版。

② 《大总统令》、《整理司法计划》，载《司法公报》1913年12月。

③ 许世英：《司法计划书》，载《司法公报》1912年11月。

④ 普通科招生中等以上的毕业生，具体学习民刑法、诉讼法以及德国监狱法，并要求学习德国文字，特别科招生具有3年以上法政知识且卒业的学生，以教授民刑、监狱实务为主。该司法改进计划人才培养方案的差异，说明司法当局已经有了按照司法人才的需要按需培养的理念。

⑤ 张品兴等：《梁启超全集》，北京出版社1999年版，第2645页。

⑥ 梁启超提出，改良司法的整顿之道"慎重在官，其方法则用考试以观其学力，行甄拔以选其优良。非特无法律智识者，不许滥竽，即有法官资格者，亦普行察验"。参见《司法总长梁启超呈明司法改良各办法恳特颁明令一力主持文》，载《政府公报分类汇编》1915年第16期。

培养方式的变迁。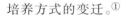

1. 对旧司法人员的重新考验任用

北京政府成立后，中央权威得到加强，司法部开始着手恢复中央政府对全国司法官的控制。这一控制，突出表现在对司法官的任用上。1913 年 2 月，司法部开始改组全国法院，"令伤该厅长检察长即就各一该高等以下审判检察厅现有人员按照京师改组办法将各该员毕业文凭及其办事成绩认真考验，出具切实考语，详细报部，由本总长核定后分别呈请任命，以符约法而昭划一"。②这种改组法院的方式，是比较激烈的，尤其对于没有法律或法政学校毕业文凭的旧法官来说，无异于解职通告，自然引起了他们的强烈不满。但许世英坚定态度，表现出了强硬立场："本总长忝掌法权，列员国务，整理司法悉出于公诚之心，持以贞毅之力，计划具有成书，方针断无反汗，在职一日，即一日负其责任，素性憨直，不屈不挠，毁谤悠悠，更非所计。南山可移，此案决不可改。"③ 表达了自己的态度后，他指出旧法官特别考试一旦获得通过，就将举行，现任旧法官可以暂时以书记官或者帮审员身份工作。司法部在法官改组上所表现出的魄力与坚持，在一定程度上改变了清末法官滥用私人、不学无术的状态，任用的许多新式法律人才，在一定程度上促进了中国近代法官构成由旧式法官为主体向新式法官为主体逐渐转变，是非常值得肯定的。④ 但其中也存在单纯重视学历、轻视经验等问题，挫伤了旧司法官的积极性，给民初司法也带来了一定的负面影响。

---

① 黄源盛统计，从 1912 年至 1927 年 10 月大理院被撤销为止，大理院历任院长和推事共计 79 人，其中 69 人的学历背景已经清楚。这 69 人中，留学日本法政学校的 43 人，毕业于美国、英国各大学法律专业的分别是 5 人和 4 人，出身京师新式法政学堂的 9 人，旧式科举出身的仅 4 人。参见黄源盛：《民初大理院（1912—1928）》，载《台湾政治大学法学丛书：犁齐法史研究（二）》，第 37 ~ 28 页。转引自韩秀桃：《略论北洋时期的司法发展》，载《法律评论》2002 年第 2 期。

② 《令各省高等两厅长将高等以下各厅员文凭成绩认真考验文》，载《司法公报》（第 7 号）1913 年 4 月。

③ 《令各司法筹备处高等审检厅长法院改组法官任用务照本部第五十三号训令办理文》（1919 年 3 月 14 日），载《司法公报》1913 年 4 月 15 日。

④ 据统计，从 1912 年至 1927 年 10 月大理院被撤销为止，大理院历任院长和推事共计 79 人，其中 69 人的学历背景已经清楚。这 69 人中，留学日本法政学校的 43 人，毕业于美国、英国各大学法律专业的分别是 5 人和 4 人，出身京师新式法政学堂的 9 人，旧式科举出身的仅 4 人。参见黄源盛：《民初大理院（1912—1928）》，载《台湾政治大学法学丛书：犁齐法史研究（二）》，第 37 ~ 28 页。转引自韩秀桃：《略论北洋时期的司法发展》，载《法律评论》2002 年第 2 期。

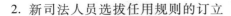

2. 新司法人员选拔任用规则的订立

梁启超上任以后,进一步改革和规范法官、检察官任用问题。1913 年 11 月制定了《甄拔司法人员准则》,作为法官考试的法律依据,专门在未经任用的司法人员中甄拔其优秀者任用为法官,并创设了甄拔司法人员会,以时任大理院长的章宗祥为会长负责甄拔考试。为了彰显透明,甄拔司法人员会制定了《甄拔方法施行细则》、《审议员审议规则》、《审议员会细则》、《甄拔考验细则》等多项法规,事无巨细,均有严格的程序依据。1914 年 1 月 16 日,正式考试于北京举行,有近千人参加考试,共有 178 人合格。梁启超的继任者章宗祥很好地秉承了他知识经验并重的理念,于 1914 年 4 月 16 日公布《甄拔合格人员实习规则》,将甄拔合格人员分配至各厅实习,由所属长官考核升迁。1915 年,北京政府正式颁布了《中华民国法院编制法》,规定法官、检察官经 2 次考核合格方可任用,凡在政法学堂修习法律 3 年以上领有毕业文凭者可以应第一次考试,第一次考试合格者发地方以下审检厅学习,以 3 年为限,学习期满后,可参加第二次考试,合格者始准作为候补推事、候补检察官,分发地方以下审检厅听候补用。除上述选拔方式外,还规定了荐任等其他方式。但无论是具备荐任法官资格的人员还是考试合格的人员,都只能作为候补推事或检察官,只有在各高等、地方审检厅遇有缺出才能依次序补。序补时还需先经过 6 个月的试署,合格后再经过 1 年的荐署,审查合格后方能实任推检。由此可以看出,北京政府时期的法官、检察官,从考试到序补试署、荐署再到实任,需要经历一个比较漫长的过程,而对高等厅和大理院、总检察厅人员资格的要求更高,选任也更加严格。

3. 考核与奖惩措施

为检验用人之效、加大对司法官的监督,北京政府制定了比较详细的考核与奖励、惩戒措施。1913 年,司法部两次发文,要求对包括法官、检察官在内的司法官加强考核、监督。1914 年,司法部公布《司法官考绩规则》,根据该规则的规定,考核共分品行、履历、学历及其现况、执务状况、交际状况、健康状况、性格、才能及其他参考事项。1921 年,司法部又先后颁布实施《考核法官成绩条例》,并设立了司法官考绩委员会,专司考核之事。尽管考绩有了法律依据,但在考核执行中,却存在因循敷衍的现象,同时,受北京政府时期案件积压、诉讼延滞的影响,对司法官的考核更多地侧重于对办案成绩的考核,而对道德品性、工作态度等较少关注,导致一些庸劣之徒混迹其间。在司法官的奖励措施方面,主要有晋升、晋级、加俸等物质奖励和颁给勋章、司法奖章等精神奖励。在惩处方面,1915 年,北京政府第一次公布并实施了《司法官惩戒法》,此后又通过多次颁布相关法规进行补充完善。惩戒措施主要包括褫职、降官、停职、调职、减俸、诚饬等。民国时期由大总统批准授权成立专门的司法官惩戒委员会，在按照一定程序对司法官进行调查后，作出惩戒决议，经大总统核准后，交由司法部执行。

4. 司法讲习所与司法储才馆

为"植养司法人才"，1914 年，北京政府颁布《司法讲习所规程》，举办专门的司法讲习所，对"应司法官考试初试合格者"和"经司法官再试典试委员会审议免初试者"进行培养。司法讲习所自 1915 年 1 月 18 日正式开课到 1921 年年底因经费欠缺停办，一共培养了 4 班毕业学员，共计 300 多人。为完成司法讲习所未完成的事业，1926 年，北京政府又重新设立司法储才馆，学员除了上述两类人员外，还增加了"有司法资格而志愿入学者"。在培养的目的上，储才馆不仅在于知识传授和实务训练，更注重人格之修养和常识之扩充。储才馆学员从 1927 年 1 月开学到 1929 年 1 月毕业，共有 135 名学员被分为到各地法院、检察院。当时的《法律评论》对通过专门培训毕业司法人员的素养给予了充分肯定，1928 年年初，大理院院长余启昌在讲演时说："今日司法界人员多以出身司法讲习所者为佳。"

5. 检察官职业道德建设

清末司法改革中，因忙于各级审检厅的筹备，法官检察官等司法官的职业道德建设尚未提上日程。民国开始关注司法队伍的职业道德建设。北京政府时期颁布了 10 余项法令法规对包括检察官在内的司法官的职业道德建设作出规范。例如，1912 年的《令京外司法官不得入党文》，1913 年的《令京外司法官不得轻离职守文》、《令京外高等审检厅勤理讼案文》，1914 年的《严禁法官入党令》，1915 年的《通饬法官勤职敬身由以沟通律师执法徇私为大戒》，1919 年的《法官举止应格外严肃令》，1920 年的《守法奉公束身自爱令》、《司法官不得沾染嗜好令》、《推检官不得兼营商业令》、《法官不得与律师来往或同居一所令》，1921 年的《法官宜杜绝酬应令》，1924 年的《办案务期迅速令》，1927 年的《法官宜避嫌令》等。这些法令不但涉及司法官的勤勉奉公、坚守岗位、言行举止、办案效率等业务内部活动的规范，也涉及对司法官社会交际交往等业外活动的规范，明确提出司法不党、司法官应杜绝酬应、严格与律师交往、不得兼营工商业等执业禁令。

6. 检察官制服

1912 年 8 月，由于正式的法官制服规定尚未出台，司法部首先公布了暂时办法，规定法官"暂用蓝色长袍，青色对襟长袖马褂"。[①] 1913 年 1 月，北

[①] 《司法部部令》，载《政府公报》（第 122 号）1912 年 8 月 30 日。

京政府出台《推事检察官律师书记官服制令》，规定推事、检察官、律师、书记官到庭时需穿制服，就席后可以脱帽置于书案上，但宣告判决时需要起立戴帽；在法庭外应穿礼服时穿普通礼服。还规定了承发吏的制服并配有附图。根据民国时期检察官的回忆录记载，"司法官的法衣，无论在北洋政府时期及国民政府时期均采用资本主义国家教会式的黑色绸子袍罩式样，镶以不同色的缎子宽边，国民政府规定推事法衣镶蓝缎边，检察官镶紫锻边，律师镶白缎边，书记官不镶边，均自费制用，此种法衣既不合国情，又不美观，司法行政部方拟改订式样，终以意见纷纭，未及改定，即行解放"。①

三、广州、武汉国民政府时期的检察制度（1924—1927 年）②

1924 年 1 月，孙中山在苏联和中国共产党的帮助下，召开了国民党第一次全国代表大会，对国民党进行了改组，邀请共产党人以个人身份加入国民党，国共两党开始了第一次合作，改组后的国民党成为了工人阶级、农民阶级、小资产阶级、民族资产阶级革命联盟的统一战线。1925 年 7 月 1 日，国民党在陆海军大元帅府的基础上成立了广州国民政府，并于 1926 年 7 月开展了轰轰烈烈的北伐战争。随着北伐军的节节胜利，1927 年 1 月 1 日，广州国民政府迁往武汉，成立了武汉国民政府。1927 年 4 月 12 日，蒋介石在上海进行政变，大肆屠杀共产党人，标志着国共第一次合作的结束。在短短的 4 年之中，尽管面临着革命斗争的主要任务，但司法制度改革也在亦步亦趋地进行。这一时期，广州、武汉国民政府先后制定颁布了《改革司法说明书》、《改造司法制度案》、《法官考试条例》、《新司法制度》等规范性文件，这些文件体现了广州、武汉国民政府时期检察制度的理念创新和制度创新。尤其是《改革司法说明书》为武汉国民政府形成贯彻党治理论、保障国民革命、维护工农利益的新的司法制度奠定了坚实的基础。武汉国民政府颁布《新司法制度》之后，社会各界不吝赞美之词，1927 年 1 月 7 日，《汉口民国日报》刊登了《崭然一新之革命化的司法制度》一文，文中称"人民社消息，革命的新的司法制度已于 1 月 1 日在首都之武汉实现矣，虽以改革之急遽，组织或有未备，而规模以称完善，行为极黑暗之司法放一异彩，为受迫之民众，造大幸福也"。③

---

① 赵宇同：《一位民国检察官的回忆录》，载《检察日报》2013 年 12 月 27 日第 6 版。

② 参见李江发：《中国检察文化的历史演进与当代建构》，湘潭大学 2012 年博士学位论文。

③ 载《汉口民国日报》1927 年 1 月 7 日。转引自闵钤：《中国检察史资料选编》，中国检察出版社 2008 年版，第 166 页。

广州国民政府初期，在检察机关的机构设置方面，基本沿用北洋政府时期的四级三审制。从中央到地方分别设立总检察厅、高等检察厅、地方检察厅和初等检察厅。由于当时社会动荡，情况复杂，初等审判厅并未设立，一般由地方审判厅代行初等审判厅的职责或由县长兼理司法。在这样的背景下，初等检察厅并未设立，四级三审制流于形式。1926 年 11 月，广州国民政府颁布了《改革司法说明书》，规定了从革新旧式观念、革新司法人员、创建新型司法制度三方面进行司法改革。

1927 年年初，广州国民政府迁都武汉，随着国内政治局势的稳定，加之服从革命战争的现实需要，武汉国民政府在《改造司法制度案》的基础之上颁布了《新司法制度》。《新司法制度》进行的司法改革涉及改变审判机关名称、废止司法官不党之禁令、废止法院内设行政长官制、废止检察厅、实行参审制和陪审制、减少诉讼费用六个方面的内容，其中第 4 条规定："废止检察厅，酌设检察官，配置法院内执行职务。"如此一来，自清末实施的"审检分立"制度变为"审检合一"，检察机关被裁撤，法院内部只保留了检察官履行职权。原先的检察厅成为法院的内部机构——检察处，各级检察长也一律改称首席检察官。

这一时期检察人员的管理制度主要体现在人员革新、考选任命以及党性培训三个方面。在人员革新方面，《新司法制度》第 2 条规定："废止司法官不党之法禁，非有社会名誉之党员，兼有三年以上法律经验者，不得为司法官。"这样的规定实现了司法人员由"不党"到"必党"的转变。时任广州国民政府司法行政委员会主席徐谦这样解释："因为现在司法变成一个反革命的东西，不能不再将司法革一回命，这才可以盼望司法真正是民众的司法、不是官僚的司法，不是作军阀工具的司法、不是作压迫阶级的司法。"[①]

在考选任命方面，首先要经过考试，但只有在社会上有一定影响的党员并且有 3 年以上从事法律工作的社会经验才可以报考，考试内容分笔试和口试，笔试主要考察三民主义、五权宪法、国文、民法、刑法以及刑事诉讼法，笔试合格后，方准予参加口试，口试的主要内容是测验政治态度。考试合格后，地方法院检察官由省政府委员会、中央法院检察官由司法部提交国民政府委员会正式任命方能上任。在党务培训方面，广州、武汉国民政府注重对司法人员进行政治党务培训，先后在广州、武汉举办了两期政治党务训练班，为参训人员讲解三民主义、农民运动、妇女运动，灌输革命理想，强化司法党化，使司法人员的观念发生转变，积极投身到革命斗争之中。

① 《法官政治党务训练班开学纪盛》（徐主席训词），载《广州民国日报》1926 年 9 月 28 日。

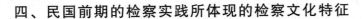

四、民国前期的检察实践所体现的检察文化特征

我国于清末变法修律始引入检察制度，虽在京师首推检察，但真正意义上、比较全面地实践现代检察制度，应是民初之后。这一阶段有记载相对较多，举几例有影响、有代表性的案件。

（一）依法办案，忠实履职

陈锦涛等人收受贿赂、诈财一案①：民国京师检察第一要案

该案主犯为陈锦涛，时任段祺瑞内阁财政总长、盐务署督办和关税特别会议全权代表，从犯11人，基本上属财政部高官或财团商人。负责该案起诉的是京师地方检察厅检察官王维翰。检察官集中检控的犯罪事实有：一是陈锦涛等人利用职务，借湖南水口山两矿产抵押借款，委托入股之名向商人代表等索要10万元贿赂；二是陈锦涛等人巧立名目私分民国财政部大清银行清算委员会积存的公款白银1万余两。检察官在追加论告终又分别列举了涉嫌受贿罪的16条证据和涉嫌诈财罪的7种前提。依据刑律第140条、第383条、第23条以及刑律第142条、第386条，依法提起公诉。针对检察官的起诉，陈锦涛的辩护律师孙润宇以及颜泽祺，提出了详尽的辩护意旨，并指出了检察官不合法的三个方面，认为检察官对陈锦涛提起的公诉指控都不成立，请求法庭宣告无罪。

该案发生在1917年，距检察制度引入不久，其诉讼主体、诉讼标的、诉讼方式、诉讼结果及社会影响都具有典型的特殊性。根据最高法院检察署整理、出版的陈锦涛案，全案的侦查由警察实施，交京师检察机关起诉，由京师审判机关裁判。该案体现的侦诉审严格分离的诉讼方式，与过去侦诉审合一的传统刑事诉讼方式俨然区别。从案件的检控、辩护的史料分析，当时的刑事诉讼已经基本近代化。无论是最初的指控还是以后的追加论告，检察官的起诉都紧紧围绕指控罪名、检控事实以及其因果关系展开，详细阐明被指控行为及其后果。与过去旧的证明方式相比，该案所采取的新的证明方式，没有刀笔吏惯用的文笔雕饰和牵强的推理，只是围绕行为与结果的违法犯罪展开。与清末检察官注重说理、不注重引用法律条文相比，该案中检察官引用具体法律条文的意识明显增强。

该案诉讼在当时引发轩然大波，诉讼各方及其背后的力量都为此案结果进

---

① 该案是由民国最高法院检察署收集、整理出版的典型案例，全文现保留在北京中国国家图书馆，内容主要包括检察官对陈锦涛的起诉文以及律师对本案的辩护意见。关于本案的史料及评述，转引自张培田、孙永波：《民国京师检察第一要案史料刍析》，载《中国刑事法杂志》2011年第8期。

行角力。不管各方如何角力，此案最终结果是：审判机关采信控方证据，支持检方诉讼主张，作出有罪判决。

该案的社会历史价值因陈锦涛等财政部高官的特殊身份而引人关注，但从中国检察制度发展的历史观察，其价值却又远远超过被告身份的特殊性。从古至今，惩治贪官污吏都是社会存续的一个无法回避的主题。与传统的皇帝制裁贪腐官吏不同，该案作为中国法制近代化进程中发生的检控贪腐官吏之典型，采取国家职权主义的抗辩式诉讼，完全不同于传统侦诉审合一的纠问式诉讼，其中将无罪推定、有利于被告、禁止刑讯和充分辩护等新型刑事诉讼原则贯穿其中，有示范和标榜意义。民国最高法院检察院将该案作为典型案例公布，一方面，以财政部长及其高官的刑事追究，向全社会传递法律面前人人平等、违法必究的法治信息；另一方面，也向全社会彰显司法独立审判和检察机关担负国家检控专职及其社会功能的效果与作用。因此，无论是在中国法制史上还是检察制度、检察文化发展史上，都应该留下浓墨重彩的一笔。

（二）不畏强权、追求独立公正

北洋财长罗文干[①]案：司法界的独立战争

该案发生于 19 世纪 20 年代，因北洋军阀政权内部的派系之争而起，先是引起政潮，后来又引发学潮和法潮，可谓轰动一时。

1922 年，直奉战争结束后，直系军阀首领曹锟、吴佩孚掌握了北京政府。以曹锟为首的津保派和以吴佩孚为首的洛吴派明争暗斗。当时的王宠惠[②]内阁具有亲洛吴派倾向，津保派的吴景濂、张伯烈借当时内阁任命的财政总长罗文

---

① 罗文干，字钧任，广东番禺人，清末留学英国，专攻法学，获牛津大学硕士学位，回国后长期从事司法工作。1912 年任广东省司法总长、广东高等审判厅厅长，1914 年调任北洋政府总检察厅检察长，1921 年 12 月任司法总长，1922 年 1 月改任大理院院长，同年 9 月任财政总长。罗文干案发生在 1922 年 11 月，即罗文干任北洋政府财政总长时期。此案史料及内容转引自毕连芳：《北洋财长罗文干案》，载《检察风云》2006 年第 11 期。

② 王宠惠，字亮畴，广东东莞人，清光绪七年（1881 年）出生于香港，幼入圣保罗学校习英文，后入皇仁书院肄业，最后在天津北洋大学读法律。光绪二十六年参加秦力山在安徽大通举义，失败潜逃日本，后转美国耶鲁大学，获法学博士，为同盟会会员。光绪三十四年赴英国研习法学，孙中山曾资助 1500 镑。民元南京临时政府成立，王返国为第一任外交总长，袁世凯做总统后，王出任唐绍仪内阁之司法总长。民国九年八月，王经孙中山之同意，出任北京政府大理院院长。民国十年十二月梁士诒组阁，王再度为司法总长，后转任教育总长，民国十一年九月，由黎元洪提名为国务总理。

干签订"华义借款"合同事件①，向大总统黎元洪揭发罗文干在签订借款合同过程中受贿，以达到倒阁目的。

京师地方检察厅通过法律程序对罗文干案进行调查，经过一个多月的调查，京师地方检察厅认为"犯罪嫌疑不足，行为不成犯罪"，于1923年1月11日作出不予起诉的决定，随即释放罗文干等人出狱。这一结果出来后，引起津保派的反对。1923年1月17日，众议院通过重新查办罗文干的决议，并要求查办京师地方审检厅的司法官。新上任的教育总长彭允彝是亲津保派阁员，为迎合国会，他在阁议中也提出再次查办罗文干。时任司法总长的程克遂以司法部命令的形式，饬令法庭拘罗再议。罗文干等人再次被捕入狱。1923年1月16日，北京大学校长蔡元培宣布，教育总长彭允彝干涉司法，蹂躏人权，违法主张罗案再议，羞与其为伍，辞职出京，蔡元培的辞职激起了难以收拾的学潮。修订法律馆总裁江庸以司法总长程克破坏法令，司法独立无望而通电全国，法界人士纷纷通电谴责司法总长程克的违法行为，从而又引起法潮。

首先发难的是广东省特别区法院全体司法官。1923年1月28日，他们给司法部、大理院、总检察厅、京师高等审判检察厅、律师公会发出通电，指出该案的违法之处。电文如下：罗文干案本是他人告发，自始至终无合法告诉人，依刑事诉讼条例，自无再议之余地。纵使原处分错误，或有新证据发生，一应依法进行，乃竟命令再议，重行羁押，纯属蹂躏法权，司法独立精神被破坏无遗。北京高等检察厅对地方检察厅再次拘捕罗文干等人的非法行为进行了谴责，上海律师公会也电请北京律师公会调查实情，以便力争。在这种情况下，司法总长程克并没有吸取教训，反而采取了更加违法的手段，来对付进行抗议的司法界人士。他将大理院院长董康降为法权讨论委员会副会长，将京师司法机关中的反对者撤职。1923年2月28日，他又下令撤换直隶、湖北两省

---

① 1911—1916年，由于国库空虚，财政困难，北洋政府通过委托奥地利银行团在欧洲债券市场发行债券的方式，向奥地利银行团借款达七次之多，利率四厘至五厘不等，总数为410万英镑。第一次世界大战结束后，许多债券已经到期，购买债券的英、法、德以及意大利等国的债券人，要求中国偿还借款或另外发行新债券，并以此作为承认中国新增关税的前提条件。在与北洋政府财政部多次交涉遭到拒绝后，他们委托华义银行代为办理此事，并给予华义银行大量金钱作为活动经费。财政总长罗文干考虑到政府财政困窘，新增关税意义重大，遂于1922年11月14日，与华义银行经理罗索达·柯索利突然签订奥国借款展期合同，并同意将日债票换为新债票，照票面九折发行，本次借款本息合计为577.719万英镑，年息8厘。合同签订后，华义银行支付财政部8万英镑，又以3.5万英镑作为手续费。这就是所谓的"华义借款"，又称"安利借款"。该行所付的8万英镑支票是由财政部领收的，3.5万英镑支票是意大利人所得的手续费，并不是罗文干中饱私囊。

司法人员。这些司法人员奋起抗争，一方面，根据《临时约法》第 52 条 "法官在任中不得减俸或解职，非依法律受刑罚宣布或应免职之惩戒处分，不得解职" 的规定，斥责司法部任免命令为不合法，不予接受；另一方面，全体一致不办理交接手续，置任免令于不顾。由于有各地司法界人士的大力支持，京师地方审检厅的法官、检察官始终坚持以正当的法律程序，对罗案进行调查、取证、审理。截至 1923 年 6 月 29 日，京师地方审判厅宣布罗文干等人无罪，并将其释放。

不可否认，罗文干等人的再次无罪释放，与当时的政治局势有直接关系。① 但从法律的角度看，包括检察官在内的各地司法人员为了维护司法独立，敢于与司法部相抗衡，并能以《临时约法》为武器，为维护自己的合法权利而斗争，京师地方审检厅也能够顶住来自司法部、议会、内阁等多方面的压力，坚持依法独立公司法和审判。罗案能够得到圆满解决，司法界人士不屈不挠的斗争，起到不可忽视的作用。

当然，除了这些正面案例，也有很多反映北洋时期司法黑暗、腐败以及司法、检察人员抗争失败的案例。例如，京师高等检察长杨荫杭惩戒案。② 杨荫杭先后在日本早稻田大学和美国宾夕法尼亚大学留学。归国后，先在一所法政学校教书，不久后到上海发起创立了上海律师公会；辛亥革命成功后，先后任江苏省高等审判厅厅长兼司法筹备处处长、浙江省高等审判厅厅长等职；黎元洪执政时期，被任命为京师高等检察厅厅长。在此期间，有人揭发交通部总长许世英贪污受贿，杨荫杭派人查实后，下令将许扣押。此举当时在北京掀起轩然大波，政府要人纷纷向杨说情，要求特许保释，北洋政府也出面干预，但杨荫杭仍坚持依法办事，毫不让步，因而被北洋政府停职审查。1917 年 5 月 25 日、26 日《申报》刊发了司法部请交惩戒之呈文和杨荫杭申辩书，案件的是非曲直，一目了然。此事之后，犯罪嫌疑人与检察官双双辞职，案件不了了之。这起案件体现一个京师检察长于乱世之中，主张法治、坚持司法独立、敢于秉公执法的精神；也反映了当时司法易受行政干预的现实状态。

又如，吉林都督陈昭常，因为政治腐败，贪污受贿，"前刘省会议长控

---

① 1923 年 4 月，王宠惠、顾维钧前往保定，找曹锟为罗文干疏通。1923 年 6 月，北京发生政变，黎元洪逃到天津，为曹锟腾出总统宝座。当时，代行总统职权的高凌内阁邀请顾维钧担任外交总长。顾维钧表示，只要罗文干的案件一天不澄清，他就一天不任职。为了尽快组织一个统一的政府，内阁总理高凌、众议院议长吴景濂和司法总长程克一起承诺，保证释放罗文干。

② 此案可见于杨绛回忆其父杨荫杭的散文，转引自刘晓莹：《民国法律人杨荫杭》，载《检察日报》2011 年 5 月 20 日第 6 版。

告，省议会弹劾，检察官诸克聪因依法受理此案，触陈之怒……"[1] 陈昭常便以"身任法官，串唆词讼，联结报馆，混淆是非"的理由，将吉林高等检察厅检察官诸克聪撤差并限令出境。司法部接到吉林都督文电后，未得到吉林提法司呈报，正欲过问详情，便收到总检察厅报告司法部的呈文，认为依照《临时约法》第52条"法官在任中不得减俸或转职，非依法律受刑罚宣告或应免职之惩戒处分，不得解职"的规定，吉林都督无权擅自惩戒司法官。[2] 于是司法部要求吉林都督"迅伤查明，据实速复"。[3] 虽然这些案件最后在行政长官的干涉下不了了之，但检察官和司法各方的独立抗争意识也体现得比较明显。

（三）司法便民

清末在法律改革中注重实体法，轻视程序法，导致许多案件没有确定的审理程序，法官、检察官无法可依。1913年12月，为了提高司法效率，司法总长梁启超开始着手删改旧律，并出台试行章程等程序法法规，但这些法规并不为人民所熟知，在诉讼上频繁出现错误。为使法律透明化，司法部采取了非常务实的做法，命令京外各级审判检察厅长官率领书记官"将诉讼程序法撷要印刷，并摘其最要者分项编成白话或韵语，其程序与从前惯例相异之点尤宜特为揭出，加以说明。到1914年2月，京师地方检察厅鉴于民众对诉讼程序了解较少，经常出错，不但影响到案件审理，而且也浪费司法成本。有针对性地提出若遇到"民、刑事有投递错误或状纸形式有不符者，准两厅互相知照，或代更其状面，不得仅以驳回却下二字了事"。司法部认为该主张颇能刷清利弊，同意照此办理。

五、民国前期检察文化的概括和评价

以孙中山为首的资产阶级革命派，首先在于以实行资产阶级民主政治为目标，彻底改造了数千年的封建君主专制政体，并为建立民主立宪共和政体付出了努力。在孙中山领导的南京临时政府，天赋人权、权力分立、三民主义、五权宪法、司法独立等原理逐渐深入人心，最终成为一种强大的思想运动，致使

---

① 戴逸主编：《中国近代史通鉴（1840—1949）》，红旗出版社1997年版，第574页。

② 《总检察厅呈法部据吉林高等检察官诸克聪以吉林都督破坏司法，请予查办等情，转行咨请取消处分命令文》，载《政府公报》（第211号）1912年11月28日。

③ 《司法部咨吉林都督请伤查明诸克聪所犯情节及其证据，迅速咨复文》，载《政府公报》（第220号）1912年12月7日。

中国传统法律文化发生质的明显动摇。①

北洋军阀时期混乱的政局并没有阻滞检察制度的发展，在执政当局者的统一规划和施行下，不仅在清末基础上进一步建立了较为完整的检察体系，还在内部建立了比较完善的机构、人员以及权力运行的机制和制度章程。据梁启超1924年的说法："十年来国家机关之举措，无一不令人气尽。稍足以系中外之望者，司法界而已。"② 1927年《法律评论》的一篇评论也称："民国肇始，十有六年，政治则萎靡窳败，教育则摧残停顿，军政则纪律荡然。言及国是，几无一不令人悲观。其差强人意、稍足系中外之望者，其惟我司法界。"③ 有学者指出，北京政府时期司法官的现代化培养是该时期司法变革的一大亮色，职业化、精英化司法官的存在，是维持民初司法威信不坠，司法领域独有一片生机的关键因素所在。④

但是，随着军阀独裁统治的加强，封建传统司法专制的回潮，加之司法经费、人员匮乏，使得军事检察权、知县兼理司法等现象出现，检察制度在运行中又呈现了非常明显的军政化、行政化色彩。1920年以后，随着军权的进一步强大，军政长官随意迁调任免司法官的情形比较普遍。被称为"北洋末路之判"的李大钊案，此案审判自始至终都在军政府的主控之下，正常的司法审判毫无开展的空间。有评论指出，此案的判决，不仅决定了李大钊之死，也意味着北洋司法独立之死。另外，受传统诉讼习惯的巨大影响，由检察官承担侦查指挥权与刑事指控权，遭到地方官僚士绅的抵制怨恨，在民众心理上也未建立起最终认可。时人在评论当时地司法权曾指出，"攘于外人者百分之几十，委之行政官者百分之几十，剥夺于军人豪右盗贼者又百分之几十，所谓真正之司法机关者，其所管辖曾有几何？有力之人处心积虑，更是随时利用或摧残之。司法得以保其独立者实在无多"。⑤ 自北京政府后，取消检察制度、裁

　　① 孙隆基：《中国文化的深层结构》，广西师范大学出版社2004年版，第444页。

　　② 参见梁启超：《法律评论》发刊之题词，载《法律评论》（合刊）1924年5月。转引自韩秀桃：《略论北洋时期的司法发展》，载《法律评论》2002年第2期。

　　③ 直夫：《司法之前途》，载《法律评论》1927年2月第32期。转引自韩秀桃：《略论北洋时期的司法发展》，载《法律评论》2002年第2期。

　　④ 吴永明：《理念、制度与实践：中国司法现代化变革研究（1912—1928）》，法律出版社2005年版。转引自毕连芳：《北京民国政府司法官制度研究》，中国社会科学出版社2009年版，第7页。

　　⑤ 林长民：《法律评论》发刊之题词，载《法律评论》（创刊号）1913年7月1日。

撤检察机构的言论甚嚣尘上。[①] 曾经历清末民国司法巨变且长期位居司法决策要职的董康，对于当时司法整体情况评论为："吾人所经营不完不备之司法事务，久已坠于冥漠无闻之地。至此侈谈司法，非盲翁之鼓词，亦疑人之梦呓。"[②] 因此也可以说，正是司法制度的"不完不备"给检察制度的有效运行，设置了先天性不足的诸多障碍，加之检察制度"本非吾讼狱上旧有之制，移而强植，自不易遽期其功效"[③] 的内在困境，使得近代检察制度和检察文化在域外文化冲击和传统文化的挤压下艰难曲折地生长。

第二节　中华民国后期的检察文化（1927—1949 年）

中华民国后期的检察文化，在研究的历史范畴上，是指 1927—1949 年近 22 年来南京国民政府时期的检察文化。由于本书的研究重点为厘清中国检察文化的传承脉络，归纳提炼中国检察文化的特点和规律。因此，在写作思路上，拟以该时期检察文化的制度基础为载体，介绍影响检察文化的政治文化，阐述该时期的检察制度文化及法治文化，最后再就影响检察文化发展变迁的检察制度存废之争予以叙述。同时，穿插介绍该时期影响检察文化的重大事件、重要年份及重点人物，以期对南京国民政府时期的检察文化进行初步探讨。

一、南京国民政府时期检察文化的政治背景

检察文化作为司法文化，是政治文化的核心子文化。政治文化必然对检察文

---

①　如张一鹏先生在 1922 年《法学季刊》（上海）第 1 卷第 1 期上就发表《中国司法制度改进之沿革》一文，明确提出废止检察制度的主张。其废止理由主要有以下几点：一是中国承袭日本检察制度，授予检察官专擅刑事检举之权，废除后，可以节约司法经费。二是与中国司法传统中行政兼操司法的诉讼习惯相背离。三是司法独立后，当地士绅对司法的干预的传统，特别是对刑事案件的干预引起不便，并多怨恨之言。四是检察检举犯罪，审判判决，同样都招致怨恨成为"怨府"，不如减少结构，释放民怨。五是部分地方司法改制中，如哈尔滨改为中国法院后，未设置检察官，起到了制度先导作用。就上述理由而论，至少表明当时检察制度在司法实际运行过程中已经引起时人的不便，对于废止言论在民国国民政府时期达到高潮。

②　董康：《民国十三年司法之回顾》，载《法学季刊》（上海）1925 年第 2 卷第 3 期。

③　王用宾：《二十五年来审检制度之变革》，载《中华法学杂志》1936 年新编 1 卷第 2 期。

化产生重要影响，甚至可以说检察文化是政治文化在检察工作中的反映和体现。

（一）政治体制与检察文化

清末至民国以来近30年，影响中国社会的政治思潮纷繁复杂，中华民族精神世界呈现波涛翻滚、支流旁出、"茫茫九派流中国"的壮阔场面。[①] 各派军阀的封建专制主义尘嚣日上，袁世凯及随后的帝制复辟思潮犹未断绝，直系、皖系"武力统一"主张与"联省自治"等政治思想被极力鼓吹，"宪政"与"法统"斗争激流，甲寅派大肆宣扬封建思想，提倡文化复古，攻击破坏脆弱的民主制度。孙中山在推进"宪政"民主政治共和国进程屡屡受挫后，痛定思痛，提出以"民权"为核心的"三民主义"，并按照"民权"思想提出"五权宪法"的宪政主张。

1927年，国民党内部以蒋介石为首的军派势力以自己的军事优势，通过对外征伐其他地方军阀，对内对抗国民党其他势力集团，确立了新的党政军中心，成立了南京国民政府，[②] 从形式上统一了全国，开始了对中国长达22年的统治。南京国民政府是以孙中山的治权思想为基础而建构。1928年，制定了《中华民国政府组织法》，规定南京国民政府以"行政院、立法院、司法院、考试院、监察院五院组织之"。此后，1931年又对该法予以修正，规定司法院为国民政府最高审判机关，司法院院长兼任最高法院院长。其下设司法行政部、最高法院、行政法院和公务员惩戒委员会4个机关，其中，最高法院行使审判权。1928年11月，南京国民政府颁布《国民政府最高法院组织法》，规定最高法院为全国终审审判机关。11月13日，特任林翔为最高法院院长。11月17日，在最高法院内设置最高法院检察署，置检察长1人，指挥、监督并分配该管检察事务，并设相当额数之庭丁及司法警察。[③] 11月27日，郑烈[④]

---

① 俞祖华、赵慧峰主编：《中国现代政治思想史》，山东大学出版社2009年版，前言第1页。

② 曾宪义主编：《冲突与转型：近现代中国的法律变革》，中国人民大学出版社2011年版，第575页。

③ 中国第二历史档案管编：《国民党政府政治制度档案史料选编》（下册），安徽教育出版社1994年版，第281页。转引自周海燕：《南京国民政府司法院研究》，江西师范大学2008年硕士学位论文。

④ 郑烈（1888—1958年），字晓声，号天啸生，闽侯县城门乡（今福州市仓山区城门镇）黄山村人。早年赴日留学，加入同盟会，后入日本大学学习法律。1915年，曾任云南昆明地方检察厅检察长。后又曾担任江苏高等审判厅推事、庭长，福建高等审判厅厅长。南京国民政府时特任全国最高法院检察署检察长。参见张培田：《近代中国检察理论的演进——兼析民国检察制度存废的论争》，载《中国刑事法杂志》2010年第4期。

被任命为最高法院检察署检察长。从中可以看出，南京国民政府的政权组织形式，虽然在表面上闪烁着孙中山宪政思想的光芒，但仍不可避免地深受中国古代文化大一统思想的影响，即源于中国长期以来权力高度集中，司法权被融合到行政权之中的思想根源。① 在其国家权力体系中，检察机关被层层设置于司法院之下，检察人员由国民政府任命。司法院作为国家司法机关，包括最高法院以及最高法院检察署在内，最终都要向国民党负责，"须受国民党中央执行委员会的指导和监督"。② 这种体制较为深刻地影响了检察制度文化的形成，虽然南京国民政府检察制度比较注重检察职权的独立行使，但检察机关的人、财、物均受制于国民党中央，特别是审检合一制③的设立和对清末以来县长兼理司法制度的继承，不可避免地会夹杂诸如国民党党义至上意识、旧有封建思想传统等消极因素，显而易见会影响检察职业群体的独立性，侵害检察官客观义务等检察职业伦理。如"自清末改制以来……很多地方基层政权仍然顽强地保持着封建时代的司法体制，在县级司法制度中还实行知县兼理司法的行政司法部分的体制。"④ 即使在推动县司法处这一过渡机构时期，检察职权仍然由县长兼任。但在实践中弊端丛生，县长多为党务及军事出身，处理案件时，或不依法办案，或交给秘书执行。有的视检察事务可有可无，能推则推，不肯用心办理。结果导致一边案件积压，另一边司法处审判官无案可审。⑤

（二）"司法党化"与检察文化

浓厚的"党治"思想是影响南京国民政府检察文化的又一政治因素。蒋介石集团在"训政"的标榜下，极力建立和维护其反民主的一党专制和个人独裁政治体制。⑥ 于政府成立之初即提出"一个主义"、"一个政党"的口号，强调"必须确立三民主义为中国唯一的思想，再不许有第二个思想，来扰乱

---

① 李江发：《中国检察文化的历史演进和当代建构》，湘潭大学 2012 年博士学位论文。

② 怀效锋：《中国法制史》，中国政法大学出版社 1998 年版，第 511 页。转引自蒋永锵：《南京国民政府时期的检察制度的演变——以检察机构与检察权为中心》，华东政法大学 2011 年硕士学位论文。

③ 下文在介绍检察制度文化时将重点予以阐述。

④ 刘方：《检察制度史纲要》，法律出版社 2007 版，第 174 页。

⑤ 张仁善：《南京国民政府时期县级司法体制改革及其流弊》，载《华东政法大学学报》2002 年第 6 期。另如，湖南祁阳县检察官离职后，新任检察官迟迟不到岗，几个月案件均未起诉。主任审判官一再请求县长兼理检察职务，均遭回绝。后导致 1944 年 6 月、7 月两个月因检察部分为终结案件就达 300 多起。已终结的案件也为当事人请求撤回。参见中国第二历史档案馆档案，全宗号七，案卷号 202。

⑥ 俞祖华、赵慧峰主编：《中国现代政治思想史》，山东大学出版社 2009 年版，第 36 页。

中国"，主张"以党治国，就是国民党治国"。① 1929 年，国民党第三次全国代表大会通过《训政纲领》，明确了"以党治国"的原则，规定中华民国与训政期间，由中国国民党全国代表大会代表国民大会领导国民行使政权，中国国民党全国代表大会闭会期间，以政权托付于中国国民党中央执行委员会执行之。而治权之行政、立法、司法、考试、监察五项权力付托于国民政府总揽而执行。② 之后，1931 年 5 月 12 日，国民党主持的"国民会议"又通过《中华民国训政时期约法》，在核心篇章"训政纲领"中原搬 1929 年《训政纲领》内容，以根本法的形式确认了国民党一党专政和领袖个人独裁的政治制度。"以党治国"的主要特点表现在：其一，实行一个主义、一个政党，唯中国国民党为正统合法，其余各党概处非法之列。其二，以党代政，国民党最高权力机构即是国家最高权力机构。政府由党直接组织，中央所有政府机构领导官员皆由国民党中央执行委员会选任。其三，法律的制定、修正和解释权，一切立法原则的决定权，均由党的机构执掌，党的决议具有法律效力。其四，国家行政决策权亦属党的机构，政府沦为一党专政的工具。在以党治国的运行机制中，国民党中央执行委员会政治会议，也即"中政会"是最高的立法和政治指导机关，立法院通过的重要法律案必须由中政会决定。③ 至此，一党专政、以党治国统治思想贯彻国民党统治始终。

这种以党治国思想在司法领域的反映即"司法党化"。"司法党化"分为司法党人化和司法党义化两个阶段，前者以徐谦、王宠惠为代表，后者由居正于 1935 年提出。1929 年，在国民党三届三中全会上，时任司法部部长的王宠惠提出"司法党化"的改革方针，刻意让政党影响介入检察体制。之后，他和徐谦等人极力主张司法党人化和革命化。

徐谦（1871—1940 年），字季龙，教名佐治，晚年笔名黄山樵客，安徽歙县人。早年就读于翰林院仕学馆，研读政治法律。曾协助沈家本改革司法，力主采用四级三审制及独立的检察制度。后长期从事司法实务工作，先后任京师地方审判庭庭长和京师高等检察长等职。1910 年，奉派赴美出席第八届世界改良监狱大会，会后考察欧美各国的司法制度，向清廷上奏了《考察各国司法制度

---

① 俞祖华、赵慧峰主编：《中国现代政治思想史》，山东大学出版社 2009 年版，前言第 48 页。

② 俞祖华、赵慧峰主编：《中国现代政治思想史》，山东大学出版社 2009 年版，前言第 37 页。

③ 俞祖华、赵慧峰主编：《中国现代政治思想史》，山东大学出版社 2009 年版，前言第 38~39 页。

报告清单》。他是晚清时期对当时中国司法制度及世界各国司法制度了解较深的专业人士之一。1926 年，在陪同冯玉祥考察苏联后，对苏联的党治理论、司法制度兴趣浓厚，决定以俄为师予以效仿。同年 8 月，作为广州国民政府司法行政委员会主席兼大理院院长，着力推行司法体制改革，提出了"司法党化"主张。①

王宠惠（1881—1958 年），字亮畴，广东东莞涌乡人，出生于香港一个基督教家庭。因此，自幼便受中西结合式的教育。1895 年赴北洋大学堂学习法律，以第一名的优异成绩成为中国教育史上第一张大学文凭的获得者。王宠惠堪称近代中国法坛第一人，也是出色的政治家、外交家。他忠实践行孙中山的"五权宪法"思想，北洋政府时期先后四次出任司法总长。南京国民政府时期，他两度出任司法院院长，进行了多次司法改革。②

1935 年，居正发表《司法党化问题》，进一步为司法党化摇旗呐喊。他提出"一切的政治制度都应该实行党化"，"如果不把一切政治制度都党化了，便无异自己解除武装任敌人袭击"。③

居正（1876—1951 年），字觉生，别号梅川居士，湖北广济县人。居正是近代中国有影响的政治活动家和著名法律家，在孙中山领导的辛亥革命中，居正是较为活跃的骨干分子；在二次革命和中华革命党阶段，他更发挥了十分重要的作用。南京临时政府时，他任内政部次长，曾参与起草《中华民国临时约法》。从 20 世纪 30 年代起，居正在任职司法院院长的 16 年间，主要精力放在当时中国的法制建设上，大力支持、推行中国的法制改革，对内树立法治的威信，对外恢复法权的完整。同时他还兼任中华民国法学会理事长（任期 14 年）、监察院委员等职，撰有《为什么要重建中国法系》等法学专著。因此，对于中国近代法制变革，他不仅耳闻目睹，而且亲自参加，并留下相当丰富的具有研究价值的文字资料。④

与王宠惠等人不同的是，居正提倡的是司法党义化和民族化。二者的区别在于前者要求司法官员入党，后者则要求司法官员可以没有国民党的党证，但

---

① 侯欣一：《革命司法：徐谦法律思想初探》，载《华东政法大学学报》2008 年第 4 期。

② 王文慧：《王宠惠法律思想研究》，青岛大学 2014 年硕士学位论文。

③ 居正：《司法党化问题》，载《东方杂志》第 32 卷第 10 期。转引自蒋永锷：《南京国民政府时期的检察制度的演变——以检察机构与检察权为中心》，华东政法大学 2011 年硕士学位论文。

④ 春杨：《居正与中国近代法制变革》，载《法学家》2000 年第 4 期。

必须有"三民主义的社会意识"。① 无论是司法党人化还是司法党义化，均是通过国民党对司法权的控制，使国家的司法变成国民党落实自身意志和政策，实现社会管理和控制的一种工具和手段。② 不可避免地，以党治国思想成为该时期检察文化的思想政治基础，司法党化也即检察党化。这对检察人员的政治选择、意识构造和检察工作实践产生了深刻影响。在主观上，要求检察人员一律党化。例如，1933 年，国民党中央决议甚至要求所有参加受训的非国民党籍法官"集体申请入党"。③ 虽是对法官的要求，但检察官也不例外。在客观上，大批国民党党员加入司法队伍，党务人员从事司法工作甄审考试及格者比例上升，党纲党义为最重要的培训科目，并特别强调司法官在适用法律之际必须注意党义的运用等。法律意识对于检察活动具有决定性的影响，④ 司法党化直接打破了自清末以来的"司法不党"原则，必然对检察官客观公正义务的检察职业伦理造成严重影响。强调对司法人员实际司法活动运用党纲党义的要求，极大地冲击了检察官员的法律意识构造，严重束缚了检察官履行客观公正义务、维护公平正义的积极性和主动性。

二、南京国民政府时期的检察制度文化

检察制度是检察文化的载体，是构建检察机构的基础。检察文化发生且并存于检察制度产生、发展、变革的全过程。⑤ 南京国民政府在沿袭传统和借鉴吸收域外法律制度的基础上，构建了较为完备和成体系的检察制度，并随着社会的发展不断改革和完善。该时期的检察制度文化主要包括检察组织文化、检察权力文化和检察队伍建设文化。

（一）检察组织文化

南京国民政府时期，检察组织机构的设置始终与法院设置相伴相生。1927 年成立之初，在审判审级制度上，继续沿袭了北洋政府的四级三审制，

---

① 蒋永锵：《南京国民政府时期的检察制度的演变——以检察机构与检察权为中心》，华东政法大学 2011 年硕士学位论文。

② 侯欣一：《党治下的司法——南京国民政府训政时期执政党与国家司法关系之构建》，载《华东政法大学学报》2009 年第 3 期。

③ 金沛仁：《国民党法官的训练、使用与司法党化》，载《文史资料选辑》（第 78 期），文史资料出版社 1982 年版，第 88 页。转引自蒋永锵：《南京国民政府时期的检察制度的演变——以检察机构与检察权为中心》，华东政法大学 2011 年硕士学位论文。

④ 张耕主编：《检察文化初论》，中国检察出版社 2014 年版，第 235 页。

⑤ 孙光骏：《检察文化概论》，法律出版社 2011 年版，第 2 页。

"大理院"改称"最高法院",设在国民政府所在地;各级审判厅改称各级法院,设置于相应的各级行政区域。此前及此间,废除检察制度的呼声不绝于耳,① 遂采取折中之法,在沿用北洋政府检察制度的同时,取消了各级检察厅的设置,采用"配置制",于各级法院之内设置检察官执行检察事务,这就结束了北洋政府实行的"审检分立制"。② 而在审级制度上,1932 年,根据立法院正式公布的中华民国《最高法院组织法》,③ 明确三级三审的审级原则。"三级三审"是指全国共分地方法院、高等法院、最高法院三级。以三审为原则,"求诉讼之详慎也";以二审为例外,"求诉讼之早结,灭除人民缠讼之苦"。地方法院为基层审判机关,一般设在县或市;区域狭小的县或市,可以若干个合设一地方法院,区域辽阔的县或市也可以增设。高等法院设立于省或特别区域,增设高等法院分院。另外,在国民政府所在地的首都(南京)及国民政府行政院的院辖市也可各设立高等法院。最高法院设立于国民政府所在地——南京。④ 而依据检察机构设置于法院的传统,《最高法院组织法》规定:"最高法院设检察署,置检察官若干人,以一人为检察长。其他法院及分院各置检察官若干人,以一人为首席检察官。其检察官员仅有一人时,不置首席检察官。"稍后,《修正法院组织法原则》又规定:"于最高法院内置检察署,其他各法院均仅配置检察官,其检察官二人以上者,以一人为首席"。检察机构在组织结构上,也相应地分为中央、省、县(市)三级。根据这些规定可以看出,在最高审检机关层面上,最高法院和检察署各自为单独机构,仅是在一起合署办公。最高法院检察署为全国最高检察机关,检察署首长称"检察长"。在省级审检机构层面,高等法院、地方法院及其分院不设置检察署,仅在法院内部配置检察官,并不作为单独机构,其职责权限仅限于业务范围,在行政事务和后勤保障上均由法院统一管理。而县级层面,检察机关的设置较为波折,虽然 1929 年 7 月,司法院制定普遍设置县司法院的计划,但截至 1934 年,全

---

① 北洋政府时期,检察制度在试行中引发了很多流弊,有人批评大陆法系之检察制度瑕疵甚多,远不如英美法系之实行私人追诉主义更能保障人民权利和自由,并进而主张,考虑宪法的宗旨及近代刑事政策的潮流,检察制度应废除。参见朱鸿达:《检察制度论》,载《民国法学论文精粹》(第 5 卷),法律出版社 2004 年版,第 499~511 页。

② 何勤华主编:《检察制度史》,中国检察出版社 2009 年版,第 352~353 页。

③ 该法自 1935 年 7 月 1 日实施后,一直沿用至 1949 年南京国民政府逃离大陆。

④ 何勤华主编:《检察制度史》,中国检察出版社 2009 年版,第 352~353 页。

国设置县法院的仅 37 处，^① 至 1935 年，司法权仍由县长兼理的县占 4/5 以上。^② 1935 年，全国司法会议上提出对县长兼理司法情形进行改革，要求先设立县司法处作为过渡，再向设正式法院过渡，并计划于 1939 完成。刚开始改革很顺利，截至 1937 年，县司法处比例已上升至 33%，新式第一审法院也上升至 17%，但因随之而来的抗日战争而被迫停顿。抗战结束后，司法改革试图继续进行，但仅处于倡议和计划层面，直至 1949 年国民政府退出大陆，改革落实依然较少。^③ 因此，县级检察员为县长或县司法处人员行使。而从总体上而言，该时期检察机构的设置采取了合署制和配置制相结合的方式。同时，南京国民政府还设置了特种检察机关和军事检察机关。特种检察机关采取配置制，在特种刑事高等特种刑事法庭和中央特种刑事法庭中设立检察官，均设庭长 1 人，审判官若干人，检察官 1—3 人，主任书记官 1 人，书记官若干人。^④ 前者受理 "危害国家紧急治罪条例所规定案件"，后者受理 "复判高等特种刑事法庭判决之案件"。设置军事检察官由陆军宪兵官长或军士以及总军师旅各司令部副官或军法官充任。^⑤ 1930 年，修订公布《陆海空军审判条例》，明确简易、普通和高等三种军法会审，并保留军事检察规定。以上阐述仅从检察机构自身角度，对该时期检察机关的设置进行了概括性介绍。可以看出在制度设计上，南京国民政府普通检察机关是在沿袭 "审检分立" 传统上作出的改变，采取合署制和配置制相结合，总体而言属 "审检合署" 组织形式。

（二）检察权力文化

检察权的法律渊源主要包括 1928 年《刑事诉讼法》、1932 年公布的《最高法院组织法》以及其他散见的规范性文件等。例如，前者规定，"检察官因告诉、告发、自首或其他事情，知有犯罪嫌疑者，应即侦查犯人及收集证据"。后者则全面规定了检察官的职权，如 "（1）实施侦查、提起公诉、实行公诉、协助自诉、担当自诉及指挥刑事裁判执行；（2）其他法令所定职务之

---

① 司法行政部统计室编，《民国二十三年度司法统计》，第 39 页。转引自张仁善：《南京国民政府时期县级司法体制改革及其流弊》，载《华东政法大学学报》2002 年第 6 期。

② 张仁善：《南京国民政府时期县级司法体制改革及其流弊》，载《华东政法大学学报》2002 年第 6 期。

③ 张仁善：《南京国民政府时期县级司法体制改革及其流弊》，载《华东政法大学学报》2002 年第 6 期。

④ 曾宪义主编：《检察制度史略》，中国检察出版社 2008 年版，第 192～194 页。

⑤ 曾宪义主编：《检察制度史略》，中国检察出版社 2008 年版，第 192～194 页。

执行"。① 从中可以看出，其检察权设计主要围绕刑事犯罪案件运行，包括刑事侦查、提起公诉、审判监督、刑罚执行监督和监禁场所监督五项权力。而刑事侦查权较为明显地体现了检警一体或检主刑辅原则，包括自行侦查权和指挥侦查权，即检察官在侦查犯罪过程中可以行使传唤被告人、拘提嫌疑犯、通缉被告人、逮捕现行犯、询问被告人、羁押被告人、搜索、扣押物品、勘验、询问证人、鉴定等职权。同时，在侦查过程中，检察官有权命令司法警察协助侦查，或指挥司法警察官和司法警察侦查犯罪。而提起公诉则十分明确地宣告了国家公诉权文化，检察官在刑事案件的起诉上拥有特别授权，凡刑事案件，均由检察官提起诉讼。② 检察官始终代表国家提起公诉，可以追加和撤回起诉、上诉以及协助自诉权，以及对特殊案件的刑事起诉等。检察官可以对一审、二审、三审的审判监督以及生效判决进行法律监督，认为判决不当的，可以向上级法院提出抗诉。对生效有罪判决，有管辖权的法院检察官可以申请再审。最高法院检察署检察长可以提起非常上诉权，以实行对全国各级法院审判的监督；各级法院检察官对于生效判决，发现该案违背法令，应以意见书形式向最高法院检察署检察长申请提起非常上诉。对于特种案件中被判处死刑的，如果发现确凿的新证据，"得为受判决之不利益声请再审"。审判监督、刑罚执行监督和监管场所监督三项监督权，可谓是检察机关的根本法律监督职能，是监督文化最直接的表现。检察机关要负责指挥、监督裁判的执行，包括死刑和非死刑刑罚的执行。1928 年《刑事诉讼法》规定："执行裁判由谕知该裁判之法院之检察官指挥之，但其性质应由法院或审判长指挥者不在此限。因上诉、抗告之裁判，或因撤回上诉、抗告而执行下级法院之裁判者，由上级法院之检察官指挥之。"监禁场所监督实质上也属于刑罚执行监督，主要体现在对在押犯人及人犯的监督和对假释及保外服役者的监督。通过巡视监狱、受理被监禁者申诉等，有权要求监狱长官依法行使监管权，纠正其违法行为。对被假释者，居住地和原判决地检察官要掌握情况并监视，若认为失去假释条件时，可出具意见书经高等法院首席检察官转报司法行政部审核，将假释者重新关押到监狱中。③

（三）检察官队伍建设文化

南京国民政府十分注重对检察官的管理和监督。《高等考试司法官考试条

---

① 《最高法院组织法》，参见闵钐：《中国检察史资料选编》，中国检察出版社 2008 年版，第 136~137 页。

② 何勤华主编：《检察制度史》，中国检察出版社 2009 年版，第 362 页。

③ 曾宪义主编：《检察制度史略》，中国检察出版社 2008 年版，第 209~210 页。

例》、《最高法院组织法》、《刑事诉讼法》等规范性文件均对检察官的内部管理、选任、职业保障及职业禁止等方面做了规定。如在内部管理上,"检察长监督全国检察官,高等法院首席检察官监督该省或该特别区域内之检察官,高等法院分院首席检察官监督该区域内之检察官,地方法院首席检察官监督该院及分院检察官"。监督者有权对被监督人处以发命令提示注意或对废弛职务、侵越权限或行止不检者发出警告。[①] 明确了检察官人员的选任资格,参加司法官资格考试的人员必须符合 7 个条件,学历要求必须是大学或学院法律、政治各科毕业,获得毕业证书;严格考试程序和考试内容,考试分为初试和再试,初试即分三场,其中民法、刑法、民事诉讼法、刑事诉讼法、商事法规均为必考科目。初试合格者,依司法官学习规则所定分发学习,学习期满后进行再试。再试分为笔试、面试及学习成绩审查三种,笔试以拟判为主要科目,还要就其学习期内之经验进行面试。通过考试后还要到地方法院或其分院试任职一年,期满后再经考试合格后才能成为正式检察官。在薪资待遇和职业保障上,《最高法院组织法》规定得比较充分。例如,规定"推事、检察官之俸给适用普通公务员俸给规定"、"实任推事非有法定原因并依法定程序不得将其停职、免职、转调或减俸"等。同时,退职检察官进行了职业禁止,以维护司法公正。例如,司法行政部 1933 年对各省高等法院及首席检察官下达第 2626 号训令,即《推检各员退职后三年内不得在原任法院管辖区域内执行律师职务》,规定检察官在退职后 3 年内,不得在原任区内担任律师职务,防止影响裁判。根据制度规定,南京国民政府对检察官的管理和监督十分严格,从进到出包括退休后的从业禁止,都设置了相当严格的限制。虽然受当时整个政局、时局等因素影响,在司法实践中不甚合预期,但至少这种制度设计的积极性和先进性十分值得肯定。

三、南京国民政府时期的检察精神文化

检察文化属于法治文化、司法文化。源于法律传统、政治体制的差异,中华法系没有自我演化生成检察制度。检察制度就是一种舶来品,正所谓远师法德、近师日本。[②] 因此,其一,南京国民政府时期的检察文化深受大陆法系文化影响,又不断适应世界潮流与其他法系文化相融合,域外文化浓厚;其二,

---

① 《最高法院组织法》,参见闵钐:《中国检察史资料选编》,中国检察出版社 2008 年版,第 137~138 页。

② 张英民:《行政检察:一种中国特色的权力监督》,载《政治法学研究》(2014 年第一卷),第 99~100 页。

中国传统文化在检察文化中的体现也十分明显；其三，检察制度作为中国司法建设的新生事物，必然在司法实践中形成独特的检察文化。

（一）域外法系与检察文化

自清末变法修律以来，历代政府以引入西方法律精神制定近代法律规范为先导，积极仿效西方立法模式制定颁行了一系列具有近代化色彩的法典与法律规范性文件。① 至南京国民政府时期，其法律制度已集自清末以来近 50 年中国近代法制变革之大成，以资产阶级的法律形式，形成了《六法全书》体系。② 其中，诉讼立法主要参照在 20 世纪前期引领西方经典化潮流的德国法。③ 这种大陆法系文化对南京国民政府的检察文化产生了深刻影响。

从大陆法系对检察文化的影响来看，一是检察法治文化。法治观在大陆法系文化中源远流长，以人性恶思想为逻辑起点，继而衍生出以法（权）制约权力，由法治代替人治……应当说法治的建立不仅推动了欧洲大陆法系国家挣脱中世纪权威和桎梏的运用……促进了整个西方社会现代化的进程。④ "五权宪法"本身就是在"三权分立"基础上发展而来，本身体现的是一种"分权而治"思想。其中检察权和审判权共同构成司法权，对其他权力进行监督制约；检察权的根本属性是法律监督权，能够有效防止警察恣意和审判随意。二是检察正义观念。正义观念最重要的表现就是严格依照法律作出裁决，即"法无明文规定不为罪，法无明文规定不处罚"，大陆法系国家的法律是以法典形式存在的成文法和制定法，这些法律通过立法者的精耕细作、精雕细琢，已尽可能地体现了正义，所以"遵守法律，是谓正义。"⑤ 南京国民政府注重构建文化的法律体系，从审判组织、诉讼程序、特殊法律等方面颁布了大量规范性文件。例如，1927 年成立之初即颁布《最高法院组织暂行条例》；1928

---

① 从清政府 1906 年颁布的《大理院审判编制法》和 1907 年颁布的《高等以下各级审判厅试办章程》等法律文件可以明显看到，关于整个检察机构的设置、职权叙述以及检察厅与审判衙门共同隶属于法部的组织构架等深受日本司法和检察制度的影响。

② 夏锦文主编：《冲突与移植：近现代中国的法律变革》，中国人民大学出版社 2011 年版，第 505 页。

③ 叶秋华、王云霞、夏新华等主编：《借鉴与移植：外国法律文化对中国的影响》，中国人民大学出版社 2012 年版，第 333 页。

④ 张耕主编：《检察文化初论》，中国检察出版社 2014 年版，第 218 页。

⑤ ［荷兰］格劳秀斯：《战争与和平法》，转引自《西方法律思想史资料选编》，北京大学出版社 1982 年版，第 140 页。转引自张耕主编：《检察文化初论》，中国检察出版社 2014 年版，第 219 页。

年，颁布实施《刑事诉讼法施行条例》，分 17 条，将该法施行前之侦查、预审、审判、上诉、附带上诉、附带私诉及申请再议等内容予以囊括规定；1935年，立法院正式公布中华民国《法院组织法》，[①] 再次公布《中华民国刑事诉讼法》；此后又陆续颁布了一些单行的刑事诉讼法规，如《特种刑事临时法庭组织条例》、《特种刑事法庭组织条例》、《陆海空军审判条例》以及修订《国民革命军陆军审判条例》及《共产党人自首法》、《反革命案件陪审暂行法》等。通过大规模、系统性的立法，使检察机关的组织建设得到了法制保障，检察权的运行有了法制依据。三是程序观念。程序性实际也是法治观和正义观的保障和体现。南京国民政府的检察制度严格遵守了程序的正当性，检察权的行使是刑事诉讼运行的必备程序。例如，一审审判时检察官如不在场，法官不得讯问被告人；且一审判决书副本必须送达检察官。又如，检察官在刑事案件的起诉上拥有特别授权，凡刑事案件，均由检察官提起诉讼。[②] 检察官的起诉是法院审判的必经程序，否则法院不得审判。

从大陆法系检察官检察伦理观念的体现来看，一是控审分离分权思想。主要是指检察权从审判权中相分离，实行控审分离原则。这一原则与检察制度与生俱来，只要设置检察制度，法官的纠问权力必然会被削弱，其自行侦查控诉的权力就由新创制的检察官主掌。南京国民政府虽然实行审检合署，但在刑事诉讼程序上仍严格遵守控审分离，严格保障检察人员的独立权行使，这一点无须再赘述。二是检主警辅限权思想。南京国民政府检察制度规定了在侦查过程中，检察官有权命令司法警察协助侦查，或指挥司法警察官和司法警察侦查犯罪（见上文），这充分体现了大陆法系中通过检察权控制侦查权的"限权"文化思想。

（二）传统文化与检察文化

虽然该时期中华法系已然解体，但传统中华司法文化对检察文化的影响仍然存在。如有学者专门就此作出分析，除上文大一统传统政治观念对检察权在基层司法实践中的影响外，还包括德治观念、中国传统法律文化、监察文化、集体本位、德主刑辅、推鞫狱讼、行刑监督等诸多中国传统文化对该时期检察文化的影响。笔者拟选取几点试做分析。一是维护公益法律文化。通俗地讲，即赋予检察机关提起公益诉讼的权力，在个人主义导致公共利益受侵害时强力介入制约。具体来讲，南京国民政府的检察制度规定，对于妨害风化罪、妨害

---

① 该法自 1935 年 7 月 1 日实施后，一直沿用至 1949 年南京国民政府逃离大陆。

② 何勤华主编：《检察制度史》，中国检察出版社 2009 年版，第 362 页。

婚姻及家庭罪和妨害名誉及信用罪等自诉案件，检察官一般不介入，但被害人可以请求检察官进行侦查，而侦查终结后必须由检察官决定是否提起公诉，一旦决定不起诉，则被害人及其配偶不得再行起诉。① 二是提倡道德感化教育。德主刑辅思想是中国传统法律文化中的一个重要命题，也是数千年来中国封建王朝的正统法律思想。② 除了南京国民政府时期设立反省院③外，同时还在全国各省普遍推行建立实验监狱、少年监狱、普通监狱，外役监、累犯监及肺病监等，强调改造囚犯，施行资产阶级人道主义④。三是行刑监督文化。对刑罚执行的监督是我国古代监察御史的一项重要职责。如在隋唐时期，监察御史要对死刑、流刑、徒刑以及笞杖刑的执行进行全方位的监督，包括期限是否如数执行、刑具是否合格、执行者是否违法等方面。南京国民政府时期由检察机关予以继承，并有所扩大。该时期检察官要指挥裁判的执行，监督裁判的执行，包括死刑和非死刑刑罚的执行监督。如《刑事诉讼法》规定："执行裁判由谕知该裁判之法院之检察官指挥之，但其性质应由法院或审判长指挥者不在此限。因上诉、抗告之裁判，或因撤回上诉、抗告而执行下级法院之裁判者，由上级法院之检察官指挥之。"⑤

四、南京国民政府时期的检察实践文化

虽然南京国民政府时期的检察制度体系构建相对完备，但囿于当时的政治形势、社会状况及司法环境，基层检察实践问题尤为突出。⑥ 其中，最广为人

---

① 曾宪义主编：《检察制度史略》，中国检察出版社 2008 年版，第 201 页。

② 冯守华：《〈德主刑辅〉的历史演进与基本精神》，载《对外经济贸易大学学报》1999 年第 4 期。转引自李江发：《中国检察文化的历史演进和当代建构》，湘潭大学 2012 年博士学位论文。

③ 反省院主要是对共产党人进行思想上的改造。按照国民党一党专政统治思想，这种思想改造也属于道德感化。

④ 春杨：《居正与中国近代法制变革》，载《法学家》2000 年第 4 期。

⑤ 何勤华主编：《检察制度史》，中国检察出版社 2009 年版，第 364 页。

⑥ 有学者归纳了南京国民政府面临的司法困境：（1）动荡的政局与战乱频繁的社会环境难以塑造稳定的司法发展环境；（2）新建的司法体系机构庞杂，职能划分并未真正明确，相当程度上存在混乱；（3）中央与地方的司法尚未达到统一，地方长官兼理司法的现象一直存在；（4）在法律适用上，旧律与新律的适用没有完善的标准；（5）大量判例与特别法的适用干扰了基本法律的执行。（6）在审讯和监狱管理中，刑讯与非人道的监管方式依然存在；（7）法律教育仍然落后，司法人才相对匮乏，司法队伍素质难以满足司法实践的需要。参见陶焄：《罗斯科·庞德与南京国民政府的司法改革》，安徽大学 2007 年硕士学位论文。

诟病的即县长兼理检察权的基层司法体制。南京国民政府的县级司法体制经历了县长兼理司法为主（1927—1936 年）、县司法处的设立与县长兼理检察职务（1936—1946 年）、倡议废除县长兼任检察职务（1946—1949 年）三个时期。①从中可以看出，基层行政首长行使检察权贯穿了整个南京国民政府在大陆的统治时期。县长兼任司法对检察文化的影响表现在以下几个方面：

第一，忽视了检察职业特性。南京国民政府建立后，县知事改为县长，新式法院迅速建立，但受各种主客观条件制约，全国绝大多数基层司法实务，仍由县长兼理。虽然自 1929 年司法院制定普遍设置县司法院的计划通过实施后，但截至 1934 年，全国设置县法院的仍然仅有 37 处。②这种行政权与司法权的水乳交融，严重忽视了检察权的职业特性，在实践中必然带来诸多弊端：一是检察权主体不合格。从上文检察队伍建设部分可以看到，检察人员的选任有严格的考试任命程序，但县长的任命选用多凭私人背景关系，包括政治靠山、行伍出身、裙带关系、权贵推荐等在内的多重因素。多数县长均不具备法律知识和检察职业特殊素质，违法行使检察权必然在所难免。如"县长非专门人才，对于法律为深刻研究，办理案件难期公平合理"③。二是检察权运行不畅。这是非检察专业人才直接导致的后果。司法案件何其重要，"侦查贵乎迅速，苟一拖延，则情事变更，证据淹没，真相不易发现。"④但作为行政官员有时却无暇顾及。因为"县长事繁任重，其势不能兼顾"。"县长因事实苦难，不能兼顾，每将案件搁置，延不进行……"⑤三是检察独立性受到侵害。如上文所述，在省级和中央，均有专门的检察署或检察官，但到基层，却由作为行政官员的县长兼理检察权，这种权力设置上的不对称，严重影响了检察权行使的整

① 张仁善：《南京国民政府时期县级司法体制改革及其流弊》，载《华东政法大学学报》2002 年第 11 期。

② 司法行政部统计室：《民国二十三年度司法统计》，第 39 页。转引自张仁善：《南京国民政府时期县级司法体制改革及其流弊》，载《华东政法大学学报》2002 年第 11 期。

③ 《全国司法行政检讨会议重要提案》，载《法律评论》1947 年 11 月第 15 卷第 11 期。转引自张仁善：《南京国民政府时期县级司法体制改革及其流弊》，载《华东政法大学学报》2002 年第 6 期。

④ 《全国司法行政检讨会议重要提案》，载《法律评论》1947 年 11 月第 15 卷第 11 期。转引自张仁善：《南京国民政府时期县级司法体制改革及其流弊》，载《华东政法大学学报》2002 年第 6 期。

⑤ 《全国司法行政检讨会议重要提案》，载《法律评论》1947 年 11 月第 15 卷第 11 期。转引自张仁善：《南京国民政府时期县级司法体制改革及其流弊》，载《华东政法大学学报》2002 年第 6 期。

体性。而事实也的确如此，"县长对于侦查案件既属兼办性质，办理之善与不善，与其政绩漠然无关，如有搁置不办，或办理不善，或办理不力之情形，上级首席检察官，虽可命令指挥，但县长之心目中仅以服从其直接行政系统之上级机关为天职，此外则无所顾虑，往往命令一到，束之高阁，视若具文，而上级首席检察官，因系统隔阂，又无其他有效方法，使其必遵，势必函请其直接行政系统之上级机关转令办理，各分检处尚须呈请高检为之转请，公文往返辗转需时，及至命令到达，早已事过境迁"。①

第二，丧失了检察公信力。一是对当事人合法诉权的随意侵害。由于县长不熟悉法律，又集司法行政于一身，法随政行，人民权利不仅难以得到法律保障，甚至会受到执法者的侵害。在监督机制上，基层政法机关很难对集政权、财权、检察权于一身的县长实施监督，检察权的法律监督属性完全缺失，导致县长行使审判权的为所欲为，县长往往对司法案件置之不理，② 有的甚至用法律赋予的权力违法作恶，粗暴执法，严重侵害当事人合法权益。③ 二是纵容了司法腐败。法律监督权的屡弱直接造成了司法腐败的严重后果。南京国民政府时期社会动荡，许多地方的县长更换频繁，有些县长还没有熟悉本县行政及检察业务就被调离，根本无法正常履行检察职务。即使在设立县司法处时期，对

---

① 《全国司法行政检讨会议重要提案》，载《法律评论》1947 年 11 月第 15 卷第 11 期。转引自张仁善：《南京国民政府时期县级司法体制改革及其流弊》，载《华东政法大学学报》2002 年第 6 期。

② 对于民众起诉官员的案子，县政府受理后常拖延不办。如《四川高院第四分院邓福田指使杀害共产党员樊稼圃一案的上诉状、辩护状、审讯笔录、判决书》（南充市档案馆全宗号 163M58 案卷号 251）记载了一起县长怠于行使职权，而法律监督权缺失的案件。四川阆中公安局长兼第四区区正郑福田先是拐走了樊稼圃的媳妇，樊不满遂向二十九军军部上告，军部对郑撤职查办。1933 年 7 月，郑指使其卫兵王锡周、张福成枪杀了樊稼圃。1935 年，其母樊张氏于中央军入川后向别动队告状，经审讯，王锡周也承认确有此事。但被转入阆中县政府办理后，杳无音讯。后连递诉状 11 次，行政督察专员也多次勒令县政府立即缉拿，"归案法办"，但县政府均置之不理。后直至 1936 年 10 月 8 日，向委员长行营军法处和四川省政府保安司令刘湘递呈诉状后，批令由四川第十四区行政督员依法办理，不再由县府审理后，该案才获审。可见，其时县长之强势和检察权之屡弱。转引自吴燕：《南京国民政府时期四川基层司法审判的现代转型》，四川大学 2007 年博士学位论文。

③ 例如，1942 年湖南会同县县长杨永坚因程序不合格，对递状人杨汉顺掌批脚踢，被控告后对其更加不满，竟以"诬告罪"将其羁押入监并动用酷刑。参见中国第二历史档案馆档案，全宗号七，案卷号 202。参见张仁善：《南京国民政府时期县级司法体制改革及其流弊》，载《华东政法大学学报》2002 年第 6 期。

违法渎职者，县长也不履行检察职务。既如此，则行政权可以随意粗暴干预司法，继而司法机关也沦为行政长官鱼肉百姓的工具。"县长、乡镇长、保长等凭借行政权力，对于司法机关的正常执法，或无端掀起事端，或与司法机关分庭抗礼，公然挑衅。如有的县长自恃一方行政长官，地位尊崇，根本不把司法处放在眼里……在这样的处境下，审判官不惜委曲求全，'由迁就而转变到应付，从应付而发生了附庸局面，再从附庸而摇身一变，就成了今日不可收拾的保障威权的工具'。"① 在这样的情形下，司法无能、司法腐败情形愈演愈烈，基层人民饱受司法腐败之苦，司法信誉败坏，民众对司法越来越失望。

第三，诱发了检察制度存废之争。1935 年是南京国民政府司法制度发展史上十分重要的年份。首先，一些重要的法律法规，如《中华民国法院组织法》、新《刑事诉讼法》、《调度司法警察条例》等均于这年颁布或实施。其次，这一年，时任司法行政部部长王用宾②视察华北司法后认为，改进司法，应以县长兼理司法事务的改进为第一要务。他主张设立司法处的设想在随后通过并付诸实施。最后，9 月 16 日至 20 日，司法院召开了南京国民政府时期第一次也是最重要的全国司法会议。与会的国民政府司法检察官员就废弃和保留检察制度展开了激烈的讨论。③

在主张废除检察制度的参会代表中，以厦门大学法商学院代表张庆桢最为激烈。他以法学教授名义参会，并提交了《全国司法会议建议书》，共提出 8 条建议，其中，第 3 条即 "检察制度亟宜裁撤"。关于废除的理由，他认为："现时检察官，所起诉之案件，多数由于告发，其职权检举者，可谓绝无仅有。况犯罪之发觉，既出于人民自卫之结果，而必强夺其诉讼之权与检察官，究非妥善之策。……检察官，有时迫于环境，碍于感情，往往怠于上诉；否则，意气冲突，为无益之上诉，罔顾人民之拖累。其尤甚者，凭借其地位摧残

① 张仁善：《南京国民政府时期县级司法体制改革及其流弊》，载《华东政法大学学报》2002 年第 6 期。

② 王用宾（1881—1944 年），字利臣，号太蕤（rui），山西猗氏县（今临猗县）人。1904 年，官费赴日留学，曾就读于日本法政大学大学部法律科。1905 年，成为中国同盟会首批会员。1928 年，当选为南京国民政府第一届立法委员，次年又连任第二届立法委员兼法制、财政委员会委员长。其间，亲自主持拟定过《考选委员会组织法》、《典试委员会组织条例草案》等许多法规。1934 年 12 月至 1937 年 8 月任国民政府司法行政部部长。1937 年 8 月至 1944 年 4 月，任中央公务员惩戒委员会委员长。王用宾法律思想的核心就是"司法为民"。参见杨树林：《司法为民——王用宾法律思想初探》，载《中国法律传统》2014 年第 1 期。

③ 何勤华主编：《检察制度史》，中国检察出版社 2009 年版，第 366 页。

民权，滥押无辜，有损司法之威信。……每一侦查起诉，公文往返，必须经历数种机关，或更迭数次程序，不仅案件稽迟，人民多受羁累；而被告人往往乘此机会，翻供串证，饰词狡辩，诈伪多端，真相混淆，莫可究诘"。① 张庆桢从一个学者的观点提出了废除检察制度的主张，其实也直接反映了当时检察权的实际运行情况。笔者认为，至少可以反映三方面问题：第一，在是否主动履行检举权上，检察机关处于被动，多数犯罪情形属于人民群众的告诉和告发，既然"犯罪之发觉"是出于人民自卫的结果，也就没有理由"强夺其诉讼之权与检察官"了；第二，检察官不能严格履职。受到环境、感情等因素影响太大，或怠于行权，或滥用职权，甚至利用职权侵害民权，严重损害了司法权威；第三，检察权运用存在诸多弊端，没有严格依法行权，程序保障不力，不仅未能充分履行指控犯罪和法律监督职责，反而使被告人"乘此机会，翻供串证，饰词狡辩，诈伪多端，真相混淆，莫可究诘"。

这三个方面均是针对检察制度实践弊端提出，既是废除的有力理由，也是当时司法状况的真实写照。在当时的情况下提出，自然有其十分合理的现实意义。但从历史的长远发展来看，检察制度作为一种先进的法律制度，检察官本身具有超越当事人地位的维护法制公正客观义务，其存在是一个国家法治文明的最直接反映。现实中存在的问题并不能说明制度本身的不合理，而恰恰反证了检察制度在当时并没有得到很好的重视。司法行政部部长王用宾对废除论断的批评也充分说明了这一问题。他指出，现在中国的检察制度"固然不能运用得当，但其咎仍在检察制度的结构不良与人才不当，没有充分发挥检察的效用，并不是检察制度本身不应该存在"。② 同时，主张保留检察制度的最高法院检察署检察长郑烈、四川高等法院首席检察官毛家骐也从检察制度存在的合理性予以回应。毛家骐认为，"检察制度原以摘奸发状、保障公益之权能赋予检察机关"，不能废除。③ 郑烈从废除检察制度后的严重后果予以说明，"废除检察制度而自诉，有莫大危险，具体表现为：（1）增繁诉讼程序；（2）无益上诉激增；（3）架讼敲诈机会增多；（4）被告的信誉易受到影响。为免滥诉与繁刑之害，应保留检察制度"。④ 真正对这场争论作出系统总结并作出权威

---

① 转引自张培田：《近代中国检察理论的演进——兼析民国检察制度存废的论争》，载《中国刑事法杂志》2010年第4期。

② 王用宾：《二十五年来之司法行政》，载《现代司法》1936年第2卷第1期。张知本亦持此说。张知本：《检察制度与五权宪法》，载《法学杂志》1937年第5~6期。转引自杨树林：《论南京国民政府时期检察制度存废之争》，载《求索》2013年第3期。

③ 何勤华主编：《检察制度史》，中国检察出版社2009年版，第368页。

④ 何勤华主编：《检察制度史》，中国检察出版社2009年版，第368页。

论述的，当属南京国民政府法律界翘楚杨兆龙博士。

　　杨兆龙（1904—1979 年），江苏金坛人，1904 年出生于一个普通农民家庭。1922 年考入燕京大学哲学系，后经该校校长司徒雷登介绍，到东吴大学法学院学习。1929 年，年仅 25 岁被受聘为上海法政学院和东吴法学院教授，并经东吴大学法学院院长吴经熊推荐担任上海租界临时法院推事（即法官），专办华洋诉讼案件。1933 年受聘担任立法院宪法起草委员会委员，草拟了《中华民国宪法草案》。1934 年被美国哈佛大学破格录取为博士研究生，师从著名诉讼法学权威摩根教授，并以《中国司法制度之现状及问题研究——与外国主要国家相关制度之比较》为博士论文，赢得以当时法学泰斗、哈佛大学法学院院长斯科特·庞德亲自主持的答辩委员会一致称赞。后在其鼓励下，赴德国柏林大学法学院深造，随库洛什教授研究大陆法。留德期间，掌握了英、法、德、意、西、俄、波兰、捷克八国语言，精通英美法系和大陆法系世界两大法系。1936 年因抗战爆发，提前结束学业回国参加抗战。后曾参与对日本战犯和国内汉奸审判的相关法律工作，后参与主持司法改革。1948 年与王宠惠一起被荷兰海牙国际法学院评选为世界 50 位杰出法学家。解放战争期间，在中共进步思想影响下，接替郑烈担任了南京国民政府最高法院检察署最后一任检察长，通过游说对检察署负有监督职责的司法部部长张知本等工作，解救了大量中共政治犯，特别是通过为总统府及行政院解答法律疑难问题，解救了许闻天等人。1949 年 5 月 27 日上海解放后，将最高法院检察署的全部档案和印章移交给上海市军管会。①

　　1935 年全国司法会议召开之际，杨兆龙博士正在德国留学。1936 年回国后，在《东吴法学杂志》第 9 卷《由检察制度在各国之发展论及我国检察制度之存废问题》文中，对当时存废检察制度的争论作了全面评述，总结了主张废除检察制度的十二点理由。② 其中，十点以论述检察制度实践弊端为主，仅有两点从当今世界英美法系国家不设或不甚重视为由来说明检察制度并无存在之必然。对此，精通两大法系的他予以反驳，"检察制度并非为大陆法系各国所持有，说英美法系国家没有检察制度与事实不符。中国现行的检察制度虽然存在种种弊端，但这不是检察制度本身的问题，主要是在制度的执行过程中因为执行产生的问题。改进和完善检察制度是世界法制发展的大趋势，从我国

<hr>

　　① 郝铁川：《国民政府的末任最高检察长杨兆龙（一）》，载《史卷拂尘》2014 年第 4 期。

　　② 参见杨兆龙：《杨兆龙法学文集》，法律出版社 2005 年版，第 293～294 页。转引自何勤华主编：《检察制度史》，中国检察出版社 2009 年版，第 367 页。

检察制度的建立、实行情况来看，检察制度不是要废除，而是要改进，从而发挥更好的社会功效"。[①] 争论过后，检察制度最终得以保留，并于1946年修正公布的《法院组织法》对检察官的职权进一步予以扩大。

实际上，检察制度存废之争本身即是一种特殊检察文化，是外来检察制度适应中国社会、特殊时期司法环境的必然表现。争辩双方从检察制度的理论本源、人权保障、是否发挥遏制犯罪作用及国家公诉的检察制度存续理论根基等方面进行了激烈讨论，虽然存在时代局限明显、有时不免牵强、理性思辨缺失等不足，但也有关于由检察官主持国家公诉对于规范刑事诉讼道理的科学思辨等闪光之处。[②] 真理越辩越明，检察制度及其检察实践，就是在这样的磨难和磨合中不断发展、日趋完善，最终为后世留下十分宝贵的制度、实践及文化积累。

---

① 何勤华主编：《检察制度史》，中国检察出版社2009年版，第368页。

② 关于检察制度存废之争的评述，参见张培田：《近代中国检察理论的演进——兼析民国检察制度存废的论争》，载《中国刑事法杂志》2010年第4期。

第四章　新民主主义政权
下的检察文化

　　新民主主义革命开始于 1919 年 "五四运动"。[1] 但直至 1927 年南昌起义之后，中国共产党才真正单独肩负起领导中国革命的伟大历史任务，走上武装革命反抗国民党反动统治的道路。1931 年，在全国革命根据地蓬勃发展的基础上，新生的中华苏维埃共和国成立，工农民主政权第一次以独立姿态登上历史舞台。此后，在中国政治形势风云突变和外敌入侵的大背景下，中国共产党领导的新民主主义政权经历了三个阶段。第一阶段是 1927—1937 年，以共产党领导农民开展土地革命、建立农村革命根据地、以农村包围城市进行武装斗争为主要内容，故称土地革命时期；第二阶段是 1937—1945 年抗战胜利，以国共合作，建立抗日民主统一战线共同抵御日寇为主旋律，称之为全民族抗日战争时期；第三阶段是 1945—1949 年全国解放，以国共和谈失败，国内战争爆发，中国共产党领导人民军队解放全国为主要内容，称之为解放战争时期。在 1927—1949 年的 22 年间，土地革命时期的中华苏维埃共和国及各革命根据地苏维埃政权，抗日战争和解放战争时期的陕甘宁边区政府、晋察冀、晋冀鲁豫等抗日根据地民主政权、关东解放区民主政权，先后与南京国民政府同期并处。而在革命法制捍卫革命政权的实践中，人民检察文化也逐渐产生，[2] 并积极发挥检察职能维护革命事业。需要说明的是，由于各新生民主政权始终处在以蒋介石为首的国民党反动派围剿下，[3] 同时受政治、经济、社会形势等影响，该时期的检察文化在发展中时有中断或弱化，并不完全与这段历史严丝合缝。为准确研究起见，笔者拟分土地革命战争时期（1927—1937 年）、抗日战

---

　　① 　胡华：《中国新民主主义革命史》，中国青年出版社 2009 年版，第 2 页。

　　② 　孙谦主编：《人民检察制度的历史变迁》，中国检察出版社 2014 年版，第 41 页。

　　③ 　毛泽东说，十年的红军战争史，就是一部反 "围剿" 史。也就是说，十年革命和反革命的国内战争过程，就是蒋介石反动统治集团的反革命和毛泽东、朱德、周恩来、彭德怀、贺龙、徐向前、方志敏等领导下中国工农红军和革命根据地人民的反 "围剿" 斗争的过程。参见胡华：《中国新民主主义革命史》，中国青年出版社 2009 年版，第 104 页。

争和解放战争（1937—1949年）两个章节对检察文化予以探讨。

第一节　土地革命时期的检察文化（1927—1937年）

人民检察必须在人民政权的根基上建立，工农民主政权的建立为人民检察文化的产生提供了政治前提。同时，人民检察文化也承担了维护新生民主政权的重大历史使命。1927年4月12日，蒋介石发动反革命政变后，共产党人并没有被国民党反动派的"大屠杀"吓倒，反而更加积极地探索和寻求中国革命的前进方向。1927年10月和1928年4月，毛泽东、朱德先后率领秋收起义和八一起义部队上井冈山，创建了中国共产党领导的第一个农村革命根据地——井冈山革命根据地，为中国革命的胜利开辟了一条"农村包围城市，武装夺取政权"的正确道路。[①] 此后近四年，中国的苏维埃运动蓬勃发展。截至1930年上半年，全国共建立了近10个大小不一的苏维埃区域，遍布长江南北的湘、鄂、皖、赣、闽、粤、浙、桂、陕、甘等省。[②] 革命根据地的广泛建立，为革命政权的新生奠定了基础，也为检察制度的建立提供了前提。现有史料显示，鄂豫皖边区、中华苏维埃共和国和川陕省均探索、建立和发展了检察文化。其中，鄂豫皖革命根据地最早萌芽了检察文化，川陕革命根据地是红四方面军从鄂豫皖革命根据地西征转移而组织创建的，它的人民检察制度设置基本与鄂豫皖革命根据地一致。[③] 但由于其创建得较晚，又吸收和借鉴了许多中央苏区法治建设的成功经验。中央苏区是全国最大的革命根据地，是全国苏维埃运动的中心区域。中华苏维埃共和国的检察文化开展得如火如荼、形式多样和富有成效，是该时期检察文化的重心。本书按鄂豫皖区、川陕省、中央苏区的检察文化顺序予以阐述。

一、鄂豫皖边区政府时期——人民检察文化的萌芽

（一）鄂豫皖边区检察文化的政治背景

革命的政权必须在依靠革命斗争开辟的革命根据地上建立。1927年11月，共产党领导湖北黄安、麻城起义和商城、六安起义，鄂豫皖区的革命斗争

---

① 孙谦主编：《人民检察制度的历史变迁》，中国检察出版社2014年版，第41页。

② 胡华：《中国新民主主义革命史》，中国青年出版社2009年版，第95页。

③ 刘建国：《鄂豫皖革命根据地人民检察制度的发展》，中国检察出版社2014年版，第159页。

拉开序幕。1929 年，鄂东、皖西、豫南三个地区各成立了一个师的红军。同年秋成立红一军，随后改为红四军团，徐向前任总指挥。① 1930 年 4 月，三个地区连成一片，称为鄂豫皖区。该苏区位于鄂、豫、皖 3 省交界的大别山，包括鄂东北的黄安（今红安）、麻城、黄陂、孝感、黄冈、罗田、浠水、蕲春、黄梅、广济；豫东南的商城、光山、罗山、固始、湟川、信阳；皖西的六安、霍邱、潜山、太湖、宿松、英山（今属湖北）等 20 余县。1932 年下半年，红四方面军撤出鄂豫皖苏区，向川陕区转移。② 而在此期间的 1930 年 6 月，鄂豫皖苏区设置了鄂豫皖省，成立了鄂豫皖区苏维埃政府，由甘景元、高敬亭先后担任省苏维埃主席。鄂豫皖革命根据地政权的建立，为人民检察制度的最早发端奠定了基础。③

（二）鄂豫皖边区的检察制度与检察文化

鄂豫皖边区的检察制度，严格来讲是革命根据地政权时期的检察制度。根据部分学者观点，尽管中华苏维埃共和国临时中央政府这样的全国性政权尚未建立，但并不妨碍鄂豫皖革命根据地对人民检察制度的探索。④ 1931 年 7 月，早于中华苏维埃共和国成立 4 个月，鄂豫皖区苏维埃第二次代表大会即通过了《鄂豫皖苏维埃政府临时组织大纲》，选举产生了鄂豫皖区苏及人民委员会和工农检察委员会，并在人民委员会下设革命法庭和政治保卫局，先后通过了一系列与检察职能有关的法律、法令、条例，逐步建立了检察制度。⑤

1. 检察组织文化

鄂豫皖革命根据地时期没有单独统一的检察机构，而是检察权分散行使，包括工农监察委员会、革命法庭、政治保卫局。工农监察委员会被明确定位为

---

① 胡华：《中国新民主主义革命史》，中国青年出版社 2009 年版，第 93 页。

② 张皓：《中国现代政治制度史》，北京师范大学出版社 2010 年版，第 262 页。

③ 刘建国主编：《鄂豫皖革命根据地人民检察制度的发展》，中国检察出版社 2014 年版，第 95 页。

④ 如专门研究该时期检察制度的专家刘建国认为，鄂豫皖检察制度具备了人民检察制度发端应具备的四个基本条件：一是建立了革命根据地的人民民主政权；二是建立了革命根据地的人民民主专政的司法机关；三是颁布了革命根据地的人民民主专政的法律法规；四是革命根据地的人民民主专政的法律制度中应有检察组织机构和职能等，从中体现人民检察制度。参见刘建国主编：《鄂豫皖革命根据地人民检察制度的发展》，中国检察出版社 2014 年版，第 171 页。鄂豫皖区检察制度具备了这些基本条件，见下文。

⑤ 司凌丽、龚坚强：《论鄂豫皖革命根据地对前苏联早期检察制度的移植》，载《中国检察官》2013 年第 6 期。

法律监督机关，① 其在组织体系上是独立机关，与各级苏维埃执委会相并立，但执行权仍属于苏维埃政府及其他法律机关。在层级设置上，鄂豫皖区设工农监察院，县、区、乡均设置工农监察委员会，由各级代表大会选举组成。鄂豫皖区工农监察院由 15 人组成，并推选 9 人组成主席团，在工农监察委员会闭会期间代行其一切职权。在领导体制上，工农监察委员会的下属组织要向上级报告工作，上级工农监察委员会要给予指导，包括解决下级不能解决的案件。革命法庭是地方执法机关，在鄂豫皖区工农民主政府和县工农民主政府下均予以设立，主要审理民事刑事案件。在革命法庭内部，设置了国家公诉处和国家公诉员，担负和履行检察职能职责，主要是控告犯罪人。鄂豫皖革命根据地政治保卫局最早于 1931 年 2 月成立，同年 7 月 1 日正式以立法形式在人民委员会内设置，县级设政治保卫局分局，区级设政治保卫局办事处，乡级以下未设立。

2. 鄂豫皖边区的检察权力文化

总体而言，该时期检察权力文化主要以一般法律监督为主，涵盖了职务犯罪侦查和预防、接受工农群众控告申诉、提起公诉以及对特殊案件的侦查、逮捕和预审及出庭支持公诉等现代意义上的检察权内容。一般法律监督权表现为，"考察各级苏维埃是否执行苏维埃的法令和决议"、"经常参加苏维埃会议和各团体会议、督促执行上级苏维埃的法令和决议"、"监督苏维埃有无官僚腐化，脱离群众等现象"。② 职务犯罪侦查权表现为：一是"检查苏维埃中工作人员的官僚腐化及违背苏维埃法令和决议的行为"；③ 二是"调查各地方分配土地情形，有无徇私舞弊或阻碍分配土地行为"；三是"清算苏维埃合作社、经济公社以及各机关的账目，切实预算和决算"；四是"监督税务局的徇私舞弊者及奸商破坏税收和偷漏税收行为者"。④ 职务犯罪预防权表现为向苏

---

① 刘建国：《人民检察制度溯源——鄂豫皖革命根据地人民检察制度初探》，载《人民检察》2011 年第 7 期。

② 参见《鄂豫皖区苏维埃政府工农监察委员会条例》及《鄂豫皖区工农监察委员会通令第二号》，转引自刘建国：《人民检察制度溯源——鄂豫皖革命根据地人民检察制度初探》，载《人民检察》2011 年第 7 期。

③ 《鄂豫皖区苏维埃政府工农监察委员会条例》第 4 条。转引自刘建国：《人民检察制度溯源——鄂豫皖革命根据地人民检察制度初探》，载《人民检察》2011 年第 7 期。

④ 参见《鄂豫皖区工农监察委员会通令第二号》第 2 条、第 4 条、第 11 条。转引自刘建国：《人民检察制度溯源——鄂豫皖革命根据地人民检察制度初探》，载《人民检察》2011 年第 7 期。

维埃工作人员宣传各种文件、布告、通令、通知、训令、各种条例等。^① 而在具体分工上，工农监察委员会主要行使法律监督权、职务犯罪侦查、预防权和控告、申诉权三项检察职权。革命法庭内设的国家公诉处和国家公诉员主要"研究（对）破坏苏维埃政权法令之案件提起公诉。当法庭审问被告人的时候，国家公诉员要来证明案犯之罪恶"。政治保卫局负责对反革命案件进行侦查、逮捕和预审。讯办其他各级政府机关和其他团体机关拘送至的人犯讯办。政治保卫局还担负审查批准逮捕权、出庭公诉权。^②

3. 鄂豫皖边区的检察队伍建设文化

由于该时期检察机关被赋予维护革命政权的重任，因此对工农监察委员会、革命法庭、政治保卫局等工作人员的挑选十分严格，对检察干部队伍素质要求很高。如"鄂豫皖区工农监察委员会工作人员要求必须是党和苏维埃政治素质较高，工作能力较强的积极分子。这些干部是群众中最有威信的同志，他们应该将全部精力用在他们自己的工作上"。^③ 而对领导的选任更是十分重视。如鄂豫皖区工农监察委员会第一任主席蔡申熙，国家公诉处处长程玉阶、国家政治保卫局第一任局长周纯全，都是早期革命根据地时期的著名人物。

蔡申熙（1906—1932年），原名蔡升照，湖南醴陵人。1906年出生于贫困农家，先后考入广州讲武学堂和黄埔军校第一期，后相继参加北伐战争、南昌起义和广州起义。1931年后，历任红四军第十师师长、中共鄂豫皖特委委员兼军委副主席、鄂豫皖中央分局委员、鄂豫皖军事委员会参谋长、彭杨军政干部学校校长。1932年，临危授命任二十五军军长，率军参与第四次"反围剿"战斗，后在战争中牺牲。曾坚决抵制张国焘"左"倾"肃反"政策和冒险主义军事指导思想。1989年，被中央军委追授予"军事家"称号。1931年7月，被选举为工农监察委员会主席。^④

程玉阶（1900—1931年），又名程汝阶，湖北省黄麻县（现麻城市）乘马岗人。1928年4月参加革命；同年10月，任中共黄麻县乘马岗区委书记。1931年7月，任鄂豫皖区革命法庭国家公诉处处长。1931年冬牺牲。他被誉

① 刘建国：《人民检察制度溯源——鄂豫皖革命根据地人民检察制度初探》，载《人民检察》2011年第7期。

② 刘建国：《人民检察制度溯源——鄂豫皖革命根据地人民检察制度初探》，载《人民检察》2011年第7期。

③ 刘建国主编：《鄂豫皖革命根据地的人民检察制度》，中国检察出版社2011年版，第194页。

④ 刘建国主编：《鄂豫皖革命根据地的人民检察制度》，中国检察出版社2011年版，第191～193页。

为人民检察第一国家公诉人。①

周纯全（1905—1985 年），字俊忠。1905 年生于湖北黄安。1925 年参加革命，1926 年加入中国共产党，1927 年春组织八里湾店员工会并任委员长，同年 11 月参加麻黄起义，当选为县农民政府委员。1928 年起，先后任中共信阳县委书记，鄂东、鄂豫边、鄂豫皖特委、鄂豫皖省委、鄂豫皖中央分局常务委员等。积极参与创建了鄂豫皖苏区和组织指挥地方武装参加反"围剿"作战。1932 年后，历任红四方面军第十师政治委员，红四方面军政治委员，政治部副主任，中共川陕省委书记兼川陕游击总司令等。此后，在抗日战争、解放战争和抗美援朝战争均担任了重要职务。1955 年被授予上将军衔。1931 年 7 月，任鄂豫皖区苏维埃政府政治保卫局局长，后任红四方面军保卫局局长兼鄂豫皖游击总司令。②

（三）鄂豫皖苏区的检察实践文化

鄂豫皖革命根据地时期，任红四方面军总指挥的徐向前元帅曾回忆："那时以革命斗争为主，档案资料在革命途中丢失了几麻袋"。③ 这句话至少蕴含了两点重要启示：一是鄂豫皖革命根据地时期的中心工作是进行革命斗争，包括检察工作在内的所有工作，都必须围绕维护和发展鄂豫皖革命根据地，巩固新生革命政权为中心。二是由于当时革命斗争形势的残酷性和紧迫性，可能包括司法机关办案的档案资料大量遗失，导致缺乏有据可载的第一手珍贵资料，给后来的学术研究留下了难以弥补的遗憾。根据现有史料和研究，可以大致对该时期检察实践文化作如下介绍。

1. 鄂豫皖苏区检察权的职能定位

维护根据地建设与发展是土地革命时期所有根据地检察机关的宗旨。"鄂豫皖革命根据地在武装斗争夺取政权和各项事业的建设中，革命队伍里出现了一些叛变投敌、贪污腐化等危害政权稳固的现象。因此，工农监察委员会、革命法庭、政治保卫局积极发挥职能作用，有力打击和惩治了反革命、贪污腐化、徇私舞弊等犯罪行为。"④ 具体而言，则是工农监察委员会受理初查苏维

---

① 刘建国主编：《鄂豫皖革命根据地的人民检察制度》，中国检察出版社 2011 年版，第 220～221 页。

② 刘建国主编：《鄂豫皖革命根据地的人民检察制度》，中国检察出版社 2011 年版，第 224～225 页。

③ 刘建国主编：《鄂豫皖革命根据地的人民检察制度》，中国检察出版社 2011 年版，第 235 页。

④ 刘建国主编：《鄂豫皖革命根据地的人民检察制度》，中国检察出版社 2011 年版，第 230 页。

埃工作人员违法犯罪案件，如属于违反法令的案件，则移送革命法庭进行审判；如属于反动案件，则移送政治保卫局，由政治保卫局进行审讯。政治保卫局受理审讯政治案件和反动案件，然后移送革命法庭进行审判。革命法庭中的国家公诉处和国家公诉员对一般刑事案件和政治案件、反革命案件及破坏苏维埃政权法令的案件承担审查起诉、提起公诉职责。

2. 查办的典型案例

从事该时期检察制度研究的专家学者通过走访革命老同志、查阅相关档案资料和文献收集，梳理和总结了鄂豫皖革命根据地时期司法机关办理的两类六起典型案例，包括鄂豫皖苏区政权建立之前的一些案件。[①] 第一类是镇反除恶类案件，共查办 3 件 4 人。例如，1927 年，确山县临时治安委员会公开审判了该县军阀县长王少渠，释放了无辜群众，保护了群众利益；1932 年，在国民党反动派对鄂豫皖苏区进行第四次"围剿"的严峻时刻，红安县苏维埃政府革命法庭逮捕了为土匪通风报信、侦探引路的游击队长吕正勇和村民潘何厚，经过严格审理，并制作了革命法庭布告，对二人以反革命罪公开处决；1933 年 4 月，政治保卫局对叛变投敌的皖西北道区苏维埃主席张德山秘密逮捕处决。第二类是惩治贪污腐败类案件，共查办 3 件 3 人，工农监察委员会在其中发挥了重要作用。例如，1931 年，工农监察委员会经核查账目发现，鄂豫皖苏区政府一名司务长（名不详），利用采购物品和掌管伙食费之便，贪污大洋 20 块，其被判处死刑；1931 年，工农监察委员会查明了赤城县杨山煤矿（今属固始县）赤色工会经理高振武利用职务之便，作假账贪污 1000 块大洋销售款的犯罪事实，移送革命法庭后，对其判处死刑；1931 年，群众检举了红安县箭厂河黄谷畈红军被服厂女工方某私拿被服和针织物品的行为，方某后被判处死刑。从这些典型案例可以看出，当时对政治类案件和破坏经济类案件的打击十分严厉，7 名犯罪嫌疑人均被判处死刑。同时，也证实了革命司法维护革命政权的重要性和严肃性。

3. 检察权的滥用

检察权既是为革命政权服务，则在实践中受政治因素的影响不可避免。1931 年 9—11 月，时任鄂豫皖中央分局书记兼军委主席张国焘在鄂豫皖革命根据地制造了一场骇人听闻的大"肃反"运动，给党和革命事业造成了重大损失。[②] 在"肃反"扩大化中，政治保卫局职能被严重扭曲，成为张国焘执行

---

① 刘建国主编：《鄂豫皖革命根据地的人民检察制度》，中国检察出版社 2011 年版，第 230～235 页。

② 刘建国主编：《鄂豫皖革命根据地的人民检察制度》，中国检察出版社 2011 年版，第 226 页。

"左"倾路线，排除异己的工具。具体表现在：一是严重违反司法办案程序，刑讯逼供泛滥。在这场运动中，政治保卫局办案只重口供不重证据，为了得到口供就施酷刑，受不了折磨的就乱招乱供，株连一大片。二是检察权越位行使，损害程序正义。在鄂豫皖革命根据地检察职权分工中，政治保卫局仅负责对反革命案件的侦查和出庭公诉，但在"肃反"扩大化中，竟然越位承担了审判权和处决权。例如，"光山县政治保卫局局长带着一位秘书一夜审案 32人，保卫局局长困了，由秘书代审，次日清早，局长一看记录，决定杀掉 16人。"① 该场运动在鄂豫皖苏区历史上写下了极为惨痛的一页。仅在白雀园一地，先后被张国焘以"改组派"、"第三党"、"AB 团"等"莫须有"的罪名而逮捕杀害的红军高级将领就有许继慎、周维炯、庞永俊、肖方、熊受喧等，还有中下级干部和革命战士 2500 多名。② 这至少说明，该时期的包括检察机关在内的司法机关受政治因素特别是领导人影响十分严重，不仅不能有效制约行政权特别是领导人个人专权，反而自身也沦为专政工具，检察机关和检察权均缺乏独立性。检察人员的法治意识、程序意识、人权保障意识等远未树立。

二、川陕省时期——人民检察文化的探索和实践

（一）川陕省检察文化的政治背景

1932 年 10 月，红四方面军主力师和部分少共国际师共约 2 万人，在中共鄂豫皖苏区中央分局书记兼军委主席张国焘和红四方面军政委陈昌浩、总指挥徐向前的率领下，冲破蒋介石国民党军第四次围剿，从鄂豫皖革命根据地撤出，辗转西征。1932 年 12 月，解放通江县城后，成立了以红十师师长旷继勋③为主席的川陕省临时革命委员会，作为川陕省苏维埃政府成立前的最高政权机关。1933 年 2 月，中共川陕省委、省苏维埃政府（又称工农民主政府）

---

① 刘建国主编：《鄂豫皖革命根据地的人民检察制度》，中国检察出版社 2011 年版，第 227 页。

② 刘建国主编：《鄂豫皖革命根据地的人民检察制度》，中国检察出版社 2011 年版，第 227 页。

③ 旷继勋，号吉臣，1895 年出生于贵州省思南县。1911 年入川参加反清保路同志军。1926 年加入中国共产党，1929 年 6 月 29 日带领 2000 余官兵以"中国工农红军四川第一路军"名义宣布起义，攻克蓬溪县城后，成立四川第一个县苏维埃政府，即蓬溪县苏维埃政府。先后任红六军军长、中国工农红军第四军军长，1931 年 10 月在徐向前部任红二十五军军长兼独立师师长。1932 年 12 月 29 日，红四方面军解放通江后，任川陕临时革命委员会主席。1933 年 6 月，被张国焘以"国民党改组派"、"右派"等错误罪名，秘密处死于通江县洪口场。

先后经选举产生，袁克服任省委书记，熊国炳任省苏维埃政府主席。① 此后，红四方面军先后打败国民党反动派和四川军阀的"三路围攻"和"六路围攻"两大战役，巩固了和扩大了新生的革命根据地。1934 年 9 月，根据地进入鼎盛时期，并增加了部分新区。"川陕边老根据地绝大部分在川北：计有巴中、通江、南江、平昌、阆中、苍溪、南部、仪陇、营山、达县、蓬安、宣汉、万源、开江、广元、剑阁、昭化、旺苍十八县；在陕南有：宁强、镇巴、西乡三县；川东有：城口、渠县、开县、大竹、梁山（即梁平）五县。其中通江、南江、巴中、旺苍、万源、平昌、城口七个整县，仪陇、广元、昭化、阆中的大部分为巩固的根据地，其他各县占据部分地位为当时的游击区。全部老根据地，纵横三千里，人口七百万"。② 川陕省苏"坚决执行中华苏维埃共和国中央政府颁布的一切法令和指示，保护工农劳苦群众利益"，③ 并参照中央苏区建立川陕省工农民主政府，设有财政、经济建设、外交、交通、土地、劳工、粮食、文化教育、内务、工农监察等委员会和政治保卫局、革命法庭、戒烟局等。在政权组织层级上，省工农民主政府以下，为各县、区、乡、村工农民主政府，村政府以下设"十家代表"。④ 根据地的政权建设进一步加强，不仅建立了 23 个县和 1 个县级市的苏维埃政权、160 多个区苏维埃政权和 900 多个乡级苏维埃政权，还建立了 4300 多个村级苏维埃政权组织。⑤ 苏维埃政权和革命力量也迅猛发展，共建立了 23 个县和 1 个市的苏维埃政权，红四方面军主力四个师由入川时的 1.5 万余人发展到 8 万余人，加上独立师共有 10 余万

① 陈世松、贾大泉主编：《四川通史（卷七）·民国》，四川人民出版社 2010 年版，第 68 ~ 69 页。

② 参见《中国现代革命史资料丛刊·川陕革命根据地史料选辑》，人民出版社 1986 年版，第 479 页。转引自张皓：《中国现代政治制度史》，北京师范大学出版社 2010 年版，第 263 页。一说是鼎盛时期面积达 4.2 多平方公里，主要活动地区为四川嘉陵江以东，营山、渠县以北，城口、开江以西，陕西宁强、勉县、南郑、西乡、镇巴 5 县邻近四川边界地带。人口约 500 万。参见刘建国主编：《鄂豫皖革命根据地的人民检察制度》，中国检察出版社 2011 年版，第 157 页。

③ 四川大学等：《川陕革命根据地历史文献选编》（上），四川人民出版社 1982 年版，第 143 页。

④ 叶亮：《20 世纪 30 年代川陕革命根据地法制研究》，西南政法大学 2009 年硕士学位论文。

⑤ 冯进：《川陕革命根据地村级苏维埃政权的建立与民主监督》，载《达县师范高等专科学校学报》（社会科学版）2002 年第 3 期。

人。① 川陕革命根据地的不断壮大，引起了国民政府的恐慌。1934 年 10 月，蒋介石亲自飞到西安策划"川陕会剿"。面对优势敌人的联合压迫，自 1935 年 3 月 28 日起，红四方面军经过 24 天的英勇战斗，共歼敌 12 个团约 1 万余人，打破了敌人的"川陕会剿"。随后，由于军事压力、经济困顿以及策应中央红军②等因素，1935 年 4 月，川陕革命根据地的军队和机关后勤人员约 10 万人，全部撤离，川陕革命根据地武装斗争结束。③

虽然从 1932 年 12 月底至 1935 年 4 月，川陕革命根据地仅存在了 2 年零 5 个月，但其在革命根据地时期的重要地位却不容忽视。其发展成为当时仅次于中央革命根据地的全国第二大革命根据地；成为取得打败敌人多次围剿胜利之后，为保存实力主动撤离的根据地；成为红军长征时期，提供兵力最多、物力、财力最多的根据地。特别是积极进行了根据地建设，川陕苏维埃政府开展的"打土豪、分田地"工作，极大地促进了土地革命、农业的发展，军工、民用企业，交通运输业、金融业、国营商业、宣传、文教卫生等经济社会发展各面均有了很大发展。这也是川陕革命根据地在敌人包围中能够存在两年多的重要原因。④ 在此期间，川陕省苏积极发展检察文化，也为川陕苏区的军事胜利和经济社会发展提供了不可忽视的保障。

（二）川陕省检察制度与检察文化

如前所述，基于川陕革命根据地与鄂豫皖苏区的渊源，川陕省检察机构设置基本保留和继承了鄂豫皖苏区的司法经验。同时，由于川陕省苏在政权组织上参照中华苏维埃共和国建立各级苏维埃政权，在法治建设的立法原则、立法内容等方面借鉴和吸收了中央苏区的有益经验，因此，围绕和服务于革命战争进行的各项执法检查、办理反革命案件等检察权行使内容与中央苏区的检察实践大致相同。

---

① 刘建国主编：《鄂豫皖革命根据地的人民检察制度》，中国检察出版社 2011 年版，第 157 页。

② 徐向前同志在《巴山烽火》一书序言中指出："红军进行战略大转移，如果没有川陕根据地的桥梁和连接作用，将会增加更多的困难，造成更大的损失。那时，中央红军撤出了江西，陕北根据地很小，四方面军在川陕的存在，它所积蓄的革命力量，对于一、二方面军的长征，对于全国的革命，是个很大的支持和掩护"。转引自陈世松、贾大泉主编：《四川通史（卷七）·民国》，四川人民出版社 2010 年版，第 83 页。

③ 陈世松、贾大泉主编：《四川通史（卷七）·民国》，四川人民出版社 2010 年版，第 78～80 页。

④ 张皓：《中国现代政治制度史》，北京师范大学出版社 2010 年版，第 260 页。

1. 川陕省的法制建设概况

川陕革命根据地具有早期革命根据地法制建设的共同特点，即十分注重以法律来巩固和发展革命根据地政权。因此，在立法原则上，严格贯彻巩固革命政权、镇压反革命，坚持党的领导、保障人民民主等原则，以法令的形式涵盖规范了包括政权组织、人权保障、土地、财政经济、劳动、刑事、战时动员等在内的各项内容。[①] 这在法制层面体现了川陕革命根据地经济社会发展上已相对成熟，同时也赋予了各级工农监察委员会执法检查更为丰富的内容。而在司法制度建设上，如前所述，沿用的革命法庭的组织形式，建立了公开审判、公民起诉和国家公诉、辩护、审判批准等司法审判制度，坚持"法律面前人人平等、无名报告无效和诬告治罪、加强政治教育和改造罪犯、鼓励自首"等司法工作原则。

2. 川陕省检察组织及检察职能文化

川陕省检察机关也包括工农监察委员会、革命法庭和政治保卫局。其中，工农监察委员会行使的职权包括：检查苏维埃执行委员会是否执行苏维埃法令和决议案；检查苏维埃机关工作人员是否徇私舞弊、消极怠工、向执委会提出处分；审查苏维埃经济预算决算。[②] 革命法庭作为苏维埃政府的司法机关，负责审理一切刑民案件，其主要任务是镇压各种反革命的阴谋活动，保障苏维埃宪法和一切法令的执行，接受和处理苏维埃区域人民群众团体和政府机关的一切申诉案件。其组织结构分为省、县、区三级。省和县的革命法庭之下设有公诉处和申诉处。公诉处实际行使的是检察机关的职权，由省或县革命法庭指定专人组成，代表政府同时也可以接受群众的委托对某一案件提起公诉。[③] 也有学者认为，革命法庭下设置国家公诉处，研究犯人的证据，应判什么罪，由国家公诉处提起公诉。[④] 但无论持哪种观点，均肯定了国家公诉处承担的提起公诉职能，包括审查起诉和接受委托提起公诉。从这个意义上来看，该时期实行"审检合一"制，即法庭内部设置承担检察职能的部门或人员。政治保卫局是保障苏维埃政权，镇压反革命的有力组织，有权调查各县反革命分子活动的情

[①] 叶亮：《20 世纪 30 年代川陕革命根据地法制研究》，西南政法大学 2009 年硕士学位论文。

[②] 四川大学等：《川陕革命根据地历史文献选编》（上），四川人民出版社 1982 年版，第 153 页。

[③] 叶亮：《20 世纪 30 年代川陕革命根据地法制研究》，西南政法大学 2009 年硕士学位论文。

[④] 刘建国主编：《鄂豫皖革命根据地的人民检察制度》，中国检察出版社 2011 年版，第 158 页。

形，有计划地进行肃清反革命分子及其活动；指导各县保卫局的工作。①

（三）川陕省检察实践文化

由于根据现有材料很难找到详细记载该时期的相关典型案例，因此，只能通过查阅一些学者目前的研究资料，对当时检察实践文化特点予以分析。一是工农监察委员会的执法检查是检察工作的重心。工农监察委员会自成立之初，即被明确执法检查职责，既包括检查苏维埃执行委员会是否执行苏维埃法令和决议案，也包括对苏维埃机关工作人员徇私舞弊、消极怠工的检查和提出处分。随着川陕省法律法令的逐步健全，执法检查被赋予了更新、更丰富的内容，为杜绝形式主义和官僚主义、防止苏维埃工作人员腐化变质起到了一定的监督和制约作用。二是司法与人权保障的关系密切。一方面，工农监察委员会的成立是为了防止对民主权利的损害和民主权利的滥用，维护人民的各项民主权利。包括通过组织法明确广大人民群众通过工农兵大会的选举直接参与国家政权的管理，使人权包括保护妇女权益得到充分尊重和保障；劳动民众的团体或个人，有权向革命法庭提出一切对苏维埃委员会徇私舞弊等行为的申诉，如被人陷害或遭受冤抑，可到县、省革命法庭或工农监察委员会上诉伸冤。但另一方面，却在法制建设上出现了"过犹不及"的"左"倾情形。如《苏维埃的法令》规定："穷人皆曰'可杀'然后杀之！"这种司法的随意性看似民主，实则是对法律程序的严格破坏和人权的严重侵犯。三是政治因素影响，司法权被滥用。如受"左"倾思想影响，存在一些侵犯中农、打击富农以及许多法律制度不够健全、落实不力等问题。特别是混淆肃反斗争与内部政治思想斗争的界限，把矛头指向党和政府内有不同意见的同志，杀害、迫害了苏区和红四方面军的大批重要干部和老战士，包括前面提到的红四方面军领导人旷继勋，给革命事业造成了严重危害。

三、中华苏维埃共和国时期——人民检察文化的初创和发展

（一）中央苏区检察文化的政治背景

1928 年，赣南、闽西爆发一系列起义。1930 年 6 月，红一军团成立，以赣南、闽西为中心区域的中央革命根据地基本形成。② 1930 年 10 月 4 日，红军攻克吉安城后，成立了江西省苏维埃政府，赣西南苏区和赣南、闽西苏区连成一片，中共中央指定该区域为中央苏维埃区域。在行政区划上，中央苏区根

---

① 刘建国主编：《鄂豫皖革命根据地的人民检察制度》，中国检察出版社 2011 年版，第 158 页。

② 张皓：《中国现代政治制度史》，北京师范大学出版社 2010 年版，第 261 页。

据形势变化，设置了江西、粤赣、赣南、福建和闽赣5个省和瑞金、西江、长胜、太雷4个直属县（市）。江西省苏维埃政府成立于1930年10月上旬至11月8日，曾山任主席。该省地处赣西南根据地，辖地最多时有宁都、博生、洛口、长胜、兴国、公略、胜利、赣县、广昌、南丰、石城、康都、永丰、新干、乐安、宜黄、崇仁、万太、龙冈、彭湃（两个同名县之一）、杨殷、太雷、赤水、于都、会昌、寻邬、安远27个县。粤赣省于1933年8月由江西省分设出来，省苏维埃政府设在会昌，钟世斌任主席，辖地有会昌、西江、门岭、寻邬和信康5县。赣南省也于1934年8月由江西省分设出来，省苏维埃政府设在于都，辖地有于都、赣县、登贤和杨殷四县。福建省地处闽西根据地，1932年3月，在长汀成立省苏维埃政府，张鼎丞任主席。全盛时辖地有长汀、汀东、上杭、武平、永定、连城、龙岩、宁化、归化、清流、彭湃、新泉、代英和兆征14个县。闽赣省于1933年设置，省革命委员会设于黎川，邵式平、杨道明先后任主席，辖地曾经达到26个县，即建宁、黎川、泰宁、崇安、光泽、邵武、建阳、崇浦、广浦、广丰、上铅、上广、资溪、贵南、铅山、东方、建东、金南、黎南、宁化、清流、归化、彭湃、泉上、将乐和沙县。[①]

在红色区域的不断发展过程中，1931年11月7日，中华工农兵苏维埃第一次全国代表大会在江西瑞金县叶坪村谢氏祠堂召开，中华苏维埃共和国临时中央政府成立，毛泽东为主席，改瑞金为瑞京，作为首都。同年11月27日，中央工农检察人民委员部成立，中华苏维埃共和国检察制度正式建立。1934年10月，随着第五次反"围剿"失败，中央主力红军被迫退出苏区，实行战略转移。长征途中，检察机关日常工作中断。1935年10月，红军长征到达陕西吴起镇；同年11月3日，中华苏维埃共和国临时中央政府成立了驻西北办事处，沿袭中央苏区，陆续颁布了一些有关司法工作的法规和政策。中央国家机关虽从江西转移到陕北，但政治体系上仍然属于中华苏维埃共和国时期，行政机构和司法系统中设立了检察机关，称为工农检察局，在法院系统设立检察长和检察员。1937年9月，第二次国共合作开始，抗日民族统一战线正式形成，中国共产党将陕甘苏区改名为陕甘宁边区。由此来看，从1931年11月—1934年10月，中华苏维埃共和国和中央苏区检察制度及工作实践仅在中央苏区存续了3年。在这3年里，中国共产党和中华苏维埃共和国临时中央政府在进行艰苦卓绝的革命战争和土地革命的同时，积极学习和借鉴苏联法制建设经验，探索和建立了苏区检察制度，从中央到地方均建立了检察机关，并充分运用检察职能维护新生的革命政权。

---

① 张皓：《中国现代政治制度史》，北京师范大学出版社2010年版，第261页。

（二）中央苏区检察制度与检察文化

早在中华苏维埃共和国成立之前，中央苏区在逐渐形成和发展的过程中就已经出现了一些有关检察制度的规定，但仅散见于只言片语中。除之前的鄂豫皖苏区外，更多苏区政权并没有设置专门的检察机关。中华苏维埃共和国成立伊始，即十分注重法律的规范化建设，前后共颁布了约120余部法律法令，涵盖了国家法、刑事、民事、行政、土地、经济、劳动、文化、教育等诸多领域。其中，关于司法制度的12部，与检察行政管理及检察制度相关的6件。[①]依据这些法律法令，中华苏维埃共和国组织了政权机构，建立了工农检察人民委员部等检察机关，形成了中央苏区的检察制度体系。

1. 检察组织文化

从政权机构组织来看，全国苏维埃代表大会选举产生中央执行委员会，作为其闭会期间的最高权力机关。中央执行委员会下设中央人民委员会，作为最高行政机关。中央人民委员会暂设外交、军事、劳动、土地、财政、司法、内务、教育、工农检察9个人民委员部以及中央国家政治保卫局，即"九部一局"。从检察机关组织来看，"九部一局"中的工农检察人民委员部是最高检察机构，[②] 国家政治保卫局检察（查）科、最高法院及各级裁判部内设的检察长和

---

① 具体包括：《中华苏维埃共和国宪法大纲》、《地方苏维埃政府的暂行组织条例》、《中华苏维埃共和国苏维埃暂行组织法（草案）》、《中华苏维埃共和国中央苏维埃组织法》、《中华苏维埃共和国军事裁判所暂行组织条例》、《裁判部的暂行组织及裁判条例》、《中华苏维埃共和国司法程序》、《工农检察部的组织条例》、《突击队的组织和工作》、《中央工农检察人民委员部训令第一号——关于检查优待红军条例问题》、《中央工农检察人民委员部训令第二号——关于检察苏维埃政府机关和地方武装中的阶级异己分子及贪污腐化动摇消极分子问题》、《中华苏维埃共和国临时中央政府工农检察人员委员部训令第三号——关于健全各级工农检察部组织事》。参见林海主编：《中央苏区人民检察制度的初创和发展》，中国检察出版社2014年版，第15页。

② 中央执行委员会第一次会议后，各人民委员部即分别开始抽调工作人员，建立具体工作机构。中央总务厅将曾作为第一次全国苏维埃代表大会会场的谢氏祠堂，用木板分隔成十几个小房间，每个部分配到一个不足10平方米的小房间，其中，工农检察人民委员部即设在该祠堂会议主席台左侧的第一间小房间内。参见林海主编：《中央苏区人民检察制度的初创和发展》，中国检察出版社2014年版，第11页。中央工农检察人民委员部成立，先后有两处办公地点：一是在叶坪谢氏宗祠内；二是沙洲坝老茶亭杨氏宗厅（1933年4月迁到这里），这也是检察机构的第一处独立办公场所。它是一幢深三进、宽五间的客家宗厅，建于清康熙年间，距今有300余年。"人民检察第一门"就是从这里的原物抢救下来的。参见最高人民检察院：《人民检察史——纪念人民检察机关恢复重建三十周年》，中国检察出版社2008年版，第23页。

检察员以及初、高两级军事检察所也是检察机关组成部分，行使部分检察职能。

工农检察机关是从中央到地方自上而下、较为完整的检察组织体系。在内部设置了一些开展检察工作的具体组织机构。中央和地方各级苏维埃政府均设工农检察部，中央称工农检察人民委员部，地方直接称工农检察部。各级工农检察部均设控告局①、检举委员会。1932 年 8 月后，工农检察机关指导组织成立了突击队；1933 年 12 月后，工农检察机关在业务上领导青年群众监察组织——轻骑队。此外，设立省、中央直属市设立的负责巡视和指导某些特定检察工作的人员为巡视员，在各级政府机关、企事业单位、群众团体、街道、村落中设置不脱产人员为通讯员，巡视员和通讯员均负责向工农检察部报告工作。在领导关系上，各级工农检察部门既受各该级执行委员会及其主席团的指挥，同时又受上级工农检察机关的命令，实行的是双重领导体制。国家政治保卫局设置也比较完善，中央设国家政治保卫局，省、县设省分局和县分局，红军方面军军团下设分局，师、团及独立营则设特派员及干事。必要时，某些机关中也直接设国家政治保卫局特派员。各级保卫局内部均设侦察部门，其下设置检察科。上下级政治保卫局之间实行严格的垂直领导。在各级审判机关内部，均设置了检察长或检察员，实行审检合一制，审判机关在中央和地方设置不同，中央审判机构先后设立临时最高法庭、最高法院和最高特别法庭，前两者均为常设审判机构，在内部另设检察长和检察员；最高特别法庭为审理特殊案件时，经授权组织的临时性最高特别审判机关，直接向中央执行委员会及其主席团负责报告，案件一经审完即行解散，也设检察长 1 人。地方各级法院未成立前，在该省、县、区及城市设裁判部（科）作为临时审判机关，均在其内部设立检察员。军事检察所设置包括初级、高级两级检察机关，与同级军事裁判所相对应，两级检察所均设所长、副所长和检察员若干，其工作人员视军队情形可随时增减。综上所述，中华苏维埃共和国已建立了相对完备的检察组织体系。

2. 检察权力文化

由于处在特殊的革命形势和政治形势下，中华苏维埃共和国的检察权力文化具有鲜明特色，充分体现了"一般法律监督权为主，刑事检察权为辅"的

---

① 《工农检察部控告局的组织纲要》规定："控告局设局长 1 人，调查员若干人。"为便于举报，在工农集中的地方，置控告箱。1931 年，江西兴国县高兴区苏维埃政府工农检察部控告局制作了一个控告箱，左右侧分别写了控告内容、诬告责任等。这只控告箱在当地悬挂了 3 年多。参见林海主编：《人民检察制度在中央苏区的初创和发展》，中国检察出版社 2011 年版，第 29 页、第 189 页。

检察权力文化。而综观土地革命时期各苏区的检察权，突出一般法律监督权是其共同特点。

中华苏维埃共和国的检察组织体系中，各级工农检察部占有绝对重要地位，其行使的主要职责如下：（1）"监督苏维埃的机关，要他们正确地站在工人、雇农、贫农、中农的利益上并没收分配土地。"（2）"监督各级苏维埃机关正确地执行苏维埃的政纲和策略，以适合某阶段的革命利益。巩固苏维埃区域和苏维埃政权，并向外发展。"（3）"监督苏维埃机关对于苏维埃的经济政策。首先是财政与租税政策，是否执行得正确。"① 根据其职责，则检察权的内容包含调查权、检举权、检查督促权、公诉权和抗诉权、检察建议权。前三项权力直接体现了工农检察机关的一般法律监督权，而公诉权和抗诉权、检察建议权则具有现代意义上的检察权特征。在一般法律监督权的行使中，工农检察机构的内设和外围组织起到重要作用。例如，控告局接收群众对苏维埃机关、国家经济机关及其工作人员的控告并进行调查，并将调查结果迅速直接向工农检察机关报告。检举委员会积极开展检举运动，对各级苏维埃政府、群众团体、军队、地方武装等部门中的阶级异己分子和官僚腐化、动摇消极分子积极检举。突击队和轻骑队与工农检察机关相互配合，形成检察工作的信息网络系统。② 工农检察委员会③通过行使检查督促权，检查各级苏维埃行政机关及其工作人员是否正确执行苏维埃政府的方针政策，与脱离群众的官僚主义和命令主义错误开展无情斗争，转变苏维埃机关工作作风，密切苏维埃政府与人民群众关系。针对行贿、浪费公款、贪污等刑事犯罪，工农检察机关有权指控犯罪、提起公诉；如对审判结果不同意，还可以提出抗诉。虽然称检察建议权，但调查权、检举权和检察督促权等可视为是一般法律监督权的延伸。例如，对于国家机关和企业工作人员，发现有贪污腐化、行贿受贿、消极怠工、压制强迫或其他违反选民意愿、违反苏维埃法令的行为，有权向同级权力机关或主席团建议撤换或处罚。若发现涉及犯罪的，有权报告法院，行使检察权。又如，当国家机关和企业在工作中有违背苏维埃政策、法令、法规的行为时，应直接

---

① 厦门大学法律系、福建省档案馆：《中华苏维埃共和国法律文件选编》，江西人民出版社1984年版，第412页。转引自林海主编：《人民检察制度在中央苏区的初创和发展》，中国检察出版社2011年版，第40页。

② 林海主编：《人民检察制度在中央苏区的初创和发展》，中国检察出版社2011年版，第18~30页、第45~50页。

③ 1933年12月《中华苏维埃暂行组织法（草案）》颁布后，改名为"中央工农检察委员会"。参见林海主编：《人民检察制度在中央苏区的初创和发展》，中国检察出版社2011年版，第52页。

向其提出建议。若其不同意，则提交同级权力机关，用命令方式强制其执行。可见，该时期的检察建议权具有很宽的范围和极强的刚性约束力。

从上述内容来看，一般法律监督权继续延伸即进入刑事检察权范围。两者的区别在于，一般法律监督权不一定涉及刑事犯罪，[①] 而是对所有苏维埃法律法令执行情况的监督。而刑事检察权一定是针对刑事犯罪而言。前者从事的行政检察和法纪检察为后者严惩腐败、查处大案要案，进行刑事检察和军事检察提供了前提和基础，后者在很大程度上确保了前者的工作成效和权威。该时期的刑事检察工作主要由法院内设的检察员负责，履行刑事预审、刑事公诉和刑事司法监督职能。具体如下：（1）管理刑事案件的预审。凡送到裁判部的案子，除简单明了，无须经过预审的案件外，一切案件都必须经过检察院的预审；（2）逮捕人犯。有犯法行为，如必须预先逮捕人犯，然后才能进行检察的案件，检察员有先逮捕犯法之人的权力；（3）移交法庭审判。检察员对案件进行预审后，认为有犯法的事实和证据时，应移交法庭进行审判；（4）出庭告发。在法庭开庭审判案件时，检察员作为原告人出庭告发。若经两审后仍有不同意见，还可提出抗诉。军事检察（查）所负责检察、预审和公诉军队中的犯法案件。[②] 国家政治保卫局是专门镇压反革命的机关，对一切反革命案件均有侦查、预审、逮捕之权。而其内部的检察科则行使包括公诉权在内的检察权。

3. 检察队伍建设文化

中央苏区十分注重检察队伍的建设。例如，《工农检察部门组织条例》规定，工农检察机关的工作人员应该由有"阶级觉悟的革命斗争中有经验的工人、雇农、贫农及其他革命分子组织而成，并随时可以吸收积极的工农分子帮助工农检察的工作"。[③] "工农检察委员必须是党和苏维埃最好的干部，这个干部必须是群众中最有威信的同志，他们应该将全部精力用在他们自己的工作

[①] 1931 年，中央执行委员会通过的《工农检察部的组织条例》，授权工农检察机关"如发觉各机关的官僚主义和腐化分子，有必要时，可以组织群众法庭，以审理不涉及犯罪行为的案件"。但后来，涉及犯罪的，在有关犯罪事实基本查清时，也召开"群众公审"，公布其犯罪事实，让群众代表上台揭批声讨一番，让群众看到苏维埃反腐败斗争的决心和成绩。参见林海主编：《人民检察制度在中央苏区的初创和发展》，中国检察出版社 2011 年版，第 137 页、第 145 页。

[②] 林海主编：《人民检察制度在中央苏区的初创和发展》，中国检察出版社 2011 年版，第 62～63 页。

[③] 林海主编：《人民检察制度在中央苏区的初创和发展》，中国检察出版社 2011 年版，第 25 页。

上，把工农检察委员会的工作作为苏维埃其他各个部门的榜样与模范。"① 在这一原则的指导下，一大批优秀的共产党人被吸收进中华苏维埃共和国检察机关担任领导干部和各级检察工作人员，在捍卫中华苏维埃共和国革命政权过程中发挥了重要作用。其中，包括中央人民委员会副主席、后任中央工农检察委员会主席的项英，被誉为"红都黑脸"的中央工农检察人民委员部部长何叔衡，国家政治保卫局第一任局长邓发，中央工农检察委员会委员、最高法院院长董必武，曾暂时主持司法人民委员部工作、担任过最高特别法庭临时检察长的梁柏台等。

项英（1898—1941 年），湖北武昌人，1922 年加入中国共产党。自 1930 年 8 月起，任中共中央长江局书记、苏区中央局代理书记、中央革命军事委员会主席。1931 年 11 月，任中央执行委员会副主席、中央人民委员会副主席。自 1934 年 2 月起，兼任中央工农检察委员会主席。抗日战争爆发后，任中共中央东南局书记、新四军政委兼副军长。1941 年 3 月 14 日，被叛徒杀害。为苏维埃政权建设包括法制建设作出了重要贡献，在领导中央工农检察委员会期间，查处了"于都事件"等苏区干部贪污腐化、以权谋私的大要案。②

何叔衡（1876—1935 年），原名何瞻岵，湖南乡宁人，中国共产党创建人之一。自 1931 年 11 月起，任中华苏维埃共和国中央执行委员会委员、工农检察部部长、内务人民委员部代部长、临时最高法庭主席等职，并兼任苏维埃政府干部训练班主任和教育委员会委员。在检察、司法等工作中坚持实事求是的精神，抵制"左"倾错误，开创了党及其领导的政府反贪污反腐败的光荣传统，堪称后世监察官的楷模。③ 1934 年 10 月，中央红军主力北上抗日后，其留守赣南，继续坚持游击战争。1935 年 2 月底，在长汀县水口镇逕村被敌包围，壮烈牺牲。④

邓发（1906—1946 年），原名邓元钊，1906 年出生于广东云浮县贫困农家。1925 年 10 月加入中国共产党，先后参加国民革命军第二次东征、北伐战争和我党领导的广州起义。1930 年，先后任中共广东省委组织部部长、闽粤赣边区特委书记、军事委员会主席。1931 年 8 月，任中华苏维埃中央革命军

① 最高人民检察院：《人民检察史——纪念人民检察机关恢复重建三十周年》，中国检察出版社 2008 年版，第 26 页。

② 最高人民检察院：《人民检察史——纪念人民检察机关恢复重建三十周年》，中国检察出版社 2008 年版，第 37 页。

③ 史仁：《红色政权第一任监察官——何叔衡》，载《中国监察》2001 年第 13 期。

④ 最高人民检察院：《人民检察史——纪念人民检察机关恢复重建三十周年》，中国检察出版社 2008 年版，第 36 页。

事委员会政治保卫处处长。1931 年 11 月，当选为中华苏维埃共和国中央执行委员会委员。1931 年 12 月 1 日，任新成立的国家保卫局局长。1946 年 4 月 8 日因飞机失事殉职。①

董必武（1886—1975 年），湖北红安人，中国共产党创始人之一。自 1933 年起，历任苏区中央工农检察委员会委员、中央工农检察委员会副主席、中共中央监察委员会书记、临时最高法庭主席、最高法院院长。1934 年 6 月，代理中央工农检察委员会主席。红军长征到达陕北后，任苏维埃中央政府西北办事处最高法院院长。全国解放后，曾任政务院副总理、最高人民法院院长、中华人民共和国代主席等职。②

梁柏台（1899—1935 年）浙江新昌人。1922 年进入莫斯科东方大学学习，同年加入中国共产党。1931 年，任苏区中央司法委员会委员、中央司法部副部长。1934 年 2 月，任中央司法人民委员部部长兼最高法院委员、临时检察长。任职期间，参与多起重大案件的审判和检察工作，积累了丰富的检察工作经验。1935 年 3 月上旬，在江西于都山区负伤，不久在大余被暗杀。

（三）中央苏区的检察精神文化

1. 苏联检察文化的影响

毋庸置疑，该时期的法律制度受到了苏联法的深刻影响，"苏联法对中国产生的特殊影响恐怕是任何一种外国法都很难与之相提并论的。它不仅深刻地影响了中国共产党的执政思想和纲领，深入影响了中国的整个法律体系"。③同样，苏维埃的检察制度与红色政权一样，均是借鉴苏俄（联）的模式而建立，不可避免地带有模仿苏俄（联）检察制度的浓厚色彩。一是检察制度上的仿效。"中华苏维埃共和国的政权和法制建设，其参考的摹本基本上是 1920—1931 年期间苏联实行的政治和法律制度。"④例如，在检察组织体系上，根据苏联《关于工农检察院条例（苏维埃全俄中央执行委员会的法令）》第 1 条规定："在吸引工农参加以前的国家监察机关的基础上，改组中央和地方的

① 何立波：《中国红色政权的第一任"公安部长"邓发》，载《中华魂·人物风采》2006 年第 3 期。最高人民检察院：《人民检察史——纪念人民检察机关恢复重建三十周年》，中国检察出版社 2008 年版，第 36 页。

② 最高人民检察院：《人民检察史——纪念人民检察机关恢复重建三十周年》，中国检察出版社 2008 年版，第 38 页。

③ 曾宪义主编：《借鉴与移植：外国法律文化对中国的影响》，中国人民大学出版社 2011 年版，第 128 页。

④ 孙谦主编：《人民检察制度的历史变迁》，中国检察出版社 2014 年版，第 67 页。

国家监察机关为统一的社会主义监察机关，定名为'工农检察院'"。① 从中央到地方均建立了各级工农检察委员会的专门检察机构，组建了突击队、轻骑队等相关组织。② 这对中央苏区检察制度组织有很大的影响。二是一般法律监督思想的影响。中央苏区检察机关既包括司法监督意义上的检察，也包括一般监督意义上的检察。其重要的历史渊源也是苏联检察制度。在列宁的领导下，苏俄（联）党检察机关的地位很高，工农检察委员会等专门检察机构及突击队、轻骑队等相关组织，享有对苏维埃的干部实行监督的职权。"1920 年 2 月 8日，全俄中央执行委员会曾以法令责成工农检查人民委员部：与各苏维埃机关里的官僚主义及延宕现象进行斗争，对实行中央及地方苏维埃政府的一切法令和决议加强监督……"③ 与此对应，中央苏区工农检察机关的任务主要表现为一般法律监督。例如，要"监督检查各级苏维埃机关正确地执行苏维埃的政纲和策略，以适应各阶段的革命利益，巩固苏维埃政权和苏维埃区域。……监督检查的范围非常宽泛，大至国家法律法令如土地法、劳动法、婚姻法、红军优待条例等的贯彻实施，小至具体工作部署如扩红、戒严、征收粮食、税费收缴等的推行和进度"。④ 同时，工农检察机关不仅要提出问题、查处问题，而且必须提出改善工作的具体方案，帮助解决问题。必须把检察工作的执行与具体的帮助联系起来，使每一件事情都得到彻底的、具体的解决。⑤ 三是审检合署制的影响。中华苏维埃共和国实行审检合署制，即在各级审判机关内附设检察员（长）行使预审、公诉等检察职能。而苏联 1923 年 11 月的《苏维埃社会主义共和国联盟最高法院条例》第 21 条规定："苏联最高法院检察长和副检察长，依照《苏联宪法》第 46 条规定，由苏联中央执行委员会主席团任

---

① ［苏］列别金斯基等：《苏维埃检察制度（重要文件）》，中国检察出版社 2008 年版，第 102 页。转引自孙谦主编：《人民检察制度的历史变迁》，中国检察出版社 2014 年版，第 67 页。

② 林海主编：《中央苏区人民检察制度的初创和发展》，中国检察出版社 2014 年版，第 64 页。

③ ［苏］高尔谢宁：《苏联的检察制度》，载谢鹏程：《前苏联检察制度》，中国检察出版社 2008 年版，第 19 页。转引自孙谦主编：《人民检察制度的历史变迁》，中国检察出版社 2014 年版，第 66 页。

④ 林海主编：《中央苏区人民检察制度的初创和发展》，中国检察出版社 2014 年版，第 76 页。

⑤ 林海主编：《中央苏区人民检察制度的初创和发展》，中国检察出版社 2014 年版，第 77 页。

命，并配置于最高法院中。"① 但该种说法又存在一定的不确定性。原因在于苏俄法院中配置的检察机关，除了提起诉讼、侦查监督和监所监督外，已经被赋予了一般监督权。而中央苏区审判机关的检察员不具备一般监督的职权，其职权范围设定得比较狭窄，主要职责是审查起诉和出庭支持公诉。

2. 中国传统监察文化的影响

仿效归仿效，中华苏维埃共和国时期的检察文化除了在制度上直接借鉴苏联检察文化外，也充分体现了中国传统法律文化的影子，最为明显的是中国传统监察文化。中国传统的监察制度往往对应"御史"制度，对我国检察制度的影响较大。清末检察制度创立之初，"拟改总司直为总检察厅丞；改司直为检察官"。从通俗意义上来说，司直只是一个官职，其背后的制度依托即御史制度或称为监察制度。而中国的御史制度十分发达，"作为一种古代的法律监督制度，自秦至清，两千年从未间断，可谓历史悠久，制度完备，沿革清晰，规范详密，特点鲜明。在实现封建政治法律统治中发挥了不可替代的作用，是世界政治法律史上绝无仅有的"。② 从职权来看，御史主要是监督法律和法令的实施，对违反朝廷纲纪的官员进行弹劾，实质上也就是告发和起诉；参与并监督中央司法机关对重大案件的审判活动；在全国范围内或特定地区，对地方司法情况进行监督和检查等。③ 中央苏区工农检察委员会的主要职责就是执法检查和工作检查，检举和洗刷暗藏的阶级异己分子，纯洁司法机关等，具体方式也包括告发、出庭公诉等，特别加强了对职务犯罪行为的查办。例如，《工农检察部的组织条例》规定，工农检察部的任务之一是若发觉了犯罪行为，如行贿、浪费公款、贪污等，有权报告法院，以便施行法律上的检查和裁判。④ 《工农检察部控告局的组织纲要》也指出，苏维埃公民无论何人都有权向控告局控告苏维埃的政府机关和经济机关发生贪污浪费、官僚腐化、消极怠工的现象，控告局接受控告之后要针对控告事项进行调查，调查完毕之后须将

---

① 孙谦主编：《人民检察制度的历史变迁》，中国检察出版社 2014 年版，第 69~70 页。

② 刘佑生：《中国古代法律文化烙印下的现代检察制度》，载《中国检察官》2008 年第 8 期。转引自李江发：《中国检察文化的历史演进和当代建构》，湘潭大学 2012 年博士学位论文。

③ 陈光中、沈国锋：《中国古代司法制度》，群众出版社 1984 年版，第 30 页。转引自李江发：《中国检察文化的历史演进和当代建构》，湘潭大学 2012 年博士学位论文。

④ 《工农检察部的组织条例》，中华苏维埃共和国第一次全国工农兵代表大会于 1931 年 11 月通过。转引自李江发：《中国检察文化的历史演进和当代建构》，湘潭大学 2012 年博士学位论文。

材料汇集报告工农检察部，以决定执行的办法。^① 这些职权设置与中国古代御史职权高度重合。

3. 中央苏区强烈的政权意识

在讨论中央苏区检察文化时，还有非常重要的一点，即中国共产党人在领导新民主主义革命时期强烈的政权意识。中国共产党人自毅然担当起新民主主义革命的伟大历史任务时起，就具有强烈的革命政权创建意识。即使是在较为偏僻、贫困、狭小的革命根据地，也依然建立了中华苏维埃共和国；即使是瑞金这样一个小县城，也依然自信地担当了中华苏维埃共和国的首都；即使在始终面临国民党反动派疯狂"围剿"的情况下，在叶坪村这样一个小村庄，条件异常艰苦，人财物极其匮乏，也建立健全了中央机构，并在所辖区域积极开展革命根据地建设，制定了完善的法律法令，积极进行土地革命，大力发展生产，壮大红军力量，严格各级苏维埃政府自身建设，巩固革命政权。这种强烈的历史使命感和民族责任感，以及坚定自信的担当意识和扎实的统治实践，是中央苏区检察文化产生和发展的重要基础。一是规范的政治法治建设。如前所述，中央苏区尽管只存在了3年多的时间，但却十分注重法治建设，制定了大量的法律法令。在工作开展中，非常重视通过训令等合法程序部署和开展工作，每项工作都于法有据。工农检察委员会也不例外，其开展的每项工作，无论是执法监督、工作检查还是反贪污浪费、整肃司法机关、检举运动等，都严格遵守法律法令和中央执行委员会的训令，提升了苏区政府及自身执法公信力。二是大量丰富的社会治理实践。为了适应巩固和发展苏维埃政权的需要，工农检察部必须紧紧围绕中央苏区的中心工作设置职能，开展工作。例如，洛甫同志指出，在该时期，在苏维埃政权面前的一切战斗任务，也就是工农检察委员会的任务。与其他具体的职能机关相比较，只是工作方式的不同。工农检察机关是用监督检查这一特殊方式，来帮助有关职能机关迅速而正确地完成工作任务。^② 从工农检察机关的监督职能来看，包含了一般法律监督和司法意义上的监督。中央苏区各级政府围绕革命中心工作，进行了土地革命、扩红优红、婚姻、劳动、赤色戒严、征粮征税等大量的革命和经济建设实践，这些扎

---

① 何叔衡：《工农检察部控告局的组织纲要》，载《红色中华》1932年9月6日第7版。转引自李江发：《中国检察文化的历史演进和当代建构》，湘潭大学2012年博士学位论文。

② 洛甫：《苏维埃工作的改善与工农检察委员会》，载《斗争》1933年12月第37期。转引自林海主编：《中央苏区人民检察制度的初创和发展》，中国检察出版社2014年版，第76页。

实的社会治理活动也丰富了该时期检察文化的内容。三是良好的作风文化。中华苏维埃共和国从成立直至最后撤离中央苏区，一直秉承优良的工作作风。当时传遍苏区的一首民谣生动地展现了苏区干部的作风面貌："苏区干部好作风，自带干粮去办公，日着草鞋干革命，夜打灯笼访贫农。"[①] 而该时期检察机关在坚持自身良好的工作作风的同时，特别注重把贪污浪费、领导干部官僚主义、堕落腐化等不良风气作为监督重点，开展了多次声势浩大的斗争运动，极为有效地改善了苏区的工作作风，密切了干群关系，使新生的革命政权赢得了人民群众的广泛拥护。

（四）中央苏区的检察实践文化

该时期的检察实践丰富而卓有成效。一方面，是工农检察机关开展的一般性法律监督活动。具体包括：执法监督和工作检查两大项，同时还包括开展反贪污浪费斗争、检举洗刷暗藏的阶级异己分子、整肃司法机关、查处官僚主义、整顿工作作风等几项重点活动。另一方面，是司法意义上的法律监督活动。即各级工农检察部出庭告发、提起公诉和查处公职人员职务犯罪；政治保卫局对反革命案件的侦查、逮捕、预审和公诉；法院和裁判部等审判机关内部检察员的预审、公诉以及不服判决而提起的抗诉、上诉、抗议等；军事检察（查）所对军事犯罪的侦查与公诉活动。

工农检察机关的检察实践活动十分丰富，笔者重点选取常规的执法检查和工作检查两项工作，以及重点开展的反贪污浪费斗争和检举运动予以介绍。

1. 执法检查

监督苏维埃土地法、婚姻法、劳动法、红军红属优待法等各项法律法令的贯彻实施。第一，在土地执法检查方面，为确保《井冈山土地法》、《中国苏维埃共和国土地法》等系列土地法的正确执行，认真贯彻土地革命路线和各项实施政策，工农检察部始终把监督、检查和指导土地执法作为一项重要工作内容，查处了于都县小溪区、段屋区、会昌县城市区、胜利县车头区等地苏维埃政府相关人员在分田查田中的不法行为；受中央政府委托开展专项检查，例如，中央苏区工农检察人民委员部副部长高自立受人民委员会指派到博生、于都、胜利、会昌4县进行专项检查，通过查田运动清查了地主、富农等各阶级户数，并在扩红、筹款、清除政权内的异己分子，改进当地区乡工作等方面取得了明显成效。特别是，福建省工农检察人民委员部结合土地执法检查，就没

---

① 林海主编：《中央苏区人民检察制度的初创和发展》，中国检察出版社2014年版，第105页。

收分配和查田中普遍存在的模糊认识，积极开展调研，制定了指导性文件《阶级成分的分析》，为及时纠正当时"左"倾错误土地路线起到了积极作用。第二，在婚姻执法监督方面，针对宁化县、公略县白沙区、长汀县斜心区等地苏维埃政府机关的高压强迫手段，工农检察机关坚决依法查处，并通过《红色中华》等予以披露，使苏维埃新型婚姻制度逐步深入人心。第三，在劳动法执法监督方面，1933 年 3 月 3 日的《中央工农检察人员委员部通知》明令要求参会工农检察部准备执行劳动法监督。第四，在红军红属优待执法监督方面，中央明确要求工农检察人民委员会必须经常考察优待红军家属工作，对执行优红决定和优待条例不执行的严厉处罚；对搞破坏的，视为反革命罪。自1932 年 8 月，江西、福建两省及瑞金县检察部联席会议后，优红监督更是成为各级工农检察机关检察工作的重中之重。[①] 该项监督工作是工农检察部的经常性工作，工作方法上，在工农积极分子中组织突击队有计划、有目标地进行突击检查；监督处罚措施上，轻则提议加以警告；重则撤职，罢免区乡代表资格；情节恶劣的，依法以反革命治罪。工农检察机关该项监督工作取得了明显成效，推动各省、县苏维埃相继建立和健全了优待红军委员会，突出了优红工作在各级苏府工作中的重要性和长期性。

2. 工作检查

中央及各省工农检察部严格执行中央人民委员会《切实执行工作检查》的第五号命令，紧紧围绕选举、春耕、节俭经济帮助红军、执行优待红军条例、肃反和财政统一、防疫、戒严七个重点问题，扎实开展工作检查。1932年 8 月、1933 年 6 月，江西、福建及瑞金等地方工农检察部和中央工农检察人民委员部先后制定工作检查计划认真部署。第一，在扩大红军检查方面，中央工农检察委员会于 1934 年 2 月中旬，对中央苏区自 1933 年 12 月以来的扩红突击运动进行了专项检查，并运用新闻媒体《红色中华》表彰先进，鞭策后进；组织工作团到工作基础相对较差的县、区直接参与指导突击运动，通过动员群众，耐心工作，整顿基层组织，帮助当地政府完成任务；1933 年"红五月"突击扩红运动中，瑞金县工农检察部对各区应征集中的 4500 多人进行"政审体检"检举，淘汰 200 多名政治不坚定、体弱者，留下 4200 多名精壮勇敢分子；1933 年，查处了永丰县石马区龙湾乡苏区主席在扩红运动中的破坏活动。第二，开展反逃兵斗争方面，各级工农检察机关始终把反逃兵斗争纳入自己的工作范围，把反逃兵斗争与优红、扩红检查紧密结合起来。自 1933

---

① 林海主编：《中央苏区人民检察制度的初创和发展》，中国检察出版社 2014 年版，第 89 页。

年 12 月 20 日，中央执行委员会发布《关于红军中逃跑分子问题》命令以来，工农检察机关紧密结合扩红突击等活动，彻底清查混入后方各级机关工作的开小差分子及其收留者。例如，中央工农检察部工作团在检查指导和帮助赣县扩红突击中，仅清溪区区级机关就清理出 13 人，对 6 名逃跑回来的开小差首要分子依法经审判执行枪决。同时，针对该项工作总结了组织战士谈话会、发挥红军家属作用、通过儿童团组织查找不归队人员、开展思想斗争等工作经验，促进反逃兵斗争深入开展。第三，开展经常性工作检查。对赤色戒严执行情况，工农检察机关采取明察暗访形式，曝光了瑞金七堡乡步哨松懈的情况等；对中央政府下达的修路计划，派员进行专项检查，对未完成者除督促外，还通过新闻媒体通报，全力指导中心工作突击开展，工作团在西江破获了高陂区反动分子刘金旺冒充群众代表要求免税的案件，并深刻总结了工作教训。

3. 开展反贪污浪费斗争

针对中央苏区政权中存在的封建主义意识形态和某些党政机关内存在的官僚主义和贪污浪费现象，1932—1933 年，苏区中央先后召开第八次常务会议，颁布中央政府第二十六号训令，开展了一场声势浩大的反贪污浪费斗争。中央工农检察部响应中央苏区号召，先后发布了多次通令、训令，特别是中央政府副主席兼工农检察部部长项英亲自发表《反对浪费严惩贪污》等多篇文章，着重强调和部署中央苏区反贪污浪费斗争。1934 年年初，就各地开展节省运动组织了专项检查并将检查结果上报中央政府，促进问题的处理；查处了约 18 起贪污浪费案，例如，瑞金县苏维埃政府主席黄正剥削工人案、胜利县苏维埃政府主席及组织部长挪用公款贩卖鸦片案、洛口县苏维埃政府大兴土木案、福建省苏维埃政府文书贪污公款案、闽赣省黎川县儿童局书记挪用捐款案等。其中，比较典型的是中央工农检察部查办的瑞金县苏维埃政府贪污大案，关于瑞金县苏维埃政府大手大脚公款吃喝情形，中央工农检察部早有耳闻。1933 年，在收到关于该县苏维埃政府贪污情形举报后，何叔衡部长高度重视，立即部署力量对举报线索进行调查。后专门由高自立同志带队现场驻扎，明察暗访后，证实该县苏维埃政府浪费现象异常严重。对此，中央政府高度重视，指令加紧检举。何叔衡部长亲自带队，从苏区工会、少共中央抽调力量组成"轻骑队"专门开展调查。通过组织谈话、查账等大量艰苦的工作，查实该县苏维埃政府通过预算超支、制造假收据、虚报伙食费，贪污浪费油料、邮票、毛边纸、药品等，共计贪污 2820 元的严重腐化情形。1933 年 12 月 28 日，毛泽东同志主持中央政府人民委员会会议，专门听取该案汇报，最终决定对县财政部蓝文勋、杨连财、唐仁达等人作出严肃处理。随后，在该县区、乡两级苏维埃又相继查处了一批贪污案件。值得一提的是，工农检察机关在严厉查处贪污浪费分子的同时，对包庇贪污浪费的情形也坚决予以查处。例如，中央对外贸易总局特派员刘明镜不仅不查处贪污现象，反而包庇赣县江口区财政部长刘光普、阻碍反贪斗争，中央党务委员会决定开除其党籍。

4. 积极开展检举运动

苏区中央明确指示，中央苏区工农检察机关的第一等重要任务。[①] 该运动共分为两个阶段：

第一，检举和洗刷暗藏的阶级异己分子。1932 年年初，中央执行委员会发布训令开展检举运动。1932 年 12 月 1 日，中央工农检察人民委员部发布第二号训令——《关于检举苏维埃政府机关和地方武装中的阶级异己分子及贪污腐化、动摇消极分子问题》，明确提出加强法律检察措施，要求各级工农检察部成立临时检举委员会，并明确了组织形式和工作制度，突出强调检举运动必须和战争动员、纯洁苏维埃政府、发展地方武装以及贯彻苏维埃法律法规结合起来，定期向同级工农检举部汇报工作。从检举运动的工作成效来看，中央及各省、县、区、乡均洗刷了一批恶劣分子，包括贪污、消极、浪费公务、破坏法令等，同时严厉镇压了反革命，在广昌、于都、西江、明光等县，破坏了铲共团、暗杀团、新共产党、坐地侦探等组织，处决了一些反革命头子，[②] 并及时总结工作经验，帮助苏区各级政府改进工作。在检举运动中，何叔衡亲自带队，查办了瑞金县委组织部部长陈景魁涉黑案件，严厉惩处了其滥用职权、向群众摊派索要财物、利用地痞流氓欺压群众、调戏强奸妇女的行为。中央工农检察委员会采取派出工作团、组织联合"突击队"等形式，重点开展了西江、信康检举运动，清理出一大批反革命分子和官僚主义者，查找出县苏维埃工作人员存在的严重渎职行为。中央工农检察委员会就检举结果进行了严厉通报和批评。

第二，推进反腐化斗争。1933 年年底及次年 4 月，中央工农检察人民委员部先后下达了《怎样检举贪污浪费》和《继续开展检举运动》两项指示，把检举运动重点转向反腐化、反贪污斗争。1934 年 5 月，中共中央党务委员会书记、中央工农检察委员会副主席董必武撰文要求，把检举运动更广大的开展起来，指出了前期检举运动中存在的不够普遍、深入，不依靠发动群众、工作力度不够、说服教育工作不充分、检举缺乏组织性和计划性等问题，要求进

---

① 林海主编：《中央苏区人民检察制度的初创和发展》，中国检察出版社 2014 年版，第 120 页。

② 林海主编：《中央苏区人民检察制度的初创和发展》，中国检察出版社 2014 年版，第 121 页。

一步改进。中央苏区检察机关积极展开行动，首先发动了中央机关和企事业单位的反贪污、反浪费斗争，检举了财政部、劳动部、土地部、中央总务厅、中央印刷厂、造币厂、军委印刷所等大批贪污分子，共查处贪污款项大洋2053.66 元，棉花 270 斤，金戒指 4 枚。在检举运动中，工农检察机关紧紧依靠和发动群众，通过各机关的工农检察通讯员，积极参与揭发，对发现的重大贪污腐化问题，及时组织群众法庭审判，教育工作人员，扩大办案社会效果。比较典型的案件有，查处中央政府总务厅左祥云贪污大案、中央互济总会谢开松贪污案、中央印刷厂、造币厂与军委印刷所贪污案以及于都县委、县苏维埃串案、窝案。其中，特别针对于都存在的严重问题，中央党务委员会与中央工农检察委员会联合组成"突击队"，由项英同志亲自挂帅，专程赴于都开展检举斗争。"突击队"通过检查县委与县苏维埃工作，收集核实相关材料，发现了该县反革命活动猖獗、贪污现象十分严重、党政工作人员明目张胆大做投机生意、粮食突击运动惊人落后、查田运动问题颇多等十分严重的问题，立即上报中央和予以通报。中央执行委员会指示撤销该县苏维埃主席熊仙壁职务，移交最高法庭治罪。在最高法庭组织的特别法庭上，中央工农检察委员会主席项英出庭告发，法庭最终认定了熊仙壁纵容反革命分子、不执行上级命令、贪污和包庇贪污分子 3 项罪名，作出"监禁一年，期满后剥夺公民权一年"的判决。

苏区时期，中央工农检察委员部通过一般性法律监督查处的涉及严重刑事犯罪的，必然进入刑事诉讼程序，苏区检察机关对司法意义上的法律监督活动也开展得如火如荼。

一是工农检察机关反腐败查办职务犯罪案件的实践。如前所述，工农检察机关首先通过受理群众举报控告、单位团体举报或移送以及工农检察通讯员的报告获得线索来源，之后组织"突击队"或"轻骑队"就所获线索进行突击检查或暗访，然后由工农检察机关负责人主持，组织财政、审计等有关部门人员及本部人员进行系统的调查、检查和审查。若发现犯罪行为的，一是派代表出庭告发，由审判机关内设检察人员提起公诉；二是直接履行公诉职能，派员出庭公诉。① 公诉的主要形式是宣读"控诉书"，进行法庭调查和辩论。例如，1934 年 3 月，在于都县苏维埃主席熊仙壁渎职、贪污案中，中央工农检察委员会主席项英代表工农检察委员会出庭告发，司法部部长、检察长梁柏台担任特别法庭临时检察长，支持公诉。又如，在谢步升贪污、杀人、强奸案中，工

① 目前这两种方式可以证实，此外，还有第三种，即两机关共同公诉。参见林海主编：《中央苏区人民检察制度的初创和发展》，中国检察出版社 2014 年版，第 191 页。

— 199 —

农检察机关自行出庭公诉该案。叶坪村苏维埃主席谢步升在打土豪时，贪污大量没收财物，奸淫了妇女朱某并将其丈夫谢润深杀害。中央工农检察部接到控告后，深入调查，不但核实其所犯罪行，还进一步证实其曾于1927年杀害"八一"起义部队掉队军医，抢劫财物的罪行。在该案二审中，中央工农检察部调查员陈子丰、张振芳担任公诉人出庭公诉。

二是国家政治保卫局的检察实践活动。国家政治部保卫局内设检察科，对反革命案件预审和提起公诉。根据1931年12月《中华苏维埃共和国中央执行委员会训令（第六号）——处理反革命案件和建立司法机关的暂行程序》规定："一切反革命的案件，都归国家政治保卫局去侦查逮捕和预审，国家政治保卫局预审之后，以原告人资格，向国家司法机关提起公诉，由国家司法机关审讯和判决。"① 从现有史料看，国家政治保卫局的检察实践包括检察科公诉活动和肃反运动两方面。检察科公诉活动包括：1932年2月25日至26日，江西苏维埃政府政治保卫局局长娄梦侠，在谭希林、熊惕辛违反军纪失职越权案中出庭担任国家原告人，最终二被告人被判处监禁刑；1932年9月11日，福建省苏维埃政府裁判部开庭审判赖子春反革命案，公诉人出庭公诉，赖子春被判处死刑。1932年5月24日，国家政治保卫局瑞金县分局代表华质彬公诉了钟同焕、罗宏接、钟天灿、朱多伸、钟盛波等反革命案。肃反运动中，国家政治保卫局在检察工作中错误地造成了一些冤假错案，如"AB团"、"社党"和"改组派"等根本不存在，但依然将所谓的成员如曹舒翔、孔繁树、陈宗俊等错误地打成反革命，判处监禁等刑罚。同时，对一些早期革命斗争者、红军高级将领错误地逮捕移送审判，有的竟被判处死刑。

三是军事检察所的检察实践。军事检察所主要是对军事犯罪进行侦查和提起公诉。具体而言包括两个方面：第一，检举查处和洗刷红军队伍中的贪污腐化、官僚主义分子和阶级异己分子。根据总政治部颁布的《关于检举问题的训令》，要求把隐藏在部队中的阶级异己分子与不可靠的分子检举出去。检举的重点是"必须在部队中开展反对违抗命令、退却逃跑、失败情绪、消极怠工、贪污浪费、破坏群众利益与官僚主义的斗争。在斗争中来教育和处分犯错误的分子，特别是要抓紧用典型事例来开展斗争，教育全体红色战士"。按照这个标准，各级军事检察所查处或审查了相当一批贪污腐化分子，如盗用公款的福建军区特务营副政委黄裕湖、后方医院某所政委黄幽坤等人、彭杨学校第二批指导员黄贻茂、粮秣厂主任罗凤章等人以及贪污逃跑的六十四团一营一连

---

① 林海主编：《中央苏区人民检察制度的初创和发展》，中国检察出版社2014年版，第207页。

连长曾传善、贪污腐化的少共国际师特务队上士邱前林等。第二，严肃查处不执行上级命令、拖枪逃跑甚至叛变投敌的红军指战员等。例如，查办了累次违抗命令的粤赣三分区司令员吕赤水及政治委员邓富连、破坏政委制度的代理十四团政委麦农本等，对拖枪逃跑的"积"团特务工荣茂、张吉清、徐春发执行了枪决，把右倾机会主义、动摇、不执行军区指示的原二分区政委张斯衷送上法庭进行审判等。

四是审判机关内检察机构的检察实践。苏区时期法律规定，各机关对刑事案件的侦查、预审和公诉活动，都要受法院和裁判部内设检察人员的节制。例如，1932 年《裁判部的暂行组织及裁判条例》规定，凡送到裁判部的案件，除简单明了无须经过预审案件之外，一切案件，必须经过检察员预审，并且凡是一切犯法行为，检察员有检察之权。经过预审之后，检察员认为有犯法的事实和证据，作出结论后，再移交法庭审判。① 但苏区时期，由于反革命案件概念非常宽泛，"左"倾思潮泛滥导致反革命案件非常多，单纯的普通刑事案件和部分职务犯罪案件不多，尤其是单纯的普通刑事案件更少。② 但实际上，审判机关内部检察员的预审制度却大大减少了冤假错案的发生。③ 在刑事公诉中，审判机关内设检察人员独立提起公诉的典型案例有瑞金杨嘉才杀人碎尸煮尸案、于都李军彪杀人案，两名被告人均被执行枪决。

第二节　抗日战争和解放战争时期的检察文化

1935 年 10 月，中共中央和红一方面军主力经过长征后到达陕北，此后历经抗日战争和解放战争，直到 1949 年新中国成立，陕北一直是中国革命的领导中心。在抗日根据地政权的建立和发展变化上，初期称边区，后期称解放区。抗战爆发前，只有陕甘宁边区 1 个；抗战胜利时，发展到 19 个大解放区，即陕甘宁、晋察冀、山东、晋察豫等，这些解放区北起内蒙，南至海南岛，包括辽宁、热河、察哈尔等省的大部分或小部分，总面积 95.69 万平方公里，人

---

① 林海主编：《中央苏区人民检察制度的初创和发展》，中国检察出版社 2014 年版，第 232 页。

② 林海主编：《中央苏区人民检察制度的初创和发展》，中国检察出版社 2014 年版，第 232 页。

③ 根据梁柏台的统计，1932 年第二季度，苏区审判机关判决无罪释放 481 人，虽然不能确定检察人员"再预审"认定无罪而被释放的人数，但足以证明侦查监督在其中的重要作用。参见林海主编：《中央苏区人民检察制度的初创和发展》，中国检察出版社 2014 年版，第 232 页。

口 9550 万。① 在各个抗日根据地里，建立了边区政府、行政公署、专员公署、县政府、乡政府各级抗日民主政权。② 解放战争时期，一些大中城市中成立了军事管制委员会③。但无论大根据地或小根据地，相互之间不发生领导关系，在政权体系上是相互独立自主的，它们在政治上都受该区党委、分局、局及中共中央的统一领导。④ 从现有资料来看，该时期陕甘宁边区、晋察冀边区、晋冀鲁豫边区、山东解放区和关东解放区均建立和发展了检察文化。由于陕甘宁边区处于政治上的中心地位，本书将对其检察文化作重点阐述。

一、陕甘宁边区检察文化的政治背景

1931 年，刘志丹、谢子长等领导游击战争，逐步建立和发展起陕甘边和陕北两个革命根据地，并连成一片。1935 年中央红军到达陕北，11 月 3 日，中华苏维埃共和国临时中央政府成立了驻西北办事处，博古任主席。⑤ 1936 年，中央红军西征甘肃、宁夏，在陕、甘、宁 3 省边境地区开辟了新的根据地。在地域范围上，陕甘宁边区北靠长城，南达渭水流域，东临黄河，西至甘宁高原和六盘山。1937 年 1 月，中共中央领导机关迁驻延安。同年 9 月，第二次国共合作开始，抗日民族统一战线正式形成，中国共产党将陕甘苏区改名为陕甘宁边区。1937 年 10 月 12 日，国民政府任命林伯渠为陕甘宁边区副行政长官，在行政长官到任前代理。⑥ 1939 年 1 月 17 日，边区第一届议会选举林伯渠为边区政府主席。在辖区范围上，陕甘宁边区成立之初，边区政府下辖 23 个县。1941 年 11 月，调整为辖 29 个县市。边区面积最多时达 12.96 万余平方公里，人口 200 万。⑦

从政权性质上看，陕甘宁边区政府属于中共中央领导下的抗日民主政权，但在国共联合抗日的大背景下，边区政府"也是中华民国的地方政府，服从中央政府的领导，经过中央政府的批准，接受中央政府的法律与命令"。⑧ 而且，"按照国共两党联合抗日的协定，各边区政权的司法审判及检察制度，名

---

① 张皓：《中国现代政治制度史》，北京师范大学出版社 2010 年版，第 277 页。

② 何勤华：《检察制度史》，中国检察出版社 2009 年版，第 373 页。

③ 何勤华：《检察制度史》，中国检察出版社 2009 年版，第 377 页。

④ 张皓：《中国现代政治制度史》，北京师范大学出版社 2010 年版，第 280 页。

⑤ 最高人民检察院编：《人民检察史——纪念人民检察机关恢复重建三十周年》，中国检察出版社 2008 年版，第 34 页。

⑥ 巩富文主编：《陕甘宁边区的人民检察制度》，中国检察出版社 2014 年版，第 5 页。

⑦ 张皓：《中国现代政治制度史》，北京师范大学出版社 2010 年版，第 277 页。

⑧ 张皓：《中国现代政治制度史》，北京师范大学出版社 2010 年版，第 281 页。

义上必须服从和遵照中央政权的法统"。① 因此，该时期检察文化的形成和发展比较复杂，从大的发展阶段来看，1935 年 11 月 3 日至 1937 年 7 月 12 日，西北办事处及中央领导迁入延安后，继续沿用了中央苏区的检察文化；1937年 7 月 12 日至 1947 年 4 月，在对原先中央司法部改组后，陕甘宁边区进入边区高等法院时期的检察文化；1947 年 10 月至新中国成立，为适应土地改革等特殊的政治需求，实行人民法庭检察员体制。每一种不同的检察体制文化，都与当时的全国革命形势紧密相连，体现了不同的检察文化特色。笔者将按照这样的发展脉络对该时期的检察文化做以下阐述。

二、中央苏区检察文化延续下的边区检察文化

陕甘宁边区政府成立之前，1935 年 11 月 3 日，中华苏维埃共和国临时中央政府西北办事处（以下简称西北办事处）成立，并参照中央苏区政权组织模式，迅速建立健全了组织机构。因此，在检察文化上，该时期应属于中央苏区检察文化的延续。

1. 检察组织文化

西北办事处下设"七部一局"，即财政部、粮食部、土地部、国民经济部、教育部、内务司法部、劳动部和工农检察局，罗梓铭②任工农检察局局长。同时，司法内务部统领各省、县司法（裁判）处，设国家检察长、国家检察员，省、县两级裁判部设国家检察员。工农检察局和各级裁判部内设的检察长（员）构成了该时期的检察机关。从检察制度规范来看，1935 年 12 月 22日，中华苏维埃共和国临时中央政府仿照中央苏区的《工农检察部组织条例》，颁布了《工农检察局的组织条例》，规定自中央执行委员会到区执行委员会及城市苏维埃均应设立工农检察局，作为各级政府行政机关的一部分，工农检察局受同级执行委员会及其主席团的指挥，同时接受上级工农检察局的命令，局长由各级执行委员会选任。

2. 检察权力文化

西北办事处时期的检察职能延续了工农检察人民委员部的主要内容，包括监督苏维埃机关、企业及其工作人员正确执行苏维埃的政纲及各项法律、法

---

① 何勤华：《检察制度史》，中国检察出版社 2009 年版，第 374 页。

② 罗梓铭，湖南浏阳人，1927 年加入中国共产党，参加过湘赣边界秋收起义。1935年 11 月，任中华苏维埃共和国临时中央政府西北办事处工农检察局局长。1939 年 6 月 12日，被国民党特务杀害于湖南平江。参见最高人民检察院编：《人民检察史——纪念人民检察机关恢复重建三十周年》，中国检察出版社 2008 年版，第 34 页。

令；保护工农群众利益；检举和查处混进苏维埃组织中的阶级异己分子、贪污腐化分子和动摇、消极分子；对贪污腐化、官僚主义犯罪案件有权控告到法院。[①] 由此，不难看出，工农检察局的检察监督仍侧重于除司法诉讼监督之外的其他法律实施的监督，属于一般监督权。法院、裁判部内部设置的独立国家检察员，承担刑事公诉职责。

3. 检察文化的转变

与中央苏区时期检察文化不同的是，该时期设立了国家检察员。1937年2月，中央司法部颁布了训令（一）、训令（二），中央苏维埃裁判部国家检察员体制正式确立。该体制包含了检察机构的设置、检察人员的配备、检察工作的范围、检察官的职责以及检察员职务的履行程序、方式等方面的内容，[②] 强调审判和检察机关相互独立和相互制约，虽然没有明确规定检察员职责，但却指出"在裁判部内区分检察员与审判员职责"；[③] 明确要在"省、县二级设国家检察员，最高法院则由司法部设国家检察长，代表国家行使检察权"。[④] 据此，延安市设立了特别法庭，后改为延安市地方法庭，周景宁、苏一凡先后任国家检察员。该时期检察制度文化已经逐渐在发生重大变化，裁判部内设置的检察长（员）逐渐成为检察工作主体，检察工作重心已经从一般监督向司法意义上的法律监督转变。检察职权主要围绕刑事案件进行，主要是死刑案件，检察工作范围明确、重点突出，涵盖了侦查、起诉、上诉、非常上诉4个不同方面。值得一提的是，在侦查活动中，检察机关享有执行职务指挥权，"各级国家检察员及本部国家检察长，均由本部制发国家检察员指挥证，在执行职务中，遇到紧迫情形，可以指挥地方保卫队、红军保卫部武装补助，完成任务"。[⑤] 在检察工作人员称谓上，最高法院、省级法院和县裁判部均对应设立检察员，称为"国家检察员"。根据记载，除之前介绍的中央政府驻西北办事处设工农检察局局长罗梓铭外，还有傅忠，1937年6月6日起任中央司法部国家检察长代表；周景宁，1937年3月1日起任延安市特别法庭国家检察员；苏一凡，曾任延安市地方法庭国家检察员。

---

① 张羽：《从"九部一局"到"七部一局"》，载《检察日报》2011年10月24日第3版。

② 巩富文主编：《陕甘宁边区的人民检察制度》，中国检察出版社2014年版，第16～17页。

③ 巩富文主编：《陕甘宁边区的人民检察制度》，中国检察出版社2014年版，第17～18页。

④ 巩富文主编：《陕甘宁边区的人民检察制度》，中国检察出版社2014年版，第18页。

⑤ 巩富文主编：《陕甘宁边区的人民检察制度》，中国检察出版社2014年版，第19页。

4. 检察实践文化

主要包括两方面内容：一方面，加强检察工作自身建设。1937 年 7 月 23 日中央司法部从四个方面总结了该时期的司法工作，并对下一步检察工作进行了安排部署，要求注重培养司法干部；明确划分各级裁判部与保卫局工作关系、权限及职责；组织法学讲义，划分民事、刑事检察等实务工作等；改组中央司法部为陕甘宁边区高等法院等。另一方面，充分履行检察职能办理刑事案件。从检察机关办理的刑事犯罪案件类型来看，主要涉及盗窃案、共同组织拖枪逃跑案和土匪案，国家检察员负责侦查、提起公诉和出庭支持公诉。例如，1937 年 2 月 27 日，延安特别法庭国家检察员周景宁就白兰英盗窃案和彭宝山、魏金兰、白玉花共同盗窃案进行侦查，分别作出起诉和不起诉决定，并在白兰英案中出庭支持公诉，请求处以相当罪行，代表国家依法提起附带民诉请求。1937 年 6 月 6 日，中央司法部国家检察长代表傅忠，对前红四方面军某军军长刘某某等共同组织拖枪逃跑未遂案出庭支持公诉，最后对 3 名被告人均判处刑罚。1937 年 6 月 7 日，国家检察员苏一凡对白云山等匪犯犯罪事实侦查终结，提起公诉，并联合发布公告，判处多名土匪死刑。

三、边区高等法院时期的检察文化

1937 年 7 月 12 日，中华苏维埃共和国中央执行委员会司法部改组为边区高等法院，设立了检察处；各县设立检察员，分别履行检察职责。[1] 自此直至 1947 年 4 月，陕甘宁边区的检察体制进入边区高等法院检察处体制时期。该时期先后经历了陕甘宁边区高等法院设立检察员时期、设立检察长时期以及陕甘宁边区设立高等检察处时期三个阶段。[2]

（一）检察文化社会政治背景

该时期陕甘宁边区处于社会变革、思想多元、文化观念激烈冲突的环境中。这种复杂的社会形势对检察文化产生了很大影响。首先，在司法思想上，陕甘宁边区整体上处于中国传统的乡土社会，固有的思想观念和落后习俗传统根深蒂固；党内还不同程度地延续了一些"左"倾的观念和方式。同时，随着延安逐渐成为中国革命的圣地，大批知识分子从国统区涌向陕甘宁边区，带来了一些法律知识和观念。这些因素均对该时期的检察文化发展产生了一些影响。而政治上发生的一系列重大事件，如 1942 年国共合作破裂后，国民政府

---

① 巩富文主编：《陕甘宁边区的人民检察制度》，中国检察出版社 2014 年版，第 30 页。

② 巩富文主编：《陕甘宁边区的人民检察制度》，中国检察出版社 2014 年版，第 30 页。

对陕甘宁边区实施的经济封锁，边区政府实施"精兵简政"，以及1942—1943年在延安开展的"整风运动"、"审干运动"，使检察事业的发展进程经历了一些曲折。①

（二）检察制度文化

该时期制定了4项比较重要的制度，分别是：1939年4月制定的《陕甘宁边区高等法院组织条例》（以下简称《高等法院条例》）；1946年4月制定的《陕甘宁边区宪法原则》；1946年10月同时制定的《陕甘宁边区暂行检察条例》（以下简称《暂行条例》）和《陕甘宁边区政府命令——健全检察制度的有关决定》（以下简称《决定》）。依据这些制度规范，边区检察机构得以迅速组织建立并不断作出调整，检察职权内容进一步明确，有据可依。例如，《高等法院条例》和《暂行条例》均规定了审检合署的检察机关设置模式，明确了检察机关的内部组织机构，如检察处、检察长及各级检察员的设立等。特别是《暂行条例》的颁布具有十分重要的意义，是陕甘宁边区制定的唯一的单行检察法规，也是人民检察史上第一个关于检察制度的单行法规，在人民检察史上具有重要意义，其详细地规定了检察机构的组织、检察职权的范围、运行程序等内容，相当于"检察院组织法"。而《决定》对检察机关的组织、领导关系和职权作了进一步的规定，也是边区检察制度的重要组成部分。总而言之，"陕甘宁检察制度的相关立法在特定的政治、军事形势下，伴随着司法实践，经历了从简单到丰富的过程，为新中国检察制度的发展奠定了历史基础"。②

（三）检察组织文化

一是边区高等法院设立检察员时期，高等法院内部先后设立了徐世奎、刘福明任检察员。有些县设立了专门的检察员，有的则是由审判员兼任检察职务。此外，在具体司法实践中，单位和群众团体的代表也可以担任检察人员，履行检察职务；二是边区高等法院设立检察长时期，检察组织建设取得实质性进展，"高等法院检察处，设检察长及检察员，独立行使其职权"。③ 高等法院"法庭庭长、推事3人，书记员2人，审理民刑事上诉案件并负检察任务"，1941年，李木庵任边区高等法院检察处检察长，刘临福、刘福明先后任检察

---

① 受"整风"、"审干"运动的影响，检察处及各县检察员一度被裁撤。胡永恒：《1943年陕甘宁边区停止援用六法全书之考察——整风、审干运动对边区司法的影响》，载《抗日战争研究》2010年第4期。

② 巩富文主编：《陕甘宁边区的人民检察制度》，中国检察出版社2014年版，第65页。

③ 巩富文主编：《陕甘宁边区的人民检察制度》，中国检察出版社2014年版，第32页。

员。地方法院"院长兼法庭庭长 1 人，推事 1 人，书记员 2 人，审理民刑事初审案件并负检察任务"，各县裁判处"裁判员 1 人，书记员 1 人或 2 人，审理民刑事初审案件，并负检察任务"。① 但实际上在基层，却因人员缺乏、机构简陋等原因，"甚至有好几个县连裁判员也没有，工作只得由县长兼任，还有些县份连书记员也没有，至于检察员更说不上了"。② 但截至 1941 年年底，"各级司法机关仅配置有检察员，因人力及战争环境，精简关系，亦于同年暂时停止工作。"③ 1942 年春，陕甘宁边区第二届参议会后，实行"精兵简政"，边区高等法院检察处及其设置的检察员均被撤销，检察工作分别由法院和保安机关承担。三是陕甘宁边区设立高等检察处时期，时间跨度为 1946 年 4 月至 1947 年 4 月，将"陕甘宁边区高等法院检察处"改称为"陕甘宁边区高等检察处"。"边区高等法院检察处设检察长 1 人和检察员若干人，检察员负责侦查案件，搜集证据，制作裁定，根据检察长的决定对案件提起公诉，撰拟公诉书。"1946 年 5 月 5 日，陕甘宁边区第三届参议会决定边区高等法院设置检察处，任命马定邦为检察长。各分区设高等检察分处，各县市设检察处。1947 年 3 月，国民党军队进犯边区，检察人员因参加军事行动而停止检察工作。

（四）检察权力文化

该阶段的检察职权已经完全体现了司法意义上的法律监督权。一方面，从检察权运行程序上看，主要包括刑事诉讼程序，违反宪法、行政法律监督程序，民事公益诉讼程序以及协助自诉程序和担当自诉程序 4 类。刑事诉讼程序上，可以行使传唤、拘提、勘验等权力；对于违反宪法、行政法事项，有权检阅有关机关的文书、簿记、证物，询问相关人员并制作接谈笔录，对涉及刑事范围的，按照一般刑事诉讼程序，认为有提付行政处分必要的，制成意见书，连同文卷、证物送高等检察长查核，经查核认为成立的，呈送边区政府核办；对于一般民事案件中的公益事项，可视民事、刑事、行政分别处理；在协助自诉程序中，检察员有权对当事人自诉案件进行侦查；法院办理自诉案件时，应

---

① 参见《边区高等法院一九四二年工作计划总结》，陕西省档案馆，卷宗号：15～185。转引自巩富文主编：《陕甘宁边区的人民检察制度》，中国检察出版社 2014 年版，第 34 页。

② 雷经天：《在陕甘宁边区司法工作会议上的报告》，载韩延龙主编：《法律史论集》（第 5 卷），法律出版社 2004 年版，第 384～385 页。转引自巩富文主编：《陕甘宁边区的人民检察制度》，中国检察出版社 2014 年版，第 33 页。

③ 参见《边区人民法院关于建立新的司法组织机构与培养司法干部的意见，及为确定司法组织机构加强法治的提案》，陕西省档案馆，卷宗号：15～105。转引自巩富文主编：《陕甘宁边区的人民检察制度》，中国检察出版社 2014 年版，第 32 页。

通知检察员、出庭陈述意见，检阅案卷证物。对于刑事自诉案件，检察员在必要情形下可出庭担当诉讼；对于民事案件，如果当事人受不利益人、畏势不敢声称者，检察员应担当诉讼。另一方面，在检察机关内部包含检察长职权和检察员职权，检察长的职权主要侧重对内部的指挥权，包括执行检察任务、指挥并监督检察员之工作、处理检察员之一切事务、分配并督促检察案件之进行；决定案件之裁定或公诉；检察员的职权主要侧重于检察权具体范围，包括案件侦查、裁定，证据搜集，提起公诉、撰拟公诉书，协助担当自诉，作为诉讼当事人或公益代表人，监督判决执行，必要时咨请当地军警帮助等。由此可以看出，检察职权分为侦查权、公诉权、公益诉讼权和协助自诉权以及监督判决执行权 4 类，后来增加了监督权内容，包括对违反宪法行为和违反行政法行为的监督；将原监督判决执行改为指挥刑事判决执行。因此，该时期检察权呈扩张趋势，并越来越突出监督权色彩。①

（五）检察队伍建设文化

陕甘宁边区对检察员的任命程序十分严格，早在 1941 年 5 月，雷经天在高等法院对各县司法工作的指示中明确挑选司法干部的 5 个条件：（1）忠实于革命事业；（2）奉公守法；（3）能够分析问题、判别是非；（4）刻苦耐劳，积极负责；（5）能看得懂法律条文及工作报告。② 这种程序的严格，一方面，保证了检察员的素养和较高的标准，为检察职能的履行创造了良好的条件；另一方面，却制约了检察员队伍的发展，加之针对检察人才的专门培训始终未能有效开展，检察队伍人才十分短缺。该时期受边区极端落后的经济文化环境的制约，司法干部包括检察干部的整体文化水平很低，"边区二十县的司法干部全部是工农分子，没有中学生出身的，文化上一般说不高，没有哪一个人研究过法律，没有当过法官。他们的文化水准就是能看懂文件，以及做简单的报告"。③ 随着大批知识分子，特别是一批受过法律专业高等教育的知识分子奔向延安，并充实高等法院、审委会及地方法院，检察队伍专业化水平得到一定提升。虽然边区政府一再表明，欢迎具有法律知识背景的人才加入司法队

---

① 巩富文主编：《陕甘宁边区的人民检察制度》，中国检察出版社 2014 年版，第 69 页。

② 《司法工作一览表》，陕西省档案馆，卷宗号：15～25。转引自李娟：《革命传统与西方现代司法理念的交锋及其深远影响——陕甘宁边区 1943 年的司法大检讨》，载《法制与社会发展》2009 年第 4 期。

③ 《雷经天在边区参议会上关于司法工作的报告和改造边区司法工作的意见》。转引自刘全娥：《雷经天新民主主义司法思想论》，载《法学研究》2011 年第 3 期。

伍以促进边区司法的发展，①并确立了"工农分子知识化，知识分子边区化"的主张，要求工农分子应该努力增进法律知识，知识分子需要多了解边区情况，但实际上，二者的融合仅停留在目标层面。1943 年司法大检讨时，司法干部挑选条件发生了变化：（1）忠实于中国共产党；（2）坚定人民大众的立场；（3）决心为边区政权服务；（4）愿意为中国革命奋斗；（5）密切联系群众；（6）廉洁刻苦，积极负责；（7）奉公守法执政不阿；（8）才干相当，品质正派。②这种转变，实际上更强调了司法工作的革命性和实践性。前者还注意到与审判相关的专业水平与能力等条件，如分析问题判别是非、懂法律条文及工作报告等，后者则更注重政治立场、政治路线，强调对党的忠实，强调阶级立场、联系群众，受整风审干影响明显。③谢觉哉、雷经天、李木庵、朱婴等为双方的代表人物，他们虽然因工作经历、专业背景等不同，观点相左，但却为边区检察事业的蓬勃发展作出了不懈努力。

谢觉哉（1884—1971 年），湖南宁乡人，出身于殷实农家，自幼接受私塾教育，清末秀才。早年曾从事教育和新闻工作。1925 年入党，负责主编党中央机关刊物《红旗》和《上海报》。后任中央民主政府秘书长。长征到达陕北后历任中央政府西北办事处秘书长、司法部部长，陕甘宁边区高等法院院长等。1940 年任边区政府秘书长，1941 年 9 月在第二届陕甘宁边区参议会上当选为副议长、政府党团书记，成为陕甘宁边区法制建设的主要领导人。与雷经天相同，谢觉哉除在苏区时曾参与过一些立法工作外，也没有什么法律背景。但透过谢觉哉的日记，可以发现 1942 年以前对法制问题关注较少，而之后则对有关司法问题的记载和思考开始增多。④

雷经天（1904—1959 年），原名雷荣璞，广西南宁人，出身于商业家庭，自幼受到家庭进步思想熏陶，1923 年考取厦门大学理科，后转入上海大夏大学。他在中学及大学期间就是学生运动领袖。1925 年入党后，先后参加了北伐战争、南昌起义、广州起义和百色起义，参与领导和创建了广西右江革命根据地，并当选为右江苏维埃政府主席。后因受当时"左"倾错误影响，曾被

①　《陕甘宁边区的司法制度》（1938 年 8 月），中央档案馆编书，第 168 页。转引自刘全娥：《雷经天新民主主义司法思想论》，载《法学研究》2011 年第 3 期；

②　《高等法院雷经天院长关于边区司法工作检查情况和改造边区司法工作的意见》，陕西省档案馆，卷宗号：15～149。转引自李娟：《革命传统与西方现代司法理念的交锋及其深远影响——陕甘宁边区 1943 年的司法大检讨》，载《法制与社会发展》2009 年第 4 期。

③　李娟：《革命传统与西方现代司法理念的交锋及其深远影响——陕甘宁边区 1943 年的司法大检讨》，载《法制与社会发展》2009 年第 4 期。

④　侯欣一：《陕甘宁边区高等法院司法制度改革研究》，载《法学研究》2004 年第 5 期。

撤销党内外一切职务并两次被开除党籍。1936 年随红军长征到陕北，1937 年7 月到刚成立的边区高等法院工作，此后在长达 7 年零 8 个月的时间里，先任庭长及代理院长，后任院长职务长达 6 年，并先后兼任边区法令研究委员会委员、延安大学司法系主任等众多与法制相关的职务，在边区司法制度的建设和发展史上具有重大影响。1946 年，被调往张家口任中共晋察冀中央局秘书长。新中国成立后，先后任中华人民共和国最高人民法院中南分院院长、华东政法学院院长兼党委书记、上海社会科学院院长。他的司法思想具有革命性和实践性，是新民主主义司法思想的典型体现，对边区时期检察工作产生了深远影响。①

李木庵（1884—1959 年），湖南桂阳人，字典武（午），原名李振堃（坤），又名李清泉。出身于殷实农家，自幼聪慧，读四书五经，15 岁考中清末秀才。后相继就学于长沙岳麓书院、北京国子监太学。1909 年毕业于京师法政专门学堂完全科，成为中国最早一批接受过现代法学正规教育的专业人士之一。1911 年辛亥革命后，先后任广州地方检察厅检察长，在北京、天津做律师，并筹建两地律师公会，在北京举办司法储才所，赴福建任闽侯县地方检察厅厅长、闽侯县知事（县长）、福建督军公署秘书等职。1925 年加入中国共产党，参加了北伐战争、参与了西安事变。1940 年到延安后，陆续担任陕甘宁边区政府高等法院检察长、代院长。1943 年司法检讨后任陕甘宁边区参议会参议员、法律顾问和中国解放区行动纲领起草委员会委员。新中国成立后，历任司法部党组书记、副部长等职，参与了《中华人民共和国刑法典》等起草工作。1957 年在"反右"运动中受到严重冲击，两年后逝世。②

马定邦（1909—1975 年）陕西延川人，1909 年生于今延川县贾家坪乡马家圪崂村，早年就读于延安省立第四中学。1926 年加入中国共产主义青年团，同年转为中国共产党党员。第二次国内革命战争时期，曾任秀延县东区苏维埃政府秘书、中共秀延县委秘书；抗战时期，任中共中央党校班主任、神府特委党校校长，中共陕甘宁边委员会、中共中央西北局组织部干部科科长。1946 年 4 月至 1947 年 4 月，任边区高等检察处检察长。1947 年 8 月，任绥德行政督察专员公署副专员兼陕甘宁边区高等法院绥德分庭庭长。1948 年 7 月，南

---

① 参见刘全娥：《雷经天新民主主义司法思想论》，载《法学研究》2011 年第 3 期；巩富文主编：《陕甘宁边区的人民检察制度》，中国检察出版社 2014 年版，第 137～138 页。
② 参见侯欣一：《李木庵的法治人生》，载《深圳特区报》2012 年 6 月 12 日第 B11 版；巩富文主编：《陕甘宁边区的人民检察制度》，中国检察出版社 2014 年版，第 138～139 页。

下黄龙，任中共黄龙地委常委、组织部部长、党校校长。新中国成立后，历任陕西省委组织部副部长兼陕西省委党校校长、中央组织部副部长、国务院财贸办副主任等职。"文革"期间遭受冲击，1975 年在北京逝世。①

朱婴（1889—1970 年），又名辟安，湖南华容县护城村人。1921 年考入北京朝阳大学法律系。1924 年加入国民党，后又转为中国共产党党员。1938 年回华容创办"东山中学"，聘请董必武、沈钧儒、黄松龄等知名人士组成"东山中学校董会"。不久，受华容县政府干涉和中统特务破坏被迫停办。朱婴即带领学生 10 多人及家眷步行奔赴延安，任陕甘宁边区司法训练班教务主任，随后改任高等法院秘书。1943 年在司法大检讨中曾被批判，被定性为不可靠的人、特务分子。后经抢救运动，仍在高等法院秘书室工作，并重新加入中国共产党。新中国成立后，历任西北军政委员会司法部副部长、部长，最高法院西北分院秘书长，西北大学党委书记等。"文革"期间，遭到极"左"路线的迫害。1970 年 7 月逝世于家乡华容。②

（六）检察实践文化

边区高等法院检察处体制时期，检察长、检察员及群团代表担任的检察员③进行了大量丰富的检察实践活动。从记载的案例史料来看，并不是全部案件都需要通过检察机关侦查、起诉，只有案情重大的普通刑事案件和政治类案件，以及有法律监督必要的刑事案件，检察机关才介入案件并履行检察职能。④《边区高等法院一九三八年至一九四四年刑事案件判决书汇集》共收录了刑事案件判决书 30 份，其中明确提到检察机关的 21 份。从这些案件类型来看，普通刑事犯罪包括故意杀人、故意伤害致死、抢劫、强盗等，如 1937 年 10 月办理的黄克功逼婚不遂杀害人命案、1939 年 11 月办理的王黄氏虐待侄媳张皆英自杀案、1941 年 9 月办理的吴占福杀人抢劫案、惠致斌强盗案等，检察员或检察机关代表均侦查明白，并莅庭执行职务。职务犯罪案件包括侵吞公款、舞弊营私、贪污、渎职等，如 1938 年，检察员徐世奎在党凤梧侵吞公款、贩卖鸦片、舞弊营私、剥削工人、破坏公营企业等案中莅庭执行职务；1939

---

① 巩富文主编：《陕甘宁边区的人民检察制度》，中国检察出版社 2014 年版，第 54 页。
② 巩富文主编：《陕甘宁边区的人民检察制度》，中国检察出版社 2014 年版，第 139～140 页。
③ 例如，抗日军政大学政治部代表胡耀邦以及边区保安处代表黄佴超，曾在黄克功等案件中担任检察机关代表。参见巩富文主编：《陕甘宁边区的人民检察制度》，中国检察出版社 2014 年版，第 31 页。
④ 巩富文主编：《陕甘宁边区的人民检察制度》，中国检察出版社 2014 年版，第 53 页。

年和 1941 年，检察员刘临福在鲍汇元等贪污案、肖玉璧贪污渎职逃跑案中莅庭执行职务。政治类案件主要包括汉奸案、破坏边区案、出卖祖国、为敌做探案等，如吉思恭汉奸案、马得凌破坏边区案、朱有三汉奸案等，判决书中均写明，经检察机关侦查明白，证据确凿，提起公诉。需要说明的是，该类案件侦查权的行使，既有检察机关，也有公安处。原因在于，虽然判决书写明"检察机关侦查明白"，但由于陕甘宁边区法院系统关于判决书的制作和书写均不规范，有时虽有"检察机关侦查终结的表述"，但这里的检察机关是指公安处。① 该时期，黄克功逼婚杀人案在当时产生了很大震动，而检察机关对该案的侦查、起诉及出庭支持公诉等，较为完整地展现了检察权在普通刑事案件中的运行。

黄克功，江西人，时年 26 岁。他参加过井冈山斗争和红军长征，并在四渡赤水和夺取娄山关战役中立过大功，曾任过师宣传科科长和团政委，到延安在抗大学习毕业后留任队长。刘茜，原系山西太原友仁中学女青年，来到延安后，先在抗大第 15 队学习，后被分配在新成立的陕北公学学习。二人恋爱期间，刘茜因忍受不了黄克功的骄横霸道，遂写信婉转表示终止恋爱关系。黄克功十分不满。1937 年 10 月 5 日黄昏，黄携带手枪，约刘茜去延河边谈话。在刘明白无误表明要与其断绝恋爱关系后，黄一怒之下，拔枪打死刘茜。之后返校洗去身上血迹，擦拭手枪后到校部汇报并向法院自首。

检察机关接到报案后，立即着手侦查，在进行现场勘查时，发现案发现场"刘茜身中两枪，头部、腰部各一枪，腰部子弹未出，路旁遗弃手枪子弹壳二粒，子弹头一颗"；通过对徐松林、黄志勇等证人的询问，初步判断"黄克功有枪杀刘茜之严重事实和嫌疑"；又对黄克功手枪进行了技术鉴定，认定子弹口径相同，有新打过子弹的淡烟灰色，虽经擦洗，遗迹犹存，初步判断即为作案工具。之后，又进一步核实了枪响时间为案发时间，检察官徐世奎主持了对被害人刘茜的尸检，后与黄克功供述相吻合，遂形成了黄克功杀人犯罪的完整证据链。检察机关大量而富有成效的调查工作，为公诉、审判奠定了基础。侦查终结后，检察机关起草完成了约 1700 字的《公诉书》，涉及案由、起诉经过、被告和死者介绍、侦查经过、人证物证、原因判推断、处理意见等多方面内容，《公诉书》观点鲜明，思路清晰，分析透彻，针对黄克功因逼婚未遂而枪杀革命青年、破坏红军纪律、损坏革命利益的犯罪行为，明确要求判处死刑。随后，抗大政治部胡耀邦、边区保安处黄倬超、法院检察官徐时奎 3 名履行检察职责的检察机关代表出庭支持公诉，指控犯罪。公诉人阐述了案件事实

---

① 巩富文主编：《陕甘宁边区的人民检察制度》，中国检察出版社 2014 年版，第 50 页。

及案发原因，提出了定罪量刑的意见建议，说明了尸检情况，并驳斥了被告人黄克功不实证言，要求法庭严厉处罚被告的犯罪行为。群众代表也出庭批驳被告观点，发挥控诉作用。1937 年 10 月 11 日，陕甘宁边区高等法院以逼婚不遂、杀害人命判处黄克功死刑。①

四、人民法庭检察员体制时期的检察文化

1947 年 10 月 10 日《中国土地法大纲》（以下简称《大纲》）公布后，陕甘宁边区高等法院通过颁布命令的方式，成立两级人民法庭，贯彻实施《大纲》。总的来看，人民法庭的组建是为土地改革服务。人民法庭在组织过程中，形成了相应的人民检察员体制。

（一）检察组织文化

该时期在县、乡两级人民法庭中产生了审判委员会。乡审判委员会互推审判员、检察员各 2 人或 3 人，书记员 1 人，组成乡人民法庭；县审判委员会由各该县县长、县委书记、县农会主任等组成，并以该委员会委员组成人民法庭，以县长为主审，其他委员分任陪审、检察工作。各级审判委员会和各级人民法庭均为临时组织，于土地改革彻底完成后撤销。在领导关系上，各级人民法庭除受该级农民大会及其代表会直接领导外，乡人民法庭受该县人民法庭领导，县人民法庭受各该分区高等分庭领导。

（二）检察权力文化

人民法庭的检察员主要行使检举、控告犯罪职能。犯罪的内容包括：一切违抗或破坏土地的法令，妨碍公平分配而任意宰杀牲畜等犯罪行为；妨碍接收登记，清理及保管一切转移的土地及财产的犯罪行为；一切反动地主恶霸的犯罪行为；一切干部侵犯人民民主权利或贪污渎职等犯罪行为。检察员发现犯罪或接受人民告诉、告发后，应及时亲往被告犯罪所在地，召开群众控诉会，收集被告犯罪事实及有关人证、物证，并加以调查取证、研究、整理、起草起诉书，代表受损害人民的要求提出处理意见。起诉书须经群众的审查、修改、通过后，提交人民法庭，在开庭时口头起诉。同时，陕甘宁边区高等法院明确规定了检察员具有监督人民法庭审判和执行案件的权力。

由于史料缺失原因，在司法档案中，有关县司法处工作的总结报告中并没有反映人民法庭审理案件的情况。边区人民法庭检察员体制中，检察职能如何

---

① 巩富文主编：《陕甘宁边区的人民检察制度》，中国检察出版社 2014 年版，第 86～99 页。

行使，缺乏具体案例考证。①

五、陕甘宁边区时期的检察精神文化

陕甘宁边区时期，从政治形势上来讲，国共双方合作抗日；从地域空间来讲，边区政府地处抗日后方。这就在时间和空间上为我党赢得了相对稳定的执政环境。但如前文所言，"陕甘宁边区处于社会变革、思想多元、文化观念激烈冲突的环境中"，该时期落后的经济文化、根深蒂固的传统政治文化、工农干部的新民主主义司法思想以及国统区知识分子带来的西方现代司法理念共同影响着该时期的检察精神文化，最终在经历了轰轰烈烈的延安整风运动后，注重强调马克思主义中国化的毛泽东思想成为了边区司法工作的唯一指导思想。② 在这一思想指导下，检察文化的政治属性更加浓厚，更加注重强调革命性和实践性，而对来自西方现代司法理念所强调的司法独立、检察独立③等均未予采纳。从陕甘宁边区的检察文化理念上来看，主要表现为以下几个方面：

（一）浓厚的行政从属性

从司法机关内部关系来看，虽然边区高等检察处的成立表明检察机构逐渐"走出"法院，但总体而言，该时期仍然属于审检合一制，在法院内部设立检察员，或由其他人（行政首长、公安人员）兼任检察员，具体从事检察业务的机关仍是边区高等法院和县司法处。从司法与行政的关系来看，法院受同级政府领导，同级参议会监督，按照法律审判案件，独立行使审判权。④ 司法权不是一项独立的权力，司法机关是同级行政机关的下级机关。这种司法从属于行政的检察文化理念，既受中国长期以来权力高度集中、司法权被融入行政权的思想影响，也与苏联"统治阶级意志"、"专政工具"和"经济条件决定

---

① 巩富文主编：《陕甘宁边区的人民检察制度》，中国检察出版社2014年版，第54～60页。

② 侯欣一：《陕甘宁边区司法制度、理念及技术的形成与确立》，载《法学家》2005年第4期。

③ 例如，在1942年进行的陕甘宁高等法院司法改革中，时任高等法院院长的李木庵向边区参议会建议设立检察机关，强调"法院只是审判机关，不能管辖检察工作"，实现审检分署等，但并未实现。参见侯欣一：《陕甘宁边区高等法院司法制度改革研究》，载《法学研究》2004年第5期。

④ 谢觉哉：《陕甘宁边区政府组织与建设》（1937年5月），载《谢觉哉文集》，人民出版社1989年版。转引自侯欣一：《陕甘宁边区司法制度、理念及技术的形成与确立》，载《法学家》2005年第4期。

论"为核心的法学理论①的影响有很大关系。

（二）强烈的司法为民属性

在中央苏区时期，工农检察人民委员部即"以适应革命战争为司法机关工作的中心任务"，以镇压反革命和保护工农利益为主要任务，选任检察官也必须是工农群众中最优秀的分子，在开展检察工作中也紧紧依靠"轻骑队"、通讯员等群众中的先进分子进行深入调查，提供信息。陕甘宁边区时期继续延续了这一苏维埃的"政法传统"，充分体现了检察文化的群众性。首先，把服务人民群众作为检察工作的主要任务。"要在人民对于司法的赞许中，证明司法工作的对与否。"② "我们的司法方针是和政治任务配合的，是要团结人民，教育人民，保护人民的正当利益。"③ 其次，保护民众权益的检察权设置。1946 年《暂行条例》中规定的检察权运行程序中，既规定了检察机关保护人民群众实体权益的民事公益诉讼程序，如对于"土豪恶霸，欺压佃农，逾额收租或无理夺佃，佃户畏势不敢声称者，检察院应实施检察"、"公营企业，垄断、操纵，妨害大众生计，或舞弊贪污，无人声诉者，检察员应实施检察"等。④ 又规定了保护人民群众程序权益的协助自诉程序和担当自诉程序，例如，"法院办理自诉案件，应通知检察员莅庭，陈述意见，检察员应检阅案卷证物"、"民事案件、受不利益人，畏势不敢声称者，检察员担当诉讼"。⑤ 最后，检察工作人员注重从工农干部中选拔。虽然曾在司法改革中强调检察人员的专业化，但在该时期的大多数时候，检察人员多从工农干部中选拔，特别要求司法人员包括检察人员必须在情感上、政治立场上首先要同人民同心同德。

（三）坚定的革命性和实践性

陕甘宁边区的检察文化思想主要体现了新民主主义的司法思想。而新民主主义思想的司法观及主要内容始终贯穿着革命性和实践性。革命性体现为检察工作必须服务于革命政权，把一般革命的理论与经验用之于司法工作，除了将

---

① 参见蔡定剑：《阶级斗争与新中国法制建设——建国以来法学界重大事件研究》，载《法学》1998 年第 4 期。转引自刘全娥：《雷经天新民主主义司法思想论》，载《法学研究》2011 年第 3 期。

② 侯欣一：《陕甘宁边区司法制度、理念及技术的形成与确立》，载《法学家》2005 年第 4 期。

③ 习仲勋：《贯彻司法工作的方向》，载《解放日报》1944 年 11 月 5 日。转引自侯欣一：《陕甘宁边区司法制度、理念及技术的形成与确立》，载《法学家》2005 年第 4 期。

④ 巩富文主编：《陕甘宁边区的人民检察制度》，中国检察出版社 2014 年版，第 69 页。

⑤ 巩富文主编：《陕甘宁边区的人民检察制度》，中国检察出版社 2014 年版，第 70 页。

革命组织的一般原则（民主集中制原则）运用到司法组织的建构中、以一般革命干部的选拔标准来选任司法干部、习惯于从敌我两分的角度来分析和处理司法问题等①以外，在检察工作中最明显的体现就是加大对汉奸、拖枪叛变、破坏边区等涉及危害革命政权犯罪的重处。如吉思恭汉奸案、李清远出卖祖国、为敌做探案、王光胜汉奸案等，犯罪嫌疑人均被判处死刑。实践性源于中国共产党人在延安时期确立的实事求是的思想路线。司法工作讲实事求是，顾名思义就是强调司法工作必须求真、务实，明断是非。② 这就要求在检察工作中必须注重调查研究。从办理的黄克功逼婚未遂杀人案、刘文义汉奸案、李克仁擅自收回已经分配的土地等案来看，检察人员均进行了严谨、细致、深入地侦查和现场勘查。

（四）整风运动与检察制度存废之争

1942—1943 年，陕甘宁边区开展了轰轰烈烈的"整风"、"审干"运动，对边区的法制及我党法律思想和理论包括检察理论产生了深远影响。1943 年年初，在边区学习文件、思想检查刚刚结束，审查干部、抢救运动开始之际，陕甘宁边区司法大检讨事件拉开了帷幕。③ 在这次司法大检讨中，针对边区已于 1942 年废除的检察制度，④ 代表革命传统的新民主主义司法派与代表西方现代司法理念的法律专业知识分子们再次进行了理论上的论辩，其结果是包括时任高等法院代理院长的李木庵等人纷纷从司法工作岗位离任，或修养赋闲，或接受审查、屡遭批判，检察制度并无存在必要。

第一，整风运动与司法指导思想的确立。

早在整风运动开始前的 1941 年 5 月 19 日，毛泽东在《改造我们的学习》中明确指出了全党在学习实践马克思主义过程中存在的三方面问题，即"不注重研究现状、不注重研究历史、不注重马克思列宁主义的应用"，强调要"有目的地去研究马克思主义理论。要使马克思主义理论与中国革命实际结合起来，为解决中国革命的实际问题从马克思主义理论那里寻找立场、观点、方法"。⑤ 这

---

① 刘全娥：《雷经天新民主主义司法思想论》，载《法学研究》2011 年第 3 期。

② 侯欣一：《陕甘宁边区司法制度、理念及技术的形成与确立》，载《法学家》2005 年第 4 期。

③ 李娟：《革命传统与西方现代司法理念的交锋及其深远影响——陕甘宁边区 1943 年的司法大检讨》，载《法制与社会发展（双月刊）》2009 年第 4 期。

④ 巩富文主编：《陕甘宁边区的人民检察制度》，中国检察出版社 2014 年版，第 135 页。

⑤ 郝贵生：《毛泽东"改造学习"思想及其现实意义》，载《中华魂》2014 年 3 月上。

实际上是要求摆脱对马克思主义的教条理解，强调中国经验。[1] 随后的 1942—1943 年，陕甘宁边区开始了著名的延安整风运动，以反对教条主义、主观主义、宗派主义为主要内容，采取声势浩大的集中学习、批评与自我批评、集体测验等内心自我体验和外部压力并重等方式，对全党进行思想教育，目的在于总结中国共产党的历史经验，将马克思主义理论与中国革命实践相结合、探索有中国特点的发展道路。[2] 1942 年 5 月 2 日至 23 日，毛泽东亲自主持召开了有文艺工作者、中央各部门负责人共 100 多人参加的延安文艺座谈会，突出强调了文艺工作者必须站在无产阶级和人民大众的立场，努力学习马克思列宁主义和社会主义，讨论问题应当从客观存在的事实出发等。[3] 这次座谈会对当时和后世均产生了十分深远的影响。同时，由于在整风运动期间召开，与即将要展开的司法大检讨在时间上非常接近，因此，也对检察制度文化的发展产生了一定影响。通过整风运动，近代以来已被人们接受的一些司法理念和信条开始动摇，毛泽东思想迅速深入人心，成为边区司法工作的唯一指导思想。[4]

第二，1943 年检察制度存废之争。

从整体上看，陕甘宁边区的司法制度是在原苏区根据地司法制度的基础上发展而来的，它与清末以来历届政府所推行的精英化司法有着明显的不同，特点是革命化、程序简单和人员非专业化等。[5] 这个特点也是陕甘宁边区检察文化的总体特点。同时，陕甘宁边区检察文化曲折发展，并几度废除及由此引发的检察制度存废理论之争，也是该时期检察文化的另一大特点。

1943 年检察制度存废之争的一个重要原因是，在延安整风运动的大背景下，一是政治上形成了民主集权的政治体制。1942 年 10 月后，陕甘宁边区实行党的一元化领导，以行政兼理司法的方式将司法组织系统纳入政府的领导之下。边区政府领导的司法思想直接表明了这种司法权力行政化的倾向。例如，时任边区政府秘书长兼政策研究室主任的李维汉认为："民主集中制原则应贯彻到审判工作中……从政府贯彻到法院，由法院贯彻到分庭推事，一直到下面……"参议会副议长谢觉哉指出，新民主主义的司法就是贯彻民主集中制、领导一元

---

[1] 侯欣一：《陕甘宁边区司法制度、理念及技术的形成与确立》，载《法学家》2005 年第 4 期。

[2] 刘全娥：《雷经天新民主主义司法思想论》，载《法学研究》2011 年第 3 期。

[3] 毛泽东：《在延安文艺座谈会上的讲话》（1942 年 5 月），来源于民族魂网站。

[4] 侯欣一：《陕甘宁边区司法制度、理念及技术的形成与确立》，载《法学家》2005 年第 4 期。

[5] 侯欣一：《李木庵的法治人生》，载《深圳特区报》2012 年 6 月 12 日第 B11 版。

化和群众路线的司法。① 二是司法界形成了权力集中的新民主主义司法思想。其代表人物就是陕甘宁边区司法界的重要领导干部雷经天。综上所述，他于1937年7月至1945年3月在边区高等法院任院长职务长达6年。在全程经历整风运动后，他逐渐形成了以苏维埃"政法传统"的承续、随司法改革而展现的司法正规化思想以及以整风运动为标志的马克思主义理论中国化潮流为渊源的新民主主义司法思想。② 一方面，他积极强调"法律是阶级意志的工具"的马克思主义法律观，特别强调审判权与司法行政权的集中。1942年10月高干会议后，在领导一元化和整风审干的背景下，进一步主张废止检察制度。③ 在1943的司法大检讨中，再一次主张，检察应受法院管辖，其不但不能独立，且鉴于边区的政治与审判情形，主张废除检察制度。另一方面，偏激地对待知识分子司法人员，极力主张以工农分子为司法干部的主要力量。1943年年初，从党校学习回来的雷经天，领导了边区高等法院的整风审干工作，在36名司法干部中，竟发现了17名问题人士，李木庵辞职，朱婴等人职务被撤销。④ 三是边区政府最终作出了取消检察制度的一致观点。在这场争论中，谢觉哉认为，司法工作应着力解决加强民主集中制、领导一元化、司法同群众结合的根本思想问题。李维汉认为雷经天时期在总的方向和立场上是正确的……李木庵时期在政治上、制度上是投降主义、国民党化……边区政府主席林伯渠在最后发言中提到，做政权工作的人员应好好研究毛主席的新民主主义论。他批评李木庵组织上入党，思想上没入党，认为检察制度是国民党的制度等，要求雷经天继续在高等法院依据新民主主义的司法，创造我们的一套司法制度，不用国民党的制度。⑤

　　陕甘宁边区经历的这次检察制度存废之争，是我党领导的检察制度发展必经的探索过程。在这场争论中，集中反映了该时期政治、经济及传统文化对司法文化及检察文化的影响，直接展现了具有革命传统的工农检察文化与具有西方现代司法理念的检察文化之间的交锋，既体现了对司法中国实际情况的突出强调，也体现了对司法独立、检察独立等现代法治理想的努力追求，是该时期检察文化发展的重要组成部分。

---

① 刘全娥：《雷经天新民主主义司法思想论》，载《法学研究》2011年第3期。

② 刘全娥：《雷经天新民主主义司法思想论》，载《法学研究》2011年第3期。

③ 刘全娥：《雷经天新民主主义司法思想论》，载《法学研究》2011年第3期。

④ 巩富文主编：《陕甘宁边区的人民检察制度》，中国检察出版社2014年版，第136~161页。

⑤ 巩富文主编：《陕甘宁边区的人民检察制度》，中国检察出版社2014年版，第158~160页。

第五章　新中国成立后的检察文化

第一节　检察署时期检察文化的
雏形（1949—1953 年）

1949 年 10 月 1 日，中华人民共和国成立，开启了新中国检察事业的新篇章。1949—1953 年，为我国人民检察制度的初创时期，与之相适应，这一时期也是新中国检察文化形成的雏形期。

新中国的检察制度，是按照毛泽东同志在《论人民民主专政》、《论联合政府》中体现的建设新民主主义国家的精神，传承根据地时期革命司法优良传统，结合学习列宁法律监督思想和苏联检察制度而创建的一种适合新中国国体和政体的检察制度。

在 1949 年 9 月 21 日至 30 日召开的中国人民政治协商会议第一届全体会议上，通过了起临时宪法作用的《中国人民政治协商会议共同纲领》，该《纲领》第 17 条明确规定："废除国民党反动政府一切压迫人民的法律、法令和司法制度，制定保护人民的法律、法令，建立人民司法制度。"同次会议上通过的《中华人民共和国中央人民政府组织法》第 5 条规定："中央人民政府委员会组织政务院，以为国家政务的最高执行机关；组织人民革命军事委员会，以为国家军事的最高统辖机关；组织最高人民法院及最高人民检察署，以为国家的最高审判机关及检察机关。""《共同纲领》和《中央人民政府组织法》为包括建立新中国检察制度在内的国家制度奠定了政治基础和法律基础。"[①]

随后，中央人民政府委员会任命罗荣桓为最高人民检察署检察长，李六如、蓝公武为副检察长以及罗瑞卿、杨奇清等 11 人为最高人民检察署检察委员会委员。新组建的最高人民检察署以《中华人民共和国中央人民政府组织法》为基础，起草了《中央人民政府最高人民检察署试行组织条例》（以下简称《试行条例》）并报毛泽东主席批准执行。该《试行条例》细化了检察机关职权，规定最高人民检察署受中央人民政府委员会之直辖，直接行使并领导下

---

① 闵钐、薛伟宏：《共和国检察历史片断》，中国检察出版社 2009 年版，第 3 页。

级检察署行使下列职权：

（1）检察全国各级政府机关及公务人员和全国国民是否严格遵守人民政协共同纲领及人民政府的政策方针与法律、法令。

（2）对各级司法机关之违法判决提起抗诉。

（3）对刑事案件实行侦查，提起公诉。

（4）检察全国司法与公安机关犯人改造所及监所之违法措施。

（5）对于全国社会与劳动人民利益有关之民事案件及一切行政诉讼，均得代表国家公益参与。

（6）处理不服下级检察署不起诉处分之声，请复议案件。

在中央人民政府委员会领导、支持下，各地检察机关从 1950 年开始陆续建立，本着"边建设，边工作"的原则，新建立的检察机关积极投入镇压反革命运动、土改运动和"三反五反"运动等工作中去，为巩固新生红色政权作出了积极贡献。新中国人民检察制度初创时期，广大检察人员在创新制度、逐步开展检察工作中，形成了与那个时代合拍的检察文化，这主要是：

一、在思想观念上，牢固树立起检察机关是人民民主专政工具的执法理念

新中国成立初期，由于检察机关是新成立的单位，人员构成主要从部队、党政机关特别是公安机关选调而来，因而这一时期最高人民检察署特别重视新调人员的学习培训，以树立检察人员正确的执法理念。1950 年李六如副检察长在全国司法会议作报告时强调："关于学习，首先要学习马列主义与毛主席关于国家与法的理论。"[1]

马列主义关于国家与法的理论，主要体现在《共产党宣言》、《家庭、私有制和国家的起源》、《反杜林论》、《哥达纲领批判》、《国家与革命》等重要论述中，其基本观点是：国家并不是从来就有的，曾经有过不需要国家，而且根本不知国家和国家权力为何物的社会（原始社会）；国家是阶级矛盾不可调和的产物，构成国家的武装力量、监狱和各种强制机关，是一个阶级压迫另一个阶级的工具；无产阶级只有通过暴力革命，才能夺取政权；随着无产阶级政权的建立，消灭了阶级，消灭了剥削，实现共产主义，国家也会自行消亡。

毛泽东同志和他的战友们一道，把马列主义基本原理与中国革命具体实践相结合，创造了指导中国革命和建设的思想理论体系——毛泽东思想，其中在《新民主主义论》、《论联合政府》、《论人民民主专政》等重要文献中，毛泽

---

[1] 闵钐、薛伟宏：《共和国检察历史片断》，中国检察出版社 2009 年版，第 33 页。

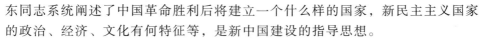

东同志系统阐述了中国革命胜利后将建立一个什么样的国家，新民主主义国家的政治、经济、文化有何特征等，是新中国建设的指导思想。

早在抗日战争时期的 1940 年，毛泽东同志在陕甘宁边区文化协会的第一次代表大会作《新民主主义的政治与新民主主义的文化》的演讲时（演讲发表时改题目为《新民主主义论》），提出了新民主主义国家的国体、政体问题，指出："一切革命的阶级对于反革命汉奸的专政，这就是我们现在所要的国家……国体——各革命阶级联合专政。政体——民主集中制。这就是新民主主义共和国，这就是抗日统一战线的共和国，这就是三大政策的新三民主义的共和国……这就是今天'建国'工作的唯一正确的方向"。

1945 年抗日战争即将胜利的前夕，中国共产党召开第七次全国代表大会，毛泽东同志作了《论联合政府》工作报告，指出："我们主张在彻底地打败日本侵略者之后，建立一个以全国绝对大多数人民为基础而在工人阶级领导之下的统一战线的民主联盟的国家制度，我们把这样的国家制度称之为新民主主义的国家制度……新民主主义的政权组织，应该采取民主集中制，由各级人民代表大会决定大政方针，选举政府。它是民主的，又是集中的，就是说，在民主基础上的集中，在集中指导下的民主。只有这个制度，才既能表现广泛的民主，使各级人民代表大会有高度的权力；又能集中处理国事，使各级政府能集中地处理被各级人民代表大会所委托的一切事务，并保障人民的一切必要的民主活动。"

1949 年 6 月 13 日，在中国人民解放战争节节胜利，新中国即将成立的时候，为纪念中国共产党成立 28 周年，毛泽东同志撰写了《论人民民主专政》一文，根据马克思主义国家学说，结合中国实际，论述了即将成立的中华人民共和国的国家性质，各阶级在国家中的地位及其相互关系，指出："人民是什么？在中国，在现阶段，是工人阶级，农民阶级，城市小资产阶级和民族资产阶级。这些阶级在工人阶级和共产党的领导之下，团结起来，组成自己的国家，选举自己的政府，向着帝国主义的走狗即地主阶级和官僚资产阶级以及代表这些阶级的国民党反动派及其帮凶们实行专政，实行独裁，压迫这些人，只许他们规规矩矩，不许他们乱说乱动。如要乱说乱动，立即取缔，予以制裁。对于人们内部，则实行民主制度，人民有言论、集会、结社等项的自由权。选举权，只给人民，不给反动派。这两方面，对人民内部的民主方面和对反动派的专政方面，互相结合起来，就是人民民主专政。"

由于马列主义、毛泽东思想是指导中国革命的理论武器和指导思想，因而新中国成立初期在国家的政治设计、司法设计上，无不体现着马列主义、毛泽东思想的国家与法观。1949 年 9 月 22 日，中国人民政治协商会议的第 2 日，董必武同志向大会报告《中华人民共和国中央人民政府组织法》草拟的经过及基本内容时说："国家属性问题：国家是统治阶级镇压被统治阶级的工具，所以必须要把今天人民民主专政中阶级间的关系讲清楚。工人阶级领导、以工农联盟为基础和四个阶级的联盟，是中国新民主主义的特质，这是大家同意了的。"又报告说："政府组织的原则：这个原则是民主集中制，它具体的表现是人民代表大会制的政府，即人民行使国家政权的机关为各级人民代表大会和各级人民政府……民主集中制的原则，与旧民主主义三权分立的原则相反。旧民主主义的议会制度是资产阶级中当权的一部分容许另一部分的少数人，所谓反对派，在会议讲台上去说空话，而当权者则紧握着行政权柄，干有利于本身统治的工作。这是剥削阶级在广大人民面前玩弄手段手腕，分取赃私，干出一种骗人的民主制度。司法名义上是独立，实质上同样是为当权的阶级服务的。我们不要这一套，我们的制度是议行合一的，是一切权力集中于人民代表大会的政府。"[1] 董必武同志上述的两段报告，不仅清楚地讲明了新中国的国体、政体是按照毛泽东思想中国家与法的观点设计的，而且也鲜明地提出我们新中国的司法制度就是要为当权的阶级服务，即为工人阶级领导、以工农联盟为基础和四个（工人、农民、城市小资产、民族资产）阶级的联盟服务。

检察制度作为新中国司法制度的一部分，从创建伊始就是遵循马列主义、毛泽东思想国家与法的基本原理，在《中国人民政治协商会议共同纲领》和《中央人民政府组织法》规定的职权范围内建立起来的，从创建之初，就带有明显的阶级性。这一时期，在检察人员思想建设上，学习马列主义、毛泽东思想国家与法观，树立新民主主义法律观点，是检察干部思想建设极其重要的内容。而新民主主义法律观的树立，又是与批判旧司法观念结合进行的。

新中国成立之初，司法人员十分缺乏，新政权保留了部分旧司法人员继续从事审判工作。1952年，"当时全国法院干部约28000人，其中有旧司法人员6000人，多数担任审判工作"。[2] 这些旧司法人员，思想上自觉不自觉地存在"国民党的六法全书仍然不失为一部可用法典"、"法律是超阶级超政治的"、"办案是单纯技术工作"等错误认识，反映在处理案件中，敌我不分，是非不分，有意无意地按旧法办案。为此，新中国的司法工作领导者们开展了一场司法改革运动，指出这种错误观点的由来，"主要是因为一部分旧的司法人员，没有认识到反动的六法全书和我们中华人民共和国的法律在阶级上的本质区别。他们还不了解我们的法律是人民民主专政的法律，而国民党的法律却是保

---

① 闵钤、薛伟宏：《共和国检察历史片断》，中国检察出版社2009年版，第6~7页。

② 闵钤、薛伟宏：《共和国检察历史片断》，中国检察出版社2009年版，第65页。

护地主与买办官僚资产阶级反动统治的工具，是镇压与束缚广大人民群众的枷锁。一切只从形式上去看六法全书的观点都是错误的。我们不仅应该彻底废除六法全书，而且应该使一切人民司法工作者从思想上廓清六法全书的影响，建立新民主主义的法律观点"。[1] 尽管检察机关是新建立的机关，仅留用了少数旧司法人员，但也都积极参加了这次司法改革运动。通过运动，保证了检察人员思想的纯洁性，牢固树立起了马列主义、毛泽东思想国家与法的观点，树立起了检察工作不是超阶级的，而是人民民主专政工具的执法理念，这是新中国检察文化发展史中的一个不容忽视的现象。

在这一检察文化倡导下，检察机关从一创建，就把为新生的人民民主政权服务作为自己重中之重的工作而部署和开展的。

1950 年召开的第一届司法会议（一检会），明确提出目前的中心任务是镇压反革命势力的捣乱，保卫土地改革的胜利完成，保卫国家经济建设，惩治危害人民利益的犯罪分子，以巩固人民民主专政的秩序。李六如副检察长在第一届司法会议上作《人民检察任务及工作报告大纲》，明确提出：人民检察署是新型的广义的司法机关，是中华人民共和国国家机构的重要组成部分之一，是人民民主专政的重要武器之一。根据检察机关的性质，李六如副检察长在部署工作时，把镇压反动、巩固政权摆在了法律监督工作的第一重要位置上，强调："（4）关于工作重点问题。在镇压反动方面，检察机关应根据《共同纲领》第 7 条与政务院、最高法院联衔的惩治反革命指示，检查公安机关的侦查是否证供齐全，应否逮捕，应否起诉，应否释放。同时检查法院的判处，有无偏差，即是否符合镇压与宽大相结合的政策，因为一方面不可冤枉一个好人，另一方面不可宽大一个坏人，这样才能肃清反动，巩固政权。"[2]

在这一检察文化倡导下，检察机关组织条例第一次修改时，特别突出要对"反革命案件"实行侦查，提起公诉。1949 年制定实施的《中央人民政府最高人民检察署试行组织条例》第 3 条第 3 款规定检察署行使职权的表述为："对刑事案件实行侦查，提起公诉。"1951 年对《条例》进行修改，将这一条款修改为"对反革命及其他刑事案件实行侦查，提起公诉"。特别把"反革命案件"突出出来，体现检察职能鲜明的阶级性。

在以后的检察工作中，一代代检察人都传承着"检察机关是人民民主专政工具的执法理念"的检察文化，做好本职工作，为革命、建设、改革开放服务，为巩固中国共产党的执政地位服务。

---

[1] 闵钐、薛伟宏：《共和国检察历史片断》，中国检察出版社 2009 年版，第 30 页。

[2] 闵钐、薛伟宏：《共和国检察历史片断》，中国检察出版社 2009 年版，第 30 页。

二、在实践文化上，紧紧围绕党的中心工作开展检察业务

新中国成立之初，百废待兴，工作千头万绪，为此，毛泽东同志在 1949 年 3 月 13 日中国共产党第七届中央委员会第二次全体会议上，专门谈到"党委会"的工作方法，指出："学会'弹钢琴'……党委要抓紧中心工件，又要围绕中心工作而同时开展其他方面工作。"新中国成立后，按照毛泽东同志"弹钢琴"的工作方法，不同时期中央有不同的中心工作部署全党开展，检察机关作为为人民民主专政服务的司法机关，从组建之初，就以敏锐的政治性，把检察业务工作很好地与党的各个时期中心工作结合起来，为党的中心工作服务，这是沿袭至今的检察文化优良传统。1954 年召开第二届全国检察工作会议，《人民日报》发表《加强检察工作保障国家建设》的社论，社论指出："四年来，检察工作已经取得了一定的成绩：在全国三分之一以上的县级以上的行政单位中建立了检察机构，培养了一部分干部，凡是检察机关已经建立了的地方，都从检察工作方面配合了历次大规模的社会改革运动，并结合国家在各时期的中心工作打击了各种违法和犯罪的分子，在保障国家经济建设、保护人民民主权利、巩固人民民主专政上起了一定的作用。"[①]

新中国成立初期，国民党反动派在大陆留下一大批特务、土匪、恶霸、反动党团骨干分子、反动会道门头子等反革命分子，这些人不甘心其失败，对新生红色政权疯狂破坏。为了巩固人民民主专政，1950 年 3 月，中共中央发出了严厉镇压反革命活动的指示，要求从 1950 年冬天始，在全国范围内开展镇压反革命运动，"镇反"运动就是当时的中心工作。正处于筹建中的各地检察机关，根据最高人民检察署的部署，立即投入"镇反"运动，对反革命案件提出指控。中央发出《关于纠正镇压反革命活动的右倾偏向的指示》后，检察机关积极履行监督职责，纠正各地办案中"宽大无边"的倾向。中央人民政府颁布《中华人民共和国惩治反革命条例》后，最高人民检察署又立即发出《为贯彻惩治反革命条例给各级人民检察署的指示》，要求各级检察机关把保障《中华人民共和国惩治反革命条例》的普遍和正确实施作为检察机关的主要任务。

堡垒最容易从内部攻破，新生的红色政权面临的另一场考验就是如何防止干部贪污腐化，为此，中共中央发出了开展"反贪污、反浪费、反官僚主义"（"三反"）和在私营工商业者中开展"反行贿、反偷税漏税、反盗骗国家财产、反偷工减料、反盗窃国家经济情报"（"五反"）的指示，最高人民检察署

---

① 闵钐、薛伟宏：《共和国检察历史片断》，中国检察出版社 2009 年版，第 82 页。

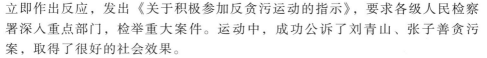

立即作出反应，发出《关于积极参加反贪污运动的指示》，要求各级人民检察署深入重点部门，检举重大案件。运动中，成功公诉了刘青山、张子善贪污案，取得了很好的社会效果。

在检察署初创时期，最高人民检察署还先后发出《关于各级人民检察署参加司法改革运动的指示》、《关于参加贯彻婚姻法运动给各级人民检察署的指示》、《关于在全国及地方各级人民代表大会选举工作检察工作的指示》和《为贯彻国家粮食计划收购和计划供应政策的实施指示》，应当说凡是党中央的中心工作，在检察机关都有贯彻、部署和落实，这一做法一直沿袭至今，成为检察人员的职业敏感，使之成为"检察工作为党的中心任务服务"的检察文化的重要内容。

三、在队伍建设文化上，继承发扬革命战争时期专门工作与群众路线相结合的优良传统

密切联系群众是中国共产党三大优良作风之一，早在土地革命战争时期，中国共产党在领导革命斗争的实践中就初步形成了密切联系群众的作风。毛泽东同志在《古田会议决议》中指出："红军的任务，除了打仗消灭敌人，还要担负起宣传群众、组织群众、武装群众的任务。"在《关心群众生活，注重工作方法》一文中，毛泽东同志又指出："革命战争是群众的战争，只有动员群众，才能进行战争，只有依靠群众，才能进行战争。"在这篇文章中他还强调："真正的铜墙铁壁是什么？是群众，是千百万真心实意地拥护革命的群众。这是真正的铜墙铁壁，什么力量也打不破的，完全打不破的。"到了1945年党的七大上，毛泽东同志在《论联合政府》的报告中把密切联系群众概括为党的三大优良作风之一，指出："以马克思列宁主义的理论武装起来的中国共产党，在中国人民中产生了新的工作作风，这主要的就是理论和实践相结合的作风，和人民群众紧密地联系在一起的作风以及自我批评的作风。"新中国成立前的中国革命，概括讲就是中国共产党人放手发动群众，以革命战争打倒帝国主义和国民党反动派，建立新民主主义政权的暴力斗争。为这一目的服务的革命根据地司法工作，以党的优良传统为指针，自然也形成了密切联系群众的司法工作方法，这些方法在第一届全国司法会议上被总结为："为了联系与教育人民，更有公开审判制、旁听发言制、陪审制、巡回审判和就地审判、调解制度、法纪宣教制度以及在群众中推行仲裁会、同志审判会等方式。这些都是我们的群众路线在人民法院的组织与制度上的反映。这些是应该继续坚持和

发扬的。"① 由于根据地时期审检是合一的，人民审判联系群众的优良传统，自然也是检察工作的优良传统，这一优良传统为检察机关初建时很好地继承下来，成为检察署时期检察文化的重要内容之一。

在这一文化倡导下，检察署时期的检察工作充分体现了专门工作与群众路线相结合的特点。如李六如副检察长在第一届全国司法会议上就强调的指出："检察工作不是孤立的、消极的，必须联系群众，采取主动积极的方针，即①与其他机关尤其是公安、司法、监察等机关密切合作，其办法最好是彼此参加会议，交换意见与通报，遇事协商但须坚持原则。②经常派人下去，向各机关团体群众中有重点地访问调查。③注意报纸上的材料。④联系各机关团体群众自行组织检察通讯员或通讯组，设立通讯箱等。⑤指示下级检察署注意此类调查和宣传教育。"李六如副检察长还强调，"如系重大而有教育的案件，就宜通报和登报，以教育广大人民"。② 在随后开展的检察工作中，新建立的各级检察机关，都较好地执行了专门工作与群众路线相结合的优良传统，特别是建立检察通讯员和设立检察信箱，在检察机关参与"镇反"运动、"三反""五反"运动中，发挥了很好的作用，体现专门工作与群众路线相结合的优越性。"在镇压反革命运动中，各级人民检察署曾创造了许多联系群众的办法，如建立检察通讯员、设立检察通讯箱等。这些办法都密切了人民检察机关与广大人民和机关、团体、企业部门间的联系，推进了工作。高检署西南分署1951年的半年间共发展检察通讯员145名，接到各通讯员正式检察案件的报告118件，其中属于镇压反革命案件的共45起。"③ "检察通讯员和检举箱，给'三反'运动供给了大量材料。徐州市检察署设置的检举箱，在'三反'运动中收到检举贪污、盗窃材料7098件。华北地区检察机关设立的136个检举箱，收到各种检举信2.2万件。根据这些线索，侦查破获了苏北、四联两个皮革厂资本家承制军需品中，腐蚀干部95人，盗窃国家财产58亿元（旧币）的重大案件。"④

专门工作与群众路线相接合的检察文化传统，在今天我们开展举报宣传、公开听证、聘请人民监督员等工作中，都能找到其产生的渊源。

---

① 闵钐、薛伟宏：《共和国检察历史片断》，中国检察出版社2009年版，第30页。
② 闵钐、薛伟宏：《共和国检察历史片断》，中国检察出版社2009年版，第31页。
③ 孙谦主编：《人民检察制度的历史变迁》，中国检察出版社2009年版，第185页。
④ 孙谦主编：《人民检察制度的历史变迁》，中国检察出版社2009年版，第202页。

四、在制度文化上，对检察机关是国家的法律监督机关有初步认识

新中国成立初期，我国无论经济基础还是上层建筑，许多方面都在向苏联学习，检察制度建设也不例外。1950年第一届全国司法会议上，政务院政治法律委员会副主任兼中央人民政府法制委员会主任委员陈绍禹（王明）在7月27日所作的报告中就检察署的组织制度问题作了论述："人民检察署的这种（垂直领导）组织制度原则，是学习苏联检察制度经验和采取苏联检察制度精神规定的。目的就是要保障全国有统一一致的法制。"① 陈绍禹还强调："人民检察机关，不仅在任务和组织制度方面，应当根据中国的实际情况学习苏联检察制度的经验，而且要在检察工作方法、工作作风和方式上，也学习苏联检察人员的精神。"② 李六如副检察长也在这个会上指出要"学习出版了的苏联各种法典尤其是刑法概论、苏联刑法、苏联刑事诉讼法和检察制度等"。③因此，苏联的检察制度以及列宁的法律监督思想，对检察署时期检察文化的形成影响是很大的。

十月革命胜利后，苏维埃政权对建立一个什么样性质的检察机关曾发生过争议，列宁坚持在地方影响威胁到法制统一的情况下，必须反对两重从属制，检察机关实行垂直领导。列宁的法律监督思想归纳起来，即"社会主义国家的法制应该是统一的。为了保障国家法制的统一，必须有专门的机关来监督法律的统一实施。检察机关作为法律监督机关拥有包括一般监督、诉讼监督在内的广泛监督权。为了保障检察机关独立行使监督职权，维护法制统一，检察机关应实行垂直领导。列宁的法律监督思想奠定了苏联检察文化以监督为中心的特殊秉性，并为社会主义国家检察文化树立了典型"。④ 在列宁法律监督思想指导下，苏联建立起了一个独立的、具有一般监督权的苏维埃模式的检察制度，这一制度为新中国检察制度的设计者们所借鉴。1950年9月4日，中共中央在《关于建立检察机构问题的指示》中指出："苏联的检察是法律监督机关，对于保障各项法律、法令、政策、决议等贯彻执行，是起了重大作用的。我们自中华人民共和国成立以后，才开始建立这种检察制度，正因为它是不同于旧检察制度的新工作，很容易被人模糊。但因为它是人民民主专政的重要武器，故必须加以重视……"当时，除最高人民检察署《中央人民政府最高人

---

① 孙谦主编：《人民检察制度的历史变迁》，中国检察出版社2009年版，第158页。
② 孙谦主编：《人民检察制度的历史变迁》，中国检察出版社2009年版，第175页。
③ 闵钐、薛伟宏：《共和国检察历史片断》，中国检察出版社2009年版，第33页。
④ 张耕主编：《检察文化初论》，中国检察出版社2014年版，第76页。

民检察署暂行组织条例》对检察机关一般监督权有规定外，《各级地方人民检察署组织通则》第 2 条对检察机关一般监督权也有规定："检察各级政府机关、公务人员和国民是否严格遵守《中国人民政治协商会议共同纲领》、人民政府的政策方针和法律法令。"在执行这些法律监督规定的司法实践中，检察人员的法律监督思想也逐步树立起来，成为新中国初期检察文化的重要组成部分。但是应当指出的是，1949—1953 年检察署时期，虽然法律对检察机关作了一般监督的规定，但实践中这一工作并没有普遍开展起来，主要原因一方面是检察机关初建，人员十分短缺，只能抓住重点工作展开；另一方面是没有工作经验，1953 年最高人民检察署在北京召开大行政区分署检察长和华北各省、市检察长会议，提出了典型试验、积累经验，克服盲目性的问题，一些工作要等到试验取得经验后再逐步推广，因此，普遍监督当时并没有普遍开展起来。

第二节　人民检察院时期检察文化的形成
（1954—1966 年探索完善时期）

一、探索发展阶段（1954—1956 年）

1954—1966 年，是人民检察制度的发展和波折阶段。1954—1956 年，最高人民检察院先后召开了第二届、第三届全国检察工作会议，总结过去几年工作，部署今后一个时期任务。1954 年 9 月 15 日召开的第一届全国人民代表大会第一次会议，通过了《中华人民共和国宪法》（以下简称《宪法》）和《中华人民共和国人民检察院组织法》，《宪法》中明确了最高人民检察院检察长由全国人民代表大会选举产生，副检察长、检察员和检察委员会委员由全国人大常务委员会任免。《宪法》赋予了检察机关一般监督权，即"中华人民共和国最高人民检察院对于国务院所属各部门、地方各级国家机关、国家机关工作人员和公民是否遵守法律，行使检察权。地方各级人民检察院和专门人民检察院，依照法律规定的范围行使检察权"。《宪法》公布实施后，到 1955 年 7 月全国人民代表大会第二次会议时，全国各级人民检察院由《宪法》颁布时的1199 个增至 1963 个；检察干部已由 6963 人增至 12155 人，机构人员迅速发展。

在 1953 年最高人民检察署提出典型试验基础上，1954 年 6 月，最高人民检察署再次发出指示，要求各级检察机关加强典型试验工作，指出："鉴于检察工作对于我们来说还是比较新的工作，至今我们还没有探索出一套比较全面系统的经验，检察制度和检察机构也还不健全，因此，最高人民检察署仍需要进一步抓紧领导若干省、市的典型经验，全面地、系统地建立和健全检察部门的各项具体工作；各省也必须有重点地使用现有的干部和加强领导骨干，抓紧若干县、市的典型试验，争取在较短期间内取得比较全面的系统的经验，以便推广，进一步建立和健全检察工作。"可以说，创新检察制度，探索检察工作经验是 1954 年到 1957 年上半年"反右"斗争开展以前检察工作开展的一大特点，在检察工作正规化制度建设中，检察文化在检察署时期基础上，又有新的发展：

（一）办案要按正规流程操作，程序意识开始形成

新中国成立之初，由于肃清国民党残匪的军事斗争还没完全结束，紧接着的土地改革、抗美援朝战争，需要急风暴雨的发动群众开展运动，因此"必须依靠军事和群众的直接行动，并采取军事法庭、人民法庭的形式来迅速镇压和消灭三大敌人的残余势力，巩固人民民主政权，保障我国的经济恢复和改造工作。在这一历史阶段中，不可能也不应该建立一套脱离实际的'细密完备'的法制，以束缚群众的手足"。[1] 对这种现象，新中国法制的奠基人之一的董必武同志这样比喻的："过去依靠群众运动把这些妨碍生产力发展的障碍扫除了，在当时历史条件下，我们为扫荡那些东西，就要用排山倒海的力量，一下子把它搞垮。它是一阵风，总是八级以上的风，大得很。要解放生产力没有群众运动是不行的，而法律就没有这样大的力量。"[2] 军事法庭、人民法庭镇压反革命、恶霸、地主、汉奸是怎样刮"八级大风"的呢？我国著名作家周立波亲身参加了东北土改，1948 年写成的长篇小说《暴风骤雨》，其中就有人民法庭对汉奸、恶霸、地主韩老六逃跑被抓回屯子批斗枪决的形象描写。

作家周立波描写的 1948 年东北土改镇压地主恶霸的情形，在新中国成立之初的广大新解放区，其情形基本一致。这种做法源于战争年代，土地革命时期，"1934 年 2 月 9 日，中央政府人民委员会命令第五号，给予国家政治保卫局及其分局，在边区、战线上、刀匪活动尚未肃清的区域和重大的紧急的反革命案件上，对于敌人的侦探、法西斯分子、反动的豪绅地主阴谋叛变分子、刀匪首领及地主富农出身而坚决反革命的刀匪等反革命分子，不经过法庭而直接处决之特权。凡属新发展苏区县肃反委员会，在县革命委员会领导下，有直接逮捕、审讯、判决反革命及一般罪犯，并对这些罪犯执行其判决从处决到释放之权"。

---

① 闵钐、薛伟宏：《共和国检察历史片断》，中国检察出版社 2009 年版，第 81 页。

② 董必武：《在军事检察院检察长、军事法院院长会议上的讲话》（1957 年 3 月 18 日），载《董必武选集》，人民出版社 1985 年版，第 449 页。

这种不经法庭审判而直接捕人判决的特别授权，适用于战争年代和新中国成立初期战争尚未完全结束、土改斗争尖锐的广大新解放区，是完全正确的，但是，当时已进入 1954 年，国民党在大陆的残匪已经肃清，抗美援朝战争胜利结束，土地改革基本完成，中国处于社会主义改革和有计划建设新时期，再沿用"八级大风"似的群众办案方式显然不行。由于思维和工作方式方法的惯性，当时的司法人员习惯于运动式执法，又由于新中国成立初期烦琐的诉讼程序，是作为国民党反动的压迫人民的旧司法工具，受到批判的。"我们不但要彻底打碎过去国民党政府反人民的官僚机构，而且要废除它所遗留的烦琐、迟滞和扰民害民的诉讼程序。要建立便利人民、联系人民、便于吸收广大群众参加活动的人民司法的组织和制度。"① 因此，重实体轻程序的思想在当时司法人员大脑中普遍存在。难能可贵的是，作为担负法律监督职责的检察机关在这一时期却初步认识到不依程序办案是不行的，应予纠正。最高人民检察署副检察长高克林在 1954 年"二检会"的工作报告中指出："在检察工作制度的建设中，应注意防止可能发生的只习惯于搞运动的工作方式，而对于建立正规的人民民主法制建立业务制度不足的思想，同时防止脱离实际地追求完备形式的法制的急躁思想。"② 张鼎丞检察长也认识到这一点，在 1955 年 7 月 22 日在第一届全国人民代表大会第二次会议上的发言指出："要彻底纠正和克服目前某些地方存在的该捕不捕、该判不判、重罪轻判等右的偏向，同时严格防止和纠正不经法定手续进行拘捕和审讯的非法行为以及错捕、错判的现象。"③ 1957 年，董必武同志指出："群众运动是个法宝，是创造法的。但不能经常搞运动，因为震动太大，八级以上的风，刮一阵是自然现象，经常刮就受不了，把树吹倒了人不能出门，经常刮是不行的。情况变了，我们的工作方法也要随之改变。"④ 正是这种领导人对"程序"重要意义的逐步认识，通过其讲话影响、教育着广大检察人员，使之逐步形成办案要按正规流程操作的习惯，这是检察文化初步形成程序意识的重要时期。

在这样的检察文化倡导下，最高人民检察署部署的典型试验，成果集中体现在陆续制定了《一般监督厅工作试行办法》、《侦查厅工作试行办法》、《侦查监督厅工作试行办法》等规范化执法文件，为检察工作依程序执法办案奠

---

① 闵钐、薛伟宏：《共和国检察历史片断》，中国检察出版社 2009 年版，第 30 页。
② 孙谦主编：《人民检察制度的历史变迁》，中国检察出版社 2009 年版，第 221 页。
③ 闵钐、薛伟宏：《共和国检察历史片断》，中国检察出版社 2009 年版，第 108 页。
④ 董必武：《在军事检察院检察长、军事法院院长会议上的讲话》（1957 年 3 月 18日），载《董必武选集》，人民出版社 1985 年版，第 450 页。

定了基础。"典型试验的特点是'采取正规制度办理案件',这里所谓的'正规'是相对于原来的'不正规'来说的,主要就是苏联检察制度和刑事诉讼制度。"① 按"正规"程序办案,办案质量明显提高。"在试验中采取正规度办理案件,对犯罪事实的追究也更加准确。如甘肃省民勤县李守珍奸杀案,经人民检察机关和人民法院共同调查,人民法院准备对凶手判处死刑,但因被告翻供,很久没有结案;经过检察机关按照'正规'制度用收集证据的方法,不仅查清了原犯罪事实,并且还发现了新的犯罪证据。最后被告人在铁的人证、物证面前只得低头认罪。"要按"正规"程序办案才能保证办案质量的思想为最高人民检察院总结推广,1956 年,张鼎丞检察长在第一届全国人民代表大会第四次会议上的发言时指出:"在肃反斗争的紧张时期,个别地方发生了某些不注意遵守法律程序的缺点和错误。"站在今天的角度来看,这些发言虽然只有短短一两句话,不够深入,但回到当时的历史条件下,也是难能可贵的,对后来检察机关树立实体程序并重的检察文化,是有传承影响的。

(二) 监督要讲究方式方法,不能以监督者自居

新中国成立初期的《共同纲领》、1954 年《宪法》均规定检察机关享有一般监督权,如何处理好监督者与被监督者之间的关系,达到良好的法律监督效果,应该说是检察机关从建立之初就面临的一道必须要解决的课题。检察署时期,由于机构初建,人员缺乏,一般监督并没有普遍开展起来,就是在这样的情况下,最高人民检察署李六如副检察长在第一届全国司法会议上作报告时,特别强调工作的方式方法,指出:"与其他机关尤其是公安、司法、监察等兄弟机关密切合作,其办法最好是彼此参加会议,交换意见与通报,遇事协商但须坚持原则。"② 这里的"遇事协商但须坚持原则",就是监督要讲究方式方法的另一种表述。到了 1954 年,一般监督作为检察机关典型试验的工作之一较为广泛地开展起来,检察机关如何监督、如何处理好与被监督者的关系更加重要,因此,监督者"不以监督者自居"的提法被首次提了出来。1954 年召开的"二检会",高克林《关于过去检察工作的总结和今后检察工作方针任务的报告》指出:"要建立和健全法制,又要防止和克服孤立地就案办案,不从政策和全面情况出发,忽视客观条件的片面观点。要严肃地和一切违法犯罪现象作斗争,又要防止以'监督者'自居的特权思想,而坚持与有关

① 孙谦主编:《人民检察制度的历史变迁》,中国检察出版社 2009 年版,第 224 页。
② 闵钐、薛伟宏:《共和国检察历史片断》,中国检察出版社 2009 年版,第 33 页。

部门采取团结合作，谦虚谨慎的工作态度。"这是最早的"监督者不能自居"的提法。随后人民日报发表《加强检察工作保障国家建设》的社论，其中也谈到了这一问题："人民检察机关在检察处理案件和进行其他工作时，必须分清敌我界限，分清是非轻重，分清应该打击的一面和应该保护的一面，防止不从政策和全面情况出发孤立地就案办案的现象。一方面要无情地与一切违法犯罪现象作斗争，另一方面也要防止和纠正以'监督者'自居的特权思想。"[①]

应该说，在当时开展的典型试验工作中，检察机关是警钟长鸣，十分重视"监督者不能自居"的，表现在后来制定的一系列检察业务制度中，无不充分体现监督要讲究方式方法的内容。例如，高检察院草拟的《一般监督工作厅工作试行办法》，如何纠正和防止违法，其规定了《建议书》、《提请书》、《抗议书》、《报告书》，根据违法情况的不同和轻重，分别适用。监所、劳改监督主要是大墙内的检察，它是检察机关不再履行一般监督职责后，现今还保留"一般监督"工作方式方法最多的业务，在1958年5月最高人民检察院制定的《人民检察院劳改检察工作试行办法》中，对发现问题的处理规定："对于监管人员的一般违法行为，应以教育为主，帮助其认识和改正错误；对违法情节严重，已造成严重后果构成犯罪的，应报检察长批准后依法追究刑事责任；对尚未构成犯罪，而需作其他处理的，应建议有关部门处理。"这段文字中所用的"应以教育为主"、"应建议有关部门处理"的词汇，就是对领导讲话要求的"又要防止以'监督者'自居的特权思想，而坚持与有关部门采取团结合作，谦虚谨慎的工作态度"的具体落实。

"监督要讲究方式方法，不能以监督者自居"的检察文化薪火相传，至今我们提出的"敢于监督、善于监督"口号，都能从当年检察工作报告中找到渊源。

（三）有反必肃、有错必纠

新中国成立后相当长一段时期，我国立法滞后，处于无法可依的状况，治理社会主要靠党的方针、政策和一次又一次运动。如镇压反革命运动，1950年3月中共中央发出《关于严厉镇压反革命活动的指示》，镇反运动开始。到1951年2月12日中央人民政府颁布《中华人民共和国惩治反革命条例》，这一运动才有法可依。由于政策的灵活性和运动的大规模群众参与性，在取得一个又一个伟大成绩的同时，也难免出现这样那样的问题，尤其是运动扩大化问

---

① 闵钐、薛伟宏：《共和国检察历史片断》，中国检察出版社2009年版，第84页。

题为历次运动所共有。为此，中国共产党本着实事求是、有错必纠原则，在运动中或适时调整政策，或运动结束后回头看看，发出指示来纠正"左"的或"右"的偏差。在这一过程中，检察机关作为法律、法规、政策（当时有一般监督权）执行的监督者，坚决贯彻中央指示精神，形成了"有反必肃、有错必纠"的检察文化。

在 1950 年开始的镇压反革命运动中，各级检察署边筹建边积极参与，就是在贯彻中央《关于纠正镇压反革命活动的右倾偏向的指示》，纠正对反革命分子"宽大无边"右倾偏向时，也十分注意防冤防错。1951 年 3 月 21 日，最高人民检察署发出《为贯彻实施惩治反革命条例给各级人民检察署的指示》就指出："在纠正'宽大无边'偏向的同时，又须注意主从不分，轻重倒置，乱打乱杀现象发生。"① 这个指示说明，防冤防错从检察署成立一开始就被检察干部十分重视。

从 1951 年年底到 1952 年 10 月，中共中央在党政机关工作人员中开展了"反贪污、反浪费、反官僚主义"的"三反"和在私营工商业者中"反行贿、反偷税漏税、反盗骗国家财产、反偷工减料、反盗窃国家经济情报"的"五反"斗争，检察机关积极参与这一中心工作，除参与查办了一些类似"刘青山、张子善贪污案"外，也十分注意核实定案，纠正偏差。1951 年 11 月 15 日，最高人民检察署发出《关于积极参加反贪污运动的指示》，除强调要把反贪污工作作为中心工作外，也特别强调要检察整个运动中的政策执行是否正确，对贪污分子量刑是否适当。

1955 年 7 月 1 日，中共中央发出《关于开展斗争肃清暗藏的反革命分子的指示》，肃反运动开始。鉴于运动中出现了一些偏差，到了 1956 年，中共中央于 7 月 10 日和 11 月 13 日先后发出检查镇反工作的指示和《关于切实做好镇反检查工作的通知》，为贯彻中央指示精神，中央召开了全国各省（市）公安厅（局）长、检察长、法院院长联系会议，张鼎丞检察长主持会议，周恩来总理作重要报告，指出根据形势变化，应该把民主的范围扩大，来弥补专政工作中的一切缺点，纠正工作中的偏差。会议确定镇反检查的重点是冤案、错案、积案以及执行法律的情况。"根据毛泽东的提议，当时的镇反检查工作，在中央由全国人大常委会和政协常委会主持，在地方由各省、自治区、直辖市人民委员会和政协委员会主持，广泛组织人大委员、政协委员和人民代表参加。在中央政法各部门组织了联合检查组，检查组组长由最高人民检察院检察长张鼎丞担任。对于检查中发现的问题，检察机关本着'有错必纠'的方针，

---

① 孙谦主编：《人民检察制度的历史变迁》，中国检察出版社 2009 年版，第 192 页。

一经发现，原来在什么范围内弄错的，就在什么范围内宣布平反、恢复名誉，并进行妥善安置。对于那些曾经加入过反革命组织，同反革命组织有过关系，同反革命分子有过政治关系或者平素有反革命言论的人，经过审查也给他们作出公正结论。"①

正是一次次参与各项运动，在运动中注意开展防冤纠错工作，检察人员思想上树立起了"有反必纠、有错必纠"的思想，成为检察文化中十分重要的内容。在这一检察文化倡导下，检察机关在历史运动中纠正了不少冤错案件。例如，四川樊四海为祖父申诉案，"1951 年 3 月 24 日，合川县公安局以樊德安在 1949 年前勾结土匪头目抢劫、强奸民女，1949 年 12 月又勾结土匪抢公粮 5 万余斤，打死革命战士二人的'事实'，将樊德安逮捕。同年 3 月 30 日，合川县法院八分庭召开公审大会，宣判樊德安死刑，立即执行。其孙子不服，1953 年向法院申诉。经查明，确系错案。但当时未能平反。1956 年 5 月，经江津专区监察处陈正荣检举，此案后经江津分院和合川县检察院组织人员查清事实，除依法逮捕诬告者邹良才外，还建议法院对樊德安的冤案给予平反纠正"。②

在"有反必纠、有错必纠"检察文化倡导下，有的案子处理几十年后，检察复核人员克服困难，查清实事，还以公正。如"申诉人闫某某，贵州修文人，系原国民党伪职人员，解放初回重庆参加工作，任市屠宰公司会计。1953 年 2 月，重庆市军管会军事法庭认定闫某某解放前密报进步学生史某、彭某某，致史、彭惨遭杀害；参加'青年军联谊会'特务组织，积极组织青年军'打游击'；组织'国语研究社'进行反共宣传等，被以反革命罪判处死刑，缓期执行。1976 年因其国民党县、团以上人员身份获得宽释，安置在贵州通用机械厂工作。闫及其亲属不服，申诉上访达数百次。1983 年，重庆市中级人民法院和市屠宰公司联合派人前往贵州复查，仍以闫的'血债'等问题无法查清，再次维持原判。重庆市检察院此次受理申诉后，认为案情重大，决定进行复查。办案人员找闫某某作了长达 7 个多小时的谈话，详细听取了他的陈述，在此基础上，拟定复查计划，明确调查重点，派出办案人员前往发案地贵阳进行调查。先后到贵州省、贵阳市 10 余个档案资料部门查阅有关档案资料 75 卷，走访知情人员，调查、收集各种证据材料 500 余页，计 20 多万字。证据证实，闫参加的'青年军联谊会'系一般性的反动组织，不属于特

① 孙谦主编：《人民检察制度的历史变迁》，中国检察出版社 2009 年版，第 265 页。
② 四川省地方志编纂委员会编纂：《四川省志——检察审判志》，四川人民出版社 1996 年版，147～148 页。

务或特务外围组织，所谓组织青年军应变'打游击'，并无此事；所谓史、彭两位'学运'领袖被杀害，与闫无关；原认定闫的其他各条罪行，均系失实，定性有误，应予否定。市检察院检察委讨论决定，建议市中级人民法院复议。后市中级法院经复查撤销原判，宣告其无罪"。

二、波折发展阶段（1957—1959 年）

1957 年下半年至 1959 年，由于"反右派"、"大跃进"、"反右倾机会主义"的影响，检察机关的法律监督职能受到批判，一些干部被错划为"右派分子"。公、检、法三机关只讲配合，不讲制约，多数地方公、检、法三机关实行合署办公，联合办案，"一长代三长，一员顶三员"，少数县、区公、检、法合并为政法公安部，致使办案质量下降，在一段时间内侦查监督、审判监督基本上未开展，一般监督被中止，经济法纪犯罪案件的侦查工作范围缩小，工作粗糙。这一时期的检察文化也带有明显的时代烙印。

（一）1957 年反右派运动中"左"倾思想在检察文化中占主导地位

在人民检察工作健康发展时，国际政治却风云变幻，在 1956 年 2 月召开的苏共"二十大"，赫鲁晓夫作了《个人迷信及其后果》的秘密报告，全盘否定斯大林，引起东欧社会主义国家强烈震动，首先波兰发生了"波兹南事件"，接着又发生匈牙利事件，引起中国共产党领袖毛泽东的警惕。在 1956 年 11 月 15 日党的八届二中全会讲话中他指出："东欧一些国家的基本问题就是阶级斗争没有搞好，那么多反革命没有搞掉，没有在阶级斗争中训练无产阶级，分清敌我，分清是非，分清唯心论和唯物论。现在呢，自食其果，烧到自己头上来了。"从匈牙利事件看中国，毛泽东认为："现在，这个危险是存在的，如果脱离群众，不去解决群众的问题，农民就要打扁担，工人就要上街示威，学生就要闹事。"于是，毛泽东决定 1957 年中国共产党开展一次整风运动："我们准备在明年开展整风运动，整顿三风：一整主观主义，二整宗派主义，三整官僚主义。中央决定后，先发通知，把项目开出来，例如，官僚主义就包括许多东西：不接触干部和群众，不下去了解情况，不与群众同甘共苦，还有贪污、浪费等，如果上半年发通知，下半年整风……"于是，中国共产党在 1957 年开始整风，毛泽东主席在天安门城楼上与民主人士共商整风，接着是"大鸣大放"，再接着是"反右运动"开始。对于这场运动，1981 年 6 月 21 日作出的《中国共产党中央委员会关于建国以来党的若干历史问题的决议》是这样评价的："这一年（1957 年）在全党开展整风运动，发动群众向党提出批评建议，是发扬社会主义民主的正常步骤。在整风过程中，极少数资产阶级右派分子乘机鼓吹所谓'大鸣大放'，向党和新生的社会主义制度放肆地发动进攻，妄图取代共产党的领导，对这种进攻进行坚决的反击是完全正确和必要的。但是反右派斗争被严重地扩大化了，把一批知识分子、爱国人士和党内干部错划为'右派分子'，造成了不幸的后果。"

1957 年 9 月 4 日，中央法律委员会召开扩大会议，就司法、检察、公安工作中存在的问题和整风反右派斗争进行讨论。会上，公安部部长罗瑞卿在汇报公安部门反映的情况后，对检察院、法院等提出了意见。① 1957 年 10 月 9 日《人民日报》发表《在政法战线上还有严重的斗争》社论，政法战线的反右派斗争进入高潮，一贯有"围绕党的中心工作开展检察业务"传统的检察机关当然也不能落后，当然也紧跟时代潮流开展了轰轰烈烈反右派斗争。1957 年张鼎丞检察长在全国省、市、自治区检察长会议上报告中指出："在检察机关这样一个专政机关中进行反对资产阶级右派分子的斗争是十分重要的。必须坚决克服温情主义和自由主义的错误，把隐藏在检察机关的右派分子挖掘干净，绝不能姑息养奸，绝不要漏掉一个右派分子，否则是很危险的。"②

"由于当时的检察制度主要受苏联影响，检察系统反右派斗争，与法学界的'右派分子'的言论不同，主要针对的还是学习苏联检察制度过程中出现的'观点和主义之争'。"③

当时究竟是怎样的情形呢？ 1958 年 1 月 7 日《人民日报》发表评论文章"驳刘惠之的'最高监督论'"，可窥豹一斑。文章指出："人民检察机关是人民民主专政的工具之一，它的任务是对一切阶级敌人、反革命分子和流氓、阿飞、盗窃、诈骗、杀人放火犯等坏分子实行专政，维护社会主义的制度和秩序，维护广大人民的民主权利。但是，刘惠之却倡导和散布了一种同人民民主专政和社会主义法制不相容的所谓'最高监督'、'监督的监督'、'二线监督'的理论。什么是'最高监督'、'监督的监督'、'二线监督'呢？根据他的说法，是由于我们国家机关和干部的'违法现象很严重'，仅依靠主管部门和国家监察机关的监督还不够，而且这些机关也不完全可靠，它们在监督违法中还要发生违法现象，所以必须要有检察机关再对它们加以监督。这就是所谓'最高监督'、'监督的监督'、'二线监督'的由来。在这里，刘惠之设想了一个体系，他把其他部门的检查监督工作放在这个体系的下层，而把检察机关的监督放在这个体系的最高层，凌驾于一切之上，实

---

① 参见孙谦主编：《人民检察制度的历史变迁》，中国检察出版社 2009 年版，第 291～292 页。

② 闵钐、薛伟宏：《共和国检察历史片断》，中国检察出版社 2009 年版，第 149 页。

③ 孙谦主编：《人民检察制度的历史变迁》，中国检察出版社 2009 年版，第 292 页。

行'最高监督'。执行这种理论，不可避免地会发生这样两个结果：一是削弱专政和否定专政，把检察机关对阶级敌人实行专政的锋芒，掉转头来对准人民自己的国家机关和干部；二是把检察机关凌驾于一切之上，使其不受任何监督，从而同党分庭抗礼，并且取代党对国家工作的监督权。"① 这篇评论以今天的眼光来看，其实是把宪法赋予检察机关的"一般监督"的几个口头表述语——"最高监督"、"监督的监督"、"二线监督"当辫子揪住。正是在这样的形势下，反右派斗争中的检察文化，"左"倾思想占了上风，一些检察机关开展将工作中发生的思想认识分歧、工作方式方法分歧甚至好的经验都当成"右派"言论加以批判，打断了检察工作正常发展轨迹，工作出现严重倒退。主要表现为：

一是事实上放弃了开展"一般监督"工作。"关于一般监督工作的做法，中央曾经几次指示，我们国家政权是统一的、巩固的，各级国家机关及国家机关工作人员是积极实施宪法、法律的。因此，一般监督工作不要普遍做，可以保留作为武器，由党来掌握……我们的国家现在是空前的统一的。我国六亿人民正在共产党的领导下团结一致地进行着伟大的社会主义革命和社会主义建设。国务院所属各部门、地方各级国家机关和国家机关工作人员对于宪法、法律是积极拥护和努力实现的。在工作中有时发生某些一般性的违法行为一般也是不自觉的，主要应当采取教育改正的办法处理，而不应当动辄使用法律加以惩办，因此，一般监督不是检察机关的经常性工作。"②

二是收缩检察机关其他业务。"关于检察机关是否参与民事诉讼问题。根据几年来的经验，检察机关参与民事诉讼没有必要，因为私与私之间的纠纷，是由群众调解和法院判决来处理的，无须检察机关参与；关于公与公之间的纠纷，主要由党政领导机关根据有关政策和实际情况处理，更不是通过诉讼手段所能解决的。""关于判决死刑的人犯执行死刑时，检察机关是否需要派员监督执行的问题。根据几年来的经验，检察机关监督死刑的执行没有实际意义，因此除特殊案件外，在一般情况下，可以不做。"③

三是在检察系统错划了"右派"。据最高人民检察院1958年9月报告，全国检察机关共有1500余人被划为右派分子。高检院机关划定了23名右派分

---

① 闵钐、薛伟宏：《共和国检察历史片断》，中国检察出版社2009年版，第130~131页。

② 张鼎丞检察长1957年12月9日在全国省、市、自治区检察长会议上的报告。

③ 张鼎丞检察长1958年8月16日关于第四次检察工作会议的总结。

子，到 1979 年纠正时，认定错划了 22 人。①

四是堵塞了言路。反右派运动首开了"以言获罪"的先例，"这场反右派斗争的后果很严重，把一大批知识分子、爱国人士和党的干部错划为右派分子，他们和家属长期遭受委屈和打击，不能为国家的社会主义建设事业发挥他们的聪明才智。这不仅是他们本人的不幸，也是国家、民族的不幸。据统计，全国共划右派分子 55 万余人。其中，相当多的人是学有专长的知识分子和经营管理经验的工商业者。全国 55 万余被划为右派分子的人半数以上失去了公职，相当多数被送劳动教养或监督劳动，有些人流离失所，家破人亡。少数在原单位留用的，也大多用非所长……"②

（二）1958 年"大跃进"和 1959 年"反右倾"使"左"倾检察文化继续发展

尽管 1957 年我国在政治上开展了反右派斗争，但经济工作却取得了明显成绩，较好地完成了第一个五年计划，正如《关于建国以来党的若干历史问题的决议》所指出的那样："1957 年的经济工作，由于认真执行党的八大正确方针，是建国以来效果最好的年份之一。"在较好经济成效面前，党的主要领导人思想上产生了急于求成倾向，勾画出超英赶美宏伟蓝图。1958 年 1 月，毛泽东在中共中央南宁会议上批评"反冒进"，指出 1956 年中央领导人纠正经济工作中的急躁冒进偏向是右倾。1958 年 2 月 2 日《人民日报》发表社论指出："我们国家现在正面临着一个全国大跃进的新形势。"同年 3 月 3 日中共中央《关于开展反浪费反保守的指示》正式提出："社会主义生产大跃进和文化大跃进运动已经出现。"要求修改 2 月间全国人民代表大会通过的国民经济计划，农业总产值的增长速度由 6.1% 提高到 16.2%，工业总产值的增长速度由 10% 提高到 33%。1958 年 5 月，中共八大二次会议正式通过了"鼓足干劲、力争上游、多快好省地建设社会主义"的总路线，认为我国已经进入马克思所预言的"1 天等于 20 年"的伟大时期，要破除迷信，解放思想，发扬敢想敢说敢干的精神，使我国在 15 年或更短的时间内，在主要工业产品产量方面在 10 年内超过英国、15 年内赶上美国。"大跃进"运动忽视了客观经济规律，社会上一时间高指标、浮夸风、瞎指挥泛滥，检察机关很快受到影响。在"大跃进"运动高潮召开的第四次全国检察工作会议上，张鼎丞检察长满怀激情地指出："目前我们正处在 1 天等于 20 年的伟大时代，各项社会主义建

---

① 闵钐、薛伟宏：《共和国检察历史片断》，中国检察出版社 2009 年版，第 126 页。

② 李维汉：《回忆与研究》，中国党史出版社 2013 年版，第 660 页。

设事业发展得异常迅速，城乡共产主义因素到处都在成长，而我们有些同志对于这种新的形势还缺乏足够的认识，还不善于及时领会党对每一时期中心工作的指示，并据以布置工作，使检察工作及时赶上去，同中心任务更加紧密地结合起来，适应新形势的需要。这个问题迫切地需要加以解决，否则就会落后于形势的发展，就会同党的领导脱节。"① 这一时期头脑发热、瞎指挥、浮夸风等"大跃进"时期的社会弊病，在检察工作中都有体现，如四川省检察院在1958 年 3 月 12 日制定的《1958 年检察工作大跃进规划》和《关于 1958 年检察工作主要任务的报告》中，就要求各级检察院在 5 年内做到：残反根除，敌情清晰，各种犯罪基本消灭，实现"路不拾遗，夜不闭户"的新局面。那一时期的检察文化呈现激情燃烧、不按科学规律办事的时代特点：

第一，刮浮夸风，片面追求办案高速度。

在这样一个"1 天等于 20 年的时代"，社会上是"人有多大胆，地有多大产"。检察工作中办案速度一下提速，"小案不过天，大案不过三，一切案件在检察机关停留的时间不得超过 5 天。有的县院办理一件反革命案，从批捕、起诉到出庭支持公诉一共只花了 65 分钟的时间；有的在 11 天内就侦查终结了4 案"。② 这一高速办案现象，1958 年 8 月 16 日张鼎丞检察长在中共八大十次会议上作发言《坚决贯彻党对检察机关的绝对领导》也有反映："这一时期，在办案上一改过去拖拉积压的作风，出现了秋风扫落叶之势，效率提高几倍以至几十倍，'早不过午，午不过晚'、'随来随办'，不压积案的口号，已经变为现实。"

第二，办"大合作社"，公、检、法三机关只讲配合不讲监督。

办"大合作社"提法，是张鼎丞检察长 1958 年 8 月 16 日关于第四次检察工作会议的总结中的一句话，话原文是："必须加强共产主义协作精神。在各项工作全面大跃进的高潮中，许多工作都要采取齐头并进的方法，都要互相配合，相辅而行。检察机关应当在党委领导下，和公安、法院等兄弟部门密切合作，继续扭成一股绳。同时要使政法工作和其他各方面的工作更好地协作，不仅使政法工作更好地为各方面的工作服务，而且也取得各方面对政法工作的支持。那种只相信自己，不信赖别人，不愿或不善于和各方面协作，局限于小圈子的习气是不对的，必须学会办'大合作社'、办'公社'，'单干'是不行的。"由于上级这样推广，"检察工作'大跃进'中，许多基层检察院采用

---

① 闵钐、薛伟宏：《共和国检察历史片断》，中国检察出版社 2009 年版，第 165 页。

② 四川省地方志编纂委员会：《四川省志——检察审判志》，四川人民出版社 1996 年版，第 41 页。

'一员代三员、一长代三长，下去一把抓，回来再分家'的方法，打乱了办案程序，审查批捕工作继续削弱，办案质量下降"。①

第三，多快好省，"省"掉刚刚典型试验总结制定出的办案制度和程序。

"大跃进"高潮中召开的第四次全国检察工作会议，一个重要议题就是总结检察机关建立 8 年来的经验教训，"务虚"会开了近两个月，认为"过去几年正规化建设中制定的有关检察业务的规章制度是'教条主义'的体现，决定修改和重新拟定。会议通过：（1）废除《最高人民检察院组织条例》和《最高人民检察院各厅工作试行办法（草稿）》，由最高人民检察院参照大会修改意见拟订最高人民检察院各厅、各室工作任务及办法，经最高人民检察院检察长审查决定后转发各地人民检察院参考。（2）停止试行《关于侦查监督工作程序方面的意见（试行草案）》、《刑事审判监督工作细则（草案）》、《侦查工作试行程序》"。②"1957—1958 年，在'反右派'和'大跃进'运动中，刚建立起来的审查起诉工作制度和办案程序未能认真执行……由于不恰当的强调办案速度，草率从事，致使审查起诉工作流于形式，办案的质量下降。"③

1959 年的"庐山会议"后，我国又开始了"反右倾"运动，检察文化受其影响，"左"的色彩更加浓厚，主要表现是"只承认法律对敌人实行镇压的专政作用，否认法律在人民内部的保障民主和维护秩序的作用。在工作中用'支持第一、制约第二'的原则代替公、检、法三机关的分工负责、互相配合、互相制约的原则"。④

三、曲折前进阶段（1960—1966 年）

1960—1966 年，检察工作发展遭遇波折，曲折向前发展。经过"反右派"、"大跃进"、"反右倾"斗争，国民经济在极"左"思想指导下陷入困境，国家进入"三年困难"时期。为渡过难关，中央决定实行"调整、巩固、充实、提高"的国民经济"八字方针"，要求精减城市人口 2000 万，批转了国务院副总理兼秘书长习仲勋同志《关于中央各部门机构编制情况和精简意

---

① 四川省地方志编纂委员会：《四川省志——检察审判志》，四川人民出版社 1996 年版，第 27～28 页。

② 孙谦主编：《人民检察制度的历史变迁》，中国检察出版社 2009 年版，第 305 页。

③ 四川省地方志编纂委员会：《四川省志——检察审判志》，四川人民出版社 1996 年版，第 41 页。

④ 孙谦主编：《人民检察制度的历史变迁》，中国检察出版社 2009 年版，第 307 页。

见的报告》，实行精兵简政。① 精兵简政，政法机关也不例外，1960 年，中央政法小组会议向中央提交了公、检、法三机关合署办公的报告，1960 年 11 月 11 日，中共中央发出《关于中央政法机关精简机构和改变管理体制的批复》，决定中央公安部、最高人民检察院、最高人民法院三机关实行合署办公，最高人民检察院保留二三十人。随后，最高人民检察院召开助理检察员以上的干部会议，讨论检察机关合署办公后如何工作问题，大家一致认为合署办公必然削弱检察工作，不利于法制建设。会后，张鼎丞检察长向刘少奇和彭真同志汇报，陈述了坚持检察制度的理由，得到了二位领导的赞同。1961 年 2 月 7 日，中共中央书记处决定中央公安部、最高人民检察院、最高人民法院三机关仍应分设三个党组，直接对中共中央负责，使检察机关在精简机构工作中得以保留。

1962 年 1 月，中共中央在北京召开扩大的中央工作会议（七千人大会），部分纠正了"大跃进"以来的"左"倾错误。与之相应，1962 年 11 月 1 日至 15 日，最高人民检察院在北京召开了第六次全国检察工作会议，检查纠正检察工作指导思想上"左"的错误，并从组织上、制度上、思想上提出了加强了检察机关建设意见措施，纠正了合署办公和"一长代三长，一员代三员"的做法。1962 年 11 月 30 日，最高人民法院、最高人民检察院、公安部联合发出《关于公、检、法三机关受理普通刑事案件的职责范围的试行规定》，划分了三机关对刑事案件的管辖权，使检察机关职责更加清晰。通过贯彻第六次全国检察工作会议精神，全国检察机关的刑事检察、监所检察，同严重违法乱纪作斗争等各项业务工作均有所恢复和加强。1963 年，检察机关根据中共中央确定的依靠群众专政的方针，开展了依靠群众制服罪犯、就地改造罪犯的办案活动。1965 年 1 月，张鼎丞检察长在第三届全国人民代表大会第一次会议上作工作报告，总结了检察机关依靠群众办案的效果，在此次会议上，张鼎丞同志第三次连任最高人民检察院检察长。1962 年前后的检察工作，被王桂五同志概括为"中兴小高潮"，这一时期检察文化建设的特点是：

（一）强调要摆正检察机关在大局中的位置

检察工作为党的中心工作服务、为大局服务，是新中国成立初期检察署成立时就有的检察文化传统，但如何摆正检察机关在党和国家大局中的位置，过去却思之不多。后来，反右派斗争中法律监督被扣以与党分庭抗礼帽子受到批

---

① 参见苏维民：《杨尚昆与三年困难时期精减城市人口和职工》，载《百年潮》2008 年第 11 期。

判，"大跃进"时期公、检、法三机关又合署办公，"三年困难时期"精简机构，检察机关差点被合并到公安系统去，这个机关究竟有无必要单独存在，单独存在又如何摆正在党和国家大局中的位置，是当时面临危机的检察人必须要思考的问题。"我们检察机关一直是遵循党中央和毛主席所指示的方向前进的，是沿着实现社会主义——共产主义道路前进的……我们检察机关，是坚决贯彻党的政法工作正确路线的，这就是：坚决拥护党的领导，增强党性，做党的驯服工具。"上述是张鼎丞检察长 1960 年 2 月 26 日在第五次全国检察工作会议上的讲话，今天读来，其语气不像是作工作报告，而更像是面对责难的申辩。经过思考，1962 年第六次全国检察工作会议，将这一问题总结为："我们检察机关的工作是为进一步巩固人民民主专政、保障社会主义事业服务的，因此，它必须从我国社会主义建设各个时期的整个政治经济形势和党的路线、方针、政策的大局出发，来进行自己的工作，才能正确地发挥检察机关的作用。在这个问题上，我们既不能脱离大局，只讲业务；也不能只讲大局，丢掉业务。必须把两者紧密地结合起来。①第六次全国检察工作会议总结检察工作与党和国家大局关系是十分到位的，这段在检察文化建设波折阶段形成的大局观，对我们今天处理党的中心工作与检察业务的关系，都是有借鉴意义的。

（二）强调检察机关的主要工作是办案

"大跃进"时期，检察人员参与统一的中心工作，分片包干，长住片上，参加生产劳动，同群众吃住在一起，既搞好党的中心工作，又搞好整个政法工作、检察工作，这种工作模式作为经验被推广。1962 年纠正"大跃进"左倾冒险做法，各机关企事业单位工作回归正常，检察机关也强调自己的主要业务是办案。"要扎扎实实做好工作的关键，是必须扎扎实实地办好案子。我们检察机关的主要工作是办案，我们的一切活动都必须围绕办案来进行。"②鉴于"大跃进"时期一长代三长，一员代三员，使办案质量下降的状况，如何正确办案，第六次检察工作会议进行了科学总结，归纳起来，第一，案件要事实清楚，重要的犯罪事实应当有确凿的证据。第二，要根据个案，研究类案特点。要经常地把一个时期、一个地区、一个方面的案子，进行综合分析，研究犯罪的规律、特点。第三，案件处理要正确区分两类不同性质矛盾，正确认定案件性质，同时继续贯彻中央"三少"政策，做到既少捕人，又解决问题。第四，要依法办案。"每一个案件都必须严格按照审批权限和法

---

①　闵钐、薛伟宏：《共和国检察历史片断》，中国检察出版社 2009 年版，第 186～187 页。

②　张鼎丞检察长 1962 年 11 月 2 日在第六次检察工作会议上的报告。

律程序办事。"① 第五，以案讲法，教育群众。第六，加强起诉工作。第七，对批捕、起诉案件，要重点复查，有错必纠。第六次检察工作会议对办案经验的总结，是对 1958 年以来政法工作联合办案做法的纠正，特别是强调要按法律程序办事的程序意识，对我们今天检察机关参加各项专项整治工作如何处理专项与办案关系，是有启发的。在这一检察文化倡导下，当时全国各地办案工作质量明显提高。例如，四川省绵阳、涪陵、南充、达县、宜宾五个检察分院重点复查 1962 年起诉到法院的 1050 名罪犯中，起诉准确的有 1029 名，准确率为 98%。②

（三）继续贯彻"三少"政策，强调依靠群众路线办案。

"三少"政策是指"对于一切破坏社会主义建设的反革命分子和坏分子，必须彻底肃清；少数情节恶劣的，还必须从严惩办。但是，在国家已经空前巩固，反革命已经不多的情况下，捕人、杀人要少；管制也要比过去少。对于不法地主、富农、历史反革命分子和坏分子，只要他们不进行现行重大破坏活动，只在群众面前揭露他们，并夹在人民公社生产大队中监督劳动，加以改造即可"。"三少"政策是 1958 年 12 月中共中央在公安部一个报告中的批示，它是党的惩办与宽大相结合政策在社会主义建设时期的具体运用，适合当时对敌斗争形势和社会治安形势。检察机关在贯彻"三少"政策中，将"捕人要少"细化为可操作的规程，即应当依法逮捕的，有下列三种人：一是进行现行重大破坏活动的反革命分子和坏分子；二是有重大罪恶和民愤，长期隐蔽、流窜、外逃的历史反革命分子；三是经过宽大处理或刑满释放后又进行破坏活动的分子。对于可捕可不捕的人，一般不予逮捕：一是罪行轻微的现行普通刑事犯罪分子；二是现行罪恶虽然比较重大，但是投案自首、彻底坦白并有立功表现的反革命分子和坏分子；三是仅有一般不满言论和轻微违法行为的地主、富农、反革命分子和坏分子；四是历史罪恶不大，民愤不大，对现实没有危害的历史反革命分子，或历史罪恶虽然比较重大，但已投案自首，彻底坦白的分子；五是解放初期曾经参加反革命活动，在镇反运动以后已经停止活动的反革命分子；六是经过宽大处理或刑满释放后，表现不好，但没有重新构成犯罪的分子；七是其他属于可捕可不捕的分子。检察机关通过执行党的"三少"政策，在广大检察干警头脑中形成了"可捕可不捕的不捕"执法观念，成为宽严相济检察文化的一部分。

---

① 张鼎丞检察长 1962 年 11 月 2 日在第六次检察工作会议上的报告。

② 四川省地方志编纂委员会：《四川省志——检察审判志》，四川人民出版社 1996 年版，第 42 页。

"专门机关与群众路线相结合"的工作方法，是检察机关一以贯之的优良传统。到 1964 年我国开展"四清"运动时，中央提出了依靠群众加强专政的方针，检察机关认真地贯彻执行，创造了批准逮捕、审查起诉工作与依靠群众相结合的新模式，主要内容是："在办理公安机关提请批准逮捕、审查起诉的案件以及检察处理国家工作人员和基层干部违法犯罪案件，一般都深入到发案的地方，通过'四同'，依靠群众，查明事实证据，研究前因后果，厘清案件性质。对于需要批判斗争的犯罪分子，还要发动群众，摆事实，讲道理，开展说理斗争。把犯罪分子斗倒制服以后，根据案件的情况、群众的意见和政策法律，作出处理决定。凡是行凶报复、杀人、抢劫、放火、放毒等重大现行犯，以及其他罪恶大、证据确凿，又不悔改，绝大多数群众要求逮捕的犯罪分子，就批准逮捕，决定起诉。凡是罪恶不大、低头认罪、愿意悔改，群众能够管得了的犯罪分子，就不采取逮捕、起诉的办法，放在群众中就地改造。依靠群众改造的犯罪分子，检察机关还经常深入群众进行考核，检验办案效果。"[①] 在当时计划经济条件下，把犯罪分子交到公社、大队、生产队监督劳动改造，是能够做到的，这一办案模式是在当时历史条件下我国检察机关的一大创造，今天我国经济生活发生了变化，当年一些具体做法可能过时了，但办案要依靠广大人民群众的工作方法，却融为检察文化一部分传承下来，今天的社区矫正、深入发案地开展法制宣传等，都是依靠群众办案的新时期表现形式。

第三节 "文革"中撤销检察机关及重建后的反思检察文化（1967—1979 年）

1966 年 5 月 4 日至 26 日，中央政治局召开扩大会议，通过了"5·16"通知，"文革"开始，一时间大字报、大辩论、大批判满天飞，正常的检察工作受到严重冲击。到了 1967 年，"文化大革命"发展到"向走资派夺权"阶段，林彪、江青两个反革命集团利用"中央文革小组"名义，大肆煽动"打倒一切，全面内战"，使全国处于混乱状态，地方党政组织陷于瘫痪、半瘫痪之中，公、检、法等无产阶级专政机关失去或几乎失去作用，全国各地武斗、打砸抢成风，工矿企业停产或者半停产，铁路和水陆交通严重堵塞。在这样严重的情况下，毛主席作出了"三支两军"决定。三支就是支左，即支持当时被称为左派的群众；支工，即支援工业；支农，即支援农业。两军就是军营，即对一些地区、部门和单位实行军事管制；军训，对学生进行军事训练。就这

---

① 张鼎丞检察长 1962 年 11 月 2 日在第六次检察工作会议上的报告。

样，最高人民检察院派驻了军事代表。对"三支两军"工作，中共中央《关于建国以来党的若干历史问题的决议》是这样评价的："派人民解放军实行'三支两军'，在当时的混乱情况下是必要的，对稳定局势起了积极的作用，但也带来了一些消极的后果。""消极的后果"具体到检察工作，就是"1968年12月11日，在谢富治的授意下，最高人民检察院军事代表、最高人民法院军事代表、内务部军事代表和公安部领导小组联合提出《关于撤销高检院、内务部、内务办三个单位，公安部、高法院留下少数人的请示报告》。报告提出：'高检院全是抄苏修的，群众早就说该取消。'这个报告经毛泽东主席批示后，最高人民检察院、军事检察院和地方各级人民检察院先后被撤销。"① 在"彻底砸烂公、检、法"的口号下，林彪、"四人帮"一伙对各级检察院领导和干部横加罪名，残酷斗争，把绝大多数干部弄去"五·七"干校接受"再教育"。"1969年2月，最高人民检察院160多名干部、职工下放到湖北沙洋劳改农场劳动。"② 1975年1月17日，第四届全国人民代表大会通过修正的《中华人民共和国宪法》规定："检察机关的职权由各级公安机关行使。"检察机关被撤销的事实，得到了国家根本大法的确认。

  这一时期检察机关的工作及干部队伍建设完全中断，"负面文化对检察文化产生了巨大的反向作用"。③ 当时，林彪、江青两个反革命集团利用手中权力，大肆鼓吹"彻底砸烂公、检、法，要另起炉灶"。谢富治在1967年8月召开的公安部全体工作人员大会上说："大多数公、检、法机关都是死保当地走资本主义道路的当权派，镇压革命群众……不把原来那一套政治、思想、理论、组织方面的坏东西彻底砸烂，就永远跟不上毛泽东思想。"④ 对检察工作，他们把"批捕、起诉诬蔑为'干扰对敌斗争'，把对监狱、看守所工作的检察、监督诬蔑为'阶级投降'，把同违法乱纪作斗争诬蔑为'矛头对内'"。⑤ 这些否定检察工作的歪理邪论虽然在当时甚嚣尘上，但我们认为它只代表林彪、江青两个反革命集团，是为两个反革命集团砸烂一切、乱中夺权服务的，不代表毛主席的革命路线，更不代表广大检察干部的心声。

  然而，在检察机关被撤销的十年间，除了林彪、江青两个反革命集团大肆鼓吹的这些歪理邪说外，正面抵制这些负面文化的检察文化都有什么，在今

① 孙谦主编：《人民检察制度的历史变迁》，中国检察出版社2009年版，第316页。
② 孙谦主编：《人民检察制度的历史变迁》，中国检察出版社2009年版，第316页。
③ 孙光骏：《检察文化概论》，法律出版社2012年版，第67页。
④ 辽宁《共产党员》内部发行编辑部：《文化大革命若干大事件真相》，第48页。
⑤ 闵钐、薛伟宏：《共和国检察历史片断》，中国检察出版社2009年版，第224页。

天，历史留给我们能查阅的资料很少，这是研究检察文化发展史中的一个难点。史料短缺，一方面是当时社会动荡，广大检察干部特别是领导干部被当作走资派到处揪斗。"从1968年开始，中央派了专案组，专门对张鼎丞的'叛徒问题'进行审查。当时批判会是轮番轰炸，'老实交代罪行，不老实交代，就叫他灭亡'，造反派大喊大叫。站在张鼎丞后边的造反派，竟然一脚把张鼎丞站的凳子踢掉。已经70岁的张鼎丞，被重重地摔在冰冻的地面上，晕了过去。"① 为新中国的诞生建立过功勋的老一辈无产阶级革命家尚且如此，下面的检察干警处境肯定更加艰难。据四川省"成都、重庆、万县、宜宾等16个市、分、州院统计，在1276名（检察）干部中，被错定成走资派、叛徒、特务的就有248人（内有检察长137人），约占19.4%"。② 当时，造反派可以随意抄家，为防止有辫子把柄被其抓住，人们把书籍资料能销毁的都销毁了。另一方面则是基于林彪、江青两个反革命集团淫威，被撤销了机构的检察干部敢怒不敢言。"文革"一开始，为了堵住广大人民群众、干部对其倒行逆施的不满，主管公、检、法工作的谢富治与张春桥等人合谋，于1966年12月炮制了《关于在无产阶级文化大革命中加强公安工作的若干规定》（以下简称《公安六条》）。"他们在'适应无产阶级文化大革命形势发展的需要'的名义下，规定凡是以匿名信、传单、标语、口号'攻击诬蔑'林彪的，'都是现行反革命行为，应当依法惩办'；凡'攻击诬陷'中央文革小组的，都是'反动行为'，'情节严重的，要依法惩处'。"这个规定在1967年1月正式颁布时，虽然去掉了有关中央文革小组的内容，但谢富治多次宣布："对无产阶级司令部不能有一字一句损害"，实际上仍把这项规定的适用范围扩大到江青、陈伯达、康生、张春桥、姚文元、王洪文等人，用法律形式保障了林彪、江青反革命集团成员的特权地位，于是，在"文革"期间就出现了这样的咄咄怪事：一方面，林彪、江青之流可以任意攻击、诬陷、迫害老一辈无产阶阶革命家而逍遥法外；另一方面，广大群众如对他们的阴谋活动进行揭露和指责，则要被扣上"攻击无产阶级司令部"的帽子，遭到批斗或逮捕。其间，所谓"恶毒攻击"成了最严重的罪名。在这样的历史背影下，今天研究检察文化史，我们没能找到撤销检察机关时广大检察干警正义呼声的书面材料，但当时不敢说并不等于人们私下不去想，检察机关为什么会被撤销？国家为什么会变成这样？这是那时被下放劳动改造的检察人员不得不思考的问题。直到"文革"结束，检察

---

① 孙谦主编：《人民检察制度的历史变迁》，中国检察出版社2009年版，第316页。
② 四川省地方志编纂委员会：《四川省志——检察审判志》，四川人民出版社1996年版，第18页。

机关恢复重建，在 1978 年召开的第七次全国检察工作会议上，当年那些亲身经历过劫难又重新工作的检察干部们对林彪、江青两个反革命集团砸烂检察机关的罪行进行了清算，在总结历史经验教训的基础上讨论了《人民检察院组织法》，重新确立了检察机关法律监督地位。冰冻三尺非一日之寒，就像十年动乱结束后一度出现过反映"文革"时期社会生活的"反思"文学一样，检察机关恢复重建的初期也出现过"反思"检察工作、检察战线的拨乱反正时期，这一时期留给我们的精神财富，应该成为检察文化发展史中这一阶段的重要内容。基于这样的认识，我们把目光投向 1978 年召开的第七次全国检察会议和《人民检察院组织法》讨论修改工作中，梳理出一些拨乱反正、正本清源内容，作为"文革"期间和"文革"结束后拨乱反正时期的检察文化加以研究。

一、反思检察机关定位，重新确立检察机关是国家的法律监督机关的性质

新中国的检察制度是学习借鉴前苏联检察制度建立的，法律监督是其鲜明特质，然而，"20 世纪 50 年代后期的反右运动中，却受到了不适当的批判，把法律监督指责为'右倾'；'文革'中又被林彪、'四人帮'加以利用和扩大，作为砸烂检察机关的借口。从此以后，法律监督就成为事实上的'禁区'，从而在检察制度这个重要方面破坏了社会主义法制，削弱了无产阶级专政"。[①] 第七次全国检察会议，首先对这一问题进行拨乱反正，黄火青检察长在"七检"会上作工作报告，明确指出："人民检察院是检察法律执行的专门机关，是宪法和法律的保卫者。"第七次全国检察会议的一项重要内容，是讨论修改《中华人民共和国人民检察院组织法》，经过讨论，与会代表对检察机关性质达成共识："检察机关是无产阶级专政体系中的一个重要组成部分，它区别于公安机关和人民法院的主要特点就是进行法律监督，以维护法律的统一正确实施，加强对敌人的专政，保护人民的民主权利。"[②] 在最高人民检察院《关于〈中华人民共和国人民检察院组织法草案〉的说明》中，这样表述对这一问题的认识："1954 年的《中华人民共和国人民检察院组织法》关于各项检察职权的规定，是完全符合检察机关的这种性质的，并且在实践中起到了维护法制的积极作用。大家一致认为，在事关检察机关的性质这样的根本问题上，必须旗帜鲜明，拨乱反正，重新肯定检察机关的法律监督的性质。"这种检察

[①] 孙谦主编：《人民检察制度的历史变迁》，中国检察出版社 2009 年版，第 330~331 页。

[②] 孙谦主编：《人民检察制度的历史变迁》，中国检察出版社 2009 年版，第 330 页。

机关法律性质的认识，是在对正反两方面检察历史乃至共和国法制史深刻总结基础上得出的，在这样的检察文化倡导下，1979 年 7 月 1 日，五届全国人大二次会议审议通过了《中华人民共和国人民检察院组织法》，检察机关的法律监督地位再次得以确定。

回顾历史，当共和国崇尚法治，制定《共同纲领》和《宪法》时期，也是检察机关建立和发展时期。当共和国政策偏左，人治色彩突出的时期，检察机关就遭遇曲折困难。精兵简政，如果说 1951 年取消是人们对检察工作不了解造成的，那么，1958 年三机关联合办公，到 1960 年的第二次取消，则是检察机关在极"左"思想影响下放弃了法律监督，才给谢富治等人提出其没有存在价值以口实的。"文革"时期检察机关被撤销更是如此，当时是"砸烂公、检、法"，三机关都是重灾区。以公安为例，"文革"中"公安部除谢富治和另一名兼职副部长外，其他副部长均被逮捕、关押，副部长徐子荣被迫害致死。北京市公安局有一千六百多人受到迫害。各地受打击迫害的公安干警，据不完全统计共达三万四千四百多人，其中一千二百多人致死，三千六百多人伤残"。① 这里的问题是，"文革"中"公、检、法"三机关都被砸烂，唯独被撤销的却是检察机关，这不能仅仅归咎于是领导人的好恶，而更应反思"前有公安、后有法院、可有可无检察院"的检察院到底立命安身的业务本领是什么？笔者认为是法律监督。侦查权、公诉权没有检察机关，公安可以代行，革命战争年代如此，"文革"中亦如此，而法律监督，公安与法院两家都代行不了这一职权，这是检察机关独具特色的本领，是不能丢弃的。在检察文化发展史中，这一段历史还告诉我们，检察机关的兴衰存亡是共和国法治建设的"晴雨表"，只有在法治社会的条件下，检察机关才可能生存发展，而检察机关作为法律监督机关，始终要忠于职守，敢于监督，敢于同破坏法治建设的各种不良现象作斗争，才能捍卫国家法治建设成果，也才能巩固检察机关在共和国法律监督机关的地位。放弃法律监督，一味退让拯救不了检察机关，恰恰相反，有为有位，敢于监督，检察机关才有存在的理由和价值。1960 年取消检察机关之风中，当彭真同志听了张鼎丞检察长汇报后说："关于我国检察制度、检察机关有无实际存在必要的问题，中央从来没有讲过不要，实际上检察机关是起了作用的，几年来你们在审查批捕中顶住了 20%，这就证明你们起了作用。"这里讲的"顶住了 20%"，实际上就是法律监督。因此，"七检"会重新确立的检察机关法律监督性质，是我们今天必须坚持的。任何司法改革，取消检察机关法律监督的职能，使其变成单纯公诉机关的主张，从历史的

---

① 辽宁《共产党员》内部发行编辑部：《文化大革命若干大事件真相》，第 91 页。

经验看，都是不可取的。

二、反思执法指导思想，确立任何公民在法律适用上一律平等

在新中国成立以前的革命战争年代，严酷的阶级斗争，需要革命法制巩固革命成果，那时，不仅立法上是不平等的，在法律适用上，因阶级成分不同，权利义务也是不同的。如新中国成立后，"法律面前人人平等"作为资产阶级法律观是受到批判的，在适用法律上，"文革"以前，法律的适用也区分为敌我矛盾和人民内部矛盾而区别执法的。"文革"中，林彪、江青两个反革命集团利用手中权力，炮制《公安六条》，一方面自己享有不受法律追究的特权，另一方面对他人却可以任意诬陷为叛徒、特务、走资派而无情打击、残酷迫害。鉴于历史教训，《中国共产党第十一届中央委员会第三次全体会议公报》指出："要保证人民在自己的法律面前人人平等，不允许任何人有超于法律之上的特权。"党的十一届三中全会精神传达到与之同时召开的第七次全国检察会议上，解放了与会代表的思想，在讨论修改《人民检察院组织法》时，代表们提出要将"在适用法律上一律平等"原则写进组织法，这是检察文化史上的一大进步，它适应党的十一届三中全会摒弃以阶级斗争为纲的方针、全党全国工作重点转移到经济建设上来的形势，符合"团结一切可以团结的力量，同心同德干四化"的时代要求。在这一检察文化倡导下，1979年，五届全国人大二次会议审议通过的《中华人民共和国人民检察院组织法》，正式写进了"各级人民检察院依照法律规定行使检察权，对于任何公民，在适用法律上一律平等，不允许有任何特权"，这在共和国检察制度建设中是第一次，具有极其重要的意义。

三、反思检察机关与党和其他国家机关的关系，确立独立行使检察权原则

1978年12月22日，《中国共产党第十一届中央委员会第三次全体会议公报》指出："检察机关和司法机关要保持应有的独立性；要忠实于法律和制度，忠实于人民利益，忠实于事实真相……""文革"后党和国家对检察、司法机关"独立性"的认识，无疑是吸取了"文革"中乃至"文革"前检察机关、司法机关没有独立性、是党的"驯服工具"，一旦发生领导人错误无法纠正的教训而提出来的。围绕这一命题，第七次全国检察会议代表就是否将"独立行使检察权"写进《人民检察院组织法》进行了热烈讨论，两种意见："一种主张，在第7条之后增加第8条：'人民检察院依照法律规定独立行使检察权，不受任何机关、团体或个人的干涉。'因为《宪法》上已明确规定了

党的领导，党是领导一切的，这已不成问题，不必担心会发生否定党的领导的问题。事实上，也确有干涉独立行使职权的情况存在。另一种主张，不同意增加上述条文，认为这样的写法容易被理解为向党闹独立性，不接受党的领导。"① 两种意见争论焦点，还是害怕提"独立行使检察权"处理不好与"党的领导"的关系。对这一顾虑，"文革"中深受迫害的彭真同志明确指出："这一规定只是说明检察机关在行使检察权时独立于其他行政机关、团体和个人，并不影响党对检察机关的领导和国家权力机关的监督。这种领导和监督虽然也是一种'干涉'，但这种'干涉'是符合我国的政治制度的、合法和必要的。坚持依法独立行使检察权的原则，对于维护法律的统一和正确实施是必不可少的。"② 彭真同志上述讲话，清楚阐释了长期困扰检察工作的独立行使职权与党的领导关系问题，最终，独立行使检察权原则在《中华人民共和国人民检察院组织法》中得以确立。

独立行使检察权原则的确立，不仅处理好了同党的领导关系问题，同时，对坚持公、检、法三机关互相配合、互相制约也是有帮助的。1978 年《人民日报》刊发检察工作社论指出："坚持检察机关同公安、法院互相配合、互相制约的原则，才能充分发挥检察机关在维护和加强社会主义法制中的积极作用。这对于保护人民、打击敌人，是十分重要的。互相配合、互相制约这两个方面，不可偏废。检察工作是这个制度中的一个重要环节，多年来的实践证明，凡是坚持这个制度的，办案的质量就高，效果就好；削弱或者取消检察工作，就破坏了这个完整的制度，办案质量就会降低，就会造成不良后果。林彪'四人帮'搞法西斯专政，制造大量冤案、错案，这固然是由于他们从根本上颠倒敌我关系所造成，他们砸烂检察机关，彻底破坏了检察机关同公安、法院互相配合、互相制约的原则，也是重要原因之一。我国是无产阶级专政的社会主义国家，我们不允许放纵敌人，也不允许冤枉好人，只要发现了冤案、错案、假案，不管是哪一级组织定的，不管是什么人批的，都要实事求是地予以纠正、平反，要做到稳、准、狠，以准为重点地打击敌人，惩罚罪犯，防错防漏，不枉不纵，就要充分发挥检察机关的作用。"③

四、消除余悸，敢于履职

第七次检察会议是"文革"结束不久召开的全国检察工作会议，恢复重

---

① 孙谦主编：《人民检察制度的历史变迁》，中国检察出版社 2009 年版，第 329 页。
② 孙谦主编：《人民检察制度的历史变迁》，中国检察出版社 2009 年版，第 336 页。
③ 闵钐、薛伟宏：《共和国检察历史片断》，中国检察出版社 2009 年版，第 225 页。

建中许多检察干部都是"文革"前从事检察工作的"老检察"，大家对"文革"中林彪、江青两个反革命集团的倒行逆施还心存余悸，加之20世纪50年代末以后检察机关法律监督的性质，又受到批判，现在检察机关被重新确定为国家法律监督机关，敢不敢大胆履职是当时存在的一个问题。为此，到"七检"会讲话的中共中央政治局委员、中央纪律检查委员会第三书记胡耀邦同志在讲话中专门指出："在当前我国法制不健全的情况下，开展检察工作会遇到很多困难，这就要求检察干部一定要坚持实事求是，坚持群众路线，坚持调查研究。实事求是是马克思主义的核心问题，是最高的党性。我们就是要光明磊落，敢于实事求是。这样做，难免不挨棍子，难免不担风险，但是要忠于党和人民的利益，要无所畏惧，即使因为坚持真理而牺牲了生命，人民也会永远怀念的。"① 最高人民检察院检察长黄火青在讲话中，也强调："人民检察院是检察法律执行的专门机关，是宪法和法律的保卫者，应当在维护和加强社会主义法制的斗争中发挥积极作用……要反对'长官意志'破坏法制，要敢于同依言不依法、依人不依法的现象作斗争，敢于摸'老虎假屁股'，而不管违法者的地位高低，职务大小。"② 在领导讲话的鼓励下，与会代表表示："要正确总结检察工作的历史经验，消除余悸，努力工作。为忠实于法律和制度，忠实于人民利益，忠实于事实真相，不怕任何艰难险阻，不惜以身殉职，做好工作，绝不辜负党和人民的殷切期望。"③ 在这一检察文化倡导下，重建的检察机关积极参与了平反冤假错案的工作。如四川省检察机关，根据中共十一届三中全会精神，对"文革"前工作中的失误所造成的冤、假、错案以及"文革"中林彪、江青反革命集团蓄意制造的大量的冤、假、错案，根据中共中央关于抓紧复查纠正冤、假、错案，认真落实党的政策精神，积极进行了拨乱反正、平反纠正工作。"从1978年8月至1981年，四川省各级检察机关共复查或参与复查了125631件不服法院判处的申诉案件，仅1978年至1979年复查的42400件中就平反冤、假、错案1657件，占复查数的3.9%。成都市人民检察院复查的'中国青年学习马列小组'反革命集团5个成员及其家属申诉中，发现这个所谓反革命集团的主要成员陈定在1973年邀约同学熊汉林等5人，组织成立了一个'中国青年学习马列小组'，探讨实现共产主义的理论问题，纯属一些认识问题，错误定为反革命集团进行处理，建议法院给了平反纠正。这5个青年及其家属十分感谢，表示要积极献身'四化'建设，为人民

① 孙谦主编：《人民检察制度的历史变迁》，中国检察出版社2009年版，第222页。
② 孙谦主编：《人民检察制度的历史变迁》，中国检察出版社2009年版，第222页。
③ 孙谦主编：《人民检察制度的历史变迁》，中国检察出版社2009年版，第223页。

多作贡献。此后，两名青年考上大学，3 名参加了工作，表现都好。"①

第四节　检察机关发展时期检察文化的
发展（1980—2002 年）

党的十一届三中全会以后，党和国家工作重点转移到经济建设上来，恢复重建后的检察机关紧紧围绕服务党和国家工作大局开展业务工作，加强队伍建设，检察文化建设在五届人大、六届人大、七届人大、八届人大和九届人大期间都取得了丰硕成果，到 2002 年，经过恢复重建 20 余年的发展积累，最高人民检察院制定了《检察官职业道德规范》，"忠诚、公正、清廉、严明"是这一时期检察文化的高度概括和总结。

"忠诚"的检察文化含义，是指忠于党、忠于国家、忠于人民、忠于事实和法律、忠于人民检察事业，恪尽职守，乐于奉献。早在 1978 年第七次全国检察工作会议上，与会人员就认识到了检察工作中"忠诚"的重要性，指出党的领导是无产阶级专政的核心，是做好检察工作的根本保证，在任何情况下都不能削弱。我们的检察机关，在自己的工作中一定要忠实于法律和制度，忠实于人民利益，忠实于事实真相，一定要保持应有的独立性，这样才能履行自己的神圣职责。我们一定要有一批大无畏的不惜以身殉职的检察官，这样才能维护社会主义法制的革命威严。在法律面前，一定要实行人人平等，不允许任何人有超于法律之上的特权。

在"忠诚"检察文化倡导下，二十多年来，检察机关始终恪尽职守，忠实履职，各项检察业务取得辉煌成绩。以反贪污贿赂工作为例，检察机关恢复重建后，全国检察机关查处贪污贿赂案件的工作逐步开展，1982 年 1 月 11 日，中共中央发出《关于严厉打击走私、贪污受贿等经济犯罪活动的紧急通知》，全国各级检察机关根据高检院统一部署，集中力量开展经济犯罪案件办理工作，取得明显成效。1985 年 6 月，高检院明确提出，在绝不放松"严打"的同时，把打击经济犯罪作为主要任务，并在实践中总结出了"抓系统、系统抓"的办案经验。其内容是：通过调查研究，选择发案较多、问题严重，上下都有同类问题的系统和部门，以大案要案为突破口，发动整个系统自行调查，发现经济犯罪案件线索，检察机关依法办案，打击严重经济犯罪活动。同时，促进有关单位建立健全制度，堵塞漏洞，预防犯罪。在这一工作思路指导

① 四川省地方志编纂委员会：《四川省志——检察审判志》，四川人民出版社 1996 年版，第 149 页。

下，检察机关查办经济犯罪案件成效明显。到七届人大期间，检察机关更是把打击经济犯罪列为第一位工作，特别是 1989 年最高人民法院、最高人民检察院联合发布了《关于贪污、受贿、投机倒把等犯罪分子必须在限期内自首坦白的通告》，各地以此为契机，加大举报宣传力度，纷纷举办"反贪污受贿罪案展览"，在社会上掀起反贪污受贿高潮，敦促经济违法人员投案自首。如四川省检察院要求把贯彻"两高通告"作为当前检察机关首要的任务落实，发布《关于继续开展贪、受贿罪案举报工作的公开信》，举办四川省首次"反贪污受贿罪案展览"，观众达 43 万多人次。至"两高通告"的最后期限 10 月 31 日，四川省共有 2752 名经济违法犯罪人员投案自首。八届人大期间，检察机关查办贪污贿赂案件又有新进展，高检院提出了"严格执法、狠抓办案"的工作方针，下发了《关于进一步加强大案要案查处工作的通知》，其中"初查放开"内容（即各级检察机关对涉及县处级以下干部要案的线索初查要放开，按照分工经院党组决定即可进行初查。初查结果向同级党委和上级检察机关备案，不能扩大备案的范围，立案侦查和采取强制措施要向党委报告。对于犯罪事实清楚，证据确凿，且有可能涉及发生串供、毁证、转移赃款赃物、潜逃等紧急情况的案件，经检察委员会决定，可即行立案并采取强制措施，然后书面报告同级党委）是对过去查办经济犯罪大要案限制的巨大突破，反映广大检察人员对"忠诚"检察文化认识的深化，即"忠诚"就是要敢于履职，不敢办案的检察长不是好检察长；不敢办案的检察官不是好检察官。九届人大期间检察机关反贪污贿赂工作，以党中央决定在政法机关开展集中教育整顿为契机，使规范办案工作得以加强，高检院制定并严格执行"九条卡死"规定，严禁超越管辖范围办案；严禁立案前对犯罪嫌疑人采取强制措施；严禁刑讯逼供、超期羁押；严禁截留、挪用扣押款物等，在抓规定办案同时，将预防职务犯罪工作摆上了突出位置。检察机关恢复重建 20 多年来反贪污贿赂斗争实践，经历了起步、发展、规范的过程，这一过程与广大检察干警对"忠诚"检察文化认识逐步加深是同步的。

　　在"忠诚"检察文化倡导下，这一时期检察战线还涌现出不少先进检察人物，成为大家学习的榜样。1988 年被最高人民检察院授予四川省剑阁县"舍己救人的模范检察干部"的任建操就是杰出代表之一。

　　1988 年 7 月 7 日上午 11 时许，暴雨笼罩着四川省剑阁山城，城东门外的闻溪河水猛涨。坐落在闻溪河畔的四川省剑阁县人民检察院内，干警们正在紧张忙碌地工作。突然，从院外传来呼救声，正在作阅卷笔录的任建操朝窗外望去，只见闻溪河中平时与岸相连的一个土石堆已成小孤岛，一个妇女在上面惊恐的呼救。

"救人要紧，走！"任建操向大家喊了一声就冲出办公室，从办公楼旁高高的保坎上跳下，顺着河岸向出事地点飞奔，几名检察干警紧随其后。被突然暴发倾泻而来的洪水围困在土石堆上的是房管所女工敬玉蓉，前去营救她的县供销社职工母培军也被迅猛上涨的洪水困在土石堆上，二人随时都有被洪水吞没的危险。任建操心急如焚，连衣服也来不及脱，就奋不顾身扑进湍急的洪流，紧随其后的几名检察干警也跟着跳下水。任建操游在最前面，他冲破急流，渐渐接近土石堆，突然一个巨浪打来，猛地把他推向下游。此时，洪水仍在上涨，两岸群众拿来木杆、竹竿、绳索等营救工具以各种方式进行救援，都被汹涌的洪水打了回去。

时间就是生命！任建操在下游上岸后即朝上游迅速跑去，他想借助洪水的冲力，到达河心的目标，还有几个人也跟着他跑到上游下水点。这时，有人见任建操脸色苍白，便拉住他劝说不要再下水。但是为救人，生性倔强的任建操谢绝劝说，毫不犹豫地又一次与同伴扑进浊浪翻滚的洪流。

任建操在与疯狂的洪水搏斗中，奋力挥动双臂，拨开洪水冲下来的漂流杂物，向中流冲刺。15 米，10 米，5 米，他离被困人的土石堆越来越近，眼看就要冲过激流抵达土石堆时，突然一个巨浪盖顶压下来将他吞没。但他很快从浪里挣扎出来，双臂艰难地划动，一会儿被洪波打入水底，一会儿又被抛上浪尖，在波涛中沉浮，被洪流卷向下游。人们齐声喊他快靠岸，然而，一个接一个巨浪狂扑过去，任建操再也没有浮出水面……

与此同时，在越来越多的勇士配合援救下，敬玉蓉和母亲培军安全回到岸上，任建操却献出了他年仅 23 岁的宝贵生命。1988 年 12 月，民政部批准任建操为"革命烈士"。①

对于在"忠诚"检察文化倡导下涌现的检察系统先进人物，1985 年，最高人民检察院召开了全国检察机关首次先进集体、先进个人代表大会，全国人大常委会委员长彭真、副委员长陈丕显为大会题词，会议授予河北省海兴县检察院检察长李金山等 4 人全国检察系统"英雄模范"称号；授予北京市朝阳区检察院等 14 个单位"全国检察系统通令嘉奖先进集体"称号；授予天津市南开区检察院检察员郝占林等 21 人"全国检察系统通令嘉奖先进个人"称号；授予北京市西城区检察院等 54 个单位"全国检察系统先进集体"号。1992 年，最高人民检察院机关和 22 个省级检察院根据最高人民检察院《关于颁发检察机关工作人员荣誉证书和证章的办法》和《首次颁发荣誉证书和证

---

① 四川省人民检察院：《四川省检察志（1986—2005）（征求意见稿）》，四川人民检察院出版社 2011 年版，第 391 页。

章的补充规定》，给 16346 名同志颁发了检察机关工作人员荣誉证书和证章。1993 年，开展了"中国十大杰出检察官"评选活动，山东省淄博市淄川区人民检察院检察长姚文淮等 10 人被评选为首届中国十大杰出检察官。这些先进人物是全国检察机关广大检察干警的代表，他们忠于党、忠于国家、忠于人民、忠于事实和法律、忠于人民检察事业的感人事迹，是检察文化建设中一道亮丽的风景线。

"公正"的检察文化含义，是指崇尚法治，客观求实，依法独立行使检察权，坚持法律面前人人平等，自觉维护程序公正和实体公正。

"法律面前人人平等"在"文革"中被当作是资产阶级的那一套受到批判，"文革"结束后的拨乱反正中，我们党响亮地提出了"法律面前人人平等"口号，指出有法必依，执法必严，违法必究，不允许有凌驾于党纪国法之上的特殊党员和干部。法律面前人人平等成为检察机关执法的基本理念，融入到检察文化之中，成为"公正"的应有之义。

自觉维护程序公正和实体公正，程序不公正甚至违法，实体再公正，也不能取得好的办案效果，这样的重程序意识的形成，在检察文化发展中是有一个渐进过程的。过去革命战争年代，检察工作依附于革命法庭，没有制定程序法，往往采用军事法庭、群众批斗大会来镇压反革命破坏活动，这在严酷的战争岁月是可行的，不这样不足以巩固革命政权。新中国成立至"文革"结束这一段历史时期，检察工作中虽然产生了要重视"程序"的意识，但在随后接二连三的运动中，检察监督受到批判，公检法三机关重配合轻监督甚至联合办案，检察人员大脑中"重实体轻程序"意识是普遍存在的。检察机关恢复重建后，随着国家民主法制建设向前推进，检察人员执法理念也在不断发生变化，其中，实体程序也同样重要的程序意识增强，就是变化之一，这是检察文化建设的可喜成果。以"严打"为例：

1983 年 8 月，中央政治局根据当时的社会治安形势，作出《关于严厉打击刑事犯罪活动的决定》，指出以 3 年为期，组织三次战役，按照"从重从快、一网打尽"的精神，对刑事犯罪分子予以坚决打击。中政委召开全国政法工作会议，确定了打击重点是流氓团伙分子、流窜作案分子，以及杀人犯、贩毒犯、强奸犯、抢劫犯和重大盗窃犯 7 类严重的现行犯。最高人民检察院随即召开全国省、自治区、直辖市检察长座谈会，要求全国各级检察机关要"念一本经、唱一台戏"，全力以赴投入"严打"斗争。念一本"经"，就是念全国政法工作会议的"经"；唱"一台戏"，就是各级检察机关都要在各地党委的统一领导下，坚决贯彻执行中央的方针，与其他政法部门密切配合，协同作战，集中力量搞好"严打"斗争。不能分台唱戏，更不能唱对台戏。应该说 1983 年第一次严打斗争是取得了很大成绩的，对迅速扭转当时社会治安混乱的局面功不可没，但是，1983 年"严打"斗争的初期，一些地方又出现了公、检、法联合办案的情况，不再按照高检院制定下发的《刑事检察工作细则》程序办案，这反映了当时拨乱反正不久、改革开放初期执法办案人员包括法律监督机关的检察人员程序意识不强的现状。

1996 年，党中央作出在全国开展"严打"斗争的重大决策，2001 年全国社会治安工作会议部署了开展"严打"整治斗争的工作，在这"两次"严打斗争中，检察机关均迅速动员，积极参与，同样是"严打"，同样要唱好一台戏，但检察机关却更加注重"依法"二字，贯彻"从重从快"方针是在"依法"的前提下进行的，强调办案要快时，没有出现公检法三机关联合办案的情形，而是改为审查批捕、公诉环节提前介入公安侦查，提出引导侦查方面的检察建议，案件移送到检察环节后，不纠缠细枝末节，在基本事实清楚、基本证据确实充分的"两个基本"前提下快捕快诉。同时，这两次"严打"斗争中，检察机关还十分注重履行法律监督职责，以 1996 年"严打"为例，"严打"斗争开展后的前三个月中，全国检察机关共追捕、追诉犯罪分子 3591 人，对该立案不立案的，及时向公安机关提出了纠正意见。

从三次"严打"斗争检察机关的参与方式的细微变化，可以看出检察文化建设中检察干警"程序"意识不断增强的脉络。

"清廉"的检察文化含义，是指模范遵守法纪，保持清正廉洁，淡泊名利，不徇私情，自尊自重，接受监督。

检察机关是国家法律监督机关，"打铁还得自身硬"，要监督别人，首先自己就要做到清正廉洁，这样才不会犯"吃人嘴软，拿人手短"的种种错误。为此，检察机关对自身队伍建设一直是从严要求，着力培养"清廉"的检察文化。

1989 年，最高人民检察院制定和颁布了《检察人员纪律》，概括为"八要八不准"：一要热爱人民，不准骄横霸道；二要服从指挥，不准各行其是；三要忠于职守，不准滥用职权；四要秉公执法，不准徇私舞弊；五要调查取证，不准刑讯逼供；六要廉洁奉公，不准贪赃枉法；七要提高警惕，不准泄漏机密；八要接受监督，不准文过饰非。各地结合贯彻《检察人员纪律》，开展了一次加强廉政建设、纠正行业不正之风为重点的执纪检查。

1990 年，最高人民检察院召开了首届全国检察机关政治工作会议，会议强调要建设一支政治立场坚定、严格依法办案、秉公执法、掌握政策、实事求是、联系群众、精通业务的检察队伍，必须坚持从严治检方针，进一步加强检察机关廉政建设。

在"接受监督"方面，1993年，最高人民检察院印发了《关于检察机关接受人民代表大会及其常务委员会监督若干问题的规定》（以下简称《规定》），内容是各级检察机关要建立健全向同级人大定期报告工作的制度，要认真接受人大常委会的执法检查；最高人民检察院在制定司法解释时，应认真听取全国人大常委会及有关专门委员会的意见；各级检察机关要认真办理人大交办的事项，加强与本地人大代表的联系等，该《规定》的贯彻执行，加强了检察机关主动接受人大监督的工作，增强了监督者也要接受监督的意识。

1994年，最高人民检察院印发《人民检察院政治工作纲要》（以下简称《纲要》），指出处在反腐、执法监督第一线的检察干警，既是反腐尖兵又是受腐蚀的重要目标，为此，要按照邓小平同志关于"两手抓"、"两手都要硬"的思想，实行领导干部"一岗双责制"。《纲要》还提出了8小时以外问题，指出要把思想政治工作延伸到工作时间以外，延伸到干警家属中，筑起拒腐防变的第二道防线。

1998年，最高人民检察院对深入开展检察队伍集中教育整顿、改进和加强检察工作作了具体部署，指出这次教育整顿是关系到把一支什么样的队伍带入21世纪的重大问题，必须坚持高标准、严要求，下大决定，采取过硬措施，使集中教育整顿不走过场。目标是：第一，全体检察干警普遍受到一次深刻教育，检察队伍的精神风貌发生明显的变化；第二，坚决刹住行使检察权过程中的严重违法违纪问题；第三，搞好组织清理，纯洁队伍；第四，制定、完善保证严格执法、文明办案的有关制度和监督制约机制。值得一提的是，在此次教育整顿中，最高人民检察院在中政委"四条禁令"基础上，作了"九条卡死"的硬性规定，即严禁超越管辖范围办案；严禁对证人采取任何强制措施；立案前不得对犯罪嫌疑人采取强制措施；严禁超期羁押；不得把检察院的讯问室当成羁押室，讯问一般应在看守所进行，必须在检察院讯问室进行的，要严格执行还押制度；不得违反规定使用技术侦查手段；凡在办案中搞刑讯逼供的，先停职，再处理；因玩忽职守、非法拘禁、违法办案等致人死亡的，除依法依纪追究直接责任人员责任外，对于领导严重失职渎职的，要依照法定程序给予撤职处分；严禁截留、挪用、私分扣押款物。由于此次教育整顿领导高度重视，措施具体，成效十分明显。到1999年1月，全国检察机关纪检、监察部门共立案调查违纪检察人员1557人，查结1429人，给予党政纪处分1215人，追究刑事责任113人，检察机关纪律作风明显好转，廉政文化深入人心。

在此基础上，1999年全国检察长工作会议提出了"公正执法，加强监督，依法办案，从严治检，服务大局"的工作方针，2002年最高人民检察院制定《检察官职业道德规范》，正是这一系列的廉洁从检措施，使检察队伍始终保持了为检清廉的政治本色，"清廉"也成为检察文化的一个重要组成部分。

"严明"的检察文化含义，是指严格执法，文明办案，刚正不阿，敢于监督，勇于纠错，捍卫宪法和法律尊严。这是检察文化中对执法办案的具体要求，其丰富的内涵在检察机关恢复重建后历次检察工作会议上均有体现，只是文字表述有所区别而已。

1978 年第七次全国检察工作会议上，针对"文革"中砸烂检察机关，社会主义法制遭受严重破坏的实际，黄火青检察长在工作报告中指出："为了保障人民民主，必须加强法制，使民主制度化、法律化，做到有法可依，有法必依，执法必严，违法必究。人民检察院是检察法律执行的专门机关，是宪法和法律的保卫者，应当在维护和加强社会主义法制的斗争中发挥积极的作用。"又指出："要反对'长官意志'破坏法制，要敢于同依言不依法、依人不依法的现象作斗争，敢于摸'老虎屁股'，而不管违法者的地位高低，职务大小。"黄火青检察长的这段讲话，虽然没有明确用"严格执法"、"敢于监督"这样的具体表述，但意思都包括在里面了。鉴于"文革"中林彪、"四人帮"制造了大量冤假错案，大会特别强调了要平反冤狱、纠正错案问题。第七次全国检察工作会议上，时任中共中央政治局委员、中央纪律检查委员会第三书记的胡耀邦同志到会作重要讲话，指出"政法部门从巩固和发展安定团结的政治局面出发，抓好冤案、错案的平反工作，要做到彻底平反，善始善终"。应该说"勇于纠错"的检察文化，检察机关恢复重建在平反冤假错案工作中得到了发扬。1988 年第八次全国检察工作会议，总结检察机关恢复重建十年来的经验，指出十年来的基本经验，就是"坚持四项基本原则，正确履行法律监督职责，为社会主义经济建设和改革开放服务"。1992 年第九次全国检察工作会议，总结了第八次检察工作会议后四年来的检察工作，指出从 1988 年第四季度起，最高人民检察院调整了工作部署，将惩治贪污贿赂犯罪列为打击经济犯罪的第一项工作，作为检察工作的重点，在全国建立了举报中心和反贪局，强调领导亲自办案，集中力量查办大要案，取得明显成效。第九次全国检察工作会议，已具有办案是最有效法律监督的意思。到了 1993 年，张思卿同志任最高人民检察院检察长后，在全国法纪检察工作会议上明确提出了"严格执法、狠抓办案"的工作方针，指出严格执法是法制建设的中心环节，我们的基本职责是保障国家法律的统一和正确实施，也就是保障严格执法。1996 年第十次全国检察工作会议上，张思卿检察长作了《严格执法，狠抓办案，为建立社会主义市场经济体制、建设社会主义法制国家而奋斗》的报告，强调："严格执法，狠抓办案"的工作方针，准确地反映了检察职能的本质要求，适应了社会主义法制建设的客观规律和社会主义市场经济对检察工作的需要，顺应了人民群众健全法制的呼声，贯穿了维护中央权威的精神，明确了检察工作服务大局的正确途径，推动了检察事业的健康发展。今后工作中，必须进一步深刻理解这个方针，坚定不移地坚持这个方针。1998 年，韩杼滨同志担任最高人民检察院检察长，在次年的全国检察长工作会议上，提出了"公正执法，加强监督，依法办案，从严治检，服务大局"的工作方针，将原工作方针中的"严格执法"改为"公正执法"，"狠抓办案"改为"依法办案"，同时增加了"加强监督"、"从严治检"、"服务大局"内容，使检察工作方针更加全面、科学合理。

上述历次检察工作会议关于执法办案方面的指导思想和内容，为 2002 年最高人民检察院制定《检察官职业道德规范》打下了良好基础，成为"严明"的具体内容。

以"忠诚、公正、清廉、严明"为核心内容的《检察官职业道德规范》的制定和执行，极大丰富了检察文化建设内涵，为检察文化在以后的发展奠定了坚实基础。

第六章　中国当代检察文化的蓬勃发展

跨入 21 世纪，随着中国特色社会主义建设也进入一个新的发展时期，党和国家开始用战略眼光对社会主义文化建设进行全面思考和布局，摆上发展的重要战略位置，提出并确定了一系列文化建设的新思想、新理论，全国文化建设进入了新一轮高潮。这个时期，最高人民检察院审时度势，高瞻远瞩，对检察文化建设也确立了新的思路，制定和实施了一系列与检察文化建设相关联的规范性文件和活动。中国特色社会主义检察文化在传承和发扬人民检察事业诞生以来，包括革命根据地时期的检察文化、新中国成立以来的社会主义检察文化的基础上，走上了一条适应中国社会主义初级阶段国情、适应新时期检察工作科学发展的崭新道路。

第一节　中国当代检察文化的缘起与推动

一、中国当代检察文化概念的提出

2002 年之前，中国当代的检察文化建设，处于一种自发状态，在初步摸索中前行。可参见"检察文化"的提法，但检察文化的概念还比较模糊，其内涵和外延不甚确定。从中央到地方各级检察机关文化建设，主要归口在检察宣传、教育的内容之中，主要形式是各级检察机关，特别是基层检察院的学历教育培训、文化知识提高、文娱体育活动、文艺表演、文体阵地等。2002 年以后，检察文化的概念被逐步明确提出来，检察理论界和学术界对检察文化的研究逐渐升温，积极探索推动检察工作创新发展的文化模式，并集中、规范、系统的进行规划和实施，迈出了具有历史性意义的步伐，成为推动检察事业发展的新杠杆。

（一）检察文化任务的部署与推进（2002—2010 年）

1.《人民检察院基层建设纲要》首次部署"检察文化任务"

在党和国家确立社会主义文化建设新的发展战略大背景下，检察机关与全国各行各业一样，在"三个代表"重要思想和"科学发展观"理论的指导下，认真贯彻党的十六大和十七大关于社会主义文化建设的战略部署，积极践行社会主义法治理念、社会主义荣辱观，迅速掀起了新一轮检察文化建设的高潮，并由此催生了"检察文化"这一全国检察机关文化建设的一个专用术语，检察机关的文化建设有了新的战略布局和发展方向。2002 年 3 月 1 日，最高人民检察院颁布了第一个《人民检察院基层建设纲要》（以下简称《纲要》高检发〔2002〕3 号），第一次正式部署"检察文化任务"。《纲要》指出，加强检察职业道德建设，大力繁荣检察文化。重视检察文化建设，鼓励干警开展业余创作，培养检察文化人才，组织开展文体活动，丰富干警业余文化生活。这是"检察文化"、"检察文化建设"以特有名词，第一次出现在检察机关国家层面官方的正式文件里，在整个检察工作格局中格外引人注目，具有不同寻常的开创性、标志性意义和历史性、开启性作用。《纲要》共 3 个方面 30 条，同时还部署了进一步广泛开展争创先进检察院活动，制定了新的先进检察院基本标准，即争创领导班子好、队伍素质好、管理机制好、检察业绩好、社会形象好的"五好"检察院标准。《纲要》的出台，为全国基层检察院建设步入经常化、制度化、规范化的轨道，使检察文化成为引领检察工作发展、推动检察事业发展的新引擎、新动力，提供了指南。

自此，检察文化建设逐步摆上了各级检察机关重要的、经常性的议事日程，纳入检察机关整体建设，成为检察工作和队伍建设的强大推动力。检察文化建设作为一种管理理念和规范化建设的重要载体，在全国各级检察机关被一再提及并倡导，以此自上而下的推动，作为组织文化、管理文化建设逐渐兴起。在全国司法界、学术界和各级检察机关对检察文化理论和建设方面的积极实践和有益探索中，"检察文化"开始走进公众的视野，走出了检察文化建设等同于业余文化或体育活动的误区、盲区和窠臼，走出了各自为政、自发开展的形式，走上了真正意义上自觉发展的道路。全国各级检察机关的检察文化观念、建设理念发生了根本性和实质性的转变，使检察文化逐步从一般的表体活动演进成先进的精神理念和管理方式。同时我们也应看到，我国检察文化是在法治贫瘠的土壤中生长和发展的，是社会主义中国确立现代检察制度后才真正开始的，由于受到传统观念、制度设计、认识局限等因素的制约，对检察文化的本质、内涵、外延、途径等，还在进一步探索研究和发展完善之中。

2. 全国检察工作会议为检察文化奠定思想和制度基础

2003 年 1 月 4 日，第十一次全国检察工作会议在北京召开，最高人民检察院检察长韩杼滨在《认真贯彻党的十六大精神，开创中国特色社会主义检察事业新局面》的主题报告中，在总结 5 年来检察工作及基本经验的同时，确立了"强化法律监督、维护公平正义"的新时期全国检察工作方针。会议确立的以改革的精神和务实的作风做好各项检察工作的思想观念，从精神层面为检察队伍建设和检察文化建设注入了新的检察理念、新的思维方式。之后，在全国检察机关广泛开展为期半年的教育活动，"强化法律监督、维护公平正义"既成为一个时期检察工作的主题，又成为检察队伍建设的重要内容和检察文化建设的精神内核，使务虚的检察文化有了法律监督、公平正义的可靠依托和确实的落脚点，从而端正了检察文化服务党和国家经济社会发展大局、服务检察工作的根本方向。2006 年 6 月 29 日至 30 日，在北京召开第十二次全国检察工作会议，最高人民检察院检察长贾春旺出席会议并作了《深入学习贯彻〈中共中央关于进一步加强人民法院、人民检察院工作的决定〉，把中国特色社会主义检察事业推向前进》的重要讲话。会议以《决定》为契机，确定了今后一段时期检察工作的主要任务。会议的一个重要使命和重大成果，就是从"三个方面"倡导和完善具有中国特色社会主义的检察制度和检察理论，即中国特色社会主义检察制度的历史必然性和内在合理性；我国检察制度的特色和优越性；坚定不移地推进中国特色社会主义检察制度的完善和发展。应当说，第十二次全国检察工作会议是一次里程碑式的会议，在确立具有中国特色社会主义检察制度和检察理论方面，具有时代性的重要特征和意义。[1] 同样，这次会议的成果对于丰富和完善检察制度文化形态也具有时代性的重要特征和意义，让中国当代检察制度文化的内涵变得更加清晰、深厚和丰满。

3. 各地检察文化的早期探索实践

（1）省级检察机关的文化探索

2000 年，河南省人民检察院在全国检察机关率先启动了检察文化建设工作，召开了检察文化建设现场会，初步总结形成了"发展社会主义先进检察文化，着力建设文明机关、和谐机关"的工作理念。又在全国率先制定了《关于加强检察文化建设的意见》，这是较早见于省级检察机关文件资料的"检察文化"的提法，是目前可见最早的省级检察院规范性文件，在全国有示范性意义。[2] 2003 年，在中国改革开放前沿阵地的广东省人民检察院，出台了《关于加强检察文化建设的意见》，要求全省各级检察机关从检察物质文化、观念文化、行为文化、管理文化和精神文化入手，发挥检察文化的引导作用。2007 年，广西壮族自治区人民检察院提出"繁荣先进检察文化，建设和谐检察文化"的检察文化建设指导方针，广泛开展"文化育检"活动，对检察文

---

① 刘方：《新中国检察制度史概略》，法律出版社 2013 年版，第 321 页。

② 《中国检察官文联年鉴（2012）》，中国检察出版社 2013 年版，第 132 页。

化建设作了诸多有益探索。① 2008 年，重庆市第二次检察工作会议和政治工作会议提出"积极开展检察文化建设，培育具有重庆特色、体现司法属性、反映和谐要求的重庆检察文化"的工作部署和五年规划，指导全市基层检察院按照"神形兼备、内外兼修"的要求，整体推进重庆检察文化建设。② 2009年 5 月 13 日，海南省人民检察院出台了《海南省检察机关文化建设实施意见》，对检察文化建设的基本内涵、指导思想、总体目标、基本原则、主要内容、实施方法与步骤及保障措施等提出明确的指导意见和具体要求，成为繁荣海南检察文化、推动检察事业创新发展的纲领。③

（2）地市级检察机关的文化探索

2003 年年初，浙江省绍兴市人民检察院对检察文化建设开始破题，经历了一个从认识模糊到逐步清晰、从粗放肤浅到逐步深化、从初步尝试到主动开展的过程。针对当时存在的"可有可无"论、"等同文体"论、"无暇顾及"论 3 种模糊认识，开展检察文化系列活动，不断提升检察文化的组织化、主体化和最大化程度。2003 年，云南省曲靖市人民检察院提出了"向文化要素质、向文化要效率、向文化要发展"的价值理念，2007 年制定《曲靖检察文化三年发展纲要》，将 2008 年、2009 年和 2010 年确定为全市检察文化建设年、发展年和成果巩固年，在探索构建具有法治特征、体现检察特色、反映和谐要求的检察文化上迈出了坚实的一步。2004 年，山东省乳山市人民检察院提出了"人才兴检、机制治检、文化育检、科技强检"的检察工作新模式，其中"文化育检"的重要内涵是"快乐地做人、快乐地工作"，成为该省检察文化建设早期取得的重要成果。2004 年秋，检察日报社在乳山举办首次"全国检察文化论坛"，得到最高人民检察院的高度认可，被誉为"乳山模式"。2007 年年初，湖北省宜昌市人民检察院在检察长孙光骏的推动下，制定了《宜昌检察文化建设纲要》和《检察文化建设三年规划》，采取四步走的方法，着手具体的建设实践，形成了全方位有形的检察文化传播载体。2007 年，四川省自贡市人民检察院制定了比较规范完善的《自贡检察文化建设发展纲要》，提出了首个地方检察机关的检察文化概念，即"自贡检察文化是自贡市检察机关及其人员在实施法律监督过程中形成的、具有自贡特质的思想理念、价值观念、道德准则、行为方式和人文环境等的总和"。采取"一年试点，二年推广，三年发展"的思路有序推进。2007 年 4 月，江苏省苏州市人民检察院在全国首

---

① 《中国检察官文联年鉴（2012）》，中国检察出版社 2013 年版，第 551 页。

② 《中国检察官文联年鉴（2013）》，中国检察出版社 2014 年版，第 244 页。

③ 《中国检察官文联年鉴（2012）》，中国检察出版社 2013 年版，第 355 页。

创检察文化工作室——苏州工业园区检察文化工作室培育"文化＋"新思维，开创"文化联盟"新模式，被推选为"江苏检察学社联盟"理事单位。①

（二）检察文化建设意见的产生与建设活动的繁荣发展（2010 年 12 月以来）

2010 年 12 月以来，随着中国特色社会主义建设事业的全面推进，党和国家对建设社会主义文化强国作出了重大战略部署。2011 年，党的十七届六中全会作出了中共中央《关于深化文化体制改革推动社会主义文化大发展大繁荣若干重大问题的决定》。2013 年，习近平提出了中华民族伟大复兴的"中国梦"；2014 年，又在北京主持召开了文艺工作座谈会并发表重要谈话，引领着中华文化新的发展。检察文化作为检察事业的重要精神支撑和检察工作发展的内在动力，新时期、新形势、新任务对检察文化建设提出了新的更高要求。最高人民检察院先后采取一系列强有力措施深入推进检察文化建设，第一次制定了检察文化工作意见规范性文件，第一次以规范性文件的形式对"检察文化"概念作出界定，全国检察文化建设第一次有了统一的纲领，并据此全面部署检察文化建设工作任务。全国检察机关检察文化持续自觉自信发展，坚持走内涵式发展的道路，不断迈出新步伐，开创新局面，各地检察机关探索出众多各具特色的检察文化建设模式。

1. 检察文化顶层设计及战略布局

2010 年 12 月，经过对全国检察机关多年来开展检察文化探索实践的经验积累和理论研究，最高人民检察院出台了具有里程碑意义的《关于加强检察文化建设的意见》（以下简称《意见》）。《意见》共 6 个方面 22 条，这是最高人民检察院出台的第一个指导全国检察文化建设的纲领性文件，对于当前和今后一个时期加强和改进检察文化建设具有重要的历史意义和现实意义。《意见》首次对检察文化作了全面定义："检察文化是检察机关在长期法律监督实践和管理活动中逐步形成的与中国特色社会主义检察制度相关的思想观念、职业精神、道德规范、行为方式以及相关载体和物质表现的总和，是社会主义先进文化的重要组成部分，是检察事业不断发展的重要力量源泉。"这是最高人民检察院第一次对检察文化概念所作的最具权威性和规范性的阐释，从而奠定了中国特色检察文化的理论基础和内涵界定。这个定义蕴藏着丰富的思想内涵和精神内涵，积淀和体现了中国检察文化的现代特色和地域特色，是检察职业所特有的文化形态。同时，也为我国学术界和检察系统长期以来关于检察文化

---

① 彭诚、胡庆合：《全国首家检察文化工作室：用"文化＋"打造检察工作品牌》，载《检察日报》2015 年 4 月 17 日。

的探索和争论作出了理论和实践上的基本回应。在中国检察文化发展史上，具有标志性和里程碑的意义。

《意见》阐释了检察文化建设的重大意义、指导思想、发展目标、基本原则、方向核心、重点工作、内容载体和保障机制等。2011 年 11 月，清华大学教授张建伟在《人民检察》组织的最高人民检察院检察文化建设意见座谈会上评价说："检察文化已经成为现代法律文化不可或缺的组成成分。我国的检察文化既有法律文化的共性，也有社会主义法系检察文化的特殊性，还有与当代中国政治和法律文化协调一致的个性。我国检察文化构成了社会主义法律文化完整性的重要一环，其发展进步能够推动法律文化的整体进步，其先进程度也能够影响法律文化的全局。""检察文化不能不以法治为核心进行建设，努力使检察文化成为高超的法治文化的重要组成部分，发挥恭维法治、传播法治、推动法治的作用。"①

2. 检察文化建设的新观念新思路形成

2011 年 7 月 16 日至 20 日，第十三次全国检察工作会议在宁夏银川召开。最高人民检察院检察长曹建明作了题为《强化法律监督、维护公平正义、推动科学发展、促进社会和谐，不断开创中国特色社会主义检察事业新局面》的报告，着重论述了检察思想观念问题，确立了检察工作发展理念和执法思想，即"六观"、"六个有机统一"和"四个必须"，形成了一个思想体系。②这个思想体系的确立，是对中国特色社会主义检察制度、检察实践所形成的检察思想理念、观念的集中概括和总结，也为中国特色社会主义检察文化建设奠定了文化思想基础，是进一步推进中国特色社会主义检察文化繁荣发展的思想导向和行动指南。2012 年 6 月 19 日至 21 日，最高人民检察院在吉林省长春市召开"全国检察机关文化建设工作会"，这是最高人民检察院第一次正式召开的检察文化工作专门会议。提出了当前和今后一个时期全国检察文化建设的总体思路是："始终坚持以马克思主义为指导，坚定不移地坚持社会主义先进文化前进方向；始终坚持围绕检察中心工作，服务和推动检察事业科学发展，服务党和国家工作大局；始终坚持检察文化建设的本质和作用，努力打造高素质检察队伍；始终坚持以人为本，突出检察人员主体地位，充分发挥基层文化建设的主观能动性和创造性；始终坚持与时俱进、改革创新，永葆检察文化的活

---

① 张建伟：《在最高检检察文化建设意见座谈会上发言》，载《人民检察》2011 年 11 月。

② 张耕：《检察文化初论》，中国检察出版社 2014 年版，第 21 页。

力。"① 这个总体思路，从工作推动的角度，为全面推进检察文化建设大繁荣大发展定下了新基调，指明了新方向，提出了新任务。2012 年 11 月，最高人民检察院作出了《关于深入学习贯彻落实党的十八大精神，进一步加强检察文化建设的决定》。该《决定》共 7 大项 25 条，站在全国检察文化建设新的高度，进一步深化和扩展了当代中国检察文化的丰富内涵，融入了当今时代精神。2014 年，最高人民检察院《关于加强和改进新形势下检察队伍建设的意见》、《2014—2018 年基层人民检察院建设规划》中，也明确提出了"提升检察文化建设层次，深入加强检察文化建设"的新要求。2014 年 5 月，中国检察官文联主席张耕主编的《检察文化初论》，从检察精神文化角度立意，提出了"检察机关和检察人员在检察工作中创造、发展和积累的，体现检察职业特征的检察观念、检察伦理和检察形象等精神成果"的新概念。② 这是从检察文化科学发展的态势，对当前检察文化最新的权威性解说，着重强调了检察文化的精神作用和时代特征、政治属性。到 2014 年年底，全国 32 个省市、自治区和全部市分州、基层检察院均出台了本地区检察文化建设的意见或决定，并如火如荼、有序推进。至此，具有中国社会主义特色的当代中国检察文化，从内容到形式、从内涵到外延、从定位到路径、从作用到功能等已基本成型，检察文化艺术理论研究、检察文化艺术创作、检察文化艺术活动"三位一体"的工作格局业已形成，推动着检察文化建设的发展繁荣。

二、检察文化工作的实践推动

（一）检察文化建设的组织推动

随着检察文化建设的深入推进，各地检察机关普遍建立了本级检察文化建设领导小组，基本形成了"各级检察院党组领导、机关党组织和政工宣传纪检部门牵头协调、其他业务部门配合协作、检察官文联等团体和群众组织参与、上下联动和各方面齐抓共管、共同推进检察文化事业蓬勃发展"的工作格局，有力地保障了检察文化建设的组织落实和工作落实，有效有序地推动了检察文化的正常发展和繁荣。

（二）检察官文联对文化建设的推动

1. 中国检察官文联（全称为"中国检察官文学艺术联合会"）

2009 年 9 月，在中央领导同志的亲切关怀下，最高人民检察院决定成立

---

① 《全国检察机关文化建设工作会文件》，2012 年 6 月。

② 张耕：《检察文化初论》，中国检察出版社 2014 年版，第 10 页。

全国检察文学艺术联合会，检察文联的筹备工作正式启动，发起人为张耕、刘佑生、张本才。2011 年 6 月 22 日至 23 日，中国检察官文联第一次会员代表大会在北京隆重召开，宣告中国检察官文学艺术联合会正式成立。自此，检察机关有了自己的全国性文学艺术团体。会议通过了《中国检察官文联章程》、《中国检察官文联会徽》等事项，选举产生了由 84 人组成的中国检察官文学艺术联合会第一届委员会。全国政协文卫科教委员会副主任、最高人民检察院原党组副书记、常务副检察长张耕当选为中国检察官文学艺术联合会主席。最高人民检察院党组书记、检察长曹建明出席会议并讲话。他指出，成立中国检察官文联，是高检院党组为进一步加强检察文化建设，促进检察文化繁荣发展而采取的一项重大举措。检察官文联的正式成立，标志着检察文化建设事业又拥有了一支重要的新生力量，必将对建设高素质检察队伍，推动检察工作科学发展起到积极作用。2011 年 10 月，最高人民检察院政治部发出《关于规范检察文联名称的通知》，要求全国各级检察机关申请登记成立的检察文联组织，名称统一为"×××检察官文学艺术联合会"，从而统一规范了各级检察官文联的名称。①

2. 地方各级检察官文联

2006 年，河南省人民检察院正式成立检察文学艺术联合会。2010 年 12 月，又召开了第二次会员代表大会。② 这是全国检察机关恢复重建以来成立的第一个省级检察文联，对于推动全国检察机关文化艺术建设具有积极的示范意义和作用。2008 年 3 月，河南省郑州市人民检察院正式成立了郑州市检察文学艺术联合会，这是全国检察机关最早成立的地市级检察文联。2011 年 8 月 9 日，河北省检察官文学艺术联合会宣告成立，这是中国检察官文联成立之后全国成立的第一家省级检察官文联，③ 具有重要的示范性和推动性。2011 年 10 月，江苏省检察官文学艺术联合会成立，省检察院党组书记、检察长徐安亲自担任省检察官文联主席，这是全国首例检察长担任检察官文联主席的省份。2011 年 12 月，内蒙古自治区第一家基层检察官文联——赤峰市元宝山区检察官文联正式成立，成为全国成立的第一家基层检察官文联。2014 年 10 月，随着全国最后一个省级检察官文联——西藏自治区检察官文学艺术联合会宣告成立，至 2015 年 6 月，全国 32 个省级人民检察院、151 个地市级检察机关成立检察官文联，其中河南、江苏、吉林、湖北、甘肃、重庆等省（市区）地市

---

① 《中国检察官文学艺术联合会章程》，中国检察出版社 2013 年版，第 118 页。

② 《中国检察官文联年鉴（2012 年）》，中国检察出版社 2013 年版，第 132 页。

③ 《中国检察官文联年鉴（2012 年）》，中国检察出版社 2013 年版，第 180 页。

级检察官文联已全部成立；全国400多个基层检察官文联也相继成立,[①] 其中云南省曲靖市、四川省自贡市、江苏省南通市等实现了市县（区）两级检察官文联全覆盖。

中国检察官文联和地方各级检察官文联的成立，标志着检察文化建设事业进入了一个新的阶段。其重要意义和作用在于：检察官文联是检察文化建设的重要载体和平台；是检察机关建设高素质检察队伍，推动检察工作科学发展的重要助手和力量；是密切检察机关与人民群众血肉联系的桥梁和纽带；是加强检察文化和法治文化建设，促进中国特色社会主义文化大发展大繁荣的重要阵地。全国检察系统检察官文联机构日益发展壮大，有效整合了检察文化艺术资源，活跃了检察文化艺术创作和检察文化艺术活动，为繁荣和发展检察文化艺术事业奠定了坚实基础，成为检察文化艺术建设不可或缺的一支重要力量和重要支撑。经过几年的建设，中央和地方各级检察官文联的职能作用和优势得到充分的体现，促使全国检察文化建设进入到一个常态化、有序化的发展状态，提升了检察文化的品质和品位。

（三）检察媒体、网络载体对文化建设的推动

1. 影视传媒

随着科技进步和信息技术的发展，影视传媒成为媒体宣传的重要一环，检察媒体网络载体包括具备权威性和独家看点的最高检影视制作中心、中国政法机关第一家面向全社会实行自制自播法治类网络视听平台的法治中国传媒等。

2. 中国检察出版社

经国家新闻出版总署批准，中国检察出版社成立于1989年6月29日。是推出检察系统理论、科研成果的主要渠道和阵地之一。中国检察出版社以"宣传法制、服务社会"为宗旨，通过自己的出版物教育公众知法、懂法、守法，为司法机关执法、理解法律提供所需的图书资料。

3. 检察期刊

现有检察期刊百花齐放、百家争鸣。主要有最高人民检察院主办的面向国内外发行的中央级法制类综合性报纸《检察日报》，多次组织了检察文化建设的专题研讨会、专版刊登检察文化艺术理论文章的《人民检察》，从外部监督的角度反映检察机关法律监督人文理念的《人民监督》，彰显公诉及公诉人文化精神的《公诉人》，最高人民检察院主管、检察日报社主办的内刊《政法网

---

① 张耕：《中国检察官文学艺术联合会〈检魂〉会刊首期通讯员培训班》讲话，2015年7月31日。

络舆情》，国内最具影响力的新闻律师杂志《方圆律政》，目前国内唯一一本以法治新闻为研究方向的新闻学术期刊《法治新闻传播》，弘扬社会主义法治理念的《中国检察官》，倡导反腐倡廉的《检察风云》等。除最高人民检察院先后创办了众多集权威性、务实性为一体的传统和现代新闻媒体外，有的地方检察院也创建了检察文化理论、新闻刊物和报纸。其中影响较大的有：山东省济宁市、辽宁省盘锦市、河北省承德市、河北省邯郸市和云南省曲靖市、四川省自贡市等地市级检察官文联分别创办的会刊《儒苑检魂》、《家园》、《梅风》、《文苑》等杂志和《检察文化报》、《检察文艺报》等报纸，集中刊登了检察文化建设的最新风貌和成就，成为当地检察文化大树上绽放的美丽花朵。① 据不完全统计，全国各级检察机关创办的期刊、报纸、内部资料等上千种，成为检察文化建设的一道亮丽风景线。

4. 网络新媒体

（1）正义网。1999 年 1 月 1 日，《检察日报》电子版问世，正式上线运行，这是中国法制传媒界第一家登上互联网的媒体。2000 年 1 月，《检察日报》电子版更名为"正义网"，9 月 1 日以全新的面貌与观众见面，将"正义之声尽在正义网"作为网站理念，稳步推进包括正义新闻网、正义文学网、正义学术网、正义联播网、正义服务网等在内的"正义百网"计划。其目标是把正义网建设成为一流法律网站，并向法律门户网站拓进；通过开展电子商务等各项服务取得经济效益。先后承建了最高人民检察院门户网站、全国人大代表政协委员联络专网、检察文化建设网、中国职务犯罪预防网、国际反贪局联合会、高检院机关党建网、中国检察官教育基金会网、中国检察文艺网、阳光铁检网等众多法律网站。

（2）检察机关门户网站。1999 年 5 月 28 日，最高人民检察院网站正式开通。2006 年 5 月，网站交由检察日报社承办。这是中国最高检察机关的门户网站，是高检院对外宣传的重要媒介，是全国检察机关对外界展示的网络第一窗口，是开展法治宣传和深化检务公开的网络。截至 2015 年，全国各级检察机关均建立了检察门户网站，对于传播党的方针政策和国家法治精神、宣传检察职能和检察工作、展示检察成果和检察官风采、推动检察文化建设和文学艺术创作，发挥了不可或缺的重要作用。

（3）检察文化建设网。2012 年 1 月 10 日，由最高人民检察院政治部主办主管的"检察文化建设网"正式开通运行。网站的宗旨和主要任务是大力推

---

① 朱明飞：《春风绽放花千树，更扬云帆立潮头——记中国检察官文联成立三周年》，载《检察日报》2014 年 7 月 4 日第 4 版。

动检察文化建设的大繁荣大发展，宣传检察系统的先进模范人物，探讨交流检察文化建设的经验做法，全面展示检察文化建设的重要成果，发挥检察机关与社会各界进行沟通交流的桥梁和纽带作用，营造浓厚的文化氛围，努力为推动检察事业科学发展提供有力的思想保障、精神支持和文化条件，铸造检察人员共同的网上精神家园。检察文化建设网共有 8 个一级频道栏目，分别为文化建设、文化动态、文化建设采风、文化专题、检察文学艺术、检察影视、图书出版、历史文化；23 个子栏目涵盖了检察文化工作涉及的政策法规、信息动态、经验介绍、理论研讨、文学艺术、历史沿革等各个方面内容。网站可以上传图片、音频和视频文件。最高人民检察院政治部为全国 33 个省级检察院提供了网站后台管理和操作权限，为各地检察机关及时上传信息提供渠道，确保网站做到信息及时准确、内容丰富、方便快捷。①

（4）中国检察文艺网。2012 年 6 月 22 日，"中国检察文艺网"在中国检察官文学艺术联合会成立一周年之际正式开通上线。中国检察文艺网由中国检察官文学艺术联合会主管、主办，是中国检察官文学艺术联合会唯一官方网站。该网站以"贴近检察工作实际，贴近检察人员和人民群众需求，贴近时代发展"为原则，致力于集聚优秀检察文艺作品，推进检察文艺工作者和爱好者交流、互动，不断满足广大检察人员日益增长的精神文化需求，为广大检察人员提供良好的精神食粮。开通之初，中国检察文艺网设有法治文化、廉洁文化、基层采风等 20 个栏目，内容丰富全面。2015 年 9 月 19 日，中国检察文艺网全新改版上线。在保留原基本栏目的基础上，增设了 5 个功能窗口（中国检察官书画院、中国检察官摄影之家、清风廉政、阳光成长、视频），开通了 7 个以原创性稿件为主的专栏（中国检察官文化论坛、检察文化基层行、我的检察官故事、检察长访谈、廉政文化大家谈、法律人、品读名家），设置了"检察官之家"的服务板块。新改版的中国检察文艺网适应了互联网建设的发展要求，深得广大检察干警和社会各界人士的喜欢。

（5）《检魂》会刊。《检魂》会刊是由最高人民检察院主管、中国检察官文联主办的检察文化艺术类杂志，由中国长安出版社发行，是一本立足检察官文化本土，弘扬法治文化、交流和展示检察文化艺术成果的综合性刊物。该杂志 2015 年 1 月正式创刊，张耕亲自题写了创刊词，全国 32 个省级检察官文联主席为创刊寄语。正如张耕同志在《创刊词》中所说，作为中国检察官文联会刊，《检魂》是一块阵地，它承担着弘扬检察精神，凝聚检察力量，提升检察素质，树立检察形象，扩大检察影响，推进检察工作的重要使命；《检魂》

---

① 孙莹：《检察文化建设网正式开通》，载中国广播网，访问时间：2012 年 1 月 10 日。

是一个平台，承担着展示检察文化建设成果的重要使命；《检魂》是一座学校，它承担着凝聚和培养检察文化艺术人才的重要使命；《检魂》是一扇窗口，它承担着以小见大，宣传检察机关和检察工作的重要使命；《检魂》是一座桥梁，它承担着联结检察文化艺术爱好者、广大检察官、文化艺术界的专家学者和社会各界的重要使命。①

（6）检察机关"两微一端"。近年来，"两微一端"的广泛使用，让检察文化艺术建设拥有了新的发展载体和平台。"两微"指官方微博、微信，"一端"指新闻客户端。2014 年以来，全国四级检察院陆续开通了"两微一端"。"两微一端"围绕检察工作主题，通过权威信息的发布和网络宣传，搭建了检务公开和社情民意的收集平台，拉近了检察机关与网民的距离。② 截至 2015 年5 月，最人民检察院"两微一端"粉丝数达 2500 万个，发布检察信息3.6 万多条，其中，与地方各级检察院共同发布厅级以上职务犯罪案件信息 620 多条。在最高人民检察院的部署下，全国各级检察机关逐步开通了博客、微博、微信、微直播、二维码、手机报、新闻客户端等新媒体信息平台，让神秘的检察机关走进了公众视线。截至 2015 年 5 月底，全国检察机关共开通微博 3262个，所有省级检察院均开通了微博，28 个省级检察院开通了官方微信，15 个省级检察院开通了新闻客户端。

（四）检察职业道德与职业规范对文化建设的推动

1. 检察官纪律处分暂行规定出台

2004 年 6 月 21 日，最高人民检察院在《检察官纪律处分暂行规定》颁布实施 9 年后，依据《人民检察院组织法》、新的《检察官法》和中央颁布的一系列党纪政纪规定，重新修订完善和发布了《检察人员纪律处分条例（试行）》，对检察人员的各种行为作出禁止性规定，该条例是一个内容全面、规定严谨、从严治检的检察纪律，同时也是约束检察人员行为的一种特殊规范。在检察行为规范和检察行为文化的制约和熏陶下，绝大多数检察人员执法行为和日常行为更规范、更严谨。

2. 检察官职业道德基本准则实施

2009 年 9 月 3 日，最高人民检察院第十一届检察委员会第十八次会议通过了《中华人民共和国检察官职业道德基本准则（试行）》（以下简称《基本准则》），并于 2009 年 9 月 29 日颁布实施。《基本准则》规定："检察官职业

---

① 张耕：《创刊词》，载《检魂》（第一辑），中国长安出版社 2015 年版，第 1 页。

② 陈菲：《最高人民检察院"两微一端"全线开通》，载新华网，访问时间：2014 年4 月 15 日。

道德的基本要求是忠诚、公正、清廉、文明。"① 其基本精神是：忠诚——检察官的政治品格，即忠于党、忠于国家、忠于人民、尊崇宪法和法律，热爱检察事业，珍惜检察官荣誉。公正——检察官的价值追求，即敢于监督，善于监督，不为金钱所诱惑，不为人情所动摇，不为权势所屈服。清廉——不以权谋私、以案谋利，不利用职务便利或者检察官的身份、声誉及影响，为自己、家人或者他人牟取不正当利益。文明——执法理念文明，执法行为文明，执法作风文明，执法语言文明，明礼诚信，遵守各项检察礼仪规范，注重职业礼仪约束。《基本准则》把职业道德和执法规范化建设、纪律作风建设紧密结合起来，具有很强的可操作性，对推进检察队伍建设、全面提高检察官素质、树立检察官良好职业形象具有不可或缺的积极意义，极大地丰富了检察文化的精神文化和行为文化内涵。

3. 检察官宣誓制度

检察官宣誓制度是检察官管理的重要制度，也是国际司法官管理比较通行的做法。建立检察官宣誓制度，在中国检察史上尚属首次。旨在加强检察官队伍建设，增强检察官职业使命感、职业责任感和职业荣誉感。对促进检察官坚持"三个至上"、忠实履行职责、恪守职业道德、维护公平正义必将产生深远的影响。这项制度的建立，折射和反映了检察文化的取向，凝聚了检察官和检察文化的力量。《基本准则》在第 12 条首次规定了检察官宣誓制度，即"初任检察官、检察官晋升，应当进行宣誓，牢记誓词，弘扬职业精神，践行从业誓言"。据此，最高人民检察院于 2010 年 3 月 16 日正式公开颁布了《中华人民共和国检察官宣誓规定（试行）》。到 2010 年年底，全国各级检察机关都组织了规模不同的集体宣誓仪式，之后各地初任检察官的个人宣誓活动进入了常态化。

4. 检察机关文明用语规则

2010 年 6 月 9 日，最高人民检察院第十一届检察委员会第三十八次会议通过了《检察机关文明用语规则》，该规则旨在促进检察机关执法规范化，增强检察人员职业道德素质，提升文明执法水平，体现社会主义法治理念要求和人文关怀，符合法律监督工作特点和民族、宗教及社会风俗习惯。这些检察文明用语细致、准确、规范，对于检察人员在执法和工作中的语言行为具有特殊的约束作用。规则颁发实施后，迅速在全国各地检察机关掀起了广泛学习文明规则、运用文明规则的活动热潮，在检察执法办案和检察工作中自觉应用文明

---

① 最高人民检察院：《中华人民共和国检察官职业道德基本准则（试行）》，载《检察日报》2009 年 11 月 3 日。

用语蔚然成风，向当事人和人民群众积极传递了检察机关文明执法的文化气息，让他们充分感受到了检察人员文明执法的素养。

5. 检察官职业行为基本规范

2010 年 10 月 9 日，经最高人民检察院检察委员会第十一届第四十二次会议制定下发《检察官职业行为基本规范（试行）》，对检察官职业行为提出统一要求。其宗旨和目的是通过规范检察官的职业行为，保障和促进检察官严格、公正、文明、廉洁执法，建立一支职业化、专业化、规范化、正规化的检察官队伍，树立起检察官的良好内外形象，从而肩负起中国特色社会主义检察事业建设的历史重任。这是自人民检察院诞生以来的第一个关于规范检察官职业行为的规范性文件，进一步丰富和完善了检察文化的行为文化内容。

三、检察文化建设的交流

2002 年以来，最高人民检察院总揽全局，奋力推进全国检察机关的文化建设，先后召开了一系列检察文化建设巡礼、座谈会和工作会，地方各级检察院也采取多形式、多渠道广泛开展检察文化交流与合作，汇合各种检察文化江河之水而奔流。通过全国性和地方性的检察文化交流活动，总结新经验，树立新典型，部署新任务，提出新要求，推出新举措，极大地促进了检察文化艺术的繁荣发展。全国性检察文化建设会议包括首次全国检察机关文化建设巡礼（广州会议）、全国检察文化建设工作座谈会（济宁会议）、全国检察机关文化建设座谈会（洛阳会议）、首次全国检察文化建设工作会（长春会议）等；全国检察文化建设研讨会包括全国检察文化论坛（乳山）、第二届中心城市检察长论坛（昆明）、中国检察文化建设论坛（佛山）、检察文化与检察官职业道德建设论坛（伊川）、全国检察文化暨法治文化研讨会（武汉）、方圆法治论坛暨"检察文化建设与核心价值观"研讨会（银川）等；检察文化专题座谈交流包括《检察文化和法治文化理论研究》起草座谈会、中国检察官文联文学协会第一次理事会、《中国检察文化理论研究文库》课题研究工作座谈会、检察影视创作专题研讨会、《检魂》会刊通讯员培训与交流；区域性检察文化交流活动包括首届"京津冀跨区域检察文化论坛"、山东省检察文化建设研讨会与工作会、海南省开展网上检察文化经验交流、安徽省检察文化建设工作会议、首届"武陵检察文化学术交流活动"、首届"四川省检察机关文化建设巡礼"、山西省检察机关检察文化建设推进会等。通过学习交流，提供互动机会，有力推动了全国检察文化建设工作蓬勃开展，最大限度实现信息资源共享，携手共赢。

多年来，国家检察官学院组织教师和检察系统的高级检察官出国考察、讲学和进修。学院还与法国、韩国、瑞典、日本等 20 多个国家以及我国港澳台地区的法学教育培训机构和学术组织保持着稳定的交流和合作关系，开展了包括检察文化建设在内的多种形式、富有成效的交流和合作。2011 年 3 月，河南省检察文联组织文联理事会理事和骨干会员，赴我国台湾地区进行文化艺术交流。① 2011 年，最高人民检察院选送 6 部作品参加国际廉政宣传短片比赛，参加比赛和评选的国家和地区达 33 个。该项比赛是根据国际反贪局联合会执行委员会的决议，由香港廉政公署主办的。最高人民检察院检察长曹建明带队出席比赛。由福建省人民检察院制作和选送的廉政宣传短片《贪婪的代价》，一举夺得了"最受欢迎奖"和"优异奖"两个奖项，扩大了中国检察文化、廉政文化与国际社会的交流和融合。2011 年以来，中国检察文化代表团、中国检察官文学艺术联合会检察文学艺术访问团，先后赴日本、匈牙利、法国、亚洲预防犯罪基金会、土耳其司法学院、克罗地亚、波兰、保加利亚等国家和地区组织，学习考察和回访，就进一步加强相互之间的文化交流合作进行了磋商，增进了相互间的理解和友谊，扩大了中国检察文化的国际影响。2015 年 5 月 26 日，张耕在北京会见了以土耳其司法学院副院长瑞菲特·英那驰为团长的司法学院代表团，表示以文化艺术形式提升检察官素质意义深远，希望不断加强两国检察机关的文化交流，为中国检察官文联提供宝贵经验，进一步增强两国司法界的友谊。

四、中国当代检察文化的格局形成

跨入 21 世纪，全国各级检察机关不断加强检察文化建设，注重丰富检察事业发展的文化内涵，取得了一些带有行业特点和时代特征的检察文化建设成果。随着时间的推移，检察文化理论研究，已经从片段式、务实性的一般探索发展到全方位、系统性、深层次的理论研究；检察文学艺术创作，已经由自发式、单兵式的个别创作发展到组织推动、团队作战的大规模创作；检察文学艺术活动，已经从零散的、单一的文体活动发展到高规格、高水平、丰富多彩的文化艺术活动。近年来，检察文化理论研究、检察文学艺术创作、检察文化艺术活动"三位一体"同步发展的格局逐渐成形。"三位一体"格局中，检察文化理论研究是根本，具有指导性和导向性；检察文学艺术创作是关键，为检察文化艺术活动提供脚本和依据；检察文化艺术活动是载体，使检察文化理论研究成果和检察文学艺术作品形象化、生动化，充分展示其魅力和感染力。② 从此，"三

---

① 《中国检察官文联年鉴（2012 年）》，中国检察出版社 2013 年版，第 149 页。

② 张耕主编：《检察文化初论》，中国检察出版社 2014 年版，第 1 页。

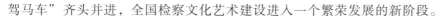

驾马车"齐头并进，全国检察文化艺术建设进入一个繁荣发展的新阶段。

（一）检察文化理论研究逐步深入

1. 检察文化理论研究的现状

检察文化理论研究兴起与发展。自 20 世纪 80 年代中后期，我国法学界开始关注和研究法律文化。之后，脱胎于检察制度和检察实践的检察文化，从中汲取营养和动力，作为一个全新的文化子概念出现，成为法律文化的一个分支，也逐渐进入法学界、检察理论界的视野。前期的检察文化研究比较零散，不具有系统性。主要依托检察学会、检察官协会、举办检察文化研究会等形式，一些检察机关先后开始了对检察文化理论的提炼、树立、研究和实验。2003 年 4 月，陈武在《人民检察》发表《论检察文化建设》一文，应视为对当代检察文化理论研究的开始。2004 年，以检察日报社在山东乳山举行第一次"全国检察文化建设论坛"为开端，理论界、司法界和检察系统才逐步兴起了对检察文化理论的深入探究，研究热度逐渐升温，一大批研究检察文化理论的文章和著作纷纷问世 。2010 年 10 月，在武汉召开的"全国检察文化暨法治文化理论研讨会"，深刻阐述了加强检察文化建设的重要性，明确了检察文化建设的方向、总体目标和主要任务，要求全国检察机关加强和改进检察文化建设，为兴起系统研究检察文化理论的热潮，作出了进一步的奠基铺路。

中国检察官文化论坛创立。2011 年 6 月 22 日，以中国检察官文联成立为标志，坚持检察文化理论研究、检察文化艺术创作、检察文化艺术活动协调推进、共同发展，以高度的文化自觉和文化担当，积极推进检察文化发展繁荣，使检察理论研究逐渐走向系统化。自 2012 年 5 月中国检察官文联与相关单位合作，在陕西延安举办首届"中国检察官文化论坛"至今，已经连续成功举办了四届，主要从理论与实践的结合上研究检察文化和法治文化的基本理论问题。每年一届的论坛，主题鲜明，已对廉政文化基本理论问题、基层检察文化建设的理论与实践、检察机关在惩治、预防职务犯罪工作中，坚持公正、文明、规范执法的检察文化新观点和新实践进行交流研讨，并邀请专家学者作专题讲座。

《中国检察文化理论研究文库》启动。2011 年 6 月，中国检察官文联第一次会员代表大会在北京召开，在提出的检察官文联 9 项工作任务中，强调要抓好检察文化和法治文化理论研究。2012 年 5 月，在张耕主席的倡导和主持下成立了"中国社会主义检察文化理论研究课题组"，建立了《中国检察文化理论研究文库》，担当起构建中国特色社会主义检察文化理论体系的重任。先后审查确定了 11 个检察文化研究的重大课题，分别由中国检察官文联和辽宁、四川、湖南等省市级检察官文联承担。2014 年，经过两年多的研究和创作，文库的第一个成果《检察文化初论》问世。

检察理论年会推动检察文化理论研究。检察文化理论研究既孕育于理论研究年会肥沃的土壤之中，同时理论研究年会又推动了检察制度文化的建设，为检察文化理论研究打开一扇窗。由中国检察理论研究所主办的全国检察理论研究年会，肇始于 2000 年，每年举办一届，至 2015 年已举办 16 届。通过深入研究检察领域的重大理论与业务实践中的热点、难点问题，形成研究成果，极大地推动了检察制度完善和检察工作发展，与此同时也增加了检察文化理论的厚度和支撑力。在检察理论研究的推动下，检察文化实践不断深入，检察文化理论已越来越多地走进研究者的视野。每一次年会的主题和研究成果，都为检察文化理论研究注入了新内容、新活力。

2. 检察文化理论研究的成果

科学的理论是前进的灯塔。检察文化理论的深度和厚度，如同灯塔的高度和光芒。当前，检察文化理论研究紧密结合检察文化建设实践，围绕关系检察文化深入发展的重大问题，进一步加强对检察文化的核心价值、基本要求、功能作用、发展规律、历史渊源等根本性问题的理论研究，特别是重视加强对检察职业理念、职业精神、职业道德、职业形象等一系列重大问题的研究，优秀成果不断涌现。"中国知网"收录的 2002—2015 年文献中，关键词包含"检察文化"的研究论文就达 2138 篇。这些检察文化的理论研究成果，是对中国当代检察文化工作和检察文化建设实践的基本总结和经验概括，是一种理论上的升华，基本反映了新时期检察文化理论研究的真实水平和研究方向。

（二）检察文学艺术创作初步繁荣

优秀的检察文化艺术作品和广泛开展的检察文化艺术活动是检察文化繁荣发展的重要标志之一。2002 年以前，检察文学艺术主要源自检察人员的自我创作，出现了一大批成果，但早期状况基本是各自为战、零散自发、品种单一。2010 年以来，最高人民检察院对文学艺术创作提出了更高的要求。2011年，各地检察官文联成立之后，检察机关文化艺术建设有了专门机构。从此，各地依托检察官文联和各专业协会，有序开展文化艺术创作活动，检察文艺创作逐渐系统、规范，文艺种类不断丰富，呈现初步繁荣发展之势。

1. 成立检察文学艺术专业协会

2014 年 4 月，中国检察官文学艺术联合会成立了文学、书画、摄影、音乐舞蹈、影视 5 个直属专业协会，并产生 5 个直属专业协会理事共 407 名，其中常务理事共 143 名。专业协会接受中国检察官文学艺术联合会的领导，在法律法规范围内开展活动，协会的建立与不断壮大，有利于团结凝聚检察文艺人才，积极开展文学、影视、音乐、舞蹈等艺术创作、展示和交流活动，为进一步繁荣检察文化凝聚力量。省以下各级检察官文联所属专业协会也大体如此。

有的省市和区县检察官文联，还根据各自的实际，成立了理论、体育等专业协会。四川省自贡市检察官影视协会，加入了四川省微电影协会，扩大了检察微电影创作的平台。山西省检察官文联成立了颇具特色的新闻协会和收藏协会。各个专业协会的成立，对于专业对口加强和指导检察文化艺术分项建设，具有重要的积极意义和推动作用。专业协会的成立，立足检察官文联不同艺术门类特点，紧紧围绕检察文化理论研究、检察文化艺术创作和检察文化艺术活动"三位一体"的检察官文联工作思路，坚持眼睛向内，重心下移，以我为主，组织、团结、凝聚检察文化艺术队伍，发展、培养检察文化艺术人才，繁荣发展检察文化，提升检察队伍文化素养，推进检察事业科学发展。专业协会的建立与不断壮大，有利于团结凝聚检察文艺人才，积极开展文学、影视、音乐、舞蹈等艺术创作、展示和交流活动，为进一步繁荣检察文化凝聚力量。

2. 检察文学艺术创作的兴起与成果

检察文学艺术创作的兴起与初步繁荣发展，始于 2000 年以来检察日报社每年举办一次的检察文学笔会，主要探讨检察文学的发展、意义，推动检察文学艺术的创作、繁荣和发展。从那时起，检察文学创作队伍开始壮大，全国检察机关和检察人员履行检察监督职能和检察工作之余，创作出一大批有巨大社会影响力的小说、诗歌、散文、报告文学、书画摄影、音乐舞蹈、影视剧等文学艺术作品，造就了一大批具有国家和省市级专业协会资格的检察文化艺术人才，为推动检察文化建设打下了坚实基础。其中，具有影响力的有：

江苏省徐州市鼓楼区检察院孙晋出版的文集《路过》、《警察轶事》等作品。四川省检察院傅平创作的长篇小说《绝境风光》，在《检察日报》连载发表。江苏省镇江市检察院董新建先后出版长篇小说 60 万字，小说《生死一线间》制作成电视连续剧，还创作了小说《魔方》、《悬崖边》等，形成了小说"三部曲"。诗歌代表作有苗同利诗集三部《用我的手接触》，获中国铁路第六届文学奖；诗歌《乌兰察布的杨叶还绿着》，获第四届全国检察机关精神文明建设"金鼎奖"。四川省检察院曾精明的诗集《放歌世博》，两次再版发行。四川省宣汉县检察院杨云新出版长篇报告文学《气壮山河》；讲述"2012 感动中原十大人物"之一、河南省郏县检察院残疾检察官马俊欣的成长经历、先进事迹的长篇报告文学《生命的追问》由文心出版社出版；人民文学出版社出版的长篇报告文学《女检察官》，真实再现了河南省灵宝市检察院女检察官白洁同志的内心世界和她的感人事迹。

在检察艺术门类中，检察影视创作起步较晚，但发展最为迅速。检察题材影视剧需具有很强的法律专业知识，涉及面比较广，审查程序也较为严格，必须融政治性、思想性、法律性与艺术性为一体，这类题材相对较难，也涌现出一批展现检察人的崇高职业理想的作品。电影代表作有河南省检察院、平顶山市检察院策划，最高人民检察院影视中心出品并联合摄制的《远山》，2007年12月10日在北京首映。广西壮族自治区人民检察院、最高人民检察院影视中心、中共靖西县委县政府联合摄制的反腐题材电影《你是我的兄弟》，2010年12月在广西南宁首映。中共洛阳市委宣传部、洛阳市人民检察院等单位联合摄制的《火红的杜鹃花》，2011年12月全国公开上映。湖北省检察官协会与多家单位联合出品的《破局》，2014年7月正式公映，是"两岸三地"联合打造的第一部反腐大片。最高人民检察院影视中心出品、改编自广西检察官朱晓华原著同名中篇小说的《无法证明》，2015年6月在全国公映，是一部高举突破大旗的国产公检法题材犯罪悬疑大片。

电视代表作有最高人民检察院影视中心与多家单位联合制作的28集电视剧《天地良心》。2001年首播的第一部反腐剧，取材于曾轰动一时的"李真案"，再现了"河北巨贪"李真的堕落过程。最高人民检察院政治部等联合摄制的35集电视连续剧《国家公诉》，根据周梅森同名小说改编，2004年播出，是我国第一部全面反映检察官生活和工作的电视剧。中国检察影视中心联合多家单位出品的21集电视连续剧《飓风》，2005年在中央台热播，该剧不仅反映了当前经济领域新的犯罪特点，而且还展现了共和国检察官忠诚、公正、清廉和严明的职业形象。河北省承德市人民检察院戴俊卿创作的70集长篇巨制《打狗棍》，入选第二十届上海电视节白玉兰奖最佳编剧提名。电视栏目剧代表作有《女检察官手记》，该剧选取原著中涉及的改革开放20年来中国法治进程中具有一定代表性的20宗真实个案，以中国女检察官第一人称的讲述为主线，从检察官的社会责任感以及女性所特有的人性化的独特视角，以电视笔记体的新颖表现形式，形象而生动地再现女检察官的办案过程。

微电影从2011年起始，作为文化传播的最新介质，走进了检察机关和检察生活，受到各方关注和重视。检察机关微电影特点突出，其内容涵盖了检察工作的各个领域，故事取材多来自真实案例和真实人物，参演的人员多数为身在一线办案的干警，播放范围广泛，影响深远，扩大了检察机关的影响力和工作辐射面。2013年8月至11月，最高人民检察院政治部、检察日报社联合举办了面向全国检察机关、主题为"阳光检察·情系民生"首届微电影展播活动。活动期间，组委会共收到作品224部，其中，微电影单元收到作品118部，专题片单元收到作品106部。① 2014年4月至10月，最高人民检察院职务

---

① 贾娜：《全国检察机关首届微电影展播：微电影·大世界·正能量》，载正义网，访问时间：2014年2月28日。

犯罪预防厅、中国检察官文学艺术联合会影视协会等单位举办了主题为"预防职务犯罪，弘扬社会主义法治文化、廉政文化"首届全国检察机关预防职务犯罪专题微电影评比活动。该活动共收到 31 个省、自治区、直辖市和新疆生产建设兵团检察机关报送的作品 252 部，共评出特等奖 10 部，一等奖 10 部，二等奖 20 部，三等奖 32 部，优秀奖 171 部，最佳创意奖 5 部。① 2015 年 7 月—11 月 30 日，最高人民检察院影视中心、中国检察官文联影视协会将面向检察机关和社会各界人员征集检察题材优秀影视剧本，题材包括电影、电视剧、微电影、栏目剧 4 类。一些省市级检察院或检察官文联也举办了微电影的评比活动，推动了微电影的创作热潮。2014 年 5 月至 8 月，四川省检察院政治部、省检察官文联举办了以"阳光检察·微力聚焦"为主题的"全省检察机关首届'三微'（微影视、微写作、微广告）创作活动"。2014 年 7 月 18 日，南京市检察院举办了该市检察机关"微电影"优秀作品评比活动，邀请多名社会专业人士评选。②

戏剧类代表作有江西省人民检察院政治部副主任、政治工作综合处处长、《检察日报》驻江西记者站站长周文英创作的《你在我的瞳孔里》、《南方的诉说》等多部话剧，他还创作了电影剧本《危局始末》。2013 年，中国文联出版社出版了重庆市万州区人民检察院干警创作的《戏剧作品选》等 7 部作品集；以该院办理的一起真实案例为原型创作的大型话剧剧本《皓月当空》，被纳入"重庆市现实主义题材重点扶植作品"；该院干警李勇，10 多年来创作、发表和上演了话剧、音乐剧、情景剧、广播剧、荒诞剧、小品、哑剧等各类戏剧作品 213 个（部），出版了《李勇戏剧作品选》，荣获中国曹禺戏剧奖、中国戏剧文学奖、中国戏剧文化奖、全国检察机关"金鼎奖"、重庆市文学艺术奖等重要奖项。

音乐舞蹈类代表作有最高人民检察院组织创作的《人民检察之歌》、《检察官之歌》等 18 首检察官歌曲，已灌录成光碟印发全国检察机关组织演唱。早在 1985 年上海市检察机关就成立了上海市检察官合唱团，近 30 年中参加国内外各种文艺演出 100 余场次，赢得了多项国家级和省级荣誉。重庆市万州区人民检察院干警李勇创作独唱、重唱、表演唱等各类音乐作品 208 个（首），录制了《李勇音乐作品集》、《李勇长篇诗朗诵集》，成为一个多产作家和重庆

---

① 参见《首届全国检察机关预防职务犯罪微电影评比举行》，载光明网法治频道，访问时间：2015 年 1 月 15 日。

② 江苏省人民检察院：《南京市举办检察机关首届文化艺术节微电影作品评比活动》，载检察文化建设网，访问时间：2014 年 7 月 25 日。

检察系统文化品牌。甘肃省敦煌市人民检察院前办公室主任南登泰创作的《敦煌美》等歌曲，在敦煌大地久唱不衰。

书画摄影类代表作有中国检察官文联书画协会副会长马光剑创作的大型油画《使命》、《背影》、《大集结》、《1931·瑞金》、《热血忠魂》、《山魂》、《警魂碑》、《历程》、《百姓墙》等，相继在重大展览上获得一等奖，为公安部、最高人民检察院、四川新美术馆等收藏。2013年被"成都国际财富论坛"筹备组织特聘为论坛礼品画家，作为珍贵礼品赠予与会外国专家。受邀参加第十二届世界华商大会，油画作品《圣山系·晨风》被泰国中华总商会收藏。①安徽省检察官文联主席陈怀安的书法作品入编《第二届中国书法兰亭奖安美杯作品集》、《第三届中国书法兰亭奖尧山杯作品集》、《新世纪首届安徽书法大展作品集》等，并多次获奖。甘肃省敦煌市人民检察院张竞生创作的《梅妻鹤子》获第一届国际书画展优秀奖，作品《思维菩萨》参加世界当代书画展获优秀奖，收入《世界美术作品集》。2009年，由高洪海主编，中国检察出版社出版的《检察老照片》摄影画册，以照片的形式记录了1949—2008年，新中国成立以来检察史上的重要事件。

这些检察文学艺术作品，都是由工作在检察第一线的检察人员呕心沥血创作的。作品视角开阔，检察特色突出，艺术水准较高，职责使命思想性、社会性俱佳，检察气息浓郁，反映了检察机关文化建设的成果，热情抒写了检察机关践行依法治国理念的实践，诠释了检察干警热爱祖国、热爱人民、崇尚法治、清正廉洁的真挚情怀。不仅表现了人民检察官可歌可泣的感人事迹，昭显了人民检察官对公平正义的坚守，还从另一个侧面记录了中国法治进步的曲折历程，在观众中产生了一定的影响，为群众了解、支持检察工作，认识和熟悉检察干警，打开了一扇艺术之窗。

（三）检察文化艺术活动多姿多彩

1. 检察文学系列笔会活动

检察文学笔会由检察日报社创立，并由地方检察机关承办，是体现地方检察特色的首个大型检察文学艺术活动。从1999年首届检察文学笔会开始至今，已成功举办了16届。每一届都会围绕检察艺术创作理论、技巧、题材等设定一个大会主题，同时邀请国内众多知名作家和艺术家参与讨论和创作，汇聚一大批检察文学观点及艺术创作成果。该大会已从最开始的单纯聚焦文学创作，发展为如今融文学、摄影、书法、绘画、影视等多艺术门类于一体的综合性检

---

① 朱明飞：《中国检察官文联成立三周年》，载正义网，访问时间：2014年7月4日。

察文化艺术盛会，为全国各级检察机关发现和培养了一大批检察文化艺术人才。

2. 检察春联征集系列活动

2012年1月，由中国检察官文联创办，以"迎新春、送文化"为主题，围绕不同的时代内容创作春联，分年度举办的大型检察文化系列活动，吸引了全国广大检察人员和社会各界楹联爱好者踊跃参与和认真创作，可谓全国检察机关在传统佳节春节的一道文化饕餮盛宴。截至2015年，已经举办4届，累计征集春联作品2万余副。这些获奖作品围绕"忠诚、为民、公正、廉洁"政法干警核心价值观、"恪守法治精神，坚守职业良知，永葆清廉本色"等主题，紧扣时代脉搏、贴近检察工作、贴近检察生活、贴近检察人员和广大群众，通俗易懂，鼓舞人心，富含新春佳节气息，多层面、多视角地弘扬了检察精神和法治精神，具有很强的感染力，抒发了对检察事业的热爱和对建设社会主义法治国家的坚定信心。通过"写春联、送春联、送书画、送图书、送演出"等多种文艺形式，向检察英模、基层检察干警送去新春慰问与祝福。

3. "以物喻检"系列活动

2012年2月，中国检察官文联和江苏省检察官文联主办，南京市检察官文联承办的"以梅喻检"文化活动在江苏省南京市举行。2012年8月，中国检察官文联和山东省人民检察官文联共同举办、山东省枣庄市人民检察院承办的"以荷喻检"文化活动在山东省检察官培训学院枣庄分院举行。2013年举办的"以竹喻检"活动，由中国检察官文联与中华诗词学会、中国散文学会共同举办。这些活动由主题座谈会、实地采风、书画创作笔会、艺术作品展示和文艺演出组成，真正做到了以梅花、荷花、竹子为载体彰显检察精神，以文化艺术的形式推进检察干警核心价值观教育实践活动。活动均邀请国内知名书画艺术家，检察系统国家级及省级书美协、摄协会员，现场创作，并经初评、终评，评定获奖作品和优秀作品。"以梅喻检"文化活动创作了《金陵梅韵》长卷；获奖作品语言优美、构思巧妙，思想性、艺术性和欣赏性俱佳，多形式、多层面、多视角展示了检察人员的才情风貌。透过文化活动，搭建了检察机关和社会交流的平台，促进了艺术家和检察官的交流，增进了社会对检察机关的了解。①

4. 重大检察文艺演出活动

2006年12月20日，由最高人民检察院政治部主办、北京电视台协办的全国检察机关文艺汇演晚会《公正·和谐》在北京举行。全国检察机关共选

---

① 参见《中国检察官文联年鉴（2013）》，中国检察出版社2014年版，第87～89页。

送 16 个节目，尽情展现了检察官的才艺。2011 年 10 月 30 日，为祝贺全国检察机关检察文化理论研讨会胜利召开，一台名为《检察魂·荆楚情》的大型文艺晚会在湖北武汉中南剧院举行。来自湖北 10 多个检察院的干警深情歌颂"检察魂·荆楚情"，充分展现了荆楚大地检察文化的深厚底蕴。整台晚会内容丰富多彩，节目异彩纷呈，检察文化特色鲜明，洋溢着全体检察人员对人民检察事业的热爱。检察官们以歌舞、小品等文艺节目形式充分展示了人民检察官的风采，彰显了新时期检察机关"强化法律监督，维护公平正义"的工作主题。2011 年 12 月 9 日，由最高人民检察院政治部、中国检察官文学艺术联合会、中央电视台联合主办，北京军区战友文工团承办的，纪念人民检察制度创立 80 周年文艺晚会《为了公平正义》在北京人民大会堂举行。晚会分为"忠诚之心"、"百姓之情"、"法律之尊"、"正义之歌" 4 个篇章，载歌载舞，气势恢宏，高潮迭起。揭示了人民检察事业在中国共产党的领导下发展壮大的历史进程，展现了新时期检察工作的新发展、新成就。抒写了"人民检察为人民"的赤胆忠心。[①]

5. 重大检察书画摄影活动

2010 年 9 月至 11 月，为配合全国检察机关开展的"恪守检察职业道德，促进公正廉洁执法"主题实践活动，高检院政治部、全国检察文联筹备领导小组、检察日报社共同举办了"恪守检察职业道德主题摄影比赛"。共收到参赛作品 2800 幅，经过严格的初评、复评和专家定评，最终评选出一等奖作品 3 幅，二等奖作品 9 幅，三等奖作品 30 幅，优秀奖作品 200 多幅。2011 年 11 月，由高检院政治部、中国文联国内联络部、中国检察官文联主办，中国书法家协会、中国美术家协会、中国摄影家协会协办的，纪念人民检察制度创立 80 周年书画摄影展在北京中国国家博物馆开幕举行。展览共在全国检察系统征集作品 4000 余件，从中精选出参展作品 400 多件，获奖作品 152 件。[②] 展出的作品多角度、全方位地反映了人民检察制度创立 80 年来不断发展壮大的历史，生动、艺术地展现了人民检察事业与时俱进，昂扬向上的时代精神和人民检察官执法为民、献身使命的理想情操。2012 年 12 月，由最高人民检察院纪检组、监察局、政治部、检察日报、中国检察官文联联合主办的"全国检察机关廉洁从检书画摄影展"在北京首都博物馆举行。本次书画摄影展共在全国检察系统征集作品 14800 多件，从中精选出 545 件展出。参展作品廉政主题

---

① 张蔚然等：《纪念人民检察制度创立 80 周年文艺晚会在京举行》，载中新网，访问时间：2011 年 12 月 9 日。

② 参见《中国检察官文联年鉴（2012）》，中国检察出版社 2013 年版，第 119 ~ 126 页。

鲜明，检察特色突出，反映了检察机关廉政文化建设的新经验和自身反腐败的新风貌、新成果。2014年9月至2015年3月，由检察日报社和全国专业报新闻摄影学会联合主办的"中国梦·法治路"新闻摄影大赛举办，共收到来自检察、公安、法院、司法等政法机关以及其他社会各界参赛作品1200余幅。经过严格的初评、复评，有100幅参赛作品进入评定环节。定评评委会经过多轮投票，从中评选出一等奖3名、二等奖6名、三等奖10名和优秀奖50名。比赛真实反映了政法机关发挥职能作用，深入推进平安中国、法治中国和反腐倡廉建设，为实现中国梦提供有力司法保障而采取的措施、开展的活动、取得的成绩。2015年2月，"迎新春·颂检察"最高人民检察院机关书法摄影艺术培训班成果汇报展在最高检机关举行。最高人民检察院检察长曹建明与最高检机关干部职工一同参观了展览。该成果汇报展展出的60余幅作品。均以"迎新春·颂检察"为主题，热情抒写检察机关积极投身全面建成小康社会、全面深化改革、全面依法治国、全面从严治党的伟大实践，具有丰富的时代内涵和强烈的检察价值追求，彰显了信仰之美、崇高之美、法治之美，诠释了最高检机关干部职工热爱祖国、热爱人民、崇尚法治、清正廉洁的真挚情怀。

第二节　中国当代检察文化的基本特征

一、检察文化的法律性

检察文化作为法律文化的系列组成部分，必然体现法律文化的特点，特点之一就是法治文化。法治文化是法律文化发展的一种形态、一个阶段，是一种与人治文化相对立的先进法律文化，是以法治为核心的文化体系。

（一）检察文化作为法治文化的特征及表现

检察文化作为法治文化的特征表现为其社会功能围绕着法治的社会结构展开，精神实质是"法治精神"或"法治理念"。检察机关法治文化特征主要表现在职能方面展示出的法治性。根据法律规定，我国检察机关职责主要为依法对国家工作人员职务犯罪进行侦查、依法对直接受理的其他刑事案件进行侦查，对重大刑事犯罪案件依法审查批捕、提起公诉，受理公民控告、申诉、检举等。这些职责是法治建设中至关重要的环节，对推动全面依法治国有着重要意义。为正式立法提供宝贵资源，弥补法律"漏洞"、立法滞后、法律条文过于原则、抽象等原因给法律适用带来的困扰，完善检察工作程序，是检察机关积极参与法治建设的重要内容之一，也是检察文化特征的一部分。据统计，从2002年1月1日至2015年8月8日，最高人民检察院单独或者联合其他机关单位出台各种有关刑法、刑诉类司法解释和规范性文件 153 个。其中，适用法律若干问题的解释、批复、意见、解答、通知、答复等共 88 个，关于检察工作方面的规定 14 个，关于办理未成年人刑事案件的规定 6 个，贯彻执行刑法修正案的通知或确定罪名的通知 5 个，适用刑事程序方面内容的意见、规定、决定 5 个，其他规定 35 个。① 这些法律文件蕴含着丰富的检察制度文化和法治文化精神，检察机关通过正确履行法律职能，传递着打击犯罪、维护公平正义、创造和谐发展环境的社会正能量和在司法过程中规范执法、保障人权、人文关怀、人道主义的文明执法理念。

（二）检察文化作为监督文化的特征和表现

人民检察院是国家的法律监督机关，其职责在刑事诉讼法、民事诉讼法、行政法等法律中都有要求。检察文化的一个重要特征就是监督文化。主要表现在：侦查活动和刑事审判活动中的监督文化、刑罚执行中的监督文化、民事行政中的监督文化、职务犯罪侦查中的监督文化、控告申诉举报中的监督文化、职务犯罪预防中的监督文化等方面。其中，职务犯罪侦查中的监督文化，特别是党的十八大以来反腐新常态下的查办职务犯罪、控告申诉举报监督文化中的"举报宣传周"、职务犯罪预防监督文化中的预防职务犯罪"五进"活动尤为引人注目。

党的十八大以来反腐新常态下的查办职务犯罪。2012 年 11 月，中国共产党的十八大报告指出，"始终保持惩治腐败高压态势，坚决查处大案要案，着力解决发生在群众身边的腐败问题"、"不管涉及什么人，不论权力大小、职位高低，只要触犯党纪国法，都要严惩不贷"。2013 年 1 月，习近平在中央纪委十八届二次全会上强调，"要坚持'老虎'、'苍蝇'一起打"、"要坚持党纪国法面前没有例外，不管涉及谁，都要一查到底，绝不姑息"。这充分表明了党中央反腐倡廉的坚强决心，也拉开了中共反腐"新常态"的大幕。据中纪委发布的数据统计，仅 2013 年 1 月至 2015 年 10 月，中纪委被查处的人中，省部级以上干部 15 名，其中，1 名正国级、5 名副国级、9 名正部级官员落马，标志着全国反腐败斗争取得了阶段性的重大胜利。

"举报宣传周"活动。该活动始于 1999 年，每年 6 月的第 4 周举行，每次时间为期 1 周，每年一个主题。从 1999—2015 年，全国检察机关共开展了 17 次"举报宣传周"活动。历次活动期间，各地不少检察院检察长还亲力亲为，充当宣讲员，亲自到宣传点现场，倾听群众呼声，共同接受群众的法制咨询和

---

① 资料统计来源：法律信息网。

案件线索举报。起到了引领示范作用。

预防职务犯罪"五进"活动。2013 年 2 月以来，全国检察机关开展了为期 2 年的预防职务犯罪"五进"（"进机关、进企业、进乡村、进学校、进社区"）活动。该活动是全国检察机关查办和预防发生在群众身边、损害群众利益职务犯罪专项行动所部署的集中统一专项预防活动之一，也是检察机关职务犯罪预防部门成立以来规模最大、时间最长、力度最强的一次专题预防。仅 2014 年，各级检察机关共开展警示教育和预防宣传 106321 次，受教育人数 6050518 人。[①] 该活动提高了国家机关的预防职务犯罪能力和国家工作人员廉洁从政意识、法治思维水平，促进了企业依法经营、廉洁从业和社会主义新农村建设，培养了当地青少年正确的价值观、人生观和高尚的道德情操，社会反响良好。

（三）检察文化作为廉政文化的特征和表现

廉政文化作为被人们尊崇的价值取向、人格理想、行为准则，不仅要求公共权力的掌握者廉洁自律、公正透明，而且要求各职业阶层团体和个人要尽职敬业、奉公守法。廉政文化作为检察文化的一部分，其特征主要体现在两个方面：一是检察机关对内部全体人员廉洁从检的意识培养；二是检察机关对外部社会廉洁行为的引导警示。检察机关力图多举并措建设廉政文化，注意发挥廉政文化注意引导、激励、约束作用，警醒检察干警和国家公职人员增强廉政意识、廉洁自律、拒腐防变，在机关内部和社会公众中形成廉荣贪耻的良好风尚。

1. 廉洁从检的刚性制度和规定

目前，适用于检察机关的廉政制度除《公务员法》、《检察官法》、《党政领导干部任用选拔条例》、《关于维护党的纪律严肃处理党风方面若干突出问题的意见》等由全国人大常委会通过的法律法规或者中央纪委发布的条例、意见等法律、法规、制度外，检察机关还根据上级要求，结合检察实际，制定了各种检察纪律文件和廉政建设文件，大力推进廉政文化建设，保持队伍的纯洁性和战斗力。最高人民检察院下发、颁布的最主要的制度和规定有：《关于严格执行"六条要求"的通知》（2004 年 11 月）、《巡视工作暂行规定》（2004 年 12 月 6 日）、《关于机关工作人员外出执行公务十项规定》（2004 年 12 月 14 日）、《关于维护党的纪律和检察纪律严肃处理党风检风方面若干突出

---

① 袁定波：《最高检督办百个重点项目职务犯罪预防》，载《法制日报》2015 年 3 月 4 日。

问题的通知》（2005 年 2 月 2 日）、《关于严禁检察人员违规驾车的四项规定》（2005 年 5 月 13 日）、《检察机关领导干部必须遵守的"六个严禁"规定》（2005 年 10 月 28 日）、《关于加强上级人民检察机关对下级人民检察机关工作领导的意见》（2007 年 8 月 14 日）、《禁酒令》（2009 年 1 月 21 日）、《严禁检察机关在内部公务活动和交往中用公款请客送礼的规定》（2011 年 2 月）、《最高人民检察院职务犯罪侦查工作八项禁令》（2015 年 8 月 4 日）等。上述廉政纪律制度的建立和落实，在保证检察机关依法公正行使检察权和检察人员自身的廉洁性同时，也为检察机关塑造以廉为荣、以腐为耻的良好机关氛围起到了保证作用。

2. 廉政文化建设的探索实践

健全完善廉政监督体制机构。按照党委政府和上级检察机关的规定，全国四级检察机关都设置了党的纪律检查部门——纪检组、行政监察部门——监察局（处、科），配备了纪检组长、副组长，监察局（处、科）长。机关党组织均设置了纪委书记或纪检员，专抓纪检监察和勤政廉政建设工作。纪检监察部门专司检察机关内部监督之责，担负着教育、监督、查处、保护 4 项职能。同时，各级检察机关还建立了党风廉政建设责任制体系，检察长为第一责任人、领导班子和中层干部实行"一岗双责"、纪检人员为具体责任人。普遍建立了"接受党委纪委监督、人大法律监督、政协民主监督、新闻媒体监督、社会群众监督"的多元化监督体系，创新了"廉政教育全参与、风险排查全覆盖、风险管理全方位、风险监督全过程"监督工作模式，完善了人民监督员"案前、案中、案后"全程监督机制和"以岗位为点、以程序为线、以制度为面、以管理为先"的廉政风险防控网，坚持廉政教育、廉政谈话、述职述廉、廉政巡视等制度，一定程度上，有效消除了执法风险，实现了执法风险管理科学化。一些检察院还设置了检风检纪督察室，从外部特邀兼职纪检监察员，发动干警家属参与廉政建设，对检察机关内部的党风廉政问题实施监督。在健全完善监督体制机构的过程中，将检察文化纳入监督环节，使廉洁从检之风渗透到队伍建设之中，逐渐营造具有检察特色的廉政文化氛围，成为检察文化建设重要的一部分。

二、检察文化的多元性

多元性是指某一事物的构成要素，由 3 种或 3 种以上的不同要素共同组成。无论是孔子的"君子和而不同"，还是《周易大传》的"天下一致而百虑，同归而殊途"，都主张思想文化的多元开放。中华文化的源远流长、生生不息得益于它的多元传统。近年来，检察文化能蓬勃发展的重要原因之一也受益于它注重检察文化思想内容的多元性，由新事物演变成新文化元素。

（一）开放思维，构筑特色检察文化之魂

2002年以来，全国许多地市级和基层检察院树立开放性思维，学习借鉴多元文化，打造各具特色的检察文化，引领和激励广大检察人员奋发有为。如河北省石家庄市长安区人民检察院打造了"勇于献身的革命精神，崇尚荣誉的进取精神，和谐人格的团队精神，持续改进的品牌精神，服务社会的担当精神"的长安检察精神，以"做人规矩，做事规范"的长安院训，倡导"为人知恩，处世知耻，生活知足，工作知忧"的立业理念，充分体现法律监督工作的特点。山东省济南市天桥区人民检察院倾力打造以泉城"水"为特色的检察文化，将水中蕴含的"至平"、"至正"特性与检察机关公正执法要求相融合，将水中包容的"至刚"、"至柔"的对立统一与"宽严相济"刑事司法政策相融合，凝练出了"尚法为公、质量第一、以人为本、创新发展"的"天检精神"；大力倡导"公平如水、刚柔并济"的执法理念，"奔流不息、坚韧不拔"的发展理念，"汇涓成、凝聚共荣"的团队理念，"水润万物、晶莹无私"的奉献理念，"水明如镜、容物豁达"的管理理念，"清廉若水、表里如一"的廉洁理念，突出了泉城"水"色。湖南省醴陵市人民检察院集思广益，从"公正、缜密、精业、进取"和"利剑、璞玉、蜜蜂、白杨"的精神出发，推出"日清月结、先做最重要的事、未雨绸缪、永远讲团结、持续改进"五种主要工作方法，树立"忠、恕、衡、智、达、清"六字文化品格，并将这三大内容作为该院检察文化的核心和全院干警的精神凝聚。江西省丰城市人民检察院发扬"刚正、清廉、尚学、致远"的丰检"剑水"精神，要求全体检察人员"守忠诚、致良知；护人权、勤为民；讲团结、促和谐；善思辨、勇创新"，用"公平正义、执法为民、幸福工作、快乐生活"的丰检理念，为全院干警提供了思想和行动指南，从而用先进的司法理念、价值观念、文化素养凝聚干警发展检察事业的潜能和动力。内蒙古呼和浩特市赛罕区人民检察院以"不负重托、永争一流"的赛罕检察精神，以"贴近检察实际，建设一流文化"的指导思想，构建了尊重人、关心人、激励人、启迪人的检察人文环境，使检察队伍的整体素质有了明显提升，检察工作科学发展的"软实力"显著增强。宁夏回族自治区贺兰县人民检察院实施"一二六四"文化工程模式，塑造检察职业精神文化，形成了"求实、创新、快乐、卓越"的文化理念和精神认同；引导青年干警树立"有压力、有动力、有魄力、有希望"理念，强化检察干警职业精神文化。辽阔的草原养育了巴州儿女，检察文化塑造了库尔勒市人民检察院全体干警扎根边疆、坚守检察事业，不离不弃、敬业奉献的精神。他们挖掘提炼香梨树身上所具有的"忠诚、质朴、拼搏、奉献"美好品德，提炼"尚法、守正、砥砺、拓新"，作为"库检精神"着力打造的文化重点，使之成为凝聚检察干警人心，激发工作激情的一面旗帜。2013 年编印《库尔勒市人民检察院文化建设手册》，从香梨树的根、杆、枝、叶四个构造，分精神文化、制度文化、行为文化、形象文化四个层面，展示该院独具特色的共同愿景和执法理念。

（二）博采众长，构建特色检察文化体系

辽宁省海城市人民检察院精心打造了"以理念文化为导向、以器物文化为基础、以制度文化为保障、以素养文化为目标"的海检文化体系，并将检察文化逐渐发展为一种先进的检察管理理念和执法模式。北京市朝阳区人民检察院立足位于北京中心商务区 CBD 地区的优势，创立了"精神文化、制度文化、行为文化、物质文化"有序运转的"四位一体"检察文化管理体系。河北省保定市新市区人民检察院构建起全方位多层次的检察文化理念体系，即"强基求实、创新发展"的建院理念，"做热爱人民的检察官、做忠于法律的执法者、做拼搏进取的新检人"的人文理念，"标定一流、拒绝理由"的执行理念，"新检是我家、成功靠大家"的团队理念，"敢立潮头、勇为人先"的立业理念，从而形成了全体干警的共同价值取向。河南省洛阳市偃师市人民检察院秉承"文化建院、理性司法、科学发展"的工作模式，构建了一个以精神文化、行为文化、素能文化、环境文化和办案文化为主要内容的偃检文化发展模式。他们结合"商代伯夷"、"叔齐宁死不食周粟"的故事，提出了以守志达节为核心的"夷齐精神"，号召检察干警忠诚敬业，坚守道德防线和职业本色，做到不为名利所诱、不为人情所困、不为权力所累；结合东汉洛阳令董宣誓死不向权贵低头的故事，提出了"执法如山，刚正不阿"的"强项精神"，激励干警坚持法律至上，秉公办案，敢于碰硬；结合唐朝玄奘大师涉险取经的历史，提出了"至真至诚、不畏艰险、锲而不舍、矢志不渝、坚韧不拔"的"玄奘精神"，鼓励干警为检察事业和群众利益不懈奋斗，形成了完整的偃师检察文化建设体系和特色品牌。贵州省贵阳市南明区人民检察院坚持"政治建检、班子树检、业务立检、机制活检、科技强检、素质兴检、文化育检"的总体目标，形成了有南明特色的"理念文化、和谐文化、素质文化和机制文化"检察文化系统。陕西省宝鸡市陈仓区人民检察院秉持历史的厚重镌刻，把崇德明礼的周秦文化与"忠诚、公正、清廉、文明"的检察职业道德深度融合，奠定了检察文化建设的发展基础，建成行为、语言、环境、制度、廉政和科技"六种文化"建设体系，走出了以检察文化建设引领检察工作创新发展的新路子。乌鲁木齐市头屯河区人民检察院打造文化育检、文化兴检、文化亮检、文化强检的"头检"文化品牌，全力塑造"头检"文化形象，形成了以"政治建检、制度治检、科技强检、人才兴检、文化育检、人心聚检"治院理念为主题的、较完整的检察文化建设体系。

（三）创新规范，打造特色检察行为文化

各地检察机关以实现干警的自我约束、自我管理、自我提升为目标，积极探索检察行为文化规范。北京市海淀区人民检察院在检察文化建设中，强化执法办案规范化，成立了全国检察机关第一家专家咨询委员会。他们制定并全面实行侦查监督、公诉、反贪、反渎等各业务部门工作规范化流程，将工作标准细化到各办案环节，做到执法办案全程监管、动态监控、流程清晰、有章可循。通过对内部人才、管理、考核、审批等各项管理要素的信息化、规范化、程序化、标准化设计，维护检察工作运行的科学、合理、公平、高效。黑龙江省绥化市人民检察院重点在发挥检察文化的自我约束功能上做文章，培育出"人人遵章守纪、事事讲求精细、时时注重创新、处处体现和谐"的行为规范，为机械的规章制度、行为准则、办案规范赋予先进文化的内涵；打造出"行政事务管理精细化"、"执法办案规范化"、"执法监督多元化"、"目标管理日常化"、"文化载体平台化"、"特色文化品牌化"、"检察宣传阵地化"、"激励帮扶亲情化"等机制品牌，最大限度地激发了检察人员的内在潜能和创造力。福建省漳州市云霄县人民检察院严格对干警"八小时外"行为的自我约束，强调落实"六个管好"和"交友四个必须"，"六个管好"即管好自己的脑不迷失方向、管好自己的嘴不乱吃乱喝、管好自己的眼不停于表面、管好自己的手不乱伸谋利、管好自己的脚不胡乱涉足、管好自己的心不惑于钱色；"交友四个必须"即必须端正交往动机、必须慎重选择交往对象、必须坚持正确交往方式、必须管好自己的家属和身边工作的人，让干警用文明规范强化生活自律。山西省太原市晋源区人民检察院依据"形正德来，中静而治"的院训，推行"一案三卡"制度，制定《检察礼仪基本规范》、《办案着装礼仪基本规范》、《检察人员行为举止规范》等，着重打造行为文化。河南省禹州市人民检察院出台《检察人员行为规范引导手册》，借鉴中国人民解放军三大条令在管理上的经验，确立检察人员执行统一和规范的行为标准，以细节成就完美，以文明体现人文素养，以规范彰显价值观念，使干警的行为规范化、标准化。内蒙古自治区呼伦贝尔市人民检察院从2007年始开展规范化管理体系建设，两级检察院遵循"由制度层面，导向机制层面，再到文化层面"的层进式推进思路，通过开展"规范化管理年"、"规范化建设启动年"和科学发展抽样评估等活动，按照管用、务实、高效的原则，构建起完备的规范体系。他们创新建立的"突出一个中心，推行一体化建设，实行双重考核"的"112"科学分类考评考核机制，受到高检院政治部的高度评价，在《检察队伍建设》

上予以转发推广。

（四）精细管理，扩展检察制度文化载体

2012 年以来，最高人民检察院在司法体制改革中，在全国检察系统推行了案件管理新制度，全国检察机关普遍成立了案件管理机构。各地检察机关将 ISO9000 先进管理理念和模式融入检察文化，按照国际质量标准体系，坚持向管理要素质、要质量、要效率、要形象，将"目标管理、绩效管理、案件管理"统一到网络平台，实行人员、案件和目标任务在"网上定标、网上考核、网上公示、网上排名"，使检察文化与现代管理交相辉映、相得益彰，成为一种刚柔相济的管理技巧，不断升华和丰富了检察制度文化内容。辽宁省海城市人民检察院科学构建五大管理体系，即以党组为核心，以政治处为办事机构的队伍管理体系；以检委会为核心，以案管科为管理机构的案件质量管理体系；以检察长办公会为核心，以办公室为办事机构的决策和检务保障体系；以检务督察委员会为核心，以督察考评办公室为执行部门的检务工作的考核监督体系；以机关党的委员会为核心，以机关党委办公室为执行部门的党建工作组织管理体系，形成了"用制度管权、按制度办事、靠制度管人"的良好作风，基本解决了管理过程中盲目性、粗放性和被动性问题，实现了计划性管理、精细化管理和主动性管理的科学管理目标。北京市朝阳区人民检察院构建了"检察文化建设、协同发展、规范化执法研究、检察工作管理目标"四大管理考核评价指标体系，实现了队伍、业务和文化管理有据可依、有章可循，真正将精神理念和制度管理具化为日常行为，体现了文化育能、文化育形、文化育情。河北省石家庄市长安区人民检察院出台《规范化管理体系》，形成了规范化管理体系文化精髓，具体概括为"五个凡事"，即"凡事有人负责、凡事有章可循、凡事有据可查、凡事有人监督，凡事有误必纠"。以规范化管理体系文化为题材拍摄的专题片《路》，被中组部作为学习实践科学发展观的典型教材，收录在全国党员干部教育培训电教网上展播。安徽省蚌埠市人民检察院检察管理文化主要是依托日常工作，在潜移默化中提高干警参与管理、自我管理的意识和能力。他们坚持把促进执法理念转变作为管理文化建设的重要内容，深入推进执法规范化建设，获"全国基层检察院规范化建设组织奖"，机关规范化管理工作经验被列为全国检察机关"两个样本"之一。云南省昆明市官渡区人民检察院坚持以规范管理为内容，以制度建设为保障，以目标落实为导向，全面加强检察文化的"软件"建设和检察人员的强制性文化塑造，推进了制度文化建设。2009 年，在全国全省率先成立了案件管理中心，坚持管理立法化、办案制度化、接待规范化、落实目标化，以"垒土成基式"的方式不断推动了制度文化建设。将积累多年的制度建设成果，印制成 300 多页的规范化管理制度汇编手册，成为开展各项检察工作的重要制度保障。通过"前拉后推式"的考核机制引领，有效地提高了工作执行力和落实率。

（五）检察服务热线传递文化信息

除依照法律规定履行法律职责之外，不少地区的检察机关坚持"立检为公、执法为民"检察工作理念，努力开拓创新，采取多种形式，积极运用文化的方式、文化的精神参与服务社会、服务大众的活动。其中，蕴含法治文化精神的各种各样检察服务热线，是最常见的形式之一。它一方面为群众提供法律服务、宣传法治精神；另一方面又创造了一种新型的检民和谐、社会互动的文化气氛，在检察机关与人民群众之间架起了一座"连心桥"。突出的检察服务热线有：2003年11月8日，山东省聊城市东昌府区人民检察院开通的"白云热线"（该热线于2012年在聊城市统一更名为"白云民生服务热线"）；2010年5月，江西省南昌市东湖区人民检察院开通的"仲大姐民生服务热线"；2010年5月31日，江西全省三级检察机关117个检察院开通的"检察民声服务热线"（该热线的开通，使江西省成为全国检察机关第一个热线网络全覆盖的省份）①；2010年7月22日，宁夏回族自治区贺兰县人民检察院专门为军人、军属、退伍老兵这一特殊群体提供法律咨询和检察服务而开通的"老兵服务热线"等。

三、检察文化的地域性

一方水土养一方人。不同地方因多种不同因素形成了与其他地方截然不同的地域文化。最高人民检察院检察长曹建明曾强调："要坚持实事求是、因地制宜，积极稳妥地推进检察文化建设。"各地检察机关在检察文化建设过程中，十分注意吸收所在地文化的养分，传承和弘扬不同地域的民族优良文化，努力把当地优秀的历史人文传统融入检察文化建设，取其精华，让文化精粹惠及检察文化建设。检察文化地域性的表现形式主要有与当地少数民族文化相结合、与当地历史人文相结合、与当地自然地理文化相结合、与当地文化遗产精神相结合、与当地红色文化相结合等形式，形成了风格各异、风采独具的地方检察文化，创造出许多可圈可点的检察文化特色，为推动本地检察事业发展，维护社会公共利益起到了积极的作用。

（一）与当地少数民族文化相结合

我国有56个民族，全国有近150个少数民族自治州、自治县检察院。在

---

① 郑颖、黄作颖：《检察民生服务热线开通》，载《江西日报》2010年5月31日。

建设检察文化过程中，不少检察院，尤其是地处少数民族地区的检察院往往融合了当地少数民族文化精髓，打造特色鲜明、民族和谐的检察文化，传递了民族厚谊、民族深情，获得了当地群众的赞扬和认可。广西壮族自治区罗城市仫佬族自治县人民检察院根据仫佬族占全县总人口的 33.16%、仫佬语为当地的主要方言、山歌深受群众喜爱的实际，把"山歌唱检察、山歌唱法治、山歌唱为民、山歌唱团结、山歌唱和谐"的理念融入检察文化实践。该院邀请了当地歌王、群众歌手和检察官歌手，把检察知识用少数民族语言编成 100 多首检察山歌，利用文艺晚会、坡会、检察机关举报宣传、下访巡访等活动进行演唱，既把法制宣传送到了千家万户，又促进了检民的和谐共处。① 内蒙古自治区呼伦贝尔市检察机关成立了以两级检察院干警为主体的检察官艺术团，在所演出的曲目、剧目中，大量融入当地民族特色，深得检察干警和少数民族干部群众所喜爱。他们创作的说唱表演《我们的检察官》，包含了蒙古族典型乐器马头琴的元素；舞蹈《丰收的喜悦》、《锡尼河姑娘》，则分别展示的是达斡尔族的民族风情和布里亚特（蒙古族）人的民族风韵，显示了当地干警对当地多元民族丰富多彩民族生活的热爱；而民族服饰时装展，则直接展示了当地多民族服饰的绚烂厚重。②

（二）与当地历史人文精神相结合

这种结合的方式体现在精神内涵的吸收。"唐宋八大家"之一的著名政治家、诗人柳宗元在任柳州刺史期间，关注民生、兴利除弊，生前实施惠政，死后福佑百姓，其"民本思想"在柳州当地产生了深远的影响，成为后人不断抒写和吟咏的主题。2011 年，广西壮族自治区柳州市鱼峰区人民检察院在检察文化建设中，积极借鉴当地深厚的"柳侯文化"，积极打造"民生检察文化"，引导干警牢固树立"民本观念"和"亲民、爱民、利民、护民"意识，培育威严、公平、奉献、清廉、亲民的检察形象，该院院风清、院貌正，各项成绩突出。③ 坐落在著名风景区冠豸山脚下的福建省连城县人民检察院将"冠豸品质"作为检察文化核心理念，教育干警弘扬"以民为冠，服务发展，敢为人先，勇争第一"的"冠"字精神和"公平正义、清正廉洁、无私无畏、

---

① 广西壮族自治区人民检察院：《广西罗城：融合少数民族文化精髓 打造特色和谐检察文化》，载检察文化建设网，访问时间：2014 年 6 月 16 日。
② 内蒙古自治区人民检察院：《内蒙古呼伦贝尔：大力加强检察文化建设推动检察事业科学发展》，载检察文化建设网，访问时间：2014 年 6 月 16 日。
③ 广西壮族自治区人民检察院：《广西柳州鱼峰区：柳侯文化新探索 民生为本促和谐》，载检察文化建设网，访问时间：2014 年 6 月 16 日。

百折不挠”的“豸”字品格，将冠豸山的公正文化和检察文化有机地结合起来，激励干警奋发向上、爱岗敬业、无私奉献，地方特色显著。① 江苏宜兴市检察院在打造检察文化的进程中，选取了刚正不阿、直言敢谏的北宋御史大夫周葵，为官清廉、口碑良好的明朝首辅大臣徐溥和学贯中西、治学精深的法学家王伯琦 3 位宜兴历史人物的典型事例，制成紫砂壁画，展贴在大堂中央，将他们公正无私、忠心无贪的人格精神定格其中，让全院干警日日受训，谦谦自悔，砥砺品格，陶冶情操。②

（三）与当地地理人文精神文化结合

这种结合的特点是综合了对高尚人文精神的赞美、肯定和优秀地理文化的积极认同。2011 年，福建省云霄县人民检察院将“三宝”精神（即红树林精神、罗汉松风骨、“成叔”美德）作为该院检察文化建设的特有品牌和精神名片。其中，“红树林的精神”是指“红树林团结精神”。生长在盐渍化土壤中的云霄县漳江口国家级保护区的红树林，是候鸟迁徙驿站、水生动物的栖息地，其成片生长所产生的“激浊扬清、消浪护堤”的作用，长期以来为人津津乐道。该地的红树林被云霄县检察院赋予了“自强不息、众志成城”的检察精神。“罗汉松风骨”、“‘成叔’美德”分别指“罗汉松奋进精神”和“成叔奉献精神”。前者是从时任高检院检察长贾春旺亲手种植，象征“检察事业蒸蒸日上、检察干警拒腐防变”的罗汉松提炼出的精神；后者以二十年如一日、任劳任怨，年逾古稀被授予“荣誉检察官”的临时工“成叔”为原型而提炼的内涵。“三宝”精神，以身边物、身边人的积极向上的风貌为指引，增强了干警责任感、荣誉感和归属感，起到了凝聚人心、鼓舞斗志、倡导奉献的引领作用。③ 福建武夷山市人民检察院把“茶文化”与“检察文化”结合起来，为创新社会管理、构造和谐社会注入新内涵。该院积极举办“武夷检察官论坛”、“检察文化与武夷文化”专家讲坛和“检察文化研讨会”，创办“青年干警沙龙”，以“大红袍”茶文化等民俗文化为主题，弘扬武夷文化，提高干警文化素养，为促进社会和谐作贡献，推动了武夷山市检察院的检察工

---

① 张金文：《福建依托资源优势打造特色检察文化》，载检察文化建设网，访问时间：2012 年 5 月 7 日。

② 江苏省人民检察院：《江苏宜兴：发挥文化力量　推动事业发展》，载检察文化建设网，访问时间：2014 年 6 月 17 日。

③ 福建省人民检察院：《福建云霄：以文化自觉自信自强促进检察事业发展》，载检察文化建设网，访问时间：2014 年 6 月 4 日。

作和队伍建设的不断发展。① 海南省三亚市人民检察院通过组织干警积极参与该市"蓝丝带"行动，大力"弘扬海洋文化，保护海洋环境"意识，让干警面向大海，心向蔚蓝，培养干警宽容博爱的意识，从精神层面提高检察干警的战斗力。②

（四）与当地文化遗产相结合

这种结合的特点是注意从当地的名胜古迹中，发现并提取有益的文化内涵，为繁荣检察文化事业所用，以便更好地服务社会，创造社会价值。甘肃省敦煌市人民检察院重视发掘与培养检察文艺人才，通过建立激励机制，提供经费支持，调动了干警参与检察文化建设的热情。该院干警创作的作品，无论是汇集诗歌、散文、楹联的书籍《敦煌之梦》、《敦煌之恋》，还是绘画《思维菩萨》、歌曲《敦煌美》，都结合了敦煌当地辉煌厚重的历史渊源，展示了大美敦煌博大精深的韵味，所结出的文化硕果，显示了独具特色的地方品牌文化。③ 重庆市大足区人民检察院会同大足区纪委和大足研究院，组成"大足石刻廉洁文化"研究团，坚持古为今用、以古鉴今、推陈出新，把大足石刻所蕴含的"正而不邪"、"觉而不迷"、"净而不染"等廉洁思想理念挖掘出来，将历史廉政文化资源转化为现实的廉政文化发展优势。2013 年，该院大足石刻廉洁文化研究团，挖掘出石刻文化与廉洁文化的结合点，编写地方廉洁文化读本《警世图语》和导游解说词，将大足石刻廉洁文化列入"大足学"的研究内容。《警世图语》教育人们，特别是领导干部应当怎样做人、做官、做事。廉洁文化导游解说词已向几十万游客讲解，获得了游客好评，真正实现了石刻廉洁文化入脑、入耳、入心。④

（五）与当地红色文化相结合

我国许多检察院在检察文化建设过程中，因地制宜，充分运用当地的红色资源，教育干警牢记党的革命历史、光荣传统、检察职责，提升思想境界，增强检察工作的责任感和使命感。福建省上杭县人民检察院利用"古田会议"

① 张金文：《福建依托资源优势打造特色检察文化》，载检察文化建设网，访问时间：2012 年 5 月 7 日。

② 海南省人民检察院：《海南三亚：以文化建设为依托 探索党建新途径》，载检察文化建设网，访问时间：2012 年 1 月 5 日。

③ 甘肃省人民检察院：《甘肃敦煌：实施文化强检战略 推动检察文化创新发展》，载检察文化建设网，访问时间：2014 年 6 月 24 日。

④ 沈义、钱庄：《重庆大足：打造石刻廉洁文化品牌》，载《检察日报》2014 年 11 月 11 日。

旧址所在地的红色资源优势，组织全体干警参观会址和纪念馆，重温入党誓词，聆听长辈讲述红军故事，坚定广大干警执着的价值追求，将红军精神检察化，发扬红军"政治建军"的革命优良传统，以加强队伍思想建设，教育广大干警珍惜和热爱当前的幸福生活。[①] 临沂兰山区人民检察院在文化建设工作中充分汲取了区域红色文化精髓，不仅多次邀请专家来院开展沂蒙精神专题讲座，组织干警瞻仰革命烈士陵园、参观孟良崮等文化遗址，观看《沂蒙》、《沂蒙六姐妹》等革命影视，还开展了沂蒙精神与检察工作理论研讨会、"沂蒙文化育检察"征文活动，引导干警领会区域文化的深刻内涵，并在此基础上提炼出了"忠诚、公正、奉献、创新"的兰检精神。[②]

四、检察文化的包容性

"包容"一词在汉语中具有多个意思。"包容性"在文化领域指不同文化之间的兼收并蓄、和睦发展。"沧海不遗点滴，始能成其大，泰岱不弃拳石，始能成其高。"中华文化绵延不绝，与其本身兼容并包、海纳百川的特点密切相关。检察文化作为中华文化的一部分，兼容性明显，包容性优势兼备的特质促使它不断发展，生机勃勃。

（一）检察院训、检察精神、院赋、院歌文化内涵的包容性

我国不少检察院都有院训。院训是一个检察院全体干警的共同价值追求和座右铭，形式多样，却不失高雅严肃、意境深远。检察院院训包容古往今来深刻的思想、哲理，在为数不多的字词中反映该院的价值理念并体现检察职业特征，指引干警攻坚克难，勇往直前。上海市浦东新区人民检察院实施"文化树魂、文化育检、文化聚才、文化塑形"的检察文化建设"四项战略"，总结提炼出"海纳百川、追求卓越，崇尚法律、唯正行止"的"东检"精神，以及"规矩做人、规范办案"的八字院训。湖南省会同县人民检察院的院训"会心同德、崇检善察"、福建省厦门市思明区人民检察院的院训"思和谐执法之道，明法律监督之责"，就将院名包含在其中，时代和检察标记明显，直抒胸臆，简练畅达。有的院训则承载了历史人文精神，显得厚重典雅，韵味无穷。山西省太原市晋源区人民检察院院训"形正德来，中静而治"，来源于《管子·内业篇》。其原文是为"形不正德不来，中不静心不治"，意思是形象

① 张金文：《福建依托资源优势打造特色检察文化》，载检察文化建设网，访问时间：2012 年 5 月 7 日。

② 山东省人民检察院：《山东临沂兰山区：弘扬沂蒙精神 融合区域文化 打造独具地域特色的红色检察文化品牌》，载检察文化建设网，访问时间：2014 年 6 月 16 日。

不端正，德行就不会产生，内心不淡薄宁静，也就不会有所作为。院训从古籍中来，古为今用，古韵盎然，庄重肃穆，让人回味。在拥有院训的同时，许多检察院还有自身的检察精神。检察精神在形式上与检察院训接近，都简洁明了、寓意深刻，与检察院训既各自独立，又相辅相成，形成统一整体。全国检察机关还创作了许多院赋、院歌，与院训和检察精神一样，院赋、院歌一般都主题鲜明，立意高远，内涵丰富，艺术表达诗意化，既突出了检察机关性质、任务和特点，又展现了检察官的职业品德和精神风貌。

（二）检察器物文化展示出的包容性

北京市海淀区人民检察院设计制作"海检精神"院旗、"海淀检察"形象标志、为未成年人检察处和知识产权处设计独有形象标志，凸显了海检特征，彰显检察文化的格调和品位。吉林省长春市朝阳区人民检察院在院内矗立镌有文明亭记的文明亭，实施"三纵九横"视觉文化工程，时刻提醒干警争做文明和谐人。福建省厦门市思明区人民检察院通过"为人民服务"大型石刻、法学家长廊、检察文化长廊等环境建设，使干警耳濡目染。广州铁路运输检察院创造性地提出并实施了以"人"、"网"、"墙"、"书"为主题的检察文化建设，在列车有限的空间里建设既切合铁路特色，又不失检察特色的"文化列车"展示墙，成为分院检察文化建设的一张经典名片。他们保持内容常建常新，将先进文化管理格言放到合适的"车窗"，赋予"火车头"精神、"安全至上"等更深的文化内涵，凸显时代精神和视安全如生命的安全意识。河南省洛阳市偃师市人民检察院建成了以廉政文化为主题的现代文化园林——鉴园，园内建设了以政法干警执法理念和核心价值观为主题的"法制天地"，设置了以法律箴言和历代先贤事迹为主体的"星云长廊"，记录中国法制历程和法治事件的万法柱，以董宣、包拯、海瑞等古代廉吏雕塑为主的廉政园、青松环绕的正风亭、荷香四溢的观风亭，以及中国书协主席张海亲笔题写的公正清廉假山石。该园融历史文化、检察文化和廉政文化为一体，集文化学习、法制教育、艺术欣赏、休闲娱乐等功能于一身，宣扬了检察机关立检为公、执法为民的宗旨精神，成为洛阳检察文化建设的一大亮点。山东省临沂市兰山区人民检察院建造了沂蒙精神文化长廊、孝贤文化与检察职业道德长廊、兵法谋略长廊、廉政文化建设长廊等"八大长廊"，通过不同寓意的图文内容，从不同侧面对"兰检精神"进行诠释。安徽省天长市人民检察院在东西南北四个区域及办公楼顶层分别打造"忠诚园"、"公正园"、"清廉园"、"文明园"和"静思园"，把"德"与"法"作为检察文化内核，教育干警以"德"修身、以"法"炼身，采取艺术表现手法铸造100个"法"和99个"德"字两幅浮雕，寓意执法办案要做到百分之百成功，不留遗憾；做人做事要品德高尚，久久积德。

后　记

　　一个没有文化的民族是一个没有根基的民族，一项没有文化的事业也是一项没有根基的事业。从梳理、研究中国检察文化发展的历史入手，总结历史经验教训，推动中国特色社会主义检察事业和检察文化不断发展，是检察人的责任。中国检察官文学艺术联合会自成立以来，始终把检察文化理论研究作为一项基础性、长期性工作来抓，深入开展检察文化理论研究，为检察文化艺术创作和检察官文化艺术活动提供理论指引。2014 年 3 月，中国检察官文联决定组织编写《中国检察文化理论研究文库》系列丛书。为落实中国检察官文联的要求，四川省检察官文联认真研究，申报了"中国检察文化史研究"课题，经中国检察官文联组织专家评审论证，该课题获得立项。

　　课题立项后，四川省检察院党组高度重视课题研究工作，邓川检察长亲自过问课题研究进展情况，及时帮助解决研究过程中遇到的困难和问题。四川省检察官文联迅速组织本省在检察文化研究方面颇有建树的检察人，并联合有关院校的专家、学者成立课题组。课题组成员包括省检察院刘红立、尧箴、傅平、赵秉恒、杨宁、符尔加、曹颖频、梁大锋，绵阳市检察院杜旅军，自贡市检察院王德利、简杰、万利、凌超、陈丽丽、伍平，以及成都大学戴鸿馥等十多名同志。

　　中国检察文化史的系统研究，是一项开创性工作，可供借鉴和参考的成果不多。课题组认为，本课题研究应首先明确两个基本问题、突出四个基本特性。两个基本问题：一是关于"检察文化"范围的界定，应按照张耕主席主编的《检察文化初论》的观点，以"小文化"为基点开展研究；二是在年代划分上，既以中国历史古代、近代、现代、当代的划分为基本遵循，同时也根据检察文化发展的自身特点，划分出具体的年代。四个基本特性：一是开创性。作为首个全面研究检察文化历史的课题，在遵照史书编写一般规律的同时，应当突出检察文化的特色，成为同类研究中开创性的成果。二是鲜活性。要全面梳理我国检察文化的发展历程，重点呈现典型的事件、人物、实例和重要思想。三是实用性。要成为推进检察文化建设的工具书。四是开放性。中国检察文化建设的实践如火如荼、生动多样，伴随中国检察事业的发展不断创新、深化，检察文化理论研究应运而生，亮点纷呈，不断丰富、升华，渐成体系。实践催生理论，理论支撑实践，这是一个持续的、长期的、无止境的过程。因此，我们冠以《中国检察文化发展史》呈现于世，求教于检察同仁和大方之家。

在明确了基本问题和基本特性后，课题组于 2014 年 7 月完成了四级提纲的搭建。2014 年 9 月，中国检察官文联在贵阳召开《中国检察文化理论研究文库》课题研究工作座谈会，我省研究课题大纲和写作基本思路得到了张耕主席的首肯和与会人员的认同。贵阳会议后，课题组成员在前期资料收集的基础上，正式开始了写作工作，并于 2015 年 5 月完成了基础写作工作。2015 年 6 月，中国检察官文联在北京召开课题审核工作座谈会，张耕主席及审评工作组专家再次听取了课题工作汇报，并对课题结构、章节分布等提出了修改意见。按照会议提出的要求，课题组于 2015 年 10 月完成了课题初稿，经反复修改，于 2015 年 12 月底定稿。

各章节撰写分工如下：

导　　论：王德利　简　杰　万　利

第一章：赵秉恒　符尔加　戴鸿馥

第二章：曹颖频　杜旅军

第三章：曹颖频　杜旅军　梁大锋

第四章：梁大锋

第五章：傅　平　杨　宁

第六章：王德利　凌　超　陈丽丽　伍　平

最后由符尔加同志补充、修改，刘红立、尧箴同志统稿。

需要说明的是，中国检察官文联主席张耕同志对课题研究给予了精心指导，多次听取课题工作汇报，并对一些重大问题提出了明确要求，对于课题组工作中存在的一些困难，也指示予以解决。在此，对他的关心和指导表示衷心的感谢！

《中国法学》杂志社编审白岫云同志作为本课题的指导专家，对于课题研究和写作中的各种问题，给予了我们耐心而细致地指导。在初稿完成后，其又指导我们反复进行修改，对她的悉心指导深表感谢！

在课题研究过程中，还得到了《人民检察》杂志社总编徐建波、最高人民检察院闵钐两位同志的悉心指导。中国检察官文联秘书长杨明、中国检察官文联前办公室主任、中国检察官协会前副秘书长田新朝、中国检察官文联办公室副主任郭存星等同志也做了大量联络、协调、推进工作。在出版过程中，中国检察出版社给予了许多支持和帮助，在此一并致谢！

本书吸收了撰写者过去和现有的相关代表性研究成果。同时，由于撰写者的水平所限，加之时间仓促，错误在所难免，恳请读者批评指正。最后，希望本书能起到抛砖引玉的作用，让更多的检察人、专家、学者参与到中国检察文化史的研究中来，共同为繁荣发展新时期中国特色社会主义检察文化事业贡献力量！

谨以为记。

刘红立

2016 年 1 月 29 日